旅游城市

每个城市都包括区域解读、旅游片区、旅游资讯三大板块。

旅游片区

每个城市划分为若干旅游片区，全面介绍，同时突出重要旅游点。

旅游景点

每个旅游景点包括介绍、攻略、链接等板块，力求景点收录全面。

旅游资讯

每个城市旅游资讯板块，包括交通、住宿、美食、购物、娱乐等内容。

如何使用本书

1 多角度解读
全书从地理、历史、文化等多个角度呈现陕西之美，发现不一样的陕西。

分色标签 每个城市都有一个特定的检索色，便于翻阅。

2 专题知识
对于认识陕西具有重要意义的关键词条，书中特设专题，图文并茂，让读者迅速读懂词条。

3 精华景点
三维立体图更深度地引导读者鉴赏那些特别重要的必游的景点。

4 攻略
大部分景点配有位置、交通、门票、链接等丰富的实用攻略。

5 资讯
每个城市都包括交通、住宿、美食、购物、娱乐等资讯。

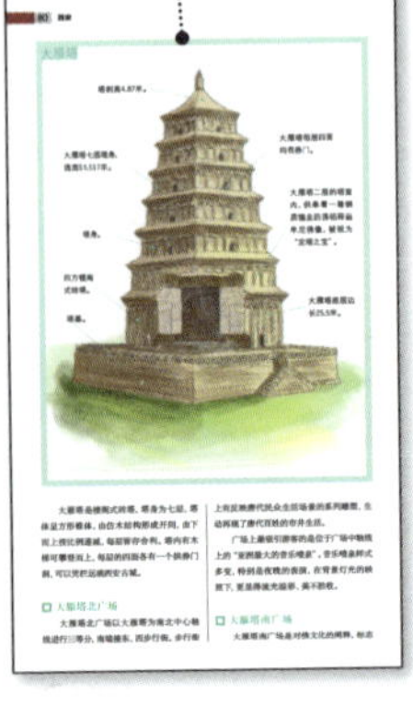

发现者旅行指南

陕西（第3版）

北京·旅游教育出版社

目录
CONTENTS

地图目录

专题目录

最美
陕　西

高山固无限，如此方为岳

奇险天下第一山。山上的建筑皆依山势而建，一山飞峙，恰似空中楼阁。从幽幽山谷爬升的云雾在峭拔的山峰之间弥漫。立于山中观云海，只见其身姿曼妙，变幻莫测；但闻人语声，不见有来人。

最美
陕西

关关雎鸠，在河之洲

吟诵千古的名篇《诗经·关雎》写于洽川。这里有万顷芦荡、千眼神泉、百种珍禽、十里荷塘、一条黄河……这里秦晋相望。这里不是江南，却胜似江南。

美不胜收的喷泉夜景

诗人岑参曾在诗中赞大雁塔道：“塔势如涌出，孤高耸天宫。登临出世界，磴道盘虚空。”大雁塔的恢宏气势由此可见。大雁塔南北广场布满巨大的仿唐建筑。北广场有号称亚洲第一大的音乐喷泉，夜晚在灯光的映照下，喷泉更显得流光溢彩。

终南神秀之区

南五台位于终南山岭，这里群山起伏，自古为佛教名山与皇家避暑之地。这里有峻拔凌霄的观音台、势若天柱的灵应台、神秘莫测的湘子洞、涓流如帛的流水石瀑布、长流不息的清泉涧溪……景色如画，美不胜收。

惊涛拍岸，黄河奇观

壶口瀑布是中国第二大瀑布，黄河水在这里被峡谷聚拢为一股，奔腾呼啸而下，跃入深潭，溅起巨大的浪涛，激起一团团水雾烟云，场面极其壮观。而到了冬季，整个水面会全部冰冻，结出罕见的巨大冰瀑。

印象 陕西

文化符号

西安古城

多个朝代的都城，中华文明的发祥地之一，享有“中华民族摇篮”之美誉。

秦兵马俑

有数量庞大的陶俑，被誉为“世界第八大奇迹”，是中国古代辉煌文明的一张金字名片。

黄土高原

黄土高原地域辽阔，农垦历史悠久，是华夏农耕文明的发源地。

黄帝陵

中华民族始祖黄帝轩辕氏的陵寝，为中国历代帝王和著名人士祭祀黄帝的场所。

延安

自古为军事重地，被誉为“三秦锁钥，五路襟喉”，是中国革命的圣地。

华山

中国五岳之一，道教全真派的圣地，也是中国民间广泛崇奉的神祇。

印象
陕 西

千年帝陵

秦始皇陵

规模宏大，气势磅礴，是国内保存至今的古代最大的帝王陵墓之一。

汉长陵

汉高帝刘邦的陵墓，仿照西汉都城长安建造，园内还建有豪华的寝殿。

汉阳陵

汉景帝刘启及其皇后王氏的合葬陵园，规模宏大，出土文物众多。

汉茂陵

汉武帝刘彻的陵墓，建筑宏伟，殉葬品极为丰厚，被称为“中国的金字塔”。

唐昭陵

唐太宗李世民与长孙皇后的陵墓，依山峰凿山而建，被誉为“天下名陵”。

唐乾陵

唐高宗李治和女皇帝武则天的合葬墓，气势雄伟壮观，出土珍贵文物4300多件。

印象
陕 西

陕西民俗

信天游

陕北是民歌荟萃之地，民歌种类很多。其中，苍凉、粗犷而沉郁的信天游最具代表性。

秦腔

秦腔又称“乱弹”，是中国汉族最古老的戏剧之一，其中以宝鸡的西府秦腔最为古老。

黄帝陵祭典

黄帝陵祭祀活动每年在陕西黄陵县举行，在长期的实践中已形成一定的规模格式和祀典礼仪。

鄠邑农民画

农民画源于民间，因具有浓厚的农家生活气息、浓郁的乡土风情深受人们的喜爱。

安塞腰鼓

安塞腰鼓由多人一同表演，豪迈奔放，气势磅礴，被称为“天下第一鼓”。

窑洞

黄土高原上居民的古老居住形式，是黄土高原的产物。

印象
陕 西

陕西味道

羊肉泡馍

以陕西西安羊肉泡馍最负盛名，其料重味醇，肉烂汤浓，肥而不腻，味道鲜美。

肉夹馍

陕西著名小吃，是腊汁肉和白吉馍两种食物的组合。

岐山臊子面

臊子面历史悠久，是著名的西府小吃，以宝鸡的岐山臊子面最为正宗。

陕西凉皮

凉皮为汉族特色小吃之一，历史悠久，以陕西凉皮最为著名，口味酸、香、辣、鲜。

葫芦鸡

西安市汉族传统名菜，分清煮、笼蒸、油炸三道工序，色泽金红，香烂味醇。

西凤酒

中国四大名酒之一，已有3000多年的历史，是独一无二的凤香型白酒。

印象 陕西

三秦美景

华山

以巨大的花岗岩为主，有“奇险天下第一山”之称。

终南山

山势峻峭，重峦叠嶂，森林茂密，风景极为秀丽，有“仙都”之称。

壶口瀑布

中国第二大瀑布，世界上最大的黄色瀑布。夏季气势恢宏，冬季会出现巨大的冰瀑。

太白山

秦岭山脉主峰，也是中国大陆青藏高原以东第一高峰，有奇峰、云海等景观。

天台山

位于宝鸡市南郊，群峰竞秀，植被繁茂，景色优美，气候宜人。

洽川风景区

位于黄河二级台地上，是我国黄河流域最大的湖泊型湿地之一，有“小江南”之称。

自驾陕西

线路 1

三秦人文魅力之旅

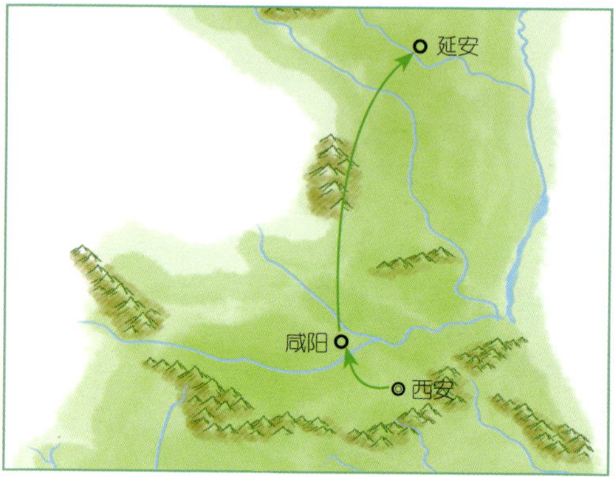

选择这条线路能够充分领略陕地三秦人文风光。从西安出发，西至咸阳、北至延安，吃遍大街小巷，尽情感受三秦人文魅力。

大雁塔 西安

秦始皇帝陵博物院 西安

大唐芙蓉园 西安

唐乾陵 咸阳

宝塔山 延安

第一天 先去陕西历史博物馆参观，之后到大雁塔——玄奘法师取经回来讲经参禅的地方。下午可以从南门上城墙，租一辆自行车，绕着古城墙骑一圈。

第二天 先去参观著名的秦始皇兵马俑博物馆。秦兵马俑以其巨大的规模，威武的场面和高超的科学、艺术水平，享誉世界。之后可以到秦始皇帝陵遗址公园。晚上回到市里，可以登上钟楼，欣赏一下西安的优美夜色。

第三天 上午游览大唐芙蓉园，感受盛唐风貌。之后可以乘通勤车直接前往法门寺，走佛光大道、看合十舍利塔，在佛教圣地体会“禅”的味道。

第四天 驱车前往咸阳，参观唐乾陵、汉阳陵等陵墓。唐乾陵陵区仿京师长安城建制，气势雄伟壮观。汉阳陵是西汉景帝与王皇后同茔异穴合葬的陵园，建筑采用下沉式结构，充分保护了陵园的整体环境风貌。

第五天 前往延安，途中先去黄陵县参观中华民族始祖黄帝轩辕氏的陵墓。相传黄帝得道升天，故此陵墓为衣冠冢。然后前往延安，参观延安的标志和象征——宝塔山，登高俯瞰延安全城。

线路 2

陕北边塞风光游

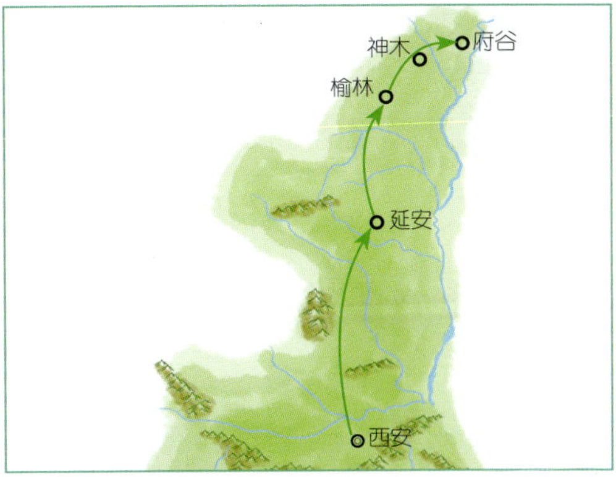

延安 杨家坪

榆林 李自成行宫

神木 二郎山

府谷 府谷老城

这条路线深入陕北，带领我们走进边塞，感受“大漠孤烟直，长河落日圆”的风光。

第一天 从西安出发前往延安。先去黄陵县参观黄帝陵，祭奠中华民族的老祖先；之后向东到壶口瀑布游览；然后到达革命圣地延安，参观宝塔山、杨家坪等革命旧址。

第二天 前往榆林看李自成行宫。先到绥德博物馆看东汉画像石，之后到吴堡古城饱览黄河两岸风光，最后到榆林李自成行宫参观。

第三天 先在榆林古城感受“佗城”风采，镇北台的长城和红石峡的“塞上碑林”是必游景点。之后一路往西北，到神木游二郎山。

第四天 前往府谷县，参观府谷老城，然后看看黄河边的雅丹地貌。

自驾 陕西

线路 3

陕南山水之旅

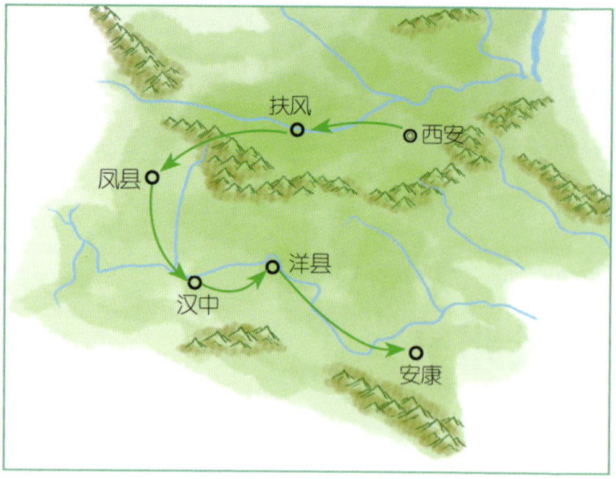

扶风 法门寺

汉中 紫柏山

汉中 古汉台

洋县 蔡伦墓

安康 汉阴擂鼓台

沿着这条路线就来到了秦岭大地。秦岭在关中南部筑起了天然屏障，也造就了陕南的青山绿水。夏天，这条路线是很舒服的避暑之旅。

第一天 从西安出发往西可以先到扶风县的法门寺一游；然后往南到秦岭最高的太白山游览；之后到凤县看夜景，沿着连云古道徒步前行。

第二天 继续往南至汉中，先游张良庙，再登紫柏山。

第三天 到汉中市区的古汉台游览。喜欢三国故事的话，一定要去勉县，造访蜀汉皇帝亲自下诏建造的武侯祠。

第四天 从汉中出发往东到洋县的蔡伦墓参观，古人造纸的流程真实地再现于此。

第五天 继续往东进入安康，在汉阴擂鼓台上看云涛阵阵，稍作停留后再去游南宫山，然后顺道去玩一下岚河漂流。

线路 4

黄河之旅

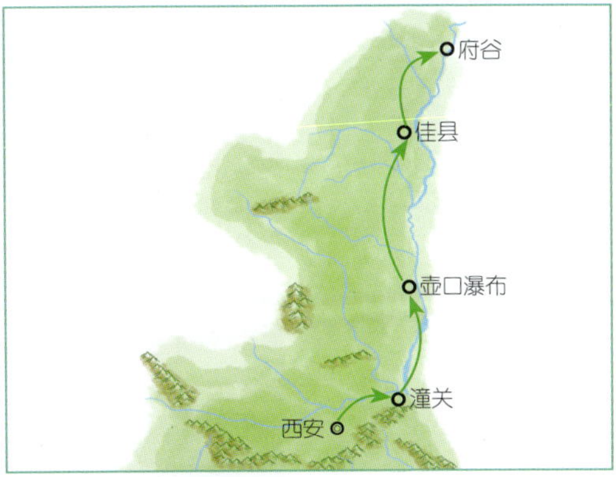

这条路主要是沿着黄河一路向北。陕西和山西因为黄河而分界。从潼关到府谷，黄河水色各异，宽窄多变。如果有时间，可以一直沿着黄河由南到北走一遭。

潼关 渭南

壶口瀑布 宜川

白云观 佳县

雅丹地貌 府谷

第一天 从西安出发到渭南市，游潼关，看一看古城残骸和十二连城烽火台，也可以过黄河大桥到对面的风陵渡看看。

第二天 继续往北前往宜川县的著名景点、黄河的亮点——壶口瀑布游览。黄河至此，两岸石壁峭立，河口收束犹如壶口，故名壶口瀑布。这是黄河上最振奋人心的一段。

第三天 再向北到达佳县，游白云观和香炉寺，二者都是黄河边的著名建筑。

第四天 继续往北到达府谷。这里的黄河水十分清澈。麻镇附近的黄河边有独特的天然雅丹地貌，府谷对面则有保留完好的长城。

解读 陕西

地理

华山

面积和区划

陕西省简称“陕”或“秦”，位于中国内陆腹地的黄土高原上，居于连接中国东、中部地区和西北、西南地区的重要位置；作为中国南北气候分界线的秦岭山脉横贯全省东西，中国大地原点就在陕西省泾阳县永乐镇。全省总面积约205 624.3平方千米。

陕西省辖西安、宝鸡、咸阳、渭南、铜川、延安、榆林、汉中、安康、商洛10个地级市，31个市辖区、7个县级市和69个县。省会西安。

人口和民族

截至2022年末，陕西省常住人口为3956万。其中，城镇人口2532万，约占总人口的64.02%。

陕西是一个少数民族居住散杂的省份。在少数民族中，回族人口最多。此外，千人以上的少数民族还有满族、蒙古族、壮族、藏族等。

地形

陕西地势南北高、中间低，有高原、山地、平原和盆地等多种地形。从北到南可以分为陕北高原、关中平原、秦巴山地三个地貌区。

壶口飞瀑

陕西主要山脉有秦岭、大巴山等。作为中国南北气候分界线的秦岭山脉，横贯全省东西。秦岭在陕西境内有许多闻名全国的峰岭，如华山、太白山、终南山、骊山。全省最高点为太白山，海拔3767米。

秦岭以北为黄河水系，主要支流从北向南有窟野河、无定河、延河、洛河、泾河（渭河支流）、渭河等。秦岭以南属长江水系，有嘉陵江、汉江和丹江。

气候

陕西省横跨三个气候带，南北气候差异较大。陕南属北亚热带气候，关中及陕北大部属暖温带气候，陕北北部长城沿线属中温带气候。其总的特点是：春暖干燥，降水较少，气温回升快而不稳定，多风沙天气；夏季炎热多雨，间有伏旱；秋季凉爽较湿润，气温下降快，冬季寒冷干燥，气温低，雨雪稀少。

全省年平均气温13.7℃，自南向北、自东向西递减。降水南多北少，陕南为湿润区，关中为半湿润区，陕北为半干旱区。

黄土高原的腹地

陕北高原是黄土高原的重要组成部分。这里的地貌组合形态丰富，变化万千，不仅有馒头状的黄土峁、绵延数百米的长墚，还有地平如镜的黄土塬面。这些地貌组合在一起，勾勒出了沟壑纵横、丘陵起伏、无边无际的黄土高原。它是大自然精心雕琢的令人惊叹的艺术作品。

黄土高原位于太行山以西、乌鞘岭以东、秦岭以北、长城以南，地处我国第二级阶梯和由第二级阶梯向第三级阶梯过渡的地带；从地形来看，黄土高原是东部平原向西部山地的过渡地区。黄土高原上覆盖有深厚的黄土层，黄土厚度50~80米，最厚达150~180米。黄土是第四纪以来经过风的吹扬、搬运、堆积形成的。黄土疏松多孔，质地均一。地面被长期冲刷形成众多的沟谷，沟谷切割地表形成黄土高原特有的黄土

黄土高原地貌结构

在河套地区呈东西走向的黄河，由于吕梁山脉的阻隔，此段急转为南北走向，由鄂尔多斯高原挟势南下，左带吕梁、右襟陕北，深切于黄土高原之中——谷深皆在100米以上，谷底高程由1000米逐渐降至400米以下，河床最窄处如壶口者仅30~50米。位于晋陕交界地带的黄河晋陕大峡谷，是黄河沿线最长的连续峡谷。这条峡谷从山西偏关县老牛湾起，到与陕西接壤的山西河津市禹门口止，全长约700千米。晋陕大峡谷将中华腹地的肥原沃野——黄土高原一分为二，沿线分布着众多神奇的自然美景。

壶口瀑布

偏关老牛湾　黄河进入山西的第一个曲弯。黄河与长城在此亲密交会，被认为是晋陕大峡谷乐章的序曲。

娘娘滩　有"千里黄河第一滩"之称，是九曲黄河中唯一有人居住的小岛。岛上绿树参天，硕果满枝，风景如画，犹如世外桃源。

西口古渡　昔日河曲水陆贸易的主要渡口，也是先人们"走西口"的要塞，是百年风雨沧桑路的见证者。

乾坤湾　黄河流经永和县境内后，宛如蜷曲盘绕的蛟龙，前扭后转320°，留下了自然天成的"S"形大拐弯，形成了河抱山、山依河、山河相映的独特景观。

壶口瀑布　位于临汾市吉县壶口镇，是中国第二大瀑布。在水量丰富的夏季，壶口瀑布气势恢宏；而到了冬季，整个水面全部冰冻，结出罕见的巨大冰瀑。

禹门口　黄河晋陕大峡谷的出口所在地。两岸峭壁对峙，形如阙门。禹门口是河水南流的"瓶颈"，晋陕大峡谷在此达到了最后的高潮。

蛇曲　被河流冲刷形成的像蛇一样蜿蜒的地质地貌。延川黄河蛇曲是发育在晋陕大峡谷中的大型深切嵌入式蛇曲群体，规模宏大。

中国最美十大峡谷　2005年，《中国国家地理》评选出了中国最美十大峡谷，它们分别是：雅鲁藏布大峡谷、金沙江虎跳峡、长江三峡、怒江大峡谷、澜沧江梅里大峡谷、太鲁阁大峡谷、黄河秦晋大峡谷（晋陕大峡谷）、大渡河金口大峡谷、太行山大峡谷、天山库车大峡谷。

秦岭

塬、黄土墚、黄土峁等独特的地貌类型。

陕北高原是我国黄土高原的中心部分，是在中生代基岩所构成的古地形基础上，覆盖新生代红土和很厚的黄土层，再经过流水切割和土壤侵蚀而形成的。陕北高原的延安以北地面切割严重，是以峁为主的峁墚沟壑丘陵区，绥德、米脂一带最为典型；延安、延长、延川是以墚为主的墚峁沟壑丘陵区；延安以南则是以塬为主的塬墚沟壑区。

黄河陕西段

黄河经内蒙古托克托至陕西潼关河段称黄河北干流，全长716.6千米，属于黄河的中游。

黄河从内蒙古托克托到山西河津市龙门镇河段，俗称“大北干流”。该河段位于晋陕大峡谷，落差较大，水力资源丰富。黄河出了龙门，就进入了开阔地带。龙门至潼关这一段俗称“小北干流”。该河段河床宽浅，水流散乱，主流游荡不定，东西摆动频繁，为典型的堆积游荡型河道，素有“三十年河东，三十年河西”之说。

黄河在陕西境内有众多的支流，黄河水系在陕西境内从北向南有窟野河、无定河、延河、洛河、泾河（渭河支流）、渭河等。其中，渭河又称渭水，发源于甘肃省渭源县鸟鼠山，东至陕西省渭南市潼关县汇入黄河，全长818千米，是黄河最大的支流。

黄河陕西段流经陕北的黄土高原地区，因此夹带了大量的泥沙，所以它也被称为世界上含沙量最多的河流。

位于晋陕交界地带的黄河晋陕大峡谷，深切于黄土高原之中。由于黄土丘壑泥沙俱下，晋陕大峡谷河段的来沙量竟占黄河的56%，可以说，真正的“黄”河是在这里成就的——深涧腾蛟，浊浪排空，黄河峡谷的典型风貌尽集于此，其中的壶口瀑布更是黄河上的一大奇观。

中国南北分界线——秦岭

秦岭是横贯中国中部的东西走向山脉，

西起甘肃南部，经陕西南部到湖北西北、河南西南部，主体位于陕西省南部地带，总长度约1500千米，为黄河支流渭河与长江支流嘉陵江、汉水的分水岭。秦岭—淮河是中国地理上最重要的南北分界线，秦岭还被国人尊为华夏文明的龙脉。

秦岭山势雄伟，由东向西逐渐升高，陕西境内的岭脊海拔约2000米，高峰2000~3000米，如华山主峰海拔为2400米、太白山主峰为3771.2米，高出汉水及渭河河谷近3000米之多。秦岭山脉入陇南境内后，其走向为西北—东南，主脉海拔均在2000米以上，丛山之间形成一些小的盆地。

秦岭北坡短而陡，水流急湍，多山涧深谷，有“秦岭七十峪”之称。南坡长而缓，呈现山高谷深的地貌。这里重峦叠嶂，云雾缭绕，山涧河谷和盆地构成了秀丽奇绝的风光，为旅游胜地。秦岭还是众多珍稀物种的分布地，野生动物中有大熊猫、金丝猴、羚羊等珍贵品种，鸟类有国家一类保护对象朱鹮和黑鹳。

十 八百里秦川——渭河平原

渭河平原又称关中平原或渭河盆地，为地堑式构造平原。位于秦岭和渭北山系（老龙山、嵯峨山、药王山、尧山、黄龙山等）之间。西起宝鸡、东至潼关，海拔300~800米，东西长约350千米，面积约3.6万平方千米，西窄东宽，号称“八百里秦川”。

渭河平原是断层陷落区（地堑），后经渭河及其支流泾河、洛河等冲积而成，属于渭河断陷盆地带的关键主体部分。四面都有天然地形屏障，易守难攻，从战国时起就有“四塞之国”的说法，所以汉代张良用“金城千里”来概括关中的优势劝说刘邦定都关中。

渭河平原位于黄土高原南端的边沿，是黄河的古河道所在地，是经渭河长年的冲刷形成的富饶平原。平原上8条河流纵横，滋润着这片土地。这里自古灌溉发达，物产极其丰富，盛产小麦、棉花等，是中国最早被称为“金城千里，天府之国”的地方。

太白山水

华清池

历史

炎帝陵

华夏始祖——炎帝与黄帝

陕西的历史源远流长，民族文化闻名遐迩。这里是中国古人类和中华民族文化重要的发祥地之一，中华民族的始祖炎帝和黄帝在这片土地上开创了中华五千年的华夏文明。

炎帝与黄帝都被视为华夏民族的始祖。据《国语•晋语》载："昔少典娶于有蟜氏，生黄帝、炎帝。黄帝以姬水（今陕西关中漆水河）成，炎帝以姜水（今陕西关中清姜河）成。成而异德，故黄帝为姬，炎帝为姜。二帝用师以相济也，异德之故也。"这是我们目前所能看到的最早记载炎帝、黄帝诞生地的史料。可见，皇帝、炎帝是起源于陕西省中部渭河流域的两个部落的首领。

据说，起先黄帝部落和炎帝部落经常发生摩擦。公元前26世纪前后，两大部落在中原地区终于爆发了阪泉（一说今山西运城，一说今河北涿鹿）之战，黄帝打败了炎帝，之后两个部落结为联盟，并攻占了周边各个部落，与东方的夷族，南方的九黎、苗族的一部分逐渐融合，形成了春秋时期的华夏族，汉以后称为汉族。

在当时中原地区的民族和部落中，黄帝族的力量较强，文化也较发达，因而黄帝族就成为中原文化的代表，炎黄二帝就成为汉族的始祖，也被人们称为中华民族的始祖，中国人也被称为"炎黄子孙"。

位于陕西的黄帝陵素有"天下第一陵"的称号，中华民族的始祖黄帝即长眠于此。黄帝的陵冢深藏在桥山之巅的古柏中。山上有8万多棵千年古柏，四季常青，郁郁葱葱。祭祀黄帝陵有着悠久的历史和传统。近年来，黄帝陵每年清明都会举行盛大的公祭典礼，它已成为传承中华文明、凝聚华夏儿女、开创美好生活的一项重大活动。

历史大事记

远古文明

早在约80万年前，蓝田猿人就生活在陕西地区。
西安城东发现的半坡村遗址，展示了6000年前母系氏族社会时期陕西的文明。
上古时期，黄帝部落和炎帝部落兴起于关中，并结为联盟。炎黄二帝则被称为中华民族的始祖。

先秦时期

公元前1046年，周武王灭掉商朝，建立了在陕西境内建都的第一个王朝——西周。
公元前771年，犬戎攻破镐京，杀死周幽王，西周灭亡。
公元前770年，周平王将关中西部土地封给襄公，秦国建立。

秦汉时期

公元前221年，秦始皇统一六国后称帝，以咸阳为首都。
公元前207年，刘邦率军进攻秦国，秦王子婴投降，秦朝灭亡。
公元前206年，项羽把原属秦地的关中地区分封给秦朝的3名降将，"三秦"由此得名。
公元前202年，刘邦打败项羽，建立西汉，定都长安（今西安西北）。

西周立国

约公元前2200年，周人始祖后稷被舜封于邰（今陕西武功县）。后稷教民农耕，部族逐渐强大，他的子孙也不断迁徙。约公元前1200年，周人迁徙到环境宜人的岐山脚下，营造城邑，正式定国号为“周”。

公元前1136年前后，周文王把国都从周原迁到了丰（今陕西长安区马王村一带）。周文王死后，其子姬发（周武王）继位。周武王于公元前1133年又迁都于镐（今长安区斗门镇一带）。公元前1046年，周武王灭掉商纣，建立西周王朝。

1043年，周武王去世，其子成王继位。由于成王年幼，故由周公旦摄政当国。摄政6年后，周公还政于成王。成王及其子康王继承文王和武王的功业，令周公制礼作乐，即创立和推行王朝的各种典章制度，此举大受孔子的尊崇，周公也因此被尊为儒学的奠基人。同时，周公和成王还大规模进行自周武王时开始的分封制，缓和了内部矛盾，最终开启了著名的“成康之治”，史家称“成康之际，天下安宁，刑措四十余年不用”。

秦始皇咸阳建帝业

陕西咸阳素有“天下第一帝都”的称号。公元前221年，秦始皇统一六国后君临天下，建立了中国历史上第一个大一统的王

周公庙

朝，咸阳也作为秦朝的首都而成为天下的中心，并成为秦汉文化的重要发祥地。

秦国原是周朝的一个诸侯国，其始祖伯益曾辅助大禹治水有功，被帝舜赐了嬴姓。公元前770年，秦襄公护送周平王东迁至洛邑有功，被封为诸侯，秦始建国，接收周朝在关中（今陕西关中地区）的领地。经历了历史上著名的春秋战国争霸乱世，秦国逐渐成为当时的强国。

从公元前230年到前221年，秦始皇嬴政先后攻灭关东六国，完成国家统一，后北击匈奴、南并百越，建立了中国空前统一的大帝国。秦朝的建立结束了自春秋起五百年来诸侯分裂割据的局面，秦国也成为中国历史上第一个以华夏族为主体、多民族共融的中央集权制国家。秦王朝还首创了皇帝制度、以三公九卿为代表的中央官制，废除

秦汉时期

公元前138年，张骞从长安出发出使西域，促成了“丝绸之路”的开通。
公元8年，王莽篡权建立新朝，西汉灭亡。

隋唐时期

581年，杨坚建立隋朝，是为隋文帝，仍定都汉长安城。
618年，从太原起兵的李渊灭隋，正式称帝，定都长安，建立了唐王朝。
755年，“安史之乱”爆发，安禄山叛军占领长安，长安城被掠夺一空。
880年，黄巢率领农民起义军占领长安，建立大齐国。

宋元明清

1038年，党项人李元昊建立大夏，陕北部分地区为其所控制。
1253年，蒙古大汗分封诸王，关中成为忽必烈的封地。
1369年，明军徐达部进入陕西，改奉元路为西安府，“西安”之名由此而来。
1556年，陕西省南部发生地震，80多万人死亡，是世界上已知死亡人数最多的地震。
1644年，李自成在西安建立政权，国号“大顺”。

汉唐皇陵的分布

陕西历史悠久，秦岭以北的关中平原是古代群雄逐鹿争霸之地，无数的帝王将相都将其陵墓选在了这片土地上，民间有“七十二陵”之说，其中尤以汉唐时期的帝王陵墓居多。至今已发现的汉唐王陵包括西汉帝陵11座、唐代帝陵18座，它们不规则地散落在西安以北的狭长平原地带上，成为三秦大地古老历史的见证。

唐昭陵： 唐太宗李世民与文德皇后长孙氏的合葬陵墓，被誉为“天下名陵”。

唐贞陵： 唐宣宗李忱之陵墓。

唐建陵： 唐肃宗李亨之陵墓。

汉康陵： 汉平帝刘衎之陵墓。

汉延陵： 汉成帝刘骜之陵墓。

唐靖陵： 唐僖宗李儇之陵墓。

唐乾陵： 唐高宗李治与女皇武则天合葬墓，是唐陵中唯一一座没有被盗的陵墓。

汉平陵： 汉昭帝刘弗陵之陵墓。

汉茂陵： 汉武帝刘彻之陵墓，是汉代帝王陵墓中规模最大、修造时间最长、陪葬品最丰富的一座陵墓。

古代帝王陵墓多有数量庞大的陪葬墓，如汉武帝茂陵东侧有卫青墓。

唐昭陵是唐代具有代表性的一座帝王陵墓，昭陵出土了大量绚丽多彩的唐三彩。

唐乾陵出土了100多幅绚烂多彩的墓室壁画，堪称中国古代瑰丽奇绝的艺术画廊。

了分封制代以郡县制，彻底打破了自西周以来的世卿世禄制度，强化了中央对地方的控制，奠定了中国大一统王朝的统治基础，故称“百代都行秦政法”。

古都咸阳在历史上包括了现在的西安和咸阳两市，至今这片土地上仍保存着众多的秦代遗址。其中，最有名的当数1974年西安市临潼区出土的秦始皇兵马俑。

近现代时期

1900年，八国联军进入北京，慈禧太后挟光绪皇帝西逃至西安。
1911年，陕西革命党人在西安起义响应辛亥革命，陕西是北方第一个响应起义的省份。
1933年，西安曾改名西京，被定为中华民国陪都。
1936年12月12日，张学良和杨虎城发动西安事变，直接促成第二次国共合作。
1937年，中共中央进驻延安，延安成为抗日战争和解放战争的指挥中心。
1955年，交通大学由上海迁至西安，成为后来的西安交通大学。
1974年，秦始皇兵马俑被发现，它被誉为“世界第八大奇迹”。

帝王之都——长安

西安是闻名世界的历史名城，与罗马、雅典、开罗齐名，也是中国六大古都中建都历史最长的一个。长安文化代表着中华文化的主干。早在约80万年前，蓝田古人类就在这里建造了聚落；7000年前的仰韶文化时期，这里已经出现了城垣雏形。自周朝起，西安就成为关中地区的重要城市，并先后成为周、秦、汉、隋、唐等13个朝代的都城，留下了数不尽的历史传奇。

西汉帝都

公元前202年，刘邦打败项羽，建立西汉，定都长安（今西安西北）。西汉建立后，在诸多制度上承袭了秦制，又实行了轻徭薄赋的政策，使社会经济稳步发展，农业、手工业及商业领域均取得明显进步，出现了“文景之治”的盛世景象。西汉时期，长安同西方许多国家建立了友好往来的关系。公元前138年，汉武帝派遣张骞出使西域，促成了“丝绸之路”的开通。

《张骞通西域》雕塑

隋建大兴城

隋朝长安城的发展有了质的变化：旧城被弃、新城兴起。581年，北周权臣杨坚迫使静帝禅让，随即杨坚称帝，建立隋朝。开国之初，都城仍在汉长安旧城，但此时的长安城因久经战乱，已残破不堪。隋文帝遂放弃长安旧城，于龙首原之南营建新都“大兴城”。“大兴城”基本位于今西安城及城东、城南、城西一带。大兴城自582年开建，至613年建成，后逐渐成为当时世界上规模最大的城市。

唐代长安城

唐代长安城是中国古代乃至世界古代史上最大的都城，在其发展的极盛阶段，人口超过100万，一直占据着世界中心的地位，吸引了大批的外国使节与朝拜者的到来，“西罗马，东长安”是其在世界古代历史上的地位的写照。著名的丝绸之路以西安为起点。

十 大唐盛世

隋末，隋炀帝奢侈无道，激起民变。617年，从太原起兵的李渊渡过黄河，攻占朝邑（今陕西大荔县东），随后占领长安，立代王杨侑为恭帝，自为大丞相。618年，李渊逼恭帝禅位，正式称帝，定都长安，建立了唐王朝。

唐代是中国古代的鼎盛时期，也是古代陕西最繁荣的时期。唐代，瓷器制作已成为一个独立的生产部门，唐三彩是陶瓷工业的新品种，耀州青瓷也很有名。

唐代，长安城也是全国的商业贸易中心。城内的东市和西市，是专门经营商业的地方，朝廷设东西市局、平准局进行管理。西市有衣肆、坟典肆、药材肆、波斯邸等各种行业，还有专为大商人存放钱币的柜坊，商业分工很细。东西市之外，在兴道、务本、长兴、靖安等坊内都有旅舍、寄舍。有趣的是，由于铜钱携带不便，在唐宪宗时，长安出

大唐芙蓉园与唐代长安城模型

《长恨歌》碑文

现“飞钱”（亦称便换，类似现在的转账支票），为商品交易提供了很大的方便。

唐代是我国古典诗歌发展的鼎盛时期。唐代的大多数诗人在长安留下了脍炙人口的诗篇。李白的《蜀道难》、“诗圣”杜甫的《新安吏》《石壕吏》《潼关吏》、白居易的《新乐府》《秦中吟》《长恨歌》、杜牧的《阿房宫赋》《过华清宫》和王维的《送元二使安西》等，都是流传后世的著名诗篇。

唐代书法艺术是我国古代书法史上的一个高峰，名家辈出。今西安碑林里保留了欧阳询的《皇甫诞碑》、欧阳通的《道因法师碑》、褚遂良的《大唐三藏圣教序》、颜真卿的《郭家庙碑》《颜勤礼碑》《颜氏家庙碑》、徐浩的《不空和尚碑》、柳公权的《玄秘塔碑》《冯宿碑》等，真可谓名篇荟萃。

十 西安事变

1936年12月12日，张学良和杨虎城发动西安事变，逼迫蒋介石抗日。在各方势力的斡旋下，西安事变最终和平解决，时局得以扭转，十年内战的局面基本结束，国共实现第一次合作，开始联合抗日。

1935年10月，红军长征到达陕北。不久“一二·九”运动爆发，全国人民的抗日运动掀起新的高潮，蒋介石的“攘外必先安内”的政策愈加不得人心。在西北担负剿共任务的东北军与西北军厌恶内战，在全国抗日运动高潮的推动下和中国共产党抗日统一战线政策的影响下，两军领导人张学良、杨虎城等更加坚定了“联合抗日”的信念。

蒋介石对张、杨很不放心，除调集嫡系部队至豫、陕边境，逼迫张、杨继续进攻红军外，还于1936年12月亲自飞到西安，进一步逼迫张、杨“剿共”。两位将领遂毅然决定实行兵谏。12月12日凌晨，张学良的卫队进抵蒋介石驻地临潼华清池，与蒋的卫队交火，并将蒋介石拘押。张、杨二人当即宣布撤销“西北剿匪总部”，成立抗日联军西北临时军事委员会，通电全国提出改组南京国民政府、停止内战等八项主张；同时致电中共中央，要求派代表到西安共商团结抗日大计。

西安事变发生后，在如何对待事变的问题上，南京当权势力中出现了两种对立的主张：以何应钦为首的亲日派主张进攻西安；亲英、美的宋子文、孔祥熙则希望事变和平解决，以维护蒋介石的统治地位。事变期间，各地军阀也纷纷派人赴西安活动。中共中央在对国际国内的政治形势进行正确分析之后，确定了和平解决西安事变的基本方针，派遣周恩来到西安参与谈判，国民政府则派宋子文、宋美龄到西安谈判。经过谈判，蒋

西安事变旧址

介石被迫同意了“停止内战，联共抗日”的主张，西安事变得到和平解决。

西安事变和平解决后，国共实现第二次合作，开始联合抗日。可见，西安事变是中国由国内战争走向抗日民族战争的转折点。

革命圣地——延安

延安是中国的革命圣地，它既是红军长征胜利的落脚点，也是建立抗日民族统一战线、赢得抗日战争胜利并进而夺取全国胜利的解放战争的出发点。从1935年到1948年，毛泽东等老一辈无产阶级革命家就是在这里领导和指挥了中国的抗日战争和解放战争，奠定了中华人民共和国的坚固基石，谱写了伟大的历史篇章。

1934年10月，中央红军从江西瑞金出发，历经千难万险，行程两万余里，于1935年10月19日到达陕北吴起镇（今吴起县）。1937

《革命英雄》塑像

年1月，中共中央进驻延安，从此，延安成为抗日战争和解放战争的指挥中心和战略总后方。党中央进驻延安后，凤凰山麓成为中央机关和毛泽东的第一个驻地。

1937年7月7日，卢沟桥事变爆发，日本发动了全面侵华战争，红军改编为国民革命军第八路军，抗击装备精良的日本侵略军，创建了多个抗日根据地，使抗日战争由战略防御转入战略相持阶段。在此期间，毛泽东在延安写下了《论持久战》和《战争与战略问题》等许多军事著作，为夺取抗日战争的胜利指明了正确的方向。

抗日战争期间，党中央高度重视政权建设，成千上万的爱国青年冲破重重阻力，跋山涉水奔向延安，这些抗日军政人才后来为中国人民的解放事业建立了不可磨灭的历史功勋。延安时期，全党全军还开展了著名的“大生产运动”，使陕甘宁边区克服了困难，而且培育了自力更生、艰苦奋斗的延安精神。1942年2月开始，中央还在延安开展了整风运动，解决了党内存在的矛盾，增强了各级党员干部的党性观念，加强了党内的团结和统一。

1947年3月，蒋介石发动内战，大举向陕甘宁边区发动进攻。中央主动放弃延安，踏上了转战陕北的征途。1948年3月，毛主席和中央机关东渡黄河，迁往河北省平山县西柏坡村，延安作为中共中央的指挥中枢的历史也正式落下了帷幕。

十 陕西历史名人

在历史长河中，陕西人文荟萃、名人辈出，在哲学、政治、军事、科技、文化等各个领域都涌现出了许多杰出的人物。

炎帝（生卒年不详）： 生于今陕西宝鸡一带（有争议），又称赤帝、烈山氏。中华民族的始祖之一，与黄帝结盟并逐渐形成了华夏族。

汉武帝画像

周文王（前1152—前1056）： 姬姓，名昌，岐周（今陕西岐山）人。周朝奠基者，在位50年，是中国历史上的一代明君。

周武王（约前1087—前1043）： 姬姓，名发，文王之子。继承其父遗志，推翻商朝统治，成为西周王朝的开国之君。

白起（?—前257）： 战国时期秦国郿县（今陕西眉县）人。中国古代著名的将领、军事家。一生征战六国，为秦国统一六国做出了巨大的贡献。

张骞（前164—前114）： 字子文，汉中郡城固（今陕西省城固县）人。中国汉代卓越的探险家、旅行家与外交家，为丝绸之路的开拓做出了巨大的贡献。

汉武帝（前156—前87）： 姓刘名彻，生于长安（今西安）。在位期间，数次大破匈奴，还遣使出使西域，开拓汉朝版图，独尊儒术，首创年号，开创了汉朝的鼎盛局面。

司马迁（前145—前90）： 字子长，西汉

隋文帝像

夏阳（今陕西韩城）人。中国古代伟大的史学家、思想家、文学家，被后人尊称为“史圣”。著有《史记》——中国历史上第一部纪传体通史，对后世影响巨大。

班超（32—102）：字仲升，扶风郡平陵县（今陕西咸阳东北）人。东汉著名的军事家和外交家，曾出使西域，为平定西域、促进民族融合做出了巨大贡献。

隋文帝（541—604）：本名杨坚。隋朝的开国皇帝，开创了辉煌的“开皇盛世”。

孙思邈（581—682）：京兆华原（现陕西铜川市耀州区）人。唐代医药学家，一生勤于著书，以《千金要方》《千金翼方》影响最大，被后人称为“药王”。

颜真卿（709—784）：字清臣，唐京兆万年（今陕西西安）人。唐代中期杰出书法家，创立“颜体”楷书，与赵孟頫、柳公权、欧阳询并称“楷书四大家”，和柳公权并称“颜筋柳骨”。

柳公权（778—865）：字诚悬，京兆华原（今陕西铜川市耀州区）人。唐代著名书法家，以楷书著称，与颜真卿齐名。

杜牧（803—约852）：字牧之，号樊川居士，京兆万年（今陕西西安）人。唐代著名诗人，与李商隐并称“小李杜”，著有《樊川文集》。

李自成（1606—1645）：原名鸿基，陕西米脂县人。明末农民起义领袖，古代杰出的军事家，号称“闯王”。率领起义军转战于陕西大地，最终在西安建立“大顺”政权，并攻占北京，推翻了明朝的统治。

杨虎城（1893—1949）：陕西蒲城县人。著名的抗日爱国将领、民族英雄。年轻时投身于孙中山领导的辛亥革命，后与张学良发动西安事变，迫使蒋介石联共抗日。

隋文帝像

孙思邈像

兵谏亭

大雁塔

文化

《信天游》雕塑

陕北情歌——信天游

提起陕北，不少人就会想到历史悠久、祖辈传唱的信天游。信天游是陕北人对生命的祭歌，对爱情的赞歌，对生活的颂歌。信天游恒久的生命力来自广袤的黄土高原上生生不息的情与爱、仇与恨，它凝结着世代与自然和生命抗衡的陕北民众的心血和泪水。陕北民间有“信天游不断头，断了头，穷人无法解忧愁”之说。

信天游又叫“山曲”“顺天游”，是陕北民歌中最富有特色的歌种，最能代表陕北民歌的风韵。陕北地处黄土高原，山连着山，沟接着沟。生活在这里的人们，在山上劳作耕耘，行走在险峻的山路和深深的沟壑之间。在繁重而单调的生活中，为了排遣心头的忧愁和寂寞，便见景生情，信口唱歌，用高亢而悠长的歌声抒发自己的感情，以释放积压在心头的郁闷和愁苦。

信天游的曲调丰富多彩，内容包罗万象，很受广大劳动人民的喜爱。

信天游的句式结构非常特别，一般每节两句，两句一韵，下一节可换韵，亦可不换；上句起兴、作比，下句点题。信天游大都旋律奔放、开阔，扣人心弦、荡气回肠，这同沟川遍布的陕北地貌有很直接的关系。信天游高度集中地展示了高原的自然景观、社会风貌和陕北人的精神世界。

情歌是信天游的精华，由此构成了陕北民歌的主调，如民间传唱的《三十里铺》《拦羊的哥哥》《赶牲灵》《送情郎》《泪蛋蛋抛在沙蒿蒿林》《走西口》等都是情歌的代表作品。

西北最大的剧种——秦腔

秦腔又称乱弹，是中国汉族最古老的戏剧之一。秦腔流

陕西卷轴

《创业史》：现实主义长篇小说，柳青的代表作。主要讲述了中国农业社会主义改造进程中的历史风貌和农民思想情感的转变，成功塑造了梁生宝、梁三老汉、郭世富、郭士杰、郭振山等人物形象。

《平凡的世界》：路遥的代表作。以中国20世纪70年代中期到80年代中期为背景，通过复杂的矛盾纠葛，刻画了当时社会各阶层众多普通人的形象，展示了普通人在大时代历史进程中所走过的艰难曲折的道路。1991年荣获第三届茅盾文学奖。

《白鹿原》：陈忠实的代表作。以陕西关中平原上素有“仁义村”之称的白鹿村为背景，细腻地描写了白姓和鹿姓两大家族祖孙三代的恩怨纷争，浓缩着深沉的民族历史内涵。

《秦腔》：贾平凹的长篇小说。以细腻平实的语言，采用“密实的流年式的书写方式”，集中表现了改革开放年代乡村的价值观念、人际关系在传统格局中的深刻变化。2008年荣获第七届茅盾文学奖。

行于中国西北的陕西、甘肃、青海、宁夏、新疆等地，其中以宝鸡的西府秦腔最为古老。又因秦腔以枣木梆子为击节乐器，所以又叫"梆子腔"。

秦腔源于古代陕西、甘肃一带的民间歌舞，"形成于秦，精进于汉，昌明于唐，完整于元，成熟于明，广播于清"。因周代以来，关中地区就被称为"秦"，秦腔由此而得名。

秦腔的表演朴实、粗犷、豪放，富有夸张性。秦腔唱腔分为欢音、苦音两种，前者表现欢快、喜悦情绪，后者抒发悲愤、凄凉情感。秦腔唱腔音乐丰富多彩，优美动人；主奏乐器为板胡，发音尖细而清脆。在脸谱、身段、化妆、特技以及语言声韵等方面，秦腔都有自己独特的风格。"唱戏吼起来"被誉为关中十大怪之一。

秦腔因其流行地区的不同，衍变成不同的流派。流行于关中东部渭南地区的称东路秦腔，流行于关中西部宝鸡地区的称西府秦腔，流行于汉中地区的叫汉调秦腔，流行于西安一带的称西安乱弹（中路秦腔）。各路秦腔因受各地方言和民间音乐的影响，在语音、唱腔、音乐等方面，都稍有差别。

秦腔所演的剧目多取材于"列国""三国""杨家将""说岳"等英雄传奇或悲剧故事，也有神话、民间故事和各种公案戏，剧目十分丰富。2006年5月，秦腔被列入第一批国家级非物质文化遗产名录。

秦腔演员

气势磅礴的安塞腰鼓

腰鼓是陕北各地广泛流传的一种民间鼓舞形式，是陕西民间舞蹈中具有较大影响的舞种之一。腰鼓尤以延安地区的安塞区最为盛行。安塞腰鼓由来已久，具有2000年以上的历史。它本是古代军旅用来提升军中士气及传递情报的，现在则用来表达胜利的欢呼和丰收的喜悦。腰鼓以其紧密的击鼓声、强悍的步伐、变幻的阵势、雄壮的呐喊，尽现男子阳刚之美，在中国乃至世界上极负盛名。

安塞腰鼓多采用集体表演形式，鼓手少则数十人，多时可达百余人。队伍包括拉花女角、伞头、蛮婆、蛮汉等角色，并组成浩浩荡

陕西影像

《黄土地》（1985年）：陈凯歌执导的作品。该片的主人公是陕北农村贫苦女孩翠巧，自小由爹爹做主定下娃娃亲，她无法摆脱厄运，只得借助"信天游"的歌声，抒发内心的痛苦。

《秋菊打官司》（1992年）：由张艺谋执导。这是一部农村题材的电影，主要讲述了农村妇女秋菊为了一口气，就村主任踢伤丈夫的事情提起复议并最终诉讼的故事。

《黄河绝恋》（1999年）：冯小宁执导、宁静等主演。这是一部战争题材的电影，讲述了八路军战士黑子与安洁等人奉命护送一位盟军飞行员前往根据地的故事。影片场面壮观，风光瑰丽，展示了黄河和黄土高原的恢宏壮美。

《延安颂》（2003年）：这是一部40集的抗战历史电视剧，讲述了中国共产党在延安由小到大、由弱到强的十年，反映了中国共产党以毛泽东为核心的第一代领导集体的形成过程。

窑洞

窑洞是中国西北黄土高原上居民的古老居住形式。窑洞这一“穴居式”民居的历史可以追溯到四千多年前。在中国西北地区的黄土高原，黄土层非常厚，当地百姓创造性地利用高原有利的地形，凿洞而居，创造了冬暖夏凉、被称为“绿色建筑”的窑洞。窑洞是黄土高原的产物，坚固耐用，有“有百年不漏的窑洞，没有百年不漏的房厦”的说法。

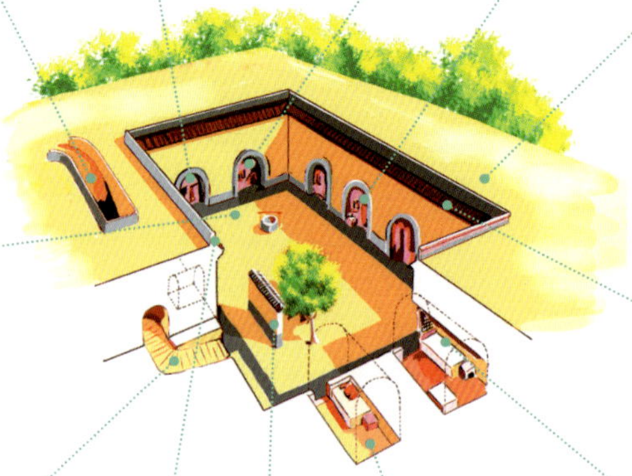

陕西天籁

《南泥湾》：诞生于延安的革命歌曲。此曲旋律优美、抒情，热情歌颂了开荒生产的八路军战士，歌颂他们把荒凉的南泥湾改造成了美丽的“江南”。

《东方红》：陕甘宁边区新民歌的代表作。这首歌以朴实的语言，唱出了人民群众对伟大领袖毛泽东主席及其领导的中国共产党的深情，歌词简单，情感真实，流传极广。

《黄土高坡》：1988年，由著名歌手范琳琳演唱。这首歌曲曾风靡一时。歌手以其高亢豪放的歌声、昂扬的生命激情，展现了黄土高原的豪迈。

《延安颂》：这首歌热情歌颂了抗日战争中的延安欣欣向荣的动人景象，表达了千百万革命人民向往延安、热爱延安的强烈愿望和真挚情感。此曲具有抒情性，又富有战斗气息。

安塞腰鼓表演

荡的民间舞队。安塞腰鼓在表演上强调整体效果，要求动作的整齐统一和队形变化的规范性。通过鼓手们豪迈粗犷的舞姿和刚劲有力的击鼓技巧，安塞腰鼓充分展现生息在黄土高原上的男子汉们的阳刚之美。

安塞腰鼓有文、武之分，“文腰鼓”轻松愉快、潇洒活泼，动作幅度小，类似秧歌的风格；“武腰鼓”则欢快激烈、粗犷奔放，并有较大的踢打、跳跃和旋转动作，尤其是鼓手的腾空飞跃技巧，给人们以英武、激越的感觉。近些年来，文、武腰鼓逐渐结合形成新的风格，以安塞的西河口乡与真武洞两地最具特色。

安塞腰鼓的表演形式大致分为路鼓和场地鼓。路鼓是腰鼓队在行进中边走边舞的一种表演形式；场地鼓则是腰鼓队到达表演地点，打开场子后的表演形式。表演时，舞者尽情表现各自的技艺绝招，情绪热烈，跌宕起伏，使表演达到高潮。

近年来，气势磅礴的安塞腰鼓从农村打到城市，从黄土高原打向大江南北，从农家小院打到天安门前，从自编自演走向电影电视屏幕，以它独特而精湛的艺术打遍全国，走向全世界。

榆林·陕北民歌展

行走陕西

带什么

旅行者

常规必带

服装、背包

夏季，延安、壶口地区早晚温差大，晚上睡觉时应将空调调到26℃，不要过凉；避免睡觉时不盖棉被。此外，陕北地处高原，紫外线比较强烈，请备好防晒油、保湿性护肤品及太阳伞。如果冬天到这些地区旅行，应准备好御寒衣服。

在够用的前提下，旅行携带的行李背包应越少越好。一般45升以下的背包就足以应付；如果参与一些野外徒步野营活动，那么一大一小两个背包也就足够了。

药品、食品

常规旅游准备一些感冒药品、胃肠类药品和一些去热止痛的药品就可以了，如感冒片剂、感冒冲剂、泻痢停、复方阿司匹林、扑尔敏、抗生素。

简单携带一些喜欢的食品即可，纯净水、功能饮料视消耗情况，随时补充储量。

洗漱用品

主要有毛巾、牙膏、牙刷、香皂、护肤霜、洗发水、梳子、剃须刀、手纸、湿纸巾等。

手套、防晒霜、太阳镜、帽子

户外旅行拥有一双干爽手套，十分必要；在高原旅行，防晒霜可以削弱紫外线的影响，避免被晒伤；一副好的太阳镜和一顶带有边沿的帽子，也必不可少。

野外旅行者

特殊选带

药品、食品及防蚊水

背包客与徒步、探险之类的自助旅游者，要备好以下药品：

常备药物：牛黄解毒片、黄连素、牙周宁、息斯敏、乘晕宁。

外用药：云南白药、万花油、创可贴、清凉油、风油精、伤湿止痛膏、眼药水、药棉、纱布、绷带、白胶布。

维生素类：金施尔康、善存片、其他维生素片。

食物方面，首选巧克力、牛肉干、水果糖、榨菜、饼干等高热量的食物。

夏季防蚊水必不可少，因陕西多丛林山峰，蚊虫不少。

旅行水壶、指南针

随身带个水壶十分必要；万一迷了路，指南针能够给你指引前进的方向。

摄影器材

旅游和摄影向来是不分家的。相机是一件必不可少的装备。对于普通旅游者而言，手机可基本满足需要。若是想拍摄高质量的自然美景和少数民族的风土人情，带上专业相机加一支广角镜头和一支中焦变焦镜头可基本满足需要，一个轻便的三脚架也十分有必要。多带几块电池和几张容量大点的SD卡。此外，偏振镜、UV镜、清洁套装、防尘防雨塑料袋等，也十分有用。

摄影者

何时去

城墙灯会

陕西的最佳旅游季节一般为春季与秋季。春天与秋天温度较为适宜，没有冬天的寒冷，阳光照射不如夏天强烈，在城内和郊外走走，去参观各处和历史有关的景点会很舒适。如果去骊山、翠华山等风景区，也是山花遍野或者层林尽染的季节，景色优美。但是，春季时偶有沙尘天气；遇到沙尘天气，则不宜在室外活动。

陕西旅游月历

时间	节日
正月十五前后 正月十五	城墙灯会 “延安过大年”秧歌节
3月	汉阴油菜花节
4月	黄帝陵祭祖 法门寺国际文化旅游节 长安国际书法年会 铜川佛教文化节
5月	紫阳茶文化节 安康龙舟节
9月	西安古文化艺术节 西安丝绸之路国际旅游节 西安兵马俑石榴节
11月	西安城墙国际马拉松友谊赛

秧歌节演出

吃什么

肉夹馍

陕西是中华饮食文化的重要发祥地。这里既有黄土高原的粗放，又有鱼米之乡的秀丽。陕西菜最出名的就是种类繁多的面食了。

肉夹馍

当地百姓最常吃、最爱吃的一种大众食品，不仅口味好，而且饱腹。肉用腊汁肉，极为酥烂，肥肉不腻口、瘦肉不柴不油。

Biangbiang面

也称裤带面，"面条像裤带"，是关中十大怪之一。

牛羊肉泡馍

陕西名食的代表，其烹制精细，料重味醇，肉烂汤浓，肥而不腻，香气四溢，营养丰富。

岐山臊子面

以薄、筋、光、酸、辣、香而著名。它的特点是：面条细长，厚薄均匀，臊子鲜香，红油浮面，汤味酸辣，筋韧爽口，老幼皆宜。

饺子宴

西安饺子宴打破了一般只用猪、牛、羊肉和蔬菜做馅的传统，鸡、鸭、鱼肉、蛋等，凡是好吃而又富营养的材料都可以做馅。

箸头面

陕西著名的地方小吃，因为面条似筷子头粗细，筷子古时称箸，故名箸头面，又称"香棍面"。煮熟的面条加入调料后浇泼上沸热的菜籽油而成。面条光滑筋道，柔韧耐嚼，香辣清爽。

三原千层油饼

三原县的千层油饼也叫"金钱油塔""千层饼"。丝细多层，口感松软绵润。食用时，配上一碟泡菜和一碗豆浆，则更具风味。

白吉饼

咸阳特有的一种烤饼，制作好后两面饼皮粘连较松，俗称"两张皮"。皮薄松脆，内心软绵，可单独食用；夹上腊汁肉，则称"腊汁肉夹馍"。

住哪儿

西安维景国际大酒店

在陕西，只要是有人烟的地方就不愁找不到住宿的地方。一般大城市、小县城都会有高低档次不同的各个类型的旅馆，和其他省相比，同类型旅馆的价格相对便宜一些。而省会城市西安的住宿偏于中高档，住宿条件相对比较好。

星级酒店

陕西省主要城市的星级酒店数量众多，并且服务优质。由于入住客人的需求较高，这些地区的星级酒店在交通、娱乐等设施方面也十分完善，可放心选择入住。

快捷连锁酒店

如家、7天、汉庭、格林豪泰等酒店，在绝大多数的地级市区均有分布，并且数量不少；不过，旺季还是建议提前预订。

普通宾馆

陕西各地经济型宾馆数量不少，但条件一般，地理位置较好的宾馆最好提前预订。

青年旅舍

若你喜欢在旅途中结交朋友，青年旅舍是个不错的选择。西安、咸阳青年旅舍众多，陕西其他地方也有少量青年旅舍分布。各地的青年旅舍条件不一，需注意甄选。

特色客栈

陕西不少的古村落中，有当地人开设的特色客栈。也许客栈的条件一般，但却是领略古镇风情的好去处，很多客栈里都可远眺整个村落风光，推荐入住。

西安钟楼饭店

怎么走

前往陕西的交通方式有多种，飞机、火车、汽车、自驾，可根据需要选择。陕西省的主要城市都有飞机和火车，很是方便。在陕西省内旅游时，乘坐火车是既舒适又实惠的一种方式。有些城市火车不能到达的话，就只能选择汽车了；而有些地区山高路远，就只能包车前往，记得提前和司机讲好价格。

西安咸阳国际机场

延安南泥湾机场

有用信息

旅游通信

通信

陕西全境均可使用手机。手机信号覆盖全面、广泛。从信号强度上来说，三家运营商的信号均表现良好；偏远地区的信号，则是移动最强、电信次之、联通最弱。一般除非进入深山老林之中，否则无须担心通信问题。

银行

陕西的众多城市都有常见的银行，如中国银行、农业银行、工商行业、建设银行和邮政储蓄银行等，一般持具有银联标识的银行卡即可使用。但在小城镇，多是农业银行、邮政储蓄银行及农村信用合作社等机构；若是持有农行银联卡或是邮政绿卡前往，则较为便利。没有这类银行卡也没有关系，现在绝大多数地方皆可通过微信、支付宝支付。

节约技巧

● 选择入住品牌连锁酒店时，除了订房网站外，不妨到团购网站和酒店官网看看，往往会有更多惊喜；青年旅舍往往是省钱的最佳选择。

● 要善于利用淘宝、大众点评及各种团购APP应用，不仅能吃到美味，还能得到众多优惠。

● 合理安排行程，不仅可节省时间，而且能够减少交通费用。可参考一些网站的行程攻略。

俯瞰风景

山顶眺望

● 在城市内，尽量选择公共交通。从一个城市前往另一个城市的第一选择是火车，速度与汽车差不多，却会省不少钱。

● 淡季出行是省钱的撒手锏。淡季不仅门票价格减半，还可以避开众多的游人，也可以订到更优惠的酒店。

● 在陕西购买旅行纪念品，大可不必去商业街区的各种店铺。在当地人开的店铺或是从村民手中，不仅能买到理想的纪念品，而且对当地人的生活有实际的帮助。

突发状况

旅途中总会遇到一些突发状况，但只要做到“事前认真准备，事后冷静处理”，一切都会迎刃而解。

汽车抛锚：自驾游之前，应当掌握一些简单的、基本的维修技术。若是途中出现汽车抛锚的情况，先依据经验，判断是否可以自己解决；若不能解决或无法判断，则要打电话给保险公司，寻求帮助。

钱物丢失：在旅途中丢失钱物，总会给美好的旅行蒙上一层阴影。为避免财务损失，应以预防为主。最好携带少量现金；把现金放到贴身衣物中，只把零钱放在包里；银行卡不要与身份证放在一起。若是钱物丢失，马上联系可以联系的朋友寻求帮助，切不可拖拉；可以及时向警方报案。

水土不服、食物中毒或生病：因为水土不服、食物不洁或者天气因素，生病也是难免的。特别是一个人的话，更是需要时刻注意。因此，旅途中应带足相关药品（如感冒类、胃肠类药品等）。出行时，要保护好自己，不随便吃东西，少在雨里蹚行等。不幸生病的话，要及时吃药或到医院就诊；若是严重的话，要联系朋友及家人。

露营

发现者旅行指南

西安

概览

亮点

秦始皇兵马俑

被誉为“世界第八大奇迹”“20世纪考古史上的伟大发现之一”。

西安城墙

至今已有600多年的历史，是中国现存最完整的一座古代城垣建筑。

钟楼·鼓楼

西安钟楼是我国古代遗留下来的众多钟楼中形制最大、保存最完整的一座，因楼上悬挂铁钟一口而得名；西安鼓楼是中国现存的最大的鼓楼。

大雁塔文化休闲景区

一个以千年古塔——大雁塔为轴心，以大雁塔北广场为主体的旅游文化休闲景

西安钟楼

区，被誉为西安的“城市会客厅”。

终南山

为秦岭山脉的一段，素有“仙都”“洞天之冠”和“天下第一福地”的美称。

必逛街道

书院门古文化街： 西安著名的古文化一条街。这里售卖的多是具有陕西特色的民间工艺品及古玩、字画等。

东大街： 西安人的购物天堂，有开元商城、世纪金花广场、百盛等百货大楼。大街中间的骡马市步行街，是年轻人喜欢的地方。

线路

西安市区一日游

上午乘车到碑林博物馆参观，之后前往西安城墙游览。从城墙下来之后，可以前往钟鼓楼参观，然后到鼓楼小吃街吃午饭。

午饭后参观陕西历史博物馆，之后步行到大雁塔广场，这里有亚洲最大的音乐喷泉。从大雁塔出来步行可到大唐芙蓉园，晚上这里有各类与唐朝有关的表演。

东线秦风唐韵二日游

第一天早上乘车前往临潼，目睹秦陵“千古之谜”。午饭后前往秦始皇帝陵博

碑林

物院，参观我国古代保存至今最大的帝王陵墓之一，随后返回西安住宿。

第二天早上乘车前往华阴游华山。乘“亚洲第一索”上至北峰——云台峰，最后至2160米的华山极顶，感受天下第一险山的壁立千仞、雄奇险峻。游览完毕后，乘车返回西安。

为何去

西安，另一个富有历史韵味的名字叫“长安”。作为曾经的帝王古都，西安经历过周秦汉唐的辉煌，透着一丝难掩的王城气概。走在街上，穿行在巍峨的城墙下，不经意间，便与古老厚重的历史有了奇异的交错感。

大唐芙蓉园

何时去

到西安最主要的是游览古迹。春天与秋天温度较为适宜，在城内走走很舒适。此时的骊山、翠华山等风景区，也是山花遍野或者层林尽染，景色优美。但需要注意的是，春季时偶有沙尘天气，尽量避免在沙尘天气出行。

翠华山

大兴善寺

区域解读

区号：029

面积：约10 108km²

人口：约1299.59万人

地理 GEOGRAPHY

区划

西安市下辖11个区（新城区、碑林区、莲湖区、雁塔区、未央区、灞桥区、阎良区、临潼区、长安区、高陵区、鄠邑区），2个县（周至县、蓝田县），以及7个国家及省级重点开发区。

地形

西安市的大体地势是东南高，西北与西南低，呈一簸箕状。秦岭山脉西南端太白山峰巅海拔3867米，是大陆中部最高的山峰。渭河平原东北端渭河河床最低处海拔345米。

西安境内河网密集，渭河、泾河及石川河系过境河流，其余河流均发源于秦岭山地或骊东南丘陵。绝大多数河流由南向北流经渭河平原汴入渭河。

骊山

气候

西安市平原地区属暖温带半湿润大陆性季风气候，冷暖干湿四季分明。冬季寒冷，风小、多雾、少雨雪；春季温暖，干燥、多风，气候多变；夏季炎热多雨，伏旱突出，多雷雨大风；秋季凉爽，气温速降，秋淋明显。

历史 HISTORY

西安历史大事记

●先秦时期

约110万年前的旧石器时代，人类祖先已经在西安一带繁衍生息，以西安的蓝田猿人为代表，揭开了人类文明的一页。

距今六七千年前的新石器时代，先民们在此建造了村落——半坡村，它是中国母系氏族公社繁荣时期的典型代表。

公元前841年，镐京发生“国人暴动”，这是中国历史上最早的大规模群众暴动驱逐国王的事件。

秦献公二年（前383年），秦将都城自雍城（今宝鸡市凤翔区）迁至栎阳（今西安市阎良区武屯乡）。

秦孝公六年（前356年），商鞅在秦孝公的支持下开始变法。

秦孝公十三年（前349年），秦将都城迁

终南山

至咸阳（地跨今咸阳市和西安市）。

●秦汉时期

公元前221年，秦始皇统一六国，建立起中国历史上第一个统一的、多民族的、中央集权制的国家——秦朝，定都咸阳。

公元前206年，西楚霸王项羽在新丰鸿门（今西安市临潼区新丰镇鸿门堡村）宴请刘邦，刘邦最终在张良、樊哙等人的协助下成功脱逃，这是楚汉之争的转折点，史称“鸿门宴”。

公元前202年2月，刘邦统一中国，建都长安（今西安、咸阳一带），在秦宫基础上兴建了长乐宫（皇宫）和未央宫。汉武帝时期，当时长安的面积为36平方千米，为世界第一大都市。

汉武帝时期，张骞两次从长安出发出使西域，开通了从长安通往地中海东岸全长约7000千米的“丝绸之路”。之后，“丝绸之路”成为东西方之间经济、文化交流的通道，对中西文化交流有着极为深远的影响。

●隋唐时期

北周大象二年（580年），杨坚胁迫北周静帝禅位，随即称帝，改国号“隋”，定都长安。

隋大业十三年（617年）五月，李渊起兵反隋，其子李世民占领关中渭北，弟李神通、女平阳公主在今鄠邑区起兵，占领今周至等县。十一月攻克大兴城，翌年在大兴城太极殿称帝，建立唐朝，定都长安。

唐贞观三年（629年），玄奘离开长安，历尽艰险到天竺（今印度）取经。贞观十九年（645年），他携带大量经书回到长安。此后玄奘在大慈恩寺等皇家寺院译经传教，并口述西行见闻，由弟子笔录，写成著名的历史典籍《大唐西域记》。

唐贞观十四年（640年），吐蕃赞普松赞干布遣使到长安，以黄金5000两、珍宝数百件作聘礼，请求和亲。太宗将宗室女文成公主许配给松赞干布。文成公主的入藏使汉族高度发展的文化与生产技术得以输入吐蕃。

●明清及近现代

明洪武二年（1369年），明朝改元代的奉元路为西安府，“西安”之名即始于此。

1869年，钦差大臣督办陕甘军务左宗棠在西安创办西安机器局，生产洋枪、子弹和火药。这是西安最早的近代工业。

1936年12月，蒋介石到西安督战“剿共”，张学良和杨虎城在临潼华清池扣留蒋介石，实行“兵谏”，要求抗日，史称“西安事变”。中共中央派周恩来到西安调停。经过谈判，蒋介石被迫答应抗日。

名单 西安历史名人

华夏始祖黄帝、炎帝
夏朝建立者、治水功臣大禹
商末西伯侯、《周易》作者周文王
西周王朝开国君主周武王
西周杰出的政治家、军事家周公姬旦
春秋五霸之一的秦穆公
任用商鞅变法的秦孝公
统一六国、建立秦朝的秦始皇
建立西汉王朝的汉高帝刘邦
开创西汉军事鼎盛时期的汉武帝
西汉著名持节忠臣苏武
西晋大将、学者杜预
隋朝的开创者隋文帝
开创唐朝“贞观之治”的唐太宗
唐朝“七绝圣手”王昌龄
唐代画家、工程学家阎立本
唐代著名书法家周昉
唐代著名书法家颜真卿
唐朝文学家、哲学家、政治家柳宗元
唐代著名诗人杜牧
唐代著名诗人韦应物
元代杂剧家红字李二

楚汉之争的转折点——鸿门宴

公元前209年，陈胜、吴广在大泽乡首举反秦义旗，天下云集响应。在声势浩大的起义军中，被秦始皇灭亡的六国掀起了一股强大的复国运动。

公元前206年，当时为沛公的刘邦率领义军攻破武关，进入关中地区，秦王子婴向刘邦投降。刘邦入关后，与秦民约法三章，并派人驻守函谷关，以防项羽进关。当时，项羽刚刚于巨鹿之战中破釜沉舟，歼灭了秦军的主力。项羽到达函谷关后，发现刘邦已经攻陷关中。而此前楚怀王曾与项梁、刘邦等各路将领约定“先入定关中者王之”。项羽一怒之下攻陷了关隘，并推进至戏水（今西安市临潼区东）之西，而刘邦则驻军霸上（今西安市东）。当时项羽的兵力大约是40万人，而刘邦的汉军只有约10万人。

刘邦的手下曹无伤偷偷向项羽通报，称刘邦准备自立为关中王，项羽得知后大怒，准备攻打刘邦。然而，项羽的叔父项伯与刘邦的谋臣张良关系很好，他得知项羽欲攻汉军后，乘夜前往刘邦军营找到张良，劝告张良赶紧逃亡。张良立即将此事告诉刘邦。刘邦听后十分震惊，并立刻向张良请教对策。由于双方军力悬殊，张良建议刘邦寻求项伯的协助，解除项羽的疑心。刘邦召见项伯，以兄礼对待，请求项伯向项羽求情。项伯回到项羽军中，向项羽表达刘邦的善意，并建议项羽亦以礼相待。

第二天，刘邦带着一批珍宝和少量的随从在鸿门会见项羽。席间刘邦连称自己得入关中实属侥幸。此时，项羽的谋士范增不时示意项羽动手，未果，于是范增找来项羽的堂弟项庄假借舞剑助兴，伺机击杀刘邦。这时，一旁的项伯见状也拔剑起舞，数次用身体护住刘邦。张良见状，赶紧离席，通知守在外面的樊哙。樊哙带着盾牌和剑闯入酒席，向项羽怒目而视。项羽询问了樊哙的姓名后，称赞他为“壮士”，并赐酒给他，樊哙一饮而尽。项羽又赏赐一只猪前腿，樊哙直接把猪腿放在盾牌上，用剑“切而啖之”。樊哙趁机说道：“楚怀王曾下令‘先进入关中的人便可做关中王’。沛公虽然先入关中，但并未立刻自立为王，而是退军等待大王您的到来。现在您却要诛杀有功之人，这简直是效

鸿门宴遗址

法秦朝，私下认为大王这种做法不可取。”

项羽一语不发，吩咐樊哙就座。刘邦瞅准时机，借口如厕，带着樊哙一同离席。不久，项羽派陈平召唤刘邦。刘邦认为应该先辞行，樊哙反对，认为现时的情况是“人为刀俎，我为鱼肉”，不能再拖，不可太拘泥于小节。于是，刘邦和樊哙带着众将领一同逃走。逃走前，刘邦吩咐张良把带来的一对白璧送给项羽，一对玉斗送给范增。

张良回到席上，献上礼物，并代刘邦向项羽赔罪。项羽收下了璧玉，放在桌上；范增则拔剑击破了玉斗，并断言刘邦将会夺取项羽的天下。

这场惊心动魄的宴会，史称“鸿门宴”。项羽一念之仁，放走刘邦，为后来的楚汉之争埋下了伏笔。

咸阳历史大事记

●先秦时期

秦孝公十二年（前350年），商鞅提议将都城由雍城迁至新建成的咸阳城（今咸阳市渭城区境内），得到秦孝公支持。次年，秦国正式迁都咸阳。

战国末期（约公元前239年），秦相吕不韦组织门客在咸阳编成汇集先秦各派学说的《吕氏春秋》一书。书成后，吕不韦公布于咸阳城门，声称凡能增删或改动一字者，重赏千金。“一字千金”即典出于此。

●秦汉时期

公元前221年，秦始皇统一六国，建立起中国历史上第一个统一的、多民族的、中央集权制的国家——秦朝，定都咸阳（地跨今咸阳和西安两市）。

公元前213年，秦始皇在咸阳宫宴请文武百官及70余位博士。宴席上群臣争议分封，众儒生借古讽今，非议朝廷。秦始皇准允李斯建议，除保留秦国历史及卜巫、医学、法令等书籍外，其余一律焚烧。次年，秦始皇下

《秦始皇战车》雕塑

诏求贤，但因有人非议始皇帝的政策法令，遂设计坑杀了460余名方士和儒生，史称“焚书坑儒”。

●唐、明、清

唐武德元年（618年），入主长安城的大唐政权同盘踞金城（今甘肃省兰州市）的西秦政权，在浅水塬进行军事决战。贞观四年（630年），唐太宗下诏修建昭仁寺，刻石立碑，以悼亡灵。

唐天宝十四年（755年）冬，安禄山以清君侧为名，发动叛乱，史称“安史之乱”。在叛军攻克潼关之际，唐玄宗李隆基携杨贵妃、杨国忠、太子李亨及少数近臣西逃。

明初，朝廷召民屯耕境内荒田。西安各卫、所军队，实行三分守城、七分屯耕制度，设置军屯。

清同治十二年（1873年），泾阳创建味经书院。1890年，设复织机馆，兴纺织，开实业风气。1895年，设时务斋，为陕西最早的维新组织。

●近现代

1922年，著名水利专家李仪祉开始筹划泾惠渠工程，组织测量队勘测渭北地形，并写出《引泾论》《再引泾论》《陕西渭北水利工程局引泾第一期报告书》等论著。1930年，杨虎城将军主陕时，采纳了他的建议，兴建了泾惠渠工程。

1932年，国民党中央通过了于右任、戴

季陶等人提出的方案，同意筹备建设西北农林专科学校。之后农林牧院系纷纷合并，组建为国立西北农学院。1985年，西北农学院更名为西北农业大学，现为国家重点大学。

名单 咸阳历史名人

东汉天文学家、经学家贾逵
东汉历史学家班固
东汉历史学家班昭
东汉时疏通“丝绸之路”的外交使节班超
三国时蜀国名将马超
隋初法学家牛弘
唐初军事家李靖
北宋道教全真派创始人王重阳
明代科学家王徵
清代农学家杨双山
清末教育家刘谷愚

杨贵妃香消马嵬

“海外徒闻更九州，他生未卜此生休。空闻虎旅传宵柝，无复鸡人报晓筹。此日六军同驻马，当时七夕笑牵牛。如何四纪为天子，不及卢家有莫愁。”李商隐的这首著名的《马嵬》诗，让人感慨杨贵妃的悲剧结局。

唐天宝十四年（755年）冬，安禄山以清君侧为名，发动叛乱，史称“安史之乱”。次年初夏，安禄山大军逼近长安，继而潼关失守，长安城岌岌可危。在一个阴雨连绵的黎明，唐玄宗携杨贵妃、宰相杨国忠、太子李亨以及诸皇亲国戚、心腹宦官，离开当时世界上最繁华的都市长安，逃往四川。

次日晚行至马嵬驿（今咸阳兴平市西）时，护驾的军士哗变，砍杀了祸国殃民的杨国忠。据《旧唐书·杨贵妃传》记载：禁军将领陈玄礼等杀了杨国忠父子之后，认为“贼本尚在”，请求再杀杨贵妃以免后患。唐玄宗无奈，便命高力士赐杨贵妃自尽，最后她被勒死在驿馆佛堂前的梨树下。

链接

杨贵妃墓

杨贵妃墓在今天兴平市西12.5千米的马嵬坡。杨贵妃墓为一陵园，小巧玲珑，大门顶额横书“唐杨氏贵妃之墓”七字。进门正面是一座三间仿古式献殿，穿过献殿，就是墓冢。墓高约3米，封土周围砌以青砖。围绕墓的周围有三面回廊，上嵌大小不等的石碑，刻有历代名人游后的题咏。近年来，当地政府对贵妃墓进行了修葺，新修了围墙、碑廊、献殿和亭子，并在墓园后添立了一座6米高的杨贵妃大理石雕像。

文化 CULTURE

委婉细腻的碗碗腔

碗碗腔，又名“灯碗腔”“阮儿腔”，是

碗碗腔演员

流行于陕西关中的西安、华阴、华州一带的地方剧种。

碗碗腔在清代初期已形成，各种唱板已齐备，并产生了有名的剧作家李十三及其作品"十大本"。但是，直到新中国成立后，碗碗腔都是以皮影戏曲为演出形式的剧种。1958年，陕西省戏曲剧院第一次将其搬上大舞台，改由真人扮演，使这一古老剧种焕发了新生，受到周恩来总理等中央领导和广大群众的称赞。

碗碗腔的音乐清新柔和，唱腔优美动人，就连道白（又分为说白和韵白）都带有优美的旋律。

碗碗腔的剧目相当丰富，现已出版和抄录在卷的有909本，其中具有代表性的传统戏有《金琬钗》《春秋配》《白玉钿》《火焰驹》等。

数百年来，碗碗腔以它的婉转、细腻而深受群众的喜爱，并不断地在各地流行。在陕西，流行于大荔、渭南、蒲城、富平等地的为"东路"，流行于凤县、宝鸡以及甘肃两当、徽县等地的称为"西路"，流行于洋县、汉中等地的称为"南路"，流行于绥德、米脂等地的称为"北路"。同时，碗碗腔还流行于山西的太原、临汾、永济等地，河南的灵宝、卢氏，甚至还流传于兰州等地。

链接

碗碗腔名字的来历

初听碗碗腔这个名字，不熟悉的人一定会奇怪，人们为何给这个剧起这样的一个名字。原来是由于演唱时以敲击小铜碗为节拍，声音特别清脆响亮（据说，这是秦人"击缶而歌"的遗响），故取名为碗碗腔。在历史上曾叫过"时腔"，新中国成立后又改名叫"华剧"。但因碗碗腔这个名字已经深入人心，最终还是以它命名。

寄情陕西山水的长安画派

20世纪60年代，一个以赵望云、石鲁为代表的西安美术团体，在北京等地组织了一次巡回展，他们以表现黄土高原古朴、恢宏为特征的山水画和表现勤劳、纯朴的陕北农民形象的人物画，在中国画坛引起轰动，人称"长安画派"。

石鲁作品《七月的延安》

赵望云、石鲁等画家自20世纪40年代就生活在陕西，并从事艺术创作。他们的绘画题材以山水、人物为主，兼及花鸟，作品多描绘西北，特别是陕西地区的自然风光和风土人情，其中尤钟情于陕北黄土高原的山山水水。

在创作手法上，他们致力于中国画的继承与创新，以巧妙的构思和浑厚、质朴的笔墨，表现浑朴、苍茫的西北风光，在当时的中国画坛上产生了极大的反响。20世纪80年代以后，又涌现出新的一代，他们继承长安画派老一代画家的创作风格，并在题材内容的开拓和表现形式的创新方面进行了有益的探索。

链接

长安画派代表人物赵望云

赵望云，河北束鹿人。曾入北京艺术专科学校学习美术，在新文化运动的影响下，提出艺术"走出象牙之塔，来到十字街头"的主张。1930年，赵望云被聘为《大公报》特邀旅行写生记者，走上"为人生而艺术"的征途，以国画形式反映劳动人民的苦难生活。抗日战争期间，在冯玉祥的资助下，他和老舍在武汉创办《抗战画刊》，后深入西南、西北各地旅行写生，在敦煌艺术和西北风土人情的影响下，形成简括淡远、朴实含蓄的独特艺术风格。20世纪五六十年代，他与石鲁等友人多次深入西北各地及陕南秦岭林区，创作了大批具有生活气息和时代感的作品，提出了"一手伸向传统，一手伸向生活"的主张，开创了"长安画派"。

盛行一时的弦板腔

弦板腔是流行于陕西关中一带的地方剧种。据《乾县县志》记载："该剧种起源于宋代，由民间流传的'隔帘说书'发展而来，是在西路皮影戏的基础上逐渐形成的。”

西路皮影弦板腔（东路是阿宫腔）曾盛行于清代雍正、乾隆、嘉庆年间。“一挂牛四个人，绳子四条椽四根”是当时的演出场面。牛车当作舞台，四根大椽撑在车厢四周，朝观众的一面挂上亮子（帐幕），亮子后面挂一盏亮灯。随着乐声响起，坐在前面的一人按照剧情舞动手中皮影，后面三人奏乐唱词，戏就开演了。

弦板腔在很长的一段时期都以皮影戏形式演出，主要乐器有“弦”“板”（又叫“呆呆”），加上唱腔，故称“弦板腔”。弦板腔的唱腔既豪放悲壮、高昂激扬，又委婉细腻、柔和清亮，善于表现各种人物的不同性格和感情。它不仅具有我国北方戏剧的豪迈刚健，而且还具有我国南方戏剧委婉的特点，颇受戏曲爱好者的喜爱。

阳刚大气的牛拉鼓

牛拉鼓是咸阳独具特色的民间锣鼓乐舞，是民间社火中常见的一种大型鼓舞。牛拉鼓的特点是大鼓、大舞、大阵容。其中，大鼓是这种大气阳刚、势冲云天的民间锣鼓乐舞的主要标志。因鼓身较大，需用牛车拉运，鼓手要站在牛车上敲击，从而得名“牛拉鼓”。

表演时，车上鼓手与车下铙钹手、锣手紧密配合，铙钹挥舞，铜锣腾举，演奏者跳跃翻转，队形随之变化。车上鼓手亦舞亦鼓，舞姿优美，鼓音激越，气势壮观。牛拉鼓舞蹈套式也在不断创新完善，比较有名的有张飞舞鞭、猛虎扑食、金蛇狂舞、白鹤展翅。表演队伍少则四五十人，多的可达四五百人。表演服饰鲜艳亮丽，红黄绿居多。演奏者有男有女，男的居多。

牛拉鼓音乐有自己的曲式和套路，大型的为套曲结构，中型的为回旋式三段体，小型的为一段体添花加点自由复叠，各队亦有变数。表演时，鼓师可以根据需要任选鼓头、花样、主调，组成不同谱式。这样，头可变，环可变，主调可选。牛拉鼓变化奇妙，引人入胜。

牛拉鼓演员

景点推荐 秦始皇帝陵博物院 AAAAA

秦始皇帝陵博物院是以秦始皇兵马俑博物馆为基础，以秦始皇帝陵遗址公园为依托的一座大型遗址性博物院。

秦始皇陵布局缜密、规模宏大，具有重大的历史、科学和艺术价值。截至目前，在秦始皇陵陵区已发现各类陪葬坑、陪葬墓等600余处。

西安市临潼区

旺季（3月16日至11月15日）8:30～18:30，淡季（11月16日至次年3月15日）8:30～18:00

120元　029-81399174

www.bmy.com.cn

秦始皇帝陵遗址公园

当今最大的帝王陵墓之一

秦始皇帝陵遗址公园史称“骊山园”。该园位于秦始皇陵园核心区，因“其阴多金，其阳多玉，始皇贪其美名而葬焉”而得名。秦始皇帝陵遗址公园地势自南向北倾斜，南倚骊山、北临渭水。

秦始皇兵马俑博物馆

西安的标志之一

秦始皇兵马俑坑发现于1974年，是中国第一个封建皇帝秦始皇帝之陵园中的一处大型从葬坑。兵马俑坑先后发掘了一、二、三号3个坑。3个坑呈“品”字状排列，其中一号坑最大。

一号坑是一个以战车和步兵相间的主力军阵。坑内有10道宽2.5米的夯筑隔墙，形成南北面阔9间、周围绕以回廊的格局。

二号坑平面略呈曲尺形。二号坑是秦俑坑中的精华，它的发现揭开了古代军阵之谜。俑坑面积约6000平方米，坑中军阵由4部分组成，战车、骑兵、弩兵混合编组。军阵进可以攻、退可以守，严整有序、无懈可击。

三号坑规模最小。俑坑呈“凹”字形，武士俑按夹道的环卫队形排列，象征古代的军幕，是军阵的指挥系统。

秦始皇帝陵博物院

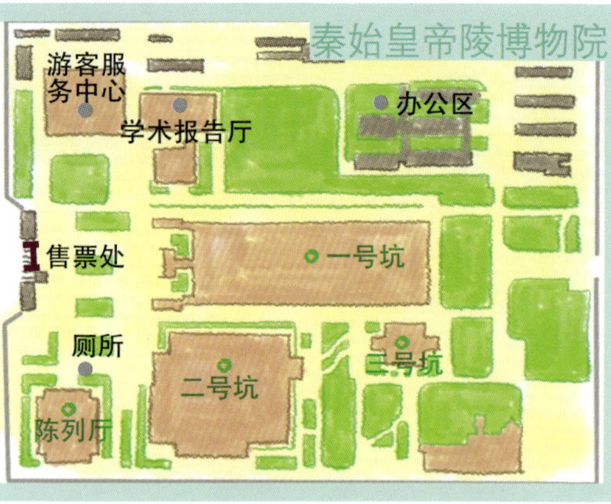

玩家 解说

1980年12月，在秦始皇陵西侧20米处发掘出两乘大型彩绘铜车，修复后对外展出。两乘车都是四马单辕，由大小3400个零部件组装而成，其中二号车车长3.17米，高1.06米，铜马高65~67厘米，身长1.2米，总重量1234千克，是我国出土文物中时代最早、驾具最全、级别最高、制作最精的青铜器珍品，也是目前世界考古界发现的最大青铜器。

秦始皇帝陵兵马俑

秦始皇兵马俑介绍

高级军吏俑：俗称将军俑，分为战袍将军俑和铠甲将军俑两类。他们大多头戴鹖冠，身材高大魁梧，气质出众超群，具有大将风度。战袍将军俑着装朴素，但胸口有花结装饰；而铠甲将军俑的前胸、后背以及双肩，共饰有8朵彩色花结，华丽多彩，飘逸非凡，说明在军中具有非同一般的等级、身份与威望。

车士俑：即战车上除御者（驾车者）外的士兵。一般战车上有两名车士，分别为车左俑和车右俑。车左俑身穿长襦，外披铠甲，胫着护腿，头戴中帻，左手持矛、戈、戟等长兵器，右手作按车状。车右俑的装束与车左俑相同，而姿势相反。

立射俑：秦俑中一个较为特殊的兵种。立射俑所持武器为弓弩，与跪射俑一起组成弩兵军阵。立射俑位于阵表，身着轻装战袍，束发绾髻，腰系革带，脚蹬方口翘尖履，装束轻便灵活。

跪射俑：与立射俑一样，所持武器为弓弩，与立射俑一起组成弩兵军阵。跪射俑身穿战袍，外披铠甲，头顶左侧绾一发髻，脚蹬方口齐头翘尖履，左腿蹲曲，右膝着地，上体微向左侧转，双手在身体右侧一上一下作握弓状，表现出一个持弓的单兵操练动作。

武士俑：即普通士兵，为军阵的主体。可依着装分为两类：战袍武士和铠甲武士。战袍武士俑大多分布于阵表，灵活机动；铠甲武士俑则分布于阵中。两类武士皆持实战兵器，气势昂扬。

军吏俑：身份低于将军俑，有中级、下级之分。从外形上看，头戴双板长冠或单板长冠，身穿的甲衣有几种不同的形式。军吏俑除了服饰上与将军俑不同外，精神气度上也略有差异：军吏俑的身材一般不如将军俑丰满魁伟，但整体上比较高大，双肩宽阔，挺胸伫立，神态肃穆。

骑兵俑：多用于战时奇袭。由于兵种特殊，骑兵的装束显然与步兵、车兵不同。他们头戴圆形小帽，身穿紧袖、交领、右衽双襟掩于胸前的上衣，下穿紧口连裆长裤，脚蹬短靴，身披短而小的铠甲，肩上无披膊，手上无护甲。

御手俑：为驾驶战车者。他们身穿长襦，外披铠甲，臂甲长及腕部，手上有护手甲，胫着护腿，脖子上围有颈甲，头上戴有巾帻及长冠，双臂前举作牵拉辔绳的驾车姿态。

秦始皇帝陵博物院

景点推荐

西安古城

西安古称“长安”“京兆”，居中国古都之首，是中国历史上建都时间最长、建都朝代最多、影响力最大的都城，有着“天然历史博物馆”的美誉。古城内文物古迹种类之多、数量之大、价值之高，在全国首屈一指，许多是国内仅有、世界罕见的稀世珍宝。

玩家攻略

回坊一路都有小吃，除了北院门之外，西羊市、洒金桥、大皮院也有许多当地人喜欢的馆子，如果饿的话可在此大快朵颐。城墙根下南门内西边湘子庙街是酒吧一条街，晚上的时候可以来此消遣。

位于碑林区案板街的易俗大剧院以前是听秦腔的好地方，现在一直有大型秦腔交响诗画《梦回长安》在院内上演。

东南城脚周围是听当地人唱秦腔的好地方，柏树林、安居巷里都设有秦腔茶馆，环城公园内也会有很多票友现场练唱。文昌门外群众艺术馆附近的天月宫秦腔茶社，是西安历史比较悠久的一处秦腔茶馆，如有兴趣可前去听上一段。

西安城墙 AAAAA

古代城垣建筑

西安市中心

坐地铁2号线到永宁门站下车即到南门

8:00~22:00　54元　029-87272792

www.Chinaxiancitywall.com

西安城墙是中国现存规模最大、保存最完整的古代城墙，呈长方形，有东长乐门、西安定门、南永宁门和北安远门四个城门。城墙上外侧筑有雉堞，又称垛墙，上有垛口，可射箭和瞭望；内侧矮墙称为女墙，无垛口，以防兵士往来行走时跌下。

西安古城南门

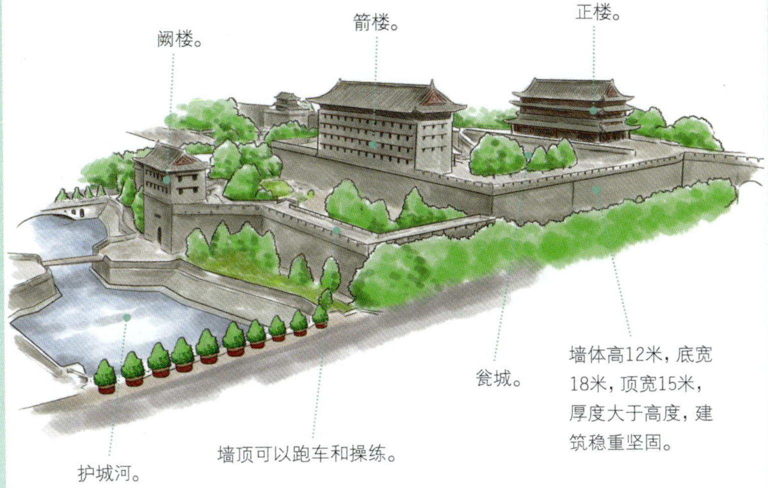

西安城墙是在唐皇城的基础上建成的，完全围绕防御战略体系，构成严密、完整的军事防御体系。城墙的厚度大于高度，稳固如山，墙顶可以跑车和操练。现存城墙建于明洪武七年到十一年（1374—1378年），至今已有600多年历史。

玩家攻略

绕城墙一圈步行需要3～4小时，也可在南门租辆自行车环城一圈，或者坐电瓶车、黄包车。到含光门时，还可以参观一下含光门遗址博物馆。

每日清晨南门文化礼仪广场都会有免费的武士文化系列演出，每周四至周日的晚间则能看到享誉海内外的以盛唐文化礼仪为主题的旅游文化演出《梦长安——大唐迎宾盛礼》。

城墙上没有遮挡物，日照较强的白天要注意防晒，夏天傍晚时在城墙上漫步是最舒服的，可以乘凉到很晚。

◘ 朱雀门

朱雀门是唐长安皇城南面三座门中偏东的一座，门下是城市中央的朱雀大街，隋唐时皇帝常在这里举行庆典活动。城门柱础用大理石制成，青石制作的门槛上刻有线条优美的蔓草花纹，磨砖对缝的门洞隔墙厚实端正，残垣断壁处处显现出当年的华贵风采。

◘ 东门（长乐门）

东门是在建造明城墙时构筑的，正名叫长乐门。明末李自成起义军由东门攻入西安时点火烧毁了这座城楼，清代又重新建造。

◘ 文昌门

文昌门位于碑林博物馆南侧，城墙上的魁星楼是西安城墙上唯一与军事防御无关的设施。魁星又名“奎星”“奎宿”，位列二十八星宿之一，古代传说是主宰文运兴衰的神，被人们尊称为“文曲星”“文昌星”。明清时的西安府学和孔庙都建在城墙旁边（今碑林博物馆），魁星楼也顺势建在城墙之上，魁

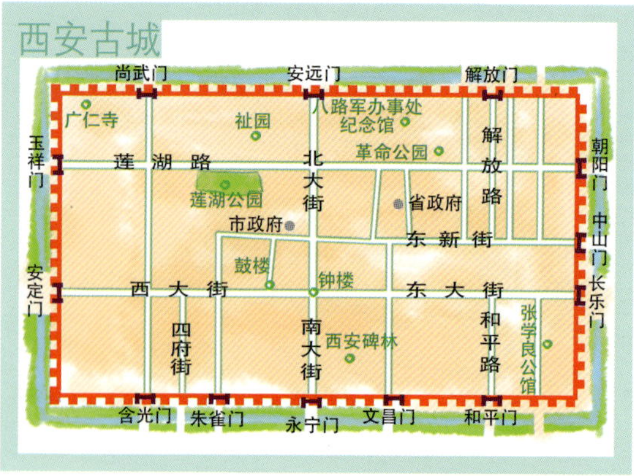

星楼下的城门也因此被命名为文昌门。

环城公园

环城公园以古城墙为主线，具有独特的风貌。护城河水清草绿，公园中河、林布局与城墙协调一致，相得益彰。园中不仅有亭廊、雕塑、诗碑等隐于花草之中，更有小游船等设施可供游人泛舟护城河中。

钟楼 · 鼓楼

西安的著名古建筑

西安古城内东西南北四条大街交会处

地铁2号线钟楼站下　旺季8:30~18:00

均为30元

西安钟楼建于明太祖朱元璋洪武十七

西安城墙

年（1384年），因楼上悬挂铁钟一口而得名。钟楼整体呈典型明代建筑艺术风格，下部为砖石结构的正方形基座，表面用青砖砌成，基座之上为两层木结构楼体，顶部为三重四面攒尖顶结构，覆着深绿色琉璃瓦，顶尖用真金铂包裹。

西安鼓楼是中国现存最大的鼓楼，东与钟楼相望。鼓楼始建于明太祖朱元璋洪武十三年（1380年）。楼上原有巨鼓一面，每日击鼓报时，故称“鼓楼”。鼓楼南边有牌匾“声闻于天”。其中南匾“文武盛地”与山海关的“天下第一关”牌匾被誉为“中国两匾”。

玩家攻略

表演：古时击钟报晨，击鼓报暮，因此有“晨钟暮鼓”之称。清末民国时报时制度在西安城消失。2007年黄金周期间，西安钟鼓楼举行“晨钟暮鼓”仿古表演活动。西安钟楼上的景云钟（复制品）上午9时、正午12时、下午3时分别鸣响24声；傍晚6时，首先是鼓楼上的二十四节气鼓齐鸣，然后闻天鼓鸣响24声以报暮时。2011年，西安重新恢复“晨钟暮鼓”报时仪式。

游览：楼内设有楼梯，登临楼上，凭栏便能眺望全城景色。登楼远望，闹市风光、秦川景色历历在目。

娱乐：在钟楼和鼓楼之间开辟有钟鼓楼广场。广场上绿草红花点缀其间，造型独特的声光喷泉不时变换。钟鼓楼广场是古城人民休闲、娱乐的好去处。

链接

钟楼浮雕之典故

西安钟楼的门扇槅窗雕楼精美繁复，表现出明清盛行的装饰艺术。每一层的门扇上均有8幅浮雕，每一幅浮雕均蕴含了一个古代典故。

第一层东门自北向南依次为“长生殿盟誓”“连环计”“黠鼠夜扰”“挂角读书”“卞庄刺虎”“嫦娥奔月”“东坡题壁”“李白邀月”；西门自南向北依次为“枕戈待旦”“李陵兵困”“由基射猿”“龙

鼓楼

友颂鸡”“黄耳传书”“孙期放豚”“陶侃运砖”；南门自东向西依次为“文王访贤”“伯牙鼓琴”“画龙点睛”“斩蛇起兵”“伯乐相马”“柳毅传书”“舜耕历山”“圯桥授书”；北门自西向东依次为“虬髯客”“木兰从军”“文姬归汉”“吹箫引凤”“红叶题诗”“班昭读书”“博浪椎秦”“唱筹量沙”。

第二层东门自北向南依次为“单刀赴会”“击鼓金山”“岳母刺字”“孟母择邻”“子路负米”“画荻教子”“温峤绝裾”“闻鸡起舞”；西门自南向北依次为“写经换鹅”“茂叔爱莲”“灞桥折柳”“踏雪寻梅”“陶潜爱菊”“寻隐不遇”“孤山放鹤”；南门为“八仙过海，各显神通”，自东向西的浮雕人物依次为汉钟离、张果老、吕洞宾、曹国舅、铁拐李、蓝采和、韩湘子和何仙姑；北门为“八仙醉酒”，自西向东的浮雕人物与南门相同。

西安碑林博物馆 AAAAA

陕西创建最早的博物馆

- 西安市碑林区三学街15号
- 乘坐14路、40路公交车可达
- 夏季8:00～18:30，冬季9:00～17:30
- 10元（仅开放孔庙古建筑群）
- 029–87253331　www.beilin-museum.com

西安碑林博物馆建于1944年。它是在具有900多年历史的“西安碑林”基础上，利用西安孔庙古建筑群扩建而成的，是一座以收藏、研究和陈列历代碑石、墓志及石刻造像为主的艺术博物馆。博物馆占地面积3.19万平方米，由孔庙、碑林和石刻艺术室3部分组成，分为11个展室，现有馆藏文物1.3万余件。

玩家解说

珍贵文物：博物馆内孔庙旧址小殿两侧的唐

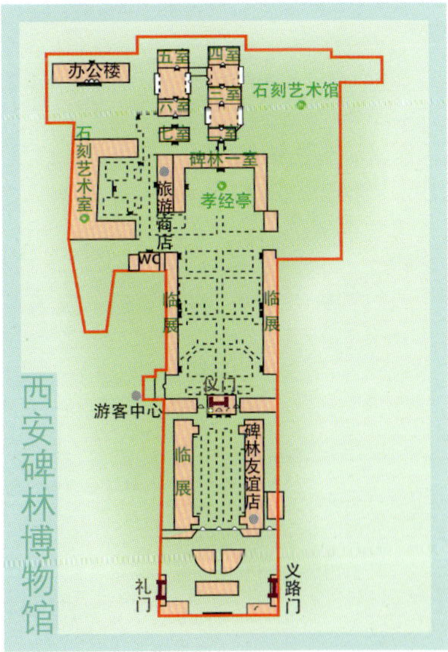

景云钟和大夏石马都是国宝级的艺术精品。唐景云钟铸于唐睿宗景云二年（711年），已有1300多年的历史，钟上还铸有唐睿宗李旦亲自撰文并书写的铭文，是李旦鲜有的传世字迹中的佳作。大夏石马是十六国时代匈奴族铁弗部建立的大夏国的作品，是一件极为罕见的珍贵民族文物。

碑刻精品：碑林收藏有自汉代至今的碑石、墓志近3000件，展出1089件，其中较为知名的有秦李斯的《峄山刻石》宋摹本、东汉《曹全碑》、魏晋南北朝时期的《司马芳残碑》和《广武将军碑》、唐褚遂良的《同州圣教序碑》、怀素的《千字文》、柳公权的《玄秘塔碑》、王羲之的《集王圣教序碑》以及颜真卿的《多宝塔碑》《颜家庙碑》等。

精美石刻：石刻艺术室内陈列着汉唐艺术精品70余件，分陵墓石刻和宗教石刻两部分。陵墓石刻中的精品有东汉双兽、东汉画像石、唐昭陵六骏马浮雕、唐献陵石犀等。宗教石刻中的北魏皇兴造像的弥勒、隋唐的观音菩萨像、金刚造像、老君像等，都是石刻艺术品中的佼佼者。

化觉巷清真大寺

我国四大伊斯兰教寺院之一

西安古城鼓楼西北侧的化觉巷内

8:00～20:30　029–87272541

化觉巷清真大寺因在大学习巷以东，故又叫东大寺。化觉巷清真大寺也是中国古典建筑与伊斯兰教建筑风格的完美结合。始建于唐天宝元年（742年）。寺院沿东西走向呈长方形，共分四进院落，每一进景色均不同。院内有建于17世纪初的、高达9米的木结构大牌坊。殿内天棚上的600余幅雕刻经文，是目前世界伊斯兰教寺院中极为罕见的巨型《古兰经》雕刻艺术。

玩家攻略

参观化觉巷清真大寺最好是在一个晴天的傍晚、游人稀少的时候去。如果愿意等，晚上8点左右还能看到大批穆斯林来寺里做礼拜。

西安事变纪念馆

西安事变的重要旧址

西安市建国路69号/青年路117号

乘坐5路公交车在大差市站下车即到

9:00～17:00

029–87418247

西安事变纪念馆是在西安事变重要旧址张学良将军公馆、杨虎城将军止园别墅基础上建立起来的专题性纪念馆。总占地面积

西安古城的清真寺

除了化觉巷大清真寺外，古城内还分布着许多其他的清真寺。主要有：

大学习巷清真寺：因处于化觉巷清真寺之西，又称西大寺。据寺内现存石碑记载，该寺创建于唐神龙元年（705年），是西安最古老的清真寺之一。

广济街小清真寺：相传创建于明代晚期（1600年前后）。因地处广济坊、临近化觉巷清真大寺，故又称“清真小寺”，坊民戏称为大寺的“哨门”。

小学习巷清真营里寺：此寺为“兵营中的清真寺”。对营里清真寺的最早记载是在唐代。

洒金桥清真西寺：其前身是佛教的“海会庵”，后被改为清真寺。现在的寺院已经是中国传统建筑和阿拉伯风格相结合的群落。

洒金桥清真古寺：亦称清真北寺。该寺的建筑年代久远，相传元明时期已存，距今已有六七百年之久。大门内挺立着一棵苍劲雄伟、体形粗壮的大槐树，传说是第一任掌教伊麻目栽种的，距今已有数百年历史。

大皮院清真寺：始建于明永乐九年（1411年），为中国古典式建筑风格。寺院周围树木参天，花草繁茂，环境整洁、幽静。为当地穆斯林群众从事宗教活动的圣洁场所。

小皮院清真北大寺：因其在化觉巷清真大寺以北，亦称“北大寺”。与化觉巷东大寺、大学习巷西大寺一起并列为西安三大清真古寺。该寺以悠久的历史和为穆斯林培养出大批有成就的宗教学者而著称于世。

9141平方米。1986年12月西安事变50周年之际建成对外开放。纪念馆已成为西安红色旅游经典景区和全国爱国主义教育重要基地。

高家大院
清末翰林院编修高岳崧之故居

西安古城北院门144号

乘坐15路公交车可达

10:00~18:00

高家大院是高岳崧故居。大院房屋86间。此院属三院四进式砖木结构四合院，其主体是明崇祯年间建筑，距今已有400多年的历史。院内现有西安中国画院等4家单位办公。

玩家 攻略

大院里定期会有皮影戏、古筝表演和一些情景对应的活动。寒冬到来的时候，大院的茶社还会挂起红灯笼，生起炭火盆，让来此游玩的客人一边和朋友烤火聊天，一边赏雪、品茗，在大院充满怀想的气氛中度过一段闲适的时光。

每逢重要的活动和节日，大院的工作人员都会全部穿上仿古服装，以“家”里不同的身份出现，让整个大院回到清代或明代的某一特定时间的特定场景，游人到此好像“穿越”回了古代。

玩家 解说

高岳崧祖籍江苏镇江，清同治十年（1871年）参加科举考试，被皇帝钦点榜眼。明崇祯十四年（1641年）至清同治十年，高家本族七代为官。

湘子庙
韩湘子出家之地

西安古城碑林区湘子庙街（德福巷口）

乘坐11、12路公交车可达

8:00~17:00　免费

据传西安的湘子庙为韩湘子出家之地。湘子庙位于古城南门内西侧，寺庙占地约1600平方米，由寺庙区、南院和北院构成。其中，寺庙区分为前后两个部分，前部分由广

湘子庙

场、山门、香泉、过殿（灵光殿）组成；后部分系大殿，即湘子殿。

玩家 解说

庙内有两棵槐树，枝繁叶茂，树冠如盖。2000年冬，正值天寒地冻，南边突生一株槐花，成为一个谜，市民皆难以释谜。几年之后，两棵树又一次开花，再次引起关注。据说，院内原有两株宋槐，惜于50余年前砍去，现存两株洋槐为后人在原处补栽，树龄已50余年。

都城隍庙
始建于明代的城隍庙

西安古城西大街129号（大学习巷东侧）

乘坐205路、229路公交车可达

免费

都城隍庙始建于明洪武二十年（1387年），统辖西北数省城隍，故称“都城隍庙”。庙门口原有五间大牌坊，斗拱飞檐，气宇非凡，蔚为壮观。牌坊前由一对铁狮子镇守，山门内有一条百米长的青石甬道，两侧是威武雄壮的“帅神”相对守护。门牌楼木质的枋梁斗拱构造美观，做工极为精巧华丽，饰古典传统的惯用色彩如雕梁画栋，使门牌楼更显高贵。

玩家 攻略

作为都城隍庙的重要历史文化遗存，脱胎于唐代宫廷音乐的城隍鼓乐被誉为“中国古代

音乐的活化石”和“西安古代的交响乐”，是中国古乐的一朵奇葩。景区内还有一条商业街，街上有各种小商品出售，有专门的请香处和辟邪物品专卖。

链接

城隍神的传说

相传城隍神是一方土地的阴间长官，因为处在暗处的缘故，阳间之人的一举一动都被他看得清清楚楚，记得明明白白。行善的人即使不说，城隍神也要褒扬；作恶的人百般掩饰，城隍神必定惩罚。这些都告之于百姓，明人不做暗事。所以，城隍庙里往往有警语以对联的形式表达出来。

西安都城隍庙的“你来了么”不是作为对联的横批出现的，而是在牌楼的背阴作为横匾出现的。所有到城隍庙的众人出了城隍庙，就会看见这高高在上看着你的四个大字，言外之意就是：你来到城隍神面前，检点自己了没有？

八仙庵

西安最大的道教庙宇

西安市碑林区北火巷12号

乘坐228等路公交车可达

八仙庵又称八仙宫，建在唐代兴庆宫的遗址上，传为宋代创建。相传此处为吕洞宾受汉钟离“一枕黄粱”点拨而感悟成道之处。

八仙庵山门外有清光绪二十年（1894年）砖砌大牌坊两座，门外的影壁上刻有“万古长青”四个大字，山门两端钟、鼓楼分立左右。第三进正殿门楣上悬有清慈禧太后亲笔题写的“洞天云籍”四字匾额，大殿两侧是东西跨院。东边有吕祖殿和药王殿，分别供奉着吕洞宾和孙思邈，西院则是庵内道士的居所。

玩家攻略

每逢农历四月十四、十五、十六，八仙庵都要举行一年一度的庙会。届时，四方香客云集于此，盛况空前。

玩家解说

八仙宫的大殿外面有一座巨大的石碑，碑上刻有“长安酒肆”四个大字。据说唐代大诗人

八仙庵慈禧绘画

李白当年在长安时经常来这里喝酒，曾经多次醉倒在“长安酒肆”。当时的长乐坊一带老徐家的稠酒颇有盛名。此酒是用糯米制作的一种甜酒，黏稠如浆，人称玉浆。稠酒再配上清香的黄桂就成为当时长安街头的一种美酒佳酿——黄桂稠酒。

莲湖公园

西安历史最悠久的公园

西安古城莲湖路58号

乘坐10、12等路公交车可达

免费

莲湖公园坐落在唐代长安城的“承天门”遗址上。明代朱元璋的次子朱樉依这里低洼地势引水成池，广种莲花，故名“莲花池”。1922年辟为公园，称“莲湖公园”。公园北门为传统建筑，古朴典雅。园内南湖水

深较大，可荡舟游览；北湖水浅较小，皆种莲植藕。南湖岸西有茶社和八角亭；北湖旁有“荷院”，建筑高低错落，中有荷池。北门内东侧有棋院和《小萝卜》塑像。

八路军西安办事处纪念馆

国家文物保护单位

西安古城北新街七贤庄1号

乘坐4、11路公交车可达

9:00～17:00

免费 029–87214661

旧址的一号院是主要办公地点；三、四号院为下属各部门和工作人员居室，七号院为招待所。一号院坐北面南，由南北两个大小、结构相同的两进院落的砖木结构平房组成，于1959年维修后辟为纪念馆，存有周恩来、朱德、林伯渠的书信、照片等遗物。两院主体建筑平面呈“工”字形，辟有地下室。建筑群为一组仿古式四合院，布局精巧，结构严谨，具有中国北方高等级民居的建筑风格。

玩家 解说

1936年西安事变和平解决后，国共两党逐渐由对抗转向和平共处，八路军办事处由原来的地下转变为半公开的联络处，负责人为叶剑英。1937年9月，改为八路军驻西安办事处。先后由林伯渠、董必武负责。办事处的主要任务是开展统一战线工作，输送进步青年去延安，为陕甘宁边区和前方采购、转运物资。周恩来、朱德、张闻天、任弼时、刘少奇、叶剑英等人曾多次到此处指导工作。

革命公园

纪念坚守西安而死难的军民

西安市新城区西五路53号

乘坐103、10等路公交车在革命公园站下

免费

029–87429497

革命公园创建于1927年，是为纪念北伐战争前夕因坚守西安而死难的军民而建的。

革命公园

1952年为纪念王泰吉、王泰城烈士，在公园东南角建烈士亭，亭内有纪念碑。亭前的喷水池，立有太湖石，相传为唐兴庆宫遗物，在园中自成一景。

西南的“棋艺之家”，为棋艺爱好者的活动场所。北面是人造湖，湖上架设曲桥，并建有亭子，称为“湖心亭”。西北有假山，山上有石洞、茅亭等。

链接

事件回顾

1926年春，北伐战争前夕，匪首刘镇华在张作霖等的支持下纠集了一支号称10万人的部队企图攻占西安，为北洋军阀扩大地盘。刘镇华围城达8个月之久，放火烧掉城外10万亩麦田，强征民夫在城周围挖掘了一条3000米的断绝沟，企图迫使全城军民投降。国民军将领杨虎城、李虎臣带领全城军民坚守西安，后冯玉祥将军大军入陕，粉碎了刘镇华的阴谋，时称“二虎守长安”。在守城期间，死难5万人左右，占当时城内人口的1/4。

德福巷休闲街

西安旅游文化一条街

西安市碑林区南城门内湘子庙街北侧

乘坐12路公交车在南门站里下车后步行即到

全天

免费

德福巷是一条古老的街道，巷子北起粉巷，南至湘子庙，全长不到1000米。街道斜斜的，中间还拐了一个弯。巷口有一个单门

式石质牌楼，上书“德福巷”三个大字。20世纪90年代初，德福巷咖啡屋的出现让人们领略到了西安古文化和现代气息相融合的魅力。如今德福巷与古色古香的书院门古文化街东西为照，遥相呼应，成了传统文化区中一条最有“洋味”的街道。

玩家攻略

不长的街道上有几十家咖啡屋、茶馆和酒吧，装修情调不同，氛围迥异，是热爱时尚小资的年轻人喜欢去的地方。

大唐西市文化景区 AAAA

再现大唐西市盛景

西安市莲湖区劳动南路118号

大唐西市文化景区，是一处在唐长安西市原址上再建的以盛唐文化、丝路文化为主题的商旅文化旅游区，包含大唐西市博物馆、国际古玩城、丝绸之路风情街区等八大景区。

大唐西市博物馆，建于唐长安城“西市遗址”之上，馆藏文物众多，以“西市遗址”出土文物和博物馆精藏文物为主。在基本陈列中，能观赏到唐代西市东北“十字街”遗址、车辙遗迹和部分出土文物。

张学良将军公馆

西安事变的见证者

西安市建国路69号

乘坐8路等公交车在大差市站下车即到

免费

张学良将军公馆是张学良将军在西安时租用的大院。整个公馆为民国建筑风格，以东、中、西三栋三层小楼为主体建筑，西楼旁还建有中西餐厅。张学良将军曾在这里生活、办公。现在公馆辟为纪念馆。西楼按当年张学良将军所住情形恢复；中楼为张学良将军生平陈列，展出相关的历史图片等；东楼为当年西安事变中共代表所住，现按原样恢复。纪念馆北侧为西安事变史实陈列，主要是一些历史图片和实物陈列。

张学良将军公馆

景点推荐 大雁塔周边

大雁塔文化休闲景区 AAAAA

西安的“城市会客厅”

- 西安市雁塔区雁塔路
- 乘坐地铁3号、4号线可达
- 8:30～17:40
- 40元
- 029–85518039

大雁塔文化休闲景区坐落在西安标志性建筑——大慈恩寺内大雁塔的脚下，是一个以千年古塔——大雁塔为轴心，以大雁塔北广场为主体的旅游文化休闲景区，被誉为西安的“城市会客厅”。

玩家攻略

春节期间，大雁塔广场会举行庙会。庙会上的表演有着浓浓的年味，有关中皮影、木偶戏等演出，热闹非凡。

大慈恩寺东西两侧的东、西步行街两旁，有很多特色小店与摊点，出售各种特色旅游纪念品，可以买回去一些作纪念。

大雁塔

大雁塔位于大慈恩寺内。唐朝高僧玄奘在慈恩寺译经期间，为存放从印度带回的经书佛像，于652年在寺西院建造了一座仿印度雁塔形式的砖塔，这座塔就叫大雁塔。

大雁塔

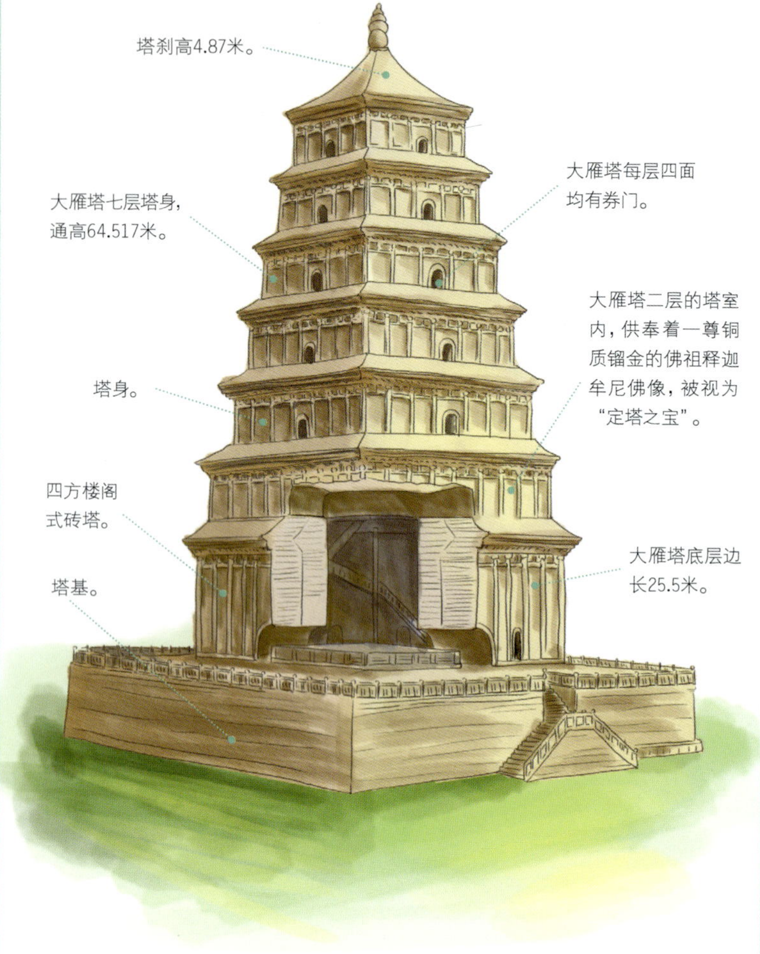

大雁塔是楼阁式砖塔，塔身为七层，塔体呈方形锥体，由仿木结构形成开间，由下而上按比例递减，每层皆存舍利。塔内有木梯可攀登而上，每层的四面各有一个拱券门洞，可以凭栏远眺西安古城。

大雁塔北广场

大雁塔北广场以大雁塔为南北中心轴线进行三等分，南端接东、西步行街。步行街上有反映唐代民众生活场景的系列雕塑，生动再现了唐代百姓的市井生活。

广场上最吸引游客的是位于广场中轴线上的“亚洲最大的音乐喷泉”。音乐喷泉样式多变，特别是夜晚的表演，在背景灯光的映照下，更显得流光溢彩、美不胜收。

大雁塔南广场

大雁塔南广场是对佛文化的阐释，标志

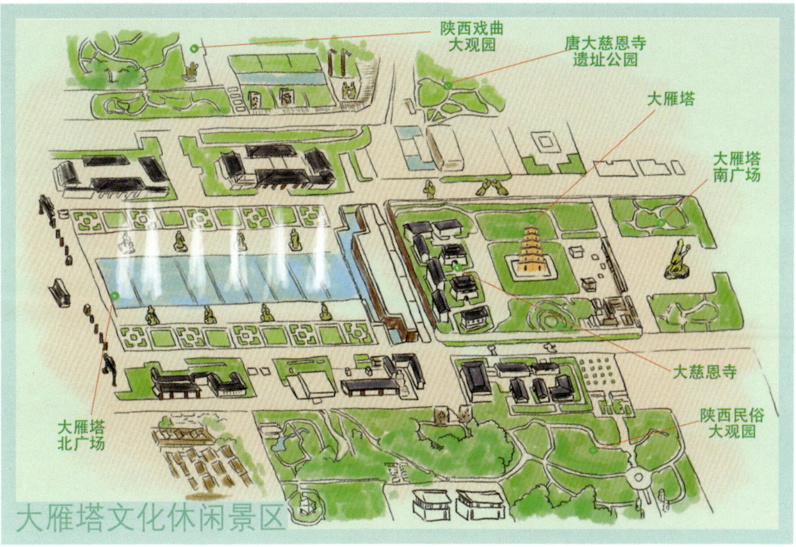

性建筑为玄奘立式雕像。花岗岩铺就的地面和水面过桥展现了南广场的庄严与肃穆。园林绿地勾勒出一幅唯美古朴的画面，雄伟高大的玄奘雕塑流露出悲天悯人的宗教情怀和入世的积极姿态。

雁塔东苑

雁塔东苑位于北广场东侧，是突出陕西地域特色的、具有公益性质的文化场所——“戏曲大观园”。园中有戏曲彩绘雕塑、地方戏曲铸铜浮雕等雕塑群。漫步其中，《五典坡》《斩李广》等多个秦腔传统剧目组成的雕塑群，展现出“大秦腔”的独有魅力。

雁塔西苑

雁塔西苑位于北广场西侧，是在原先盆景园的基础上改建而成的。园内风光清雅，雕塑小品传神，整体景观与大雁塔北广场浑然一体，相映成趣。整个西苑内有活灵活现的雕塑，如皮影、陕西八大怪、踩高跷等，展示了陕西各地的民俗风情。

大唐芙蓉园 AAAAA

皇家园林式文化主题公园

西安市曲江新区芙蓉西路99号

乘坐22路、33路等公交车，到大唐芙蓉园西门站下车即可抵达西门　9:00～22:00

120元　029-85511888

大唐芙蓉园历史上就是久负盛名的皇家御苑，建于原唐代芙蓉园遗址上。大唐芙

大雁塔广场的夜景

蓉园以芙蓉湖为地理中心，紫云楼、陆羽茶社、仕女馆、凤鸣九天剧院、唐市等众多景点，环绕分布在湖的四周。整个园区又分为12个文化主题区域，从帝王、诗歌、饮食、歌舞、外交等各方面，全方位再现了大唐盛世的灿烂文明。

玩家攻略

品茶：茶文化区内有家以唐代“茶圣”陆羽命名的茶社——“陆羽茶社”。茶社彰显了唐代茶文化主题。由帝王茶艺、文人茶艺、世俗茶艺、茶艺表演组成。在这里，不仅可以品尝到上等的香茗，更可以欣赏到一流的茶艺表演大红袍、双飞、东方美人等。

观舞：每晚在紫云楼北广场上演的全球最大水幕电影，集音乐喷泉、激光、火焰于一身，带给游客全新的立体震撼。而在凤鸣九天剧院上演的大型舞剧《梦回大唐》，更是一台融盛唐风情、歌舞精粹为一体的乐舞表演。

夜景：每当夜幕降临、华灯初上时，唐文化长廊、芳林苑、紫云楼等地，处处灿烂夺目，在月色和灯光的映衬下，大唐芙蓉园更显得高雅而华美。

帝王文化区·女性文化区

帝王文化区展示了“形神升腾紫云景，天下臣服帝王心”的唐代帝王风范。紫云楼位于园区中心位置，共计四层。一层由反映“贞观之治”的雕塑、壁画、大型唐长安城复原模型和国家一级唐文物展等组成；二层为唐明皇赐宴群臣、八方来朝、万邦来拜大型彩塑群雕。

女性文化区以位于芙蓉池北岸的仕女馆及彩霞亭为代表。仕女馆由以望春阁为中心的仿唐建筑群组成，分别从服饰、体育、参政、爱情等方面全面展示了唐代女性积极向上、乐观自信的精神风貌。

诗歌文化区·外交文化区

唐诗是我国古典诗歌的瑰宝，也是世界文化遗产的明珠。以景点“诗魂”及“唐诗峡”为代表组成的诗歌文化区，用雕塑的形式展示了唐代诗歌文化，同时也是运用中国园林造景、中国雕塑、中国书法、中国印章刻字、图形纹样等多种传统艺术手法塑造出的大型景观艺术雕塑区。

外交文化区再现盛唐时期各国使节的频繁往来，以及民间“商贾云集、内外通融”的商业文化氛围，让游人能够切身感受到盛唐时期世界诸国与唐帝国往来的盛况。

科举文化区

紧邻园区北门的杏园是科举文化区内展示唐代进士文化、仕途文化的一处景点。历史上的杏园，因盛植杏林而得名。每逢早春之际，满园杏花盛开，人们便来此赏花、游览。杏园也是唐代新科进士举行“探花宴”的场所。

西安博物院（小雁塔） AAAA

见证汉唐盛世的辉煌

西安市友谊西路72号

西安博物院由博物馆、唐荐福寺遗址、小雁塔三部分组成，是一座融文物收藏、科学研究、社会教育、园林休闲为一体的城市博物馆。

博物馆馆藏文物11万余件，展出文物2000余件，展示了西安城市发展的历史脉络。同时将西安地区出土的各时期具有代表性的文物精品按时代顺序陈列展示。主要珍贵文物有盛放西汉美酒的鎏金铜钟，以及唐代的仕女俑、腾空马等，充分展示了千年古都西安的城市发展历史及其独特的历史文化魅力。

小雁塔是一座典型的密檐式砖塔，是唐代精美的佛教建筑艺术遗产，与雄伟庄严的大雁塔风格迥异，别有一番韵味。小雁塔建于唐景龙元年（707年），是为了安置从印度取经归来的高僧义净翻译的佛经而建的。

小雁塔

陕西历史博物馆 AAAA

古都明珠，华夏宝库

- 西安市雁塔区小寨东路91号（大雁塔西北侧）
- 乘坐地铁2号线、3号线在小寨站下车，向东步行约10分钟可到
- 淡季9:00～17:30，旺季8:30～18:00；周一闭馆
- 免费（凭有效身份证件领票）
- 4000293806　www.sxhm.com

陕西历史博物馆向世人展示了古代中国盛世时期的光辉文明。馆舍由一组“中央殿堂、四隅崇楼”的仿唐风格建筑群组成。馆内藏有包括商周时期的青铜器、历代的陶俑、汉唐的金银器具和唐墓壁画等在内的珍品文物，而且大多为汉、唐盛世时期的文物。

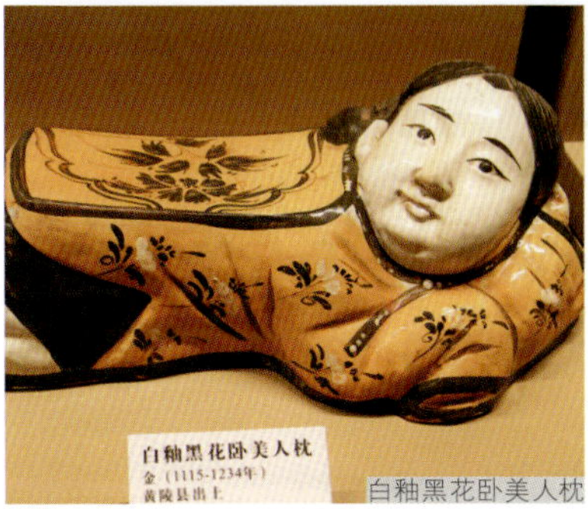

白釉黑花卧美人枕

博物馆在中央大厅的东、西两侧都设有特殊展厅。西侧设有《大唐遗宝专题展（何家村出土文物）》，目前很多盛唐时期的金银器精品都被转移到这里展出。东侧设有《唐代壁画珍品展》，展出一批唐墓壁画的真品，不少是国宝级和一级品壁画。

玩家 攻略

博物馆商店内有复制仿品，如仿唐狩猎纹高足银杯、仿唐三彩俑、仿唐粉彩俑、仿唐鸳鸯莲瓣纹金碗出售。

玩家 解说

博物馆内集中珍藏了陕西地区出土的珍贵文物170余万件（组），比较典型的藏品有八大类，分别为青铜器、唐代墓葬壁画、历代陶俑、历代陶瓷器、历代建材、汉唐铜镜、金银玉器，以及历代货币，其中比较珍贵的有白釉黑花卧美人枕、独孤信多面体煤精组印、羊首勺等。

错金杜虎符

曲江池遗址公园

青林重复，绿水弥漫

西安市雁塔区曲江新区曲江风景带

乘坐609路公交车到曲江池遗址公园站下车

全天开放 免费

029-85563398

曲江池遗址公园北接大唐芙蓉园，南至秦二世陵遗址。曲江池及周边在汉唐时期就是皇家御苑。园中各处可看到很多表现唐代社会生活的雕塑，雕塑的材质大多是青铜或者石质。园内有9栋两层楼高的唐式建筑，名字也很别致，以词牌取名分别是风入松、浣溪沙、浪淘沙等。其中，有一栋是一个小型博物馆，展示着长安皮影、凤翔泥塑、合阳提线木偶、华州皮影、安塞剪纸、鄠邑农民画等陕西手工艺术品。

玩家攻略

公园内曲江上经营许多水上游览项目，可欣赏整个曲江风景。曲江"平湖飞渡"项目跨越草地、湖泊、河流、峡谷，借助高差从高处以较快的速度向下滑行，空中俯瞰大自然的迷人美景。公园湖心处有座小岛，岛上山坡起伏，与东岸10米高岸相呼应。岛上有3处开敞式的园林建筑，供游人休闲，还有钓鱼台可供垂钓。

玩家解说

唐代园内楼台起伏、宫殿林立。每当新科进士及第，就在这里乘兴作乐，把酒杯放在盘中，盘子放在水里随流而漂，漂到谁跟前，谁就执杯畅饮，这就是著名的"曲江流饮"。

曲江池遗址公园

曲江海洋极地公园 AAAA

领略海洋风情的好去处

西安市雁塔区曲江二路1号（大雁塔东侧）

乘坐21、601路公交车到曲江海洋世界站下

周一至周五，9:00~18:30，周六至周日，9:00~19:00

180元 029-85517317

曲江海洋极地公园主要由海洋馆、极地馆、黄金海岸商业街三部分组成。海洋极地公园内养殖着众多海洋生物，多彩的海鱼、笨拙的海龟、晶莹透明的水母、强壮的北极熊、可爱的企鹅，无不让人流连忘返。

海洋馆主要展览热带海洋生物。极地馆主要展览极地生物，一楼可以看动物在水下的生活状态，二楼可以看它们在陆地上的生活状态。极地馆的欢乐表演场可以免费看海豚表演。

玩家攻略

馆内的快乐鱼部落为西北地区第一个无水海洋馆。部落里设有海上游艇、深海探奇、海战打靶、神庙魔影洞穴、森林探险、喂食五彩鱼、丛林历险、狩猎动物打靶八大互动游戏项目，十分精彩。另外，人们还可以在科普馆里学习各种各样的海洋知识，亲手参与制作标本，观察海洋生物的生长发育过程。

玩家解说

热带雨林馆利用植物的绞杀、寄生、板根、共生等植物生长形态，结合雨林的动物、昆虫、鸟类的环境，表现出雨林的多样生物共生、共存。这里枯木溪流、蛇虫出没、细雨点滴，让人产生无限联想。馆内背景喷绘的运用，更丰富了雨林的场景和效果，让人有种身临其境的感觉。

大唐不夜城

西安首座一站式都市欢乐场

西安市雁塔区雁南一路

乘坐500、609等路公交车可到达

全天开放 免费

大唐不夜城是以盛唐文化为背景、以唐

风元素为主线、以大雁塔为依托而建的。不夜城有玄奘广场、贞观文化广场、开元庆典广场3个主题广场，6个仿唐街区和西安音乐厅、西安大剧院、曲江电影城、陕西艺术家展廊四大文化建筑，是古城西安的时尚名片。

玩家 解说

不夜城内的西安音乐厅是一个具有国际顶级水准的独立场馆，由可容纳1300名观众的大型交响音乐厅以及两个小型室内音乐厅、流行音乐厅构成。音乐厅常年举办国内外大型音乐盛会和音乐赛事。

贞观文化广场

贞观文化广场是大唐不夜城的核心部分，由西安大剧院、西安音乐厅、曲江美术馆和曲江太平洋影城4组文化艺术性建筑组成。4个主体建筑以正对大雁塔的南北轴线为空间对称关系，主体空间高度接近的电影院与美术展馆布置在用地的北部；而音乐厅和大剧院布置在用地的南部，两者的大屋顶均设计为重檐庑殿。

开元广场

开元广场是大唐不夜城中轴线上的主要景观。广场上的《开元盛世》主题雕塑总高12.95米，最高一层基座上是4.59米高的《唐玄宗李隆基》，4.59米取意为九五之尊。李隆基站立在巨大的圆形龙壁前，帝王风范尽显。

广场上8根朱红LED蟠龙柱高20米，东西两侧各有四柱，取意为四方、四极、四周、四海，与八数相合，意为四面八方、四通八达。广场完美地诠释了大唐不夜城的建筑美学，使得开元广场成为一个露天宫殿，每位置身其中的游客仿佛回到了鼎盛王朝。

中央雕塑景观街

中央雕塑景观街是一条长1500米的、横贯不夜城南北的中轴景观大道，道上分布着

大唐不夜城景观大道上的雕塑

盛世帝王、历史人物、英雄故事、经典艺术作品等9组主题群雕。

贞观纪念碑是不夜城的地标性雕塑，由李世民骑马像及周围的附属雕塑组成。李世民位于中间，威武端跨高头大马之上，手抖缰绳欲驭马前行，意气风发；四周号手、旗手紧密相随；碑体正面雕刻“贞观之治”四个字，背面为贞观政要名录数百字。

长安十二时辰

中国首个沉浸式唐风市井生活街区

西安市雁塔区慈恩东路曼蒂广场

10:00~22:00　128元

029-89134063

长安十二时辰是中国首个沉浸式唐风市井生活街区，以唐市井文化为源点，以网剧《长安十二时辰》IP为主题，涵盖长安小吃、主题文创、特色演艺、沉浸游戏、文化包间、场景体验等多元“原唐”业态。游客在这里可沉浸式体验原汁原味的全唐市井文化。

西安植物园

西北地区最早的植物园

西安市雁塔区翠华南路17号

乘坐37路公交车在终点站下车即到

9:00~17:00　10元，花展期间门票20元

029-61109924

西安植物园成立于1959年，是新中国成立初期我国建设的植物园，以引种、驯化、研究和普及植物科学为主。1993年，西安植物园率先在全国举办郁金香花卉展览，拉开了我国大江南北盛开郁金香的序幕。

玩家 攻略

春天是来植物园游玩的最佳时节。届时百花齐放，姹紫嫣红，也很适合拍照。这里也是西安的新婚夫妇喜欢的婚纱拍摄地之一。

植物园每年都会举办郁金香花展。郁金香在西安开放的时间一般从4月初到4月中旬。植物园另外还会定期举行其他花展，梅花花展时间为每年1~2月，兰花花展时间为3~4月，水生植物展时间为7~8月，菊花花展时间为9~10月。

大兴善寺

中国佛教密宗的发源地

西安市雁塔区小寨兴善寺西街55号

乘坐地铁2号线可达

8:00~17:00 免费

029-85216034

大兴善寺始建于晋武帝司马炎泰始至太康年间（265—289年），初称遵善寺，距今已1700余年，是西安现存历史最悠久的佛寺之一。在繁华而喧闹的古都西安，大兴善寺古柏森森，遮天蔽日，幽雅而肃穆。

寺院现存建筑沿正南正北方向呈“一”字形排列在中轴线上。天王殿内供弥勒菩萨，大雄宝殿内供释迦牟尼佛、阿弥陀佛、药师佛、十八罗汉以及一尊地藏菩萨青铜塑像；观音殿内供明雕檀香千手千眼菩萨一尊。西禅堂壁间的大镜框内装有《开元三大士传略》，是研究大兴善寺的宝贵资料。后殿为大兴善寺的法堂，藏有唐代铜佛像和宋代造像，造像形态各异，独具风格。另外，在寺院的西侧修一佛塔，以纪念那些为大兴善寺的繁荣做出贡献的僧侣。

大兴善寺

玩家 解说

唐玄宗开元年间“开元三大士”善无畏、金刚智、不空曾到此寺传授密宗，大兴善寺因此成为当时长安翻译佛经的三大译场之一，并成为中国佛教密宗的发源地。大兴善寺是中印文化交流史上一个值得纪念的地方。

玩家 攻略

寺内有素香斋，可以品尝到独特美味的素斋。

长安三大寺院

青龙寺：建于隋文帝开皇二年（582年），是唐代著名的佛寺之一。唐代时佛教日益兴盛。在9世纪初至中叶，日本入唐求法的“学问僧”“请益僧”往来长安甚多，最著名的有8人，日本称为“入唐八家”，而其中的空海、园行、园仁、惠运、园珍、宗叡都曾在青龙寺受法，从而使青龙寺成为向外传播佛教密宗颇有影响力的寺院之一。

大兴善寺：从隋开皇年间到唐开元年间，印度高僧那连提黎耶舍、阇那崛多、达摩笈多以及善无畏、金刚智和不空在此传习密宗经典，并译密宗经典500余部。一行和尚在此为住持时，寺僧对天文、数学颇多研究，一行于此计算出子午线纬度的长度。

大慈恩寺：大慈恩寺是世界闻名的佛教寺院，也是中国佛教法相唯识宗的祖庭，迄今已历1300余年。名僧玄奘曾在这里主持寺务，领管佛经译场，创立佛教宗派，寺内的大雁塔就是他亲自督造的。

景点推荐

古长安城遗址

汉长安城遗址

西汉时期的都城遗址

西安城西北10千米处

乘坐288路、834路公交车可达 全天开放，长乐宫四号、五号遗址博物馆9:30~16:30开放 免费

汉长安城遗址是中国历史上第一个国际大都会和当时世界上规模最大的都城。长乐宫、未央宫、建章宫是汉长安城最著名的三大宫殿群。汉长安城的城墙均为版筑土墙。由于城墙是在长乐宫和未央宫建成之后才修建的，为了迁就二宫的位置，城墙的位置和走向随宫就势，形成了城南像南斗星、城北像北斗星的形状，俗称“斗城”。

链接

汉长安城修筑过程

汉长安城的修建可以分为三个阶段。汉高帝五年（前202年），刘邦重新修建秦朝的兴乐宫，改名“长乐宫”，由栎阳迁都于此，在此处理朝政。

汉高帝七年（前200年）未央宫建成，惠帝元年（前194年）开始修筑长安城墙。汉武帝太初元年（前104年）兴建了北宫、桂宫、明光宫、建章宫，并开凿昆明池和上林苑。至此，长安城历经90余年的兴建，终于建成。

长乐宫

长乐宫位于城的东南角，又称“东宫”。汉初皇帝在此视朝，惠帝以后改为太后居处。宫的平面呈不规则形，宫内有前殿、临华殿、长信宫、长秋殿、永寿殿、神仙殿、永昌殿和钟室等。

未央宫

未央宫在城的西南角，又称“西宫”，是皇帝的朝会之所。宫的平面呈正方形，四面筑有围墙。宫的四面各开辟有一个司马门，东门和北门外立有阙，如果诸侯进京朝见，就从东阙进；士民上书则从北阙进。

建章宫

建章宫位于上林苑内，由许多宫殿组成，号称“千门万户”。其前殿高于未央宫，东有凤阙，高20丈，遗迹至今尚存。北部是太液池，池中有蓬莱、方丈、瀛洲诸岛。岛上亭榭楼阁，错落有致。南部有神明楼、井干楼等建筑。

大明宫国家遗址公园 AAAAA

曾经的大唐帝国的政治中心

西安市新城区自强东路585号

乘坐2、262等路公交车在大明宫丹凤门站下车即到 旺季，8:30~19:00；淡季，8:30~18:00

60元 4000096635

唐代的大明宫是唐长安城“三大内”（太极宫、大明宫、兴庆宫）中最为辉煌壮丽的建筑群，李唐王朝21位皇帝中曾经有17位在此处理朝政。

大明宫国家遗址公园

在含元殿以北的大明宫遗址博物馆内，能够观赏到遗址内出土的文物。博物馆的东北角，还有按照1∶15比例复原的大明宫微缩景观。

靠近南门的丹凤门遗址博物馆内，保存了当年丹凤门的门阙墩台遗址，这里是中国历史上可考的最大的一座城门。

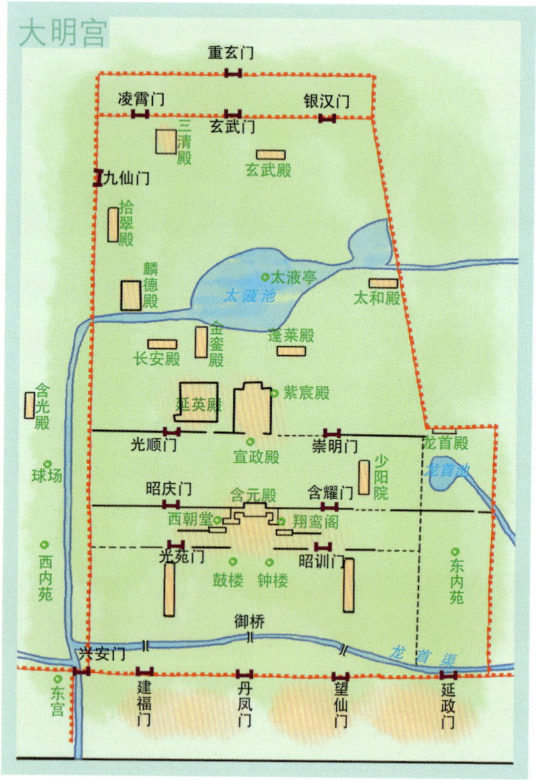

唐长安城遗址

曾是世界上规模最大的城市

✉ 西安市新城区二马路

唐代长安城始建于隋朝，初名大兴城，唐朝易名为长安城，是隋唐两朝的首都。大兴城仿照汉、晋至北魏时所遗留的洛阳城所建，故其规格、轮廓、布局都与洛阳城很相似。大兴城分为宫城、皇城、郭城三个部分。宫城在城中心的北部，是皇帝居住和执政的地方。皇城在宫城南面，是中央官署区。郭城主要为居民区。城郭外有宽9米、深4米的护城河。

□ 外郭城

外郭城内有南北向大街8条，东西向大街14条。街道的两侧都设有排水沟，并种植榆、槐等行道树。外郭城中遍布着佛寺和道观，如总持寺、庄严寺、兴善寺、玄都观等。城内还有东市、西市两座市场，内有“井”字形街道和沿墙街道，将市内分为9个区。

□ 宫城

唐代长安城有三大宫殿群。一是由隋大兴宫改建的太极宫，是唐初政治中心，唐高祖李渊和唐太宗李世民在这里执政30多年。

二是大明宫，是贞观八年（634年）李世民在宫城禁苑龙首原兴建的，此后的皇帝大多居住在这里。内共有宫殿30多所，规模庞大。

三是兴庆宫，是唐玄宗李隆基称帝前的旧居，本为离宫，开元二年（714年）改为兴庆宫。几经扩建，成为皇帝起居听政的正式宫殿；北部是宫殿区，南部是园林区。

□ 皇城

皇城亦为长方形，位于宫城以南；东西与宫城等长，城北与宫城城墙之间有一条横街相隔。东、西、南三面辟有五门，南面三门，中为朱雀门，两侧为安上门和含光门；东西面各一门，分别为景风门和顺义门。

兴庆宫公园

西安最大的城市公园

✉ 西安市碑林区咸宁西路55号

🚌 乘坐7、45等路公交车至兴庆宫公园站下车即可

🕗 6:00~22:00 ¥ 免费，园内游乐设施需另付费

📞 029-82495193 ⓔ www.xingqinggong.com

兴庆宫公园是在唐兴庆宫遗址上修建起来的文化遗址公园，是中国最古老的历史文化遗址公园。兴庆宫是唐玄宗处理朝政的主要地方，也是唐玄宗与杨贵妃居住之地，“安史之乱”后成为安置太上皇的住所。兴庆宫以兴庆湖为中心，园中广种植物，四季景色各不相同。公园内承载着厚重历史的宫殿，不仅向世人陈述着它的千年沧桑、美丽传说，也以新的姿态向世人展示着其新的活力和魅力。

链接

沉香亭的传说

据说开元年间，明皇在宫内花天酒地享乐，把号称“诗仙”的大诗人李白也传召进了宫内。皇上逸兴勃发，传诏要翰林学士李白作曲词《清平调》，李白却摆起谱来，喝得酩酊大醉，居然让皇上亲自给他送醒酒汤，还趁势侮弄大宦官高力士为他脱靴。

醒酒之后李白挥笔而成新诗三章，乐师李龟年歌咏，梨园弟子伴奏，连杨贵妃也命人拿来七宝杯斟满西域葡萄酒敬给李白，唐玄宗也忍不住吹起笛子来。李白的诗句立刻在兴庆宫、沉香亭四周阵阵飞扬：“云想衣裳花想容，春风拂槛露华浓。若非群玉山头见，会向瑶台月下逢。”“名花倾国两相欢，常得君王带笑看。解释春风无限恨，沉香亭北倚阑杆。”

景点推荐

西安近郊景点

未央湖游乐园

西北最大的人工湖

西安市未央区环湖南路1号

乘坐267、336、509路公交车到未央湖站下车即到

8:00~22:00　20元

029-86671776

未央湖游乐园是以水为龙头，集旅游、度假、休闲、娱乐于一身的现代化大型游乐园。游乐园共分为五大区，南区为文化广场区，是各种文化娱乐的主要活动场所；东区为静态自然区，是住宿和夜间活动的主要场地；中区为水上游乐区，主要有四开四闭的高架水滑梯、快艇、摩托艇等；北区是沙滩娱乐区，有同时可容纳万人嬉戏的黄金海岸沙滩和塞外草原风情蒙古包；西区为游乐设备区。

汉城湖景区 AAAA

突出水文化、汉文化主题

西安市未央区朱宏路与北二环西北角

春夏，6:00—22:00；秋冬，7:00—21:00

大风阁，45元　029-86483430

西安汉城湖景区，突出水文化、汉文化主题，形成了“一心（以汉长安城为中心）、三线（步行线、观光车线、游船线）”的格局。游人可漫步景区，欣赏园林景观、音乐喷泉、码头平台、水车水磨和大型秦岭山水微缩景观，亲身体验碧波荡漾的水域文化魅力。景区内共有8座桥梁，各具特色。另外，依托“汉家宫阙”建设的景区雕塑、文化广场和汉代建筑群，填补了西安汉文化展示的空白，游人

西安世界园艺博览园园景

可在此领略西汉强大繁荣的盛世文明。

西安世博园 AAAA

西部最大的体验欢乐基地

西安市浐灞生态区浐灞大道1号

乘坐地铁3号线可达

西安世博园，原名西安世园公园，为2011西安世界园艺博览会会址。景区以打造时尚、动感、欢乐、健康的“西部第一园”为目标，是西部地区最大的体验欢乐基地。其园区内的主要建筑有长安塔、珍宝馆、自然馆、萌宠馆。园区集文化艺术珍品展示、珍稀动植物观赏于一体，主题园艺景点有长安花谷、世界庭院、国内展园、省内展园等。

鲸鱼沟竹海景区

西安近郊最佳的休闲避暑地

西安市灞桥区白鹿原狄寨风光路南西车村

乘坐240路公交车到鲸鱼沟站下车即可

全天开放 ¥25元

西安鲸鱼沟竹海景区集生态观光、文化旅游、水上娱乐、休闲度假于一体，主要景点有百果园、关中竹海、奇石林、瀑布、不老泉、鲸鱼湖、竹海亭、望月亭、报恩寺宗教文化区等10多处。其中，关中竹海、鲸鱼湖、报恩寺，被誉为“关中三奇”。

链接

鲸鱼沟传说

传说共工一怒之下碰得天塌地裂，天水一倾而下，人间皆成汪洋大海。当时，东海里一对大鲸鱼分别驮着77个老百姓，乘风破浪游了81天到了白鹿原上，恰逢女娲以炼石法把天补住，天水很快退去，这对鲸鱼和驮着的男女百姓就在此安家落户，善良的鲸鱼卧在淤泥之中。

年复一年，时代变迁。一日，

皇上传下旨意要在白鹿原上修一座城。鲸鱼被压得喘不过气来，惶恐万分，突然空中传下巨音："鲸鱼鲸鱼莫发愁，霎时叫你东海游。"话音刚落，天崩地塌，狂风大作，第一声炸响，修建的城墙倒了；第二声炸响，鲸鱼身上的泥土分开了；当第三声炸响响过，空中又传出一声高叫："鲸鱼，还不逃走，等待何时！"于是，这对鲸鱼一急之下未顾得商量便各自摆尾而逃，雄鲸鱼冲向蓝田游入灞河，雌鲸鱼冲进浐河，两鱼游至渭河相会，向东海游去，鲸鱼原来所在之处即成鱼状深沟。从此，人们就把这条深沟叫作"鲸鱼沟""沐浴沟"。

洪庆山国家森林公园

曾为黄巢起义军的隐藏地

西安市灞桥区116县道墨玉河景区西侧

乘坐临潼201路西核所线可达

9:00~18:00　免费

洪庆山国家森林公园原为黄巢堡森林公园，以唐代农民起义领袖黄巢驻军而得名。公园里群山环抱，溪水环绕，四季常青。黄巢堡方圆10余千米层峦叠嶂，沟壑连环，纵横交错，形成封闭之状。如今黄巢堡沟坡遍布果园，林荫深处藏房舍，一派安静祥和的田园风光。

在黄巢堡山上南侧，有一块近50亩的平坦肥沃之地，形如平台，四周低凹，这就是传说中的黄巢练兵场。黄巢堡主峰九龙山上树木繁密，登上山顶可遥看西安古城。黄巢堡东2千米处的山崖中，有一巨石，形如剑劈，崖下有一块石块同山顶巨石吻合，被称为"秦琼救驾坡"。

玩家攻略

最佳旅游时节：洪庆山国家森林公园从每年3月中旬至10月下旬，为适游期。人们可去公园踏青、赏桃花、品竹、采摘、溪谷穿越等。

赏花：每年5月，森林公园都会举办槐花节，供游人赏花看景。除了槐花外，景区还有一片大约130公顷的野玫瑰，每当春天花开烂漫之时，或金黄无际，或红遍半山，到处是一片花的海洋。

夜景：夜晚，西安城万家灯火，照亮了整个夜空。方正的古城墙在霓虹灯的映照下，轮廓清晰，蔚为壮观。在九龙顶、水泉北山和墨玉河景区最高峰黑虎岭上，都可以观赏。

购物：洪庆山物产丰富，有许多特产水果，主要有纸皮核桃、野板栗、樱桃、柿子等。每年果实成熟的季节，都有大量的游客上山采摘。

链接

女娲补天之传说

传说在远古之时，祝融与共工大战于洪庆山，共工氏战败大怒，一头撞断了西北天柱不周山，大地上洪水滔天，人民罹难。女娲娘娘发现天漏了一个窟窿，于是在洪庆山顶采玉炼石49日，最后炼成五色石，在正月二十这天，将天洞补上，大雨下了49天后，在这天终于停止了。

后世子孙为了纪念女娲娘娘补天之恩德，相约以这天为补天节。每年正月二十这天，这里的原住山民都要过补天节。女娃烙一张饼扔到屋顶上，以示补天之意；未出阁的女子还要穿上绣有青蛙的兜肚，求女娲娘娘保佑。

西安半坡博物馆 AAAA

华夏第一村

西安市东郊灞桥区半坡路155号

旺季8:00~18:00，淡季8:00~17:30

55元

029-62815385　www.bpmuseum.com

西安半坡博物馆是中国第一座史前遗址博物馆。半坡遗址是黄河流域一座比较完整、典型的母系氏族公社的村落遗址。博物馆以具有原始村落风格的大门装饰，鱼池中

西安半坡博物馆

白鹿原沙雕

耸立着正在汲水的半坡姑娘的石雕，遗址大厅正面是郭沫若先生题写的“半坡遗址”四个遒劲隽美的大字。

玩家 解说

出土文物陈列室陈列的是，从遗址中发掘出来的生产工具和生活用品，可分为石器类、骨器类和陶器类，主要有石斧、石铲、刮削器、敲砸器、磨盘、纺轮、骨锥、鱼钩、陶钵以及尖底瓶等。此外，还有陶哨、人头、鸟头、兽头等艺术品和一些装饰品。

遗址大厅是原始村落的一部分，遗址中还能见到公共墓地，还有储藏物品的地窖和公共仓库等。

白鹿原·白鹿仓景区 AAAA

传统民俗文化体验地

地址：西安市灞桥区水安路368号

交通：乘坐241路公交到白鹿仓旅游景区（公交站）下车可达 门票：免费 电话：029-83559999

景区位于西安著名的白鹿原上。白鹿原因有白鹿出现而得名。这里自然环境独特，东南依山，三面环水，虎视古都，自古是兵家必争之地，为历代王朝长治久安的天然屏障。白鹿原历史文化积淀深厚，是古代金、元、羌等少数民族杂居及其文化与汉文化融汇之所；这里民风淳厚，传奇色彩浓郁。

景区以民俗文化体验为核心，进行了高水平的规划和精心设计，营造出独特的民俗文化历史场景。景区由“一仓三营”组成，一仓是白鹿之仓，三营是航空飞行营地、温泉房车营地、运动体验营地。景区建筑以“匠人木作”为特色，融合了陕北、关中、陕南等地建筑风格，还原了当年白鹿原地区的生活情景。

链接

作家陈忠实的白鹿原情结

著名作家陈忠实以20世纪前半叶的白鹿原为背景创作的小说《白鹿原》，获第四届茅盾文学奖。小说将白鹿原的风土人情、民俗文化推向了世界，勾勒出一幅白鹿原雄奇史诗，描绘出一轴波澜壮阔的白鹿原画卷，奠定了白鹿原民俗风情旅游的基础。

景点推荐

临潼旅游区

华清宫文化旅游景区 AAAAA

唐文化旅游标志性景区

西安市临潼区华清路3号

7:30～18:00

坐307、临潼602、临潼游613路公交车至华清池公交站可达　¥ 120元　029-83812004

www.hqc.cn

华清宫文化旅游景区位于西安城东30千米；历史上，周、秦、汉、隋、唐等历代帝王曾在此建有离宫别苑。景区因独特的温泉资源、烽火戏诸侯的历史典故、唐明皇与杨贵妃的传奇爱情故事、“西安事变”发生地而享誉海内外，成为中国唐文化旅游标志性景区。其主要标志性建筑群有唐御汤遗址博物馆、西安事变旧址——五间厅、九龙湖与芙蓉湖风景区、唐梨园遗址博物馆等文化区和飞霜殿、万寿殿、长生殿、环园和禹王殿等。

骊山是秦岭山脉的一个支脉，山上松柏常青，壮丽翠秀，似一匹青苍的骊驹而得名，又因系西周时骊戎国所在地，因此称为骊山。骊山曾是帝王游幸之地，山上山下古迹随处可见，神话传说层出不穷。骊山不仅景色翠秀，而且历史典故众多。每当夕阳西下，骊山辉映在金色的晚霞之中，景色格外绮丽，即为“关中八景”之“骊山晚照”。

李隆基与杨贵妃雕塑

《长恨歌》

《长恨歌》为中国大型实景历史舞剧，以唐明皇与杨贵妃的爱情故事为主线，在故事发生地重现了长诗《长恨歌》中的动人篇章。该剧4月至10月每晚上演，全长70分钟，由"杨家有女初长成""一朝选在君王侧""夜半无人私语时""春寒赐浴华清池""骊宫高处入青云""玉楼宴罢醉和春""仙乐风飘处处闻""渔阳鼙鼓动地来""花钿委地无人收""天上人间会相见"十幕组成，通过山水风光、古典乐舞、诗歌旁白、高科技灯光音响及特效等表现手法，充分展示了大唐盛世的恢宏气象和千古绝唱的爱情传奇。

《长恨歌》演出场景

兵谏亭·烽火台·老母殿

骊山半山腰有一块上有金黄菌锈的巨石，远望像老虎身上的斑纹，因此叫虎斑石。石上有一座水泥凉亭，是西安事变时蒋介石被捉处，20世纪50年代改名为“捉蒋亭”；亭内正面上方石壁上的题词，叙述了西安事变的大略经过；2003年改名为“兵谏亭”。

烽火台是古代战时传递战报的设施。相传西周末年，周幽王娶了貌若天仙的褒姒，可其女自进宫后从未开颜一笑。于是周幽王无故点燃狼烟，戏弄诸侯，以博褒姒一笑。当犬戎入侵，周幽王再次点燃烽火时，却无人来救，致西周灭亡，从而留下一个“烽火戏诸侯，一笑失天下”的典故。

老母殿是为了纪念中华民族的创始人女娲氏而修建的。相传女娲创造了人类，又在骊山炼石补天，劳苦而功高，后世人尊她为骊山老母，并在骊山上修女娲祠纪念。

晚照亭·三元洞·明圣宫

晚照亭是一座重檐攒顶方亭，位于西绣岭老君殿东，取“骊山晚照”之意。站在晚照亭北侧可鸟瞰华清池、东花园、临潼全景和渭水。

三元洞是一处自然奇观，有几孔宁静幽雅的窑洞，洞内奉祀着道教所尊的天官、地官、水官（玉皇大帝、土地爷、大禹）三元，故称为三元洞。最奇特之处是，窑洞内有5个茶杯口粗细的天然通风圆洞，深不知底，昼夜生风，春夏风向外吹，秋冬风向里吹。

明圣宫始是台湾道教徒、著名爱国人士颜武雄等人为报答谢映登仙祖保佑之恩，捐

明圣宫

骊山朝元阁

款在此修建的一座大型道教观，表达了台胞认祖归宗、渴望回归的爱国之情。

石瓮寺 · 日月亭 · 鸡上架

骊山东、西绣岭之间的一处秀丽峡谷中，有座著名的寺庙叫石瓮寺，又名福崖寺。石瓮寺是骊山东绣岭的佛教名刹。寺内宋代沙石成皿，其形似瓮，故得名石瓮寺。

日月亭位于兵谏亭与晚照亭之间，取国共合作日月同辉之意。内檐彩绘骊山各主要景点图案，让游人在休息的同时，可感悟骊山深厚的文化内涵。

从石瓮水潭处攀缘西行可到鸡上架。这里是从东绣岭通往西绣岭的一段险道，游人到此皆须手足并用，盘旋而上，如同鸡上架一般，故而得名。

三元洞坡下碑林 · 金沙洞 · 老君殿

三元洞坡下碑林是1998年为日本已故著名汉学书法家石桥犀水、藤田赞阳、石田泉城等9人所建书法石碑。碑林共有9块石碑，有行、草、隶、篆、楷等字体。

金沙洞是唐玄宗和杨玉环在骊山的一个秘宫，是他俩避开众人独自秘密相会的一个山洞，俗称幽洞。明英宗正统年间书生刘瑞五探奇冒险，从而揭开了金沙洞的秘密。洞中有唐玄宗、杨贵妃及众宫娥的白玉雕像：杨贵妃腼腆羞涩，唐玄宗含情脉脉，雕像栩栩如生。

老君殿始建于唐代。相传唐玄宗游幸华清宫时，两次在此梦到老君降临阁内，因此称为“降圣阁”，又称“朝元阁”。殿内原供奉着白玉老君像，是唐代西域著名雕像家元迦儿的杰作，后在“安史之乱”中被毁，遗迹现保存在陕西省历史博物馆。老君殿门前的并蒂皂角树是杨贵妃与唐玄宗亲手种下的，它们是杨贵妃和唐玄宗凄美爱情的永恒见证。

玩家 攻略

骊山温泉堪称一绝，其历史久远，任沧桑巨变，仍千古不竭，被誉为“天下第一泉”。6000年前就为姜寨先民所利用，周、秦、汉、唐以来，历代帝王均在此修建汤池沐浴，使其逐渐成为皇家御用温泉。

景点推荐

长安旅游区

秦岭野生动物园 AAAA

古城西安的后花园

西安市长安区滦镇秦岭北麓环山生态旅游带

可乘坐游9路公交车到达

周一至周五，9:00~17:00；周六至周日，9:00~17:30

旺季100元，淡季80元

029-85670000　www.xianzoo.com

秦岭野生动物园是西北首家野生动物园。园区林荫漫道，水映青山，万余头（只）野生动物生息在历经百年的板栗、柿子树林中，与秀丽的终南山水融为一体。

动物园分为四个区域，即步行游览区、草食区、猛兽区和鸟语林。园内的鸟语林是全国规模最大、功能最全的一个；黑豹基地也是全国最大的；食草动物车入区面积为全国野生动物园之最，其庞大的动物种群、数量都是西北之最。

玩家攻略

天鹅湖占地3万平方米，是动物园内的主要景区之一。湖面波光潋滟，成群的天鹅、鸳鸯、火烈鸟等水禽嬉戏游弋水上，优哉游哉，不时发出悦耳的鸣叫声。湖后巨大的可控瀑布定时开放，气势夺人，悬崖飞瀑，湖光山色，相映成趣。翠微园中散养着2000多只安详、美丽的孔雀，它们优雅地漫步于草地，游人可与它们亲密接触。

园内设有动物表演场，每天定期上演精彩纷呈的动物杂技表演、海洋动物表演、鹦鹉表演等，使游人大饱眼福。另外，园内还设有小小动物乐园和游乐场，供人们玩耍。

玩家解说

景区门口有一长排栩栩如生又极为精致的木雕。它们是利用枯木本身的生长形态与树杈，再加上后天的雕工巧妙地做成的。木雕都是动物和人类和谐共处的图像，以提醒人类在爱惜自己的同时也要爱惜身边的小动物。

步行区

步行区位于动物园的西半部，这里展出动物260种、8000余头（只），有国宝大熊猫、金丝猴，有海狮、海豹，陆地上最大的哺乳动物——亚洲象，有产于南美洲的原驼和驼羊，产于澳大利亚的大赤袋鼠、大灰袋鼠和食火鸡，还有产于非洲的河马、成群的火烈鸟，以及色彩艳丽的各类鹦鹉等。

车入区

车入区的食草动物展出部分位于动物园

秦岭野生动物园的狮子

的东半部，分为东、西两个部分，共有动物47种1700余只。其东半部为产于非洲的食草动物，由长颈鹿馆、斑马馆、角马馆、羚羊馆组成；西半部为产于亚洲的食草动物，有我国特有的白唇鹿、有“沙漠之舟”美誉的双峰骆驼、有“高原之舟”美誉的牦牛、有仅产于喜马拉雅山南麓的塔尔羊等。

翠华山·秦岭终南山世界地质公园 AAAA
唐文化旅游标志性景区

西安市长安区太乙宫街道

乘地铁2号线转729路公交车可达

旺季，9:00~17:30；淡季，9:00~17:00　65元

029-85892176　www.cuihuashan.com

翠华山景区为秦岭终南山世界地质公园

翠华山风光

核心园区，因汉武帝曾在这里祭祀过太乙神，故又名太乙山，由天池山崩科普区、甘湫池森林健身区、翳芳湲生态休闲区三部分组成。景区以秀美的湖光山色、罕见的山崩地貌而著称，集山、石、洞、水、林等景观于一体，主要景点有天池、甘湫池、地质博物馆、汉武帝拜谒太乙神道场等。

秦岭终南山世界地质公园，以秦岭造山带地质遗迹、第四纪地质遗迹、地貌遗迹和古人类遗迹为特色，主要由翠华山景区、骊山景区、朱雀景区、太平景区、南五台山景区、王顺山景区、黑河景区和蓝田猿人遗址景区组成。

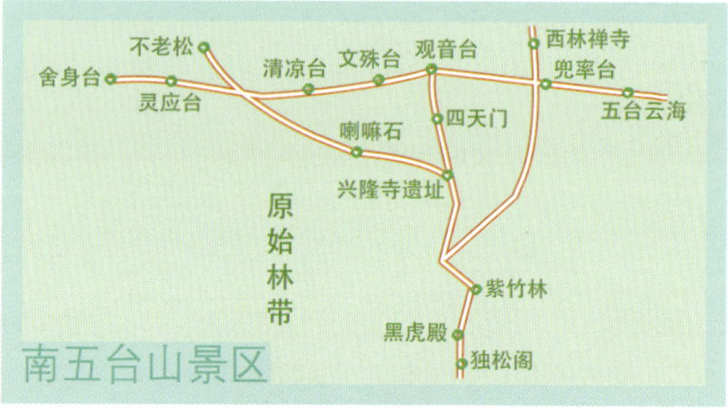

南五台山景区

南五台因山上有清凉、文殊、舍身、灵应、观音五台，又位于古长安城南，故名南五台。其山形峻峭，峰峦层叠，森林茂密，风景极为秀丽，古人称它为“终南神秀之最”。

宝泉位于山腰，形如美玉、味似甜蔗，为品茗休憩之佳地。独松阁亦位于山腰，因阁中有一株古松，故得此名。阁周鸟语花香，景色如画，为览胜之佳地。观音台又称大台，是五台中最为著名的一座，位于独松阁之上，有隋国光寺遗址；此台视角开阔，可北眺八百里秦川。

香积寺

汉族地区佛教重点寺院之一

西安市长安区西一街

乘坐738、344路公交车可达

8:00~17:00 免费

029-85973209

西安香积寺始建于唐中宗神龙二年（706年），为纪念唐代名僧善导和尚而建。香积寺内现存唐代建造的善导塔。塔系青砖

兴教寺

砌成，壁厚2米，平面正方形，为仿木结构。塔顶因年久残毁，现在存11级，高33米。塔身周围保存有鞍形的12尊半裸古佛，雕刻精巧。塔基层四面有门，并刻有楷书《金刚经》，字迹雅秀，笔力遒劲。

链接

善导大师

善导大师（613—681），山东临淄人。他依据《无量寿经》《观无量寿经》《阿弥陀经》及《往生论》等佛教净土宗经典，倡导任何众生愿生极乐世界只要称念"南无阿弥陀佛"名号，乘佛愿力，必定往生。后在终南山修行，著作现存有《观经四帖疏》四卷、《观念法门》一卷、《法事赞》二卷、《般舟赞》一卷。

兴教寺

位居唐代樊川八大寺院之首

西安市长安区杜曲镇少陵原畔

乘坐735路公交车在兴教寺下　9:00～18:00

免费

兴教寺是唐代著名翻译家、旅行家玄奘法师长眠之地。兴教寺坐北朝南，门内钟鼓两楼夹道对峙，气象庄严，远眺终南山，是佛教人士游览和瞻仰玄奘遗迹的圣地。寺内藏有明代铜佛像、缅甸玉佛像各1尊，还有历代经卷数千册。

藏经楼内珍藏有《大藏经》等数千册经书及用巴利文写的《贝叶经》残片。西跨院又称慈恩塔院，为玄奘及其弟子圆测和窥基遗骨安葬之地，建有并列的3座舍利塔；舍利塔之北的慈恩殿内，陈列着玄奘及其弟子的石刻像等。

关中民俗艺术博物院 AAAA

民间石刻艺术宝库

西安市长安区五台古镇南五台山路1号

9:00～17:00　120元

029-87262543

关中民俗艺术博物院是以民俗文化遗产抢救、保护、收藏、研究和展示为主的博物院。博物院从建筑到园林全部为明、清风格，藏品从不同层面反映了关中人民在不同历史时期的艺术、审美、劳动、居住、习俗、风情等民俗历史风貌。被誉为“地上兵马俑”的8600多根精美的拴马桩，引人注目，精美的石雕工艺极大地丰富了我国民间石刻艺术宝库。博物院是中国北方关中地区数千年来多民族生存和文化交流融合的历史见证。

玩家攻略

博物院古民居一条街，将散落在关中各地的、具有保护价值的100多所典型民居，整体收购、移建到此，数量众多、工艺精湛的木雕、砖雕、石雕等具有极高的审美和观赏价值。博物院老腔剧团、皮影剧团定期在博物院梨园民俗演艺茶楼内演出。

杨庄村

被誉为“终南山下最美的村庄”

西安市长安区东南，距西安市中心40千米

乘坐917路公交车到杨庄站下车即到

全天　免费

美丽的乡村杨庄境内生态环境保护良好，自然风貌奇特，山川俊美，天蓝水碧，林木茂密，人杰地灵。走进杨庄，仿佛穿行在一幅蓝天绿水的山水画卷里，连绵的青山倒映在碧绿的湖水之中，岸边是乡野民居、万亩良田，俨然一处世外桃源。

杨庄山川水景独特，奇峰、异石、秀水随处可见，其中境内的太兴山、人头山两大景观最为著名。太兴山是道教名山，始建于隋唐，兴盛于明清；文化底蕴丰厚，传说众多；海拔2340米，素有“终南第一峰”的美誉，可与湖北武当山相媲美，故又称“铁顶太兴山”。

玩家攻略

赏油菜花：每年4月油菜花开的季节，杨庄就被盛开的油菜花给团团围住了，绿油油的麦田和金灿灿的油菜花，还有那碧波荡漾的河水，宛如一幅秀美的画卷。

观薰衣草：杨庄秦岭深处有一片约7万平方千米的薰衣草庄园，呈东西走向，长约1500千米，花开时期到处充满了浪漫气息。薰衣草的开花期一般是7月，为了保证观赏效果，最好在7月中下旬入园。

垂钓：杨庄散布着东沟、许家沟、三合、野狐沟等100多个大小库塘；1000多亩的水面上浮萍游动、轻舟荡漾，是垂钓的好地方。

娱乐：杨庄乡村文化生活特别丰富，尤其是牛老爷社火、长安道情戏等地方民俗活动历史源远流长。每当傍晚，一些民间艺人便聚集起来开始了演唱，精彩的唱腔吸引着十里八乡的群众前来观赏。

长安杨庄

景点推荐

蓝田旅游区

辋河峡谷漂流

荡舟清波上，人在画中游

西安市蓝田县蓝关镇薛家村

辋河峡谷蓝蓝的河水清澈见底，河水随着落差起伏的河床流动。乘皮舟顺河漂流而下，颇有惊涛拍岸之感。两岸悬崖陡峭，野花芬芳，阳光从林木中穿过，放射出绚丽的光彩，颇有当年王维诗中描绘的“明月松间照，清泉石上流”的意境。

汤峪温泉·碧水湾

西北最大的露天泡汤温泉浴场

西安市蓝田县汤峪镇政府北侧100米处

乘坐920路公交车可达　9:30～21:30

45元　029–82836888

汤峪温泉·碧水湾位于秦岭北终南山下。汤峪温泉历史悠久，始于汉朝，是历代皇家沐浴之地，并在唐朝建有沐浴行宫“大兴汤院”。浴场气势磅礴，共有100多个形态各异的汤池分布在山林间、河畔。与飞鸟同在一片天空，与汤峪河中的鱼儿享受山水的滋润。因此，留下了“桃花三月温泉水，春风醉人不知归”的美誉。

玩家攻略

温泉度假区内的艺术团每天都会定期在唐盛剧场进行演出。另外，每天12:00举行盛大游园仪式，每天20:00进行精彩的民俗表演。

男人汤·女人汤·鲤鱼汤

根据男女性别的不同，泡汤的水温是有差异的。男人汤专门为男人设置了舒活筋骨的泉水温度，让男人在工作之余既能享受闲暇的泡汤时光，又能由内而外地感受身心放松。

女人汤的泉水温度比男人汤的水温略高一些，较高的水温能够驱散女人体内的寒气，令全身毛孔充分扩张，从而达到排毒养颜的功效。

森林海、养生泉，在鲤鱼汤池中男女共浴，泡出魅力，泡出靓丽容颜，犹如鲤鱼跃龙门，更上一个台阶。

大唐五池·天圆地方池·五福汤

李隆基御赐的“大兴汤院”——大唐五池错层而建，温热的泉水从崖壁急转直下，在水面上激起阵阵白色的水雾。

天圆地方汤池整体结构呈方形设计，上空楼层为露天圆形，汤池中央又以其独特的设计——“九棵大树五棵小树”的参差种植将昔日帝王的九五之尊之意表达得淋漓尽致，让游客在泡汤的同时还能感受王者的风范。

五福汤由福、禄、寿、喜、财五个汤池错落衔接而得名；水温自上而下逐渐降低，适宜不同体质的人们共同泡汤。

王顺山景区 AAAA

陕西“小黄山”

西安市蓝田县蓝桥乡

乘蓝田游4路可达

9:00~17:00 免费

029-82825070

王顺山原名玉山，因大孝子王顺担土葬母于此而得名，有“天下第一孝山”之美誉，著名的蓝田玉即产于此山中。

“天下名山此独奇，望中风景画中诗”，是明朝诗人刘玑笔下的王顺山风光。王顺山国家森林公园森林覆盖率达95%，主要有奇松、怪石、古寺庙遗址、摩崖石刻等景观。公园境内树木繁茂，山势挺拔，奇松怪石、涧潭瀑布随处可见。

链接

王顺山的传说

据记载王顺乃秦朝名将王翦之曾孙，他的父亲王离是秦二世胡亥手下的一员大将。秦末，王离被项羽所虏杀，他的妻子杜氏带着幼子逃亡，最后隐居于玉山。

王顺与他的母亲相依为命，母亲临终前要求王

王顺山国家森林公园

顺把她葬在山顶：一来能天天看着儿子平安度日，二来能天天望见不知魂归何处的夫君。

玉山本是石山，山上没有一抔土。王顺为了满足母亲的遗愿，把母亲的遗体背上山顶，从山下担土葬母，年复一年，不知担断了多少根扁担，磨烂了多少双草鞋，他的至诚之心感动了天神，山崩地裂。王顺掩埋了母亲的遗体后，又在母亲坟旁结庐守孝三年，终因其孝行感动天神而得道成仙。唐代大诗人白居易有诗赞曰“昔闻王氏子，羽化升上玄”。自此，玉山便更名为王顺山。

水陆庵

水陆庵原名水陆殿，三面环水，形似孤岛。为六朝古刹，国家级重点文物保护单位，以保存古代精巧罕见的彩塑而闻名，被誉为“中国第二敦煌”。墙、梁、柱上镶满了3700多尊人物及自然界万物的塑像，件件栩栩如生，个个活灵活现。

辋川溶洞

辋川溶洞位于蓝田辋川境内，唐代大诗人、画家王维曾长期隐居于此，其所赋辋川山水之佳句被汇集成《辋川集》，享誉海内外。游览区分凌云、锡水两洞。凌云洞海拔千米，形成于9000万年前，洞深527米，天然乳石形成栩栩如生的“晚霞驼铃”“仙女沐浴”。锡水洞与凌云洞遥遥相望，洞深270米，洞内有40多尊彩绘泥塑，集中展现了浓厚的道教文化。相传八仙之一的韩湘子曾在此得道羽化，故被奉为道家第五十五福地。每逢农历二月初五至初七，方圆几百里的香客都会云集于此，举行盛大的宗教活动。

蓝关古道

“云横秦岭家何在，雪拥蓝关马不前”，从古诗中可以想见古代蓝关道的崎岖艰险。蓝关古道遗址呈横向单排分布，栈桥遗迹位于窄峪河谷的一块巨石上，有栈孔4个，呈双排分布。

辋川溶洞

蓝田猿人遗址

中国直立人化石出土地

西安市蓝田县九间房镇公王岭

乘坐904路公交车可达

免费

029-82971807

蓝田猿人遗址有一座六角碑亭，亭内竖立着蓝田猿人化石出土纪念碑，碑上雕刻着蓝田猿人的复原胸像，碑身下刻“蓝田猿人头盖骨化石出土处”。

蓝田猿人的文化遗存主要是打制的粗石器，共50余件，分尖状器、砍砸器和刮削器；器物以单面加工为主，手法极为粗糙。公主岭还出土了40余种动物化石。

链接

蓝田人的发现意义

蓝田人化石于1963年至1965年在陕西省蓝田县公主岭更新世早期地层中被发现。考古学家研究表明，蓝田人比后来的北京人大脑容量要小一些，大约有778毫升。但是有一点却引起了人们的关注，那就是蓝田人已经能完全直立行走，而且这是已发现的亚洲北部最早的直立人。这个发现的意义十分重大，因为直立起来是成为人的重要标志。

蓝田人的发现，不但证明了我国是人类的发源地之一，驳斥了我国人种“外来说”的错误，而且证明了马克思关于“劳动创造人”的理论的正确。

景点推荐 鄠邑—周至旅游区

太平国家森林公园 AAAA

唐王朝观花避暑的山水乐园

西安市鄠邑区煤场村

乘公交鄠邑902路可达

8:30～17:00

60元　029-84959806

太平国家森林公园所在的太平峪，山水景观奇特，多瀑布、急流、险滩，园内有苍劲古老的落叶松原始森林、顶风傲雪的红桦纯林、天然分布的万亩紫荆，春季漫山遍野一片花海，被游客誉为“鲜花与瀑布的世界”。

太平国家森林公园以水景和天然万亩紫荆花而著称。森林公园内拥有西北地区少有的深山瀑布。其中，最高的彩虹瀑布最大落差160余米；水流凌空而下，数十米内水雾盈谷，有时在阳光的照耀下能够见到七彩飞虹。整个黄羊坝区域分布着七八个瀑布，瀑布下泄的水流汇成了一条条山溪。

玩家攻略

每年的4月，整个景区漫山遍野开遍了天然的紫荆花，鲜艳绮丽，花香扑鼻。

太平峪很低，不需要坐缆车，一会儿就可以爬到山顶。最好带把伞，既可以遮太阳，还可以在观看山顶的彩虹瀑布时挡水。

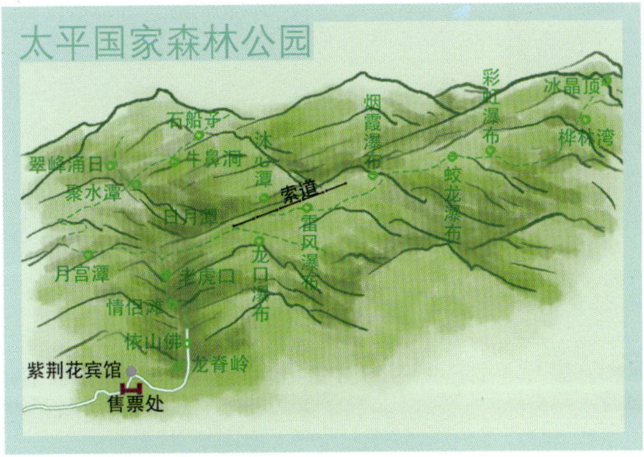

太平国家森林公园

朱雀国家森林公园
西安的后花园

西安市鄠邑区涝峪八里坪

在西安市城南客运站坐到鄠邑区的长途车下车后转乘公园车可达

8:00～17:00

旺季50元，淡季30元

朱雀国家森林公园位于秦岭北麓、东涝河上游，地处万顷森林腹地。公园前山沟道开阔平坦，森林茂密，山环水绕；后山峰峦层叠，孤峰入云、岩石奇巧，无数奇崖怪石掩映在密林巨树、奇花异木之中，构成了一幅天然的山水画卷。挂天飞瀑落差100多米，如银河倒挂。

园内动植物资源丰富，物种繁多。

玩家攻略

公园地处高山，冬季山头布满白雪，树上雪压枝头形成雪凇。晚秋和早春时节，山外已树木成荫，此处却银装素裹，树上的雪凇景观更是奇特。

秦岭梁景区·芦花河景区·龙潭子景区

秦岭梁险峻高大，层林尽染。此处有一低矮山口，为南北通道。坡上松林青翠，溪边芳原绿草。漫步游览，可轻松登上秦岭梁顶，一览长江水系和黄河水系风光。

芦花河景区谷地平坦开阔，芦花河水从中穿过，林木荫郁，芦水清澈，处处清新幽静，为休闲避暑佳境。

龙潭子景区境内以水景为主。龙潭河蜿蜒曲折、穿山越涧，忽隐忽现，飞瀑潭涧如飞龙串珠。

冰河翠景区·奇秀峰景区

冰河翠景区位于公园的最高处，最高峰冰晶顶海拔3015米，为太白山以东最高峰。登上峰顶，可远眺渭水，总览群山，俯视云海、高山草甸、原始森林，处处是一派大自然的原始情调。

奇秀峰景区位于大东沟，以山景著称。悬崖险峻，拔地数仞；山石耸立，形态各异；水穿石面，松立悬崖；奇险壮丽，如临蓬莱，似入黄山。

高冠瀑布
秦岭十二景之一

西安市鄠邑区东大街高冠峪风景区

乘坐高新城乡21号线可达

8:00～17:00

20元

高冠峪因两侧有一高耸的秀峰，形似巨人头戴高帽，故而得名，瀑布随之称为高冠瀑布。

滔滔的高冠河水到此收为一束，从近30米高的石崖上，飞流直下，倾入深潭，水声如

高冠瀑布

雷鸣。唐代著名诗人岑参曾在此建造住处，勤于耕读，和高冠瀑布结下不解之缘。瀑布西岸二台阶地的巨石上塑有诗人岑参的坐像，似在观瀑赏景，形象生动，形态逼真。

玩家 攻略

沿瀑布西侧崖壁上的石阶穿牛鼻洞而上，过明道亭，登上鹰嘴石，站在悬于高冠潭顶上的观瀑台向下俯视，瀑布真貌尽收眼底。水雾腾飞而上，宛如仙境；顺阳光望去，高冠彩虹七色斑斓，为高冠瀑布一绝。

鄠邑农民画展览馆

民间艺术殿堂

- 西安市鄠邑区画展街14号
- 西安城南客运站有发往鄠邑的班车
- 9:00~18:00
- 029-84812871

鄠邑是中国农民画最早的发源地之一，曾获得"中国现代民间绘画画乡"的称号。鄠邑（原户县）农民画展览馆始建于1973年，设有8个展厅，陈列作品500余件，展出200多幅有代表性的作品。这些作品具有强烈的乡土气息和鲜明的时代特征，其构思之巧妙、手法之新颖令人惊叹。

玩家 解说

鄠邑农民画源于民间，与当地戏剧、舞蹈、民间社火、竹马、旱船、龙灯等丰富的民间文化形式有着深厚的渊源，富于明显的地域特色，民间风情强烈，乡土气息浓郁。其中，比较著名的有刘知贵的《顺风》《爷儿孙三》，雒志俭的《洗布》，张战刚的《黄土魂》，刘志德的《老书记》，王文吉的《晨》《炊》《日出圭峰》《秋趣》等。

楼观中国道文化展示区 AAAA

老子说经之地

- 西安市周至县楼观镇楼观台，距西安约70千米
- 乘坐周至101、106路公交可到
- 9:00~18:00
- 赵公明文化景区，50元；终南山古楼观景区，40元

楼观台得名于西周，古代圣哲老子曾在此著《道德经》，并在楼南高岗筑台授经。周边道观不少，道家文化浓郁。森林公园内植物呈垂直带状分布，山奇、林秀、谷幽，野趣横生，古朴自然。

玩家 攻略

东楼观游园内有我国北方纬度最高、规模最大、品种最多的竹类品种园——百竹园，有抢救繁育国宝大熊猫、朱鹮、金丝猴、褐马鸡、金毛扭角羚等珍稀野生动物的珍兽馆，有我国最古老的道教祖庭——老子说经台。

道教文化区

道教文化区在古楼观景区的基础上而建，以说经台为核心，以道家思想中的"经一至九，九九道成"为文化内容。建筑为明清风格，依山而建。文化区内各大殿集中供奉了道教三清尊神、四御尊神、民俗尊神及道教宗师等各路福神，形成全球规模最大的道教宫观。

化女泉景区

化女泉景区以老子点化徐甲的故事为基

楼观台

础，融合了女子养生、品泉文化、道茶文化等内容，营造出道家文化氛围。游人可以在游览的同时，感受博大精深的道茶文化。

链接

化女泉的由来

相传老子将吉祥草化为一个美女，借以考验弟子徐甲是否修道心诚。徐甲动了凡心后，老子勃然大怒，以杖杵地，地下霎时出现清泉，徐甲顿有所悟，深受教育终得道，后人因此将此泉命名为化女泉。

延生观景区

延生观曾称玉真祠、升仙台，是唐玄宗胞妹玉真公主出宫入道的地方。景区内建筑依山势而建，采用了唐代古建筑风格与制式，整个景区看起来气势恢宏。历史上很多文人学士曾来此游览，李白、王维、苏轼等曾在此留下了许多诗篇和逸闻。

大秦寺景区

大秦寺是历史上基督教传入中国后最早建立的寺庙之一，距今约有1400年的历史。大秦寺院内梧桐繁茂。寺内现有一座七层六方形砖塔，塔顶有唐代耶稣和圣母的泥塑像。2006年，大秦寺塔成为全国重点文物保护单位。

黑河国家森林公园 AAAA

北方的“香格里拉”

西安市周至县境内黑河源头

从西安沿环山公路向西至马召镇，再从马召镇向南约46千米即至景区　旺季，55元；淡季，30元

029-85102008

黑河国家森林公园有三大景区，有黑河源头、南太白山原始森林，又有古栈道遗址，还有世界珍稀动物大熊猫、金丝猴的繁衍生息地和保护通道。由于公园海拔高、温差大，这里的植物层带构成了“五里一片景，十里一层天”的特殊景观。古往今来，姜子牙、刘邦、刘秀、李白、白居易、张大千、于右任、邵力子等都曾来这里观光游览，并留下许多珍贵的墨宝。

玩家解说

八大景观：森林公园现已形成了黑河清幽、一线天深、瀑布高悬、四湖联珠、南天浮云、象鼻吸虹、老城熊猫、林海苍茫八大景观，即使在盛夏也如秋天般十分凉爽。

原始林带：从黑河森林公园厚畛子景区向太白山南坡游览至神仙洞2300米高处，游客可以看到落叶栎林带。森林树干高大，枝叶繁茂。在低山丘陵地带，山杨树呈块状点缀在林海之间，整个景区构成了“漏日松阴薄，摇风花影移”的景色。在这里，游客可尽情饱览原始森林之美景。

攻略资讯

- 交通
- 住宿
- 美食
- 购物
- 娱乐

交通

飞机

西安咸阳国际机场：位于西安市西北部，有往来国内各大城市以及日本、泰国、韩国等国家的航班。机场距西安市中心47千米，有机场高速公路连通，至西安市区1小时左右。

火车

西安主要的火车客运站有2个：西安站、西安北站。

西安站：原名长安站，位于新城区环城北路、尚德门的东边，是连接东西交通的枢纽。西安站是陇海线上的枢纽大站，凡是经过西安的火车全部在此停靠。

西安北站：位于西安市城区北部中轴线未央路及文景路、北三环和绕城高速公路的衔接处。运营的列车主要为动车和高铁，主要有发往北京、广州、武汉、上海等地的高铁和动车。

西安咸阳国际机场

汽车

西安是仅次于北京的全国第二大公路交通枢纽，共有9条国道呈放射状通往全国各地。西宝、西铜、西临等多条高速公路呈网状向四周扩展，加强了西安至各地的交通。西安市有多个长途客运站，有发往外省和省内区县的300多个客运班线。

西安市汽车站：位于西安市丰庆路13号，主要发往省内各市及邻近省份。

陕西省西安汽车站：位于西安市解放路354号，是距离火车站最近的两个车站之一，主要发往本省市县以及外省份。

城南客运站：位于西安市雁塔区朱雀大街南段与南三环交会处西南角，车辆主要发往四川、湖北、湖南等省，以及汉中、安康、商洛等地区。

城西客运站：位于枣园东路92号，主要发往本省西部宝鸡等市县以及西北各省。

市内交通

西安是中国西北地区第一个开通地铁的城市。目前已经开通了4条地铁线路：地铁1号线、2号线、3号线、4号线。其中，2号线可以到达鼓楼和回民街等景点，4号线可以到达大雁塔和大唐芙蓉园等景点。

西安南门

住宿

西安各种类型的酒店众多，游客首先会选择住在交通方便、景点集中的碑林区；其次，雁塔区大小雁塔附近区域也相当不错，交通便利，周围有陕西历史博物馆和大唐芙蓉园等著名景点。如果想要住得经济实惠，西安的多家青年旅舍也是很不错的选择。

●建国饭店

地处东门外，毗邻西安交通大学，交通便利。饭店建筑为庭院式，拥有客房总数641间（套）。酒店设有中西餐厅，扒房餐厅的欧陆风情，誉满西安；在四季中餐厅，可享受到地道的粤式美食，其乐融融；欲一试传统美国口味，长青厅及查理士酒吧必然令您感受一新。 西安市碑林区互助路2号 029-82598888

●索菲特人民大厦

位于明代城墙内的城市中心。大厦拥有418间客房和套间，每间客房均配有私人保险箱。在幽雅的氛围中，可以领略到地中海风情、亚洲美食，还可尽享上等的进口红酒、口味纯正的清真摩洛哥菜式和地道的中东风味。 西安市新城区东新街319号 029- 87928888

●西安钟楼诺富特酒店

酒店位于西安市中心钟楼东侧，与鼓楼、回民街较近，拥有钟楼商圈最有规模的地下停车场。这里的客房设计时尚、豪华舒适，还配备了24小时健身房与儿童游乐区、免费自助洗衣房等，为宾客增添更多便利，让宾客畅享商旅与度假生活。 西安市新城区案板街16号 029-89633666

●西安新兴大酒店

酒店位于西安市新城区地铁通化门站，地铁一号线与三号线交会处，交通便捷。酒店外立面及店内的装修皆豪华大气，客房等也温馨怡人，是旅游、商务的理想之地。另外，酒店紧邻西北地区最繁华的轻工业市场和商贸圈，乘坐地铁可直达钟楼、大雁塔、古城墙等重要景点。 西安市新城区金花北路189号 029-82285834

汉城湖

美食

西安可以说是“面食天下”，这里的美味具有浓郁的西北风情，腊汁肉夹馍、Biangbiang面、羊肉泡馍、凉皮、岐山面、饺子宴等是很多人耳熟能详的陕西名吃。

西安城内经营羊肉泡馍的餐馆很多，几乎每一条大街上都会有几家专门的羊肉泡馍馆。“西安饺子宴”也是西安的一大特色。西安吃小吃的地方除南稍门、东新街的夜市外，还可以去鼓楼后的小吃街。小吃街街道两边都是古色古香的仿古建筑，各种知名的西安小吃应有尽有。

美食小吃

●腊汁肉夹馍

腊汁肉夹馍是西安著名小吃。据史料记载，腊汁肉在战国时称为“寒肉”，当时位于秦晋豫三角地带的韩国已能制作腊汁肉了，秦灭韩后，制作工艺传进长安。制作腊汁肉应选用上等硬肋肉。地道的腊汁肉色泽红润，酥软香醇，肥肉不腻口、瘦肉满含油，配上热馍夹上吃，美味异常。

●Biangbiang面

也称裤带面，“面条像裤带”“辣子是主菜”，是关中十大怪之一。裤带面特指用关中麦子磨成的面粉做的，通常手工擀成长宽厚的面条；煮熟捞出后，在面条上撒上葱、姜、青蒜、辣椒面，热油趁热迅速泼在面上即可。

●牛羊肉泡馍

陕西名食的代表，其烹制精细，料重味醇，肉烂汤浓，肥而不腻，营养丰富，香气四溢，令人回味无穷。泡馍是土生土长的西安吃食，相传宋太祖赵匡胤落魄流落长安时因囊中羞涩只有一个饼，饭店老

羊肉泡馍

板给了他一碗热羊肉汤，他便把饼撕碎了泡在碗里吃，吃完顿觉神清气爽，豪气冲天，一扫颓废心情，踏上征程。赵匡胤登基以后，尝遍世间美味，心中独独放不下记忆中的羊肉汤泡饼，传令厨房仿制，近百厨师苦思冥想，才定下做法，就是现今的羊肉泡馍。

●岐山臊子面

以薄、筋、光、酸、辣、香而著名。它的特点是：面条细长、厚薄均匀、筋韧爽口，臊子鲜香，红油浮面，汤味酸辣，老幼皆宜。

岐山臊子面

●饺子宴

西安饺子宴打破了一般只用猪、牛、羊肉和蔬菜做馅的传统，鸡、鸭、鱼肉、蛋、海味、山珍、鲜蔬、干菜、果品等，凡是好吃而又富营养的材料都可以做馅。有人说到西安不看秦始皇兵马俑，不算真到；不吃饺子

宴，也不算真到。

●葫芦头

葫芦头来源于宋代街市食品中的“煎白肠”。据传唐时医药学家孙思邈在长安一家专卖猪大肠的小店里吃“杂碎”，留药葫芦供店家调味。此后“杂碎”一改旧味，香气四溢，每天顾客盈门。店家感激孙思邈，特将药葫芦高悬门首，“葫芦头”由此得名。

●黄桂柿子饼

柿子饼以临潼特产火晶柿子和特粉掺和做皮，再配以黄桂、玫瑰、桃仁、白糖、冰糖、青红丝、上等板油搅拌做馅，用木炭火架起整锅烘烤而成。柿子饼表面呈金黄色，吃在嘴里绵软香甜，是每年秋冬季节时令佳品。

●油茶

南人炒米，北人炒面。油茶最初被当作食物时，叫炒面。将面粉炒熟，然后加入牛油、少许调料、花生等配料，熬成糊糊状，作为早餐食用。

美食店

●老孙家饭庄

以经营具有浓郁西部特色的牛羊肉泡馍、清真大菜和西部民族风味小吃而驰名海内外。

●西安饭庄（东大街店）

饭庄除经营泡馍外，还经营清真炒菜，其品种达上百种，特色菜肴有红油肚片、宫保虾肉、糖熘卷果等。📧 西安市碑林区东大街298号

●解放路饺子馆

中华老字号，主营饺子宴、饺子、炒菜、小吃等品种，尤以银米蒸饺、贵妃饺等享有盛名。📧 西安市新城区唐都里生活广场2楼

📞 13152498002

●麻家什字饮食一条街

位于西安市西大街中段路北、鼓楼西北侧，即处于西羊市、庙后街与北广济街、狮子庙四街的交会处。为回民聚居区及其传统风味小吃集中的地方，现在已经和回民街连成一片。

购物

虽然地处黄土高坡，西安物产却很丰富，不仅有众多工艺品如蓝田玉雕、刺绣、麦秆画、秦兵马俑复制品等，还有众多特产食品，如黄桂稠酒、“椒中之王”秦椒、临潼石榴、临潼火晶柿子等。

大唐西市西安国际古玩城（西安市莲湖区劳动南路西侧）、书院门古文化一条街（西安市碑林区钟鼓楼附近）都是购买各种工艺品、古玩的好去处，东大街上可以购买到各种西安特产。

●蓝田玉雕

蓝田玉有着悠久的历史，曾被许多文人墨客赋诗赞誉。远在秦汉时期，陕西玉雕工艺就十分发达。蓝田玉雕选料考究，人物作品以情动人，神形兼备，风流倜傥；花卉作品形象逼真，好似朵朵永不凋谢的鲜花。除此之外，还有栩栩如生、光彩夺目的飞鸟走兽。蓝田玉雕突出了中国玉雕“巧、俏、绝”的艺术特色。

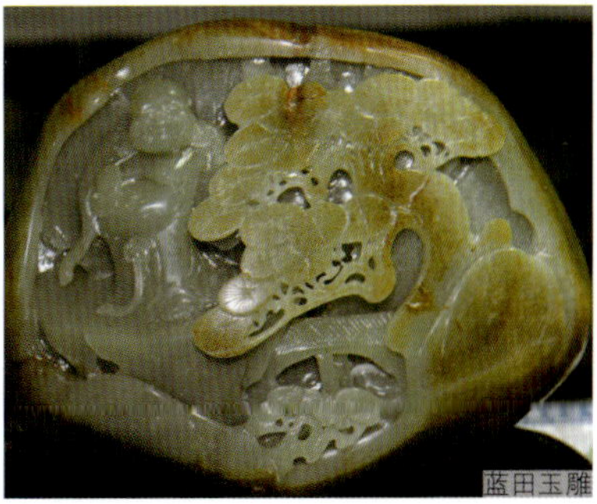
蓝田玉雕

●西安刺绣

在继承秦绣的基础上大胆创新，设计制作的双层细纱绣等色彩绚丽，独树一帜，是陕西出口的一项重要产品。主要品种有台布、枕套、靠垫和旅游品等。

●麦秆画

我国古文化艺术的一块瑰宝。由于取材独特，工艺别致，画面立体感强，且保持了麦秆的光泽，呈现出古朴典雅、富丽堂皇的神奇美感，具有极强的观赏价值和保存价值。

●秦俑复制品

随着秦兵马俑的发掘与展出，秦始皇兵马俑博物馆中所陈列的兵俑和马俑复制品成为中外游客向往得到的纪念品和礼品。这些秦俑复制品使秦兵马俑走出了陕西，遍及世界，充实了我国的工艺美术宝库。

●黄桂稠酒

一种古老名酒，盛唐时期朝野上下无不饮之。酒状如牛奶，色白如玉，汁稠醇香，绵甜适口，郭沫若曾赞誉它“不像酒，胜似酒”。

●秦椒

辣椒中的佳品，素有“椒中之王”的美称。秦椒具有颜色鲜红、辣味浓郁、体形纤长、肉厚油大、表面皱纹均匀等特点，含多种维生素和营养成分。

●临潼石榴

石榴据传为西汉张骞出使西域时引进中国的，距今已有2000多年的历史。临潼石榴素以色泽艳丽、果大皮薄、汁多味甜、核软鲜美、籽肥渣少、品质优良等特点而著称，位居全国五大名榴之冠，被列为果中珍品。

临潼石榴

●临潼火晶柿子

柿子中的佼佼者。其果实色泽艳丽，皮薄无核，果肉深红，浆汁丰满，鲜美甘珍，被誉为“最甜的金果”。火晶柿子还是重要的中药材，有清热、润肠、生津、止渴、祛痰、镇咳等作用。

娱乐

西安是古城，也是大西北的繁华都市，所有休闲娱乐场所一应俱全。湘子庙街北侧的德福巷代表的是西安的现代休闲风情，在西安还能够观看到古韵十足的仿唐乐舞——《霓裳羽衣舞》《长恨歌》等，这些节目在长安十二时辰景区能欣赏到。

去钟楼附近西一路上的易俗大剧院感受一下陕西独特的秦腔艺术，也是不错的选择；而陕西电视台每周都有秦腔擂台赛的节

西安摇滚乐

西安可以说是中国摇滚乐的发源地。仅是在摇滚这条路上，就走出了张楚、郑钧、许巍这三位风格迥异的重量级人物，他们被同称为“西安三杰”。

由于受经济条件的制约，西安的摇滚乐通常只能以“地下”的面貌出现，组织演出的是琴行和酒吧。这些地下活动的组织者有着旺盛的生命力。力博琴行、绿洲琴行、八又二分之一酒吧、南门酒吧、1+1酒吧、轻风暴酒吧、金翅鸟酒吧等，高擎音乐的大旗，会聚了西安、北京、长沙等地音乐界的高手，竟在不知不觉中形成了一个个地下摇滚中心。

目，逢年过节更会连续赛上好几天，让观众看得过瘾。另外，大雁塔北广场有全亚洲最大的音乐喷泉，每天定时上演，晚上来这里逛逛一定会尽兴而归。

链接

关中八大怪

“关中八大怪”指陕西关中地区（秦岭以北、黄土高原以南地区，大致包括西安、咸阳、渭南、宝鸡、铜川）出现的八种奇特风俗习惯。

一怪——板凳不坐蹲起来：关中地区主要是以农业为主，农忙的时节比较多，所以大家在抽空休息的时候就会不自觉地蹲在地上，从而形成了一种独特的习惯，即人们（尤指农村的民众）一般不坐板凳，即使有板凳也会蹲在上面。

二怪——房子半边盖：一则是关中人比较讲究风水，认为“肥水不流外人田”，即使下雨也要把雨水流到自家院里；二则是为了采光的方便；三则关中地方农民闲时比较爱“串门子”，为了不让邻居看到自己的物品才盖成这样。

三怪——姑娘不对外：关中地区嫁娶讲究的是“知根知底”，旧俗认为自己的女儿嫁到外面会受欺负，而外面的媳妇娶到家里又怕丢失，所以一般情况下姑娘是不往外嫁的，基本都会在县内，或乡村一级的范围内结婚。这也和当时的娃娃亲有关系（早些时候，男子或女子10岁左右就会相亲找对象）。

四怪——帕帕头上戴：夏天戴手帕是为了方便农耕作业，冬天戴手帕主要是为了保暖。关中地区妇女没有戴帽子的习惯。关中，特别在陕西武功、乾县、兴平、杨陵一带，至今仍保留着结婚要给小叔子手帕的习俗。

五怪——面条像腰带：关中人豪爽，爱吃宽面、厚面。这里的面条大多比较粗、宽，其实比腰带要略细些。

六怪——锅盔像锅盖：由于关中人喜欢用秸秆烧火做饭，而秸秆的火恰到好处，比较“文”，且不容易将锅里的食品烧煳，加之喜欢一大家子在一起烧饭吃，避免浪费，从而用的锅基本上口径都在80厘米以上，烙的锅盔自然就和锅盖一样大了。

七怪——油泼辣子是道菜：陕西关中地区喜爱吃辣椒，所有的面食中都带辣子，无辣不下饭。

八怪——秦腔不唱吼起来：其实秦腔也不是真吼起来的，只不过演员表演起来确实很卖力气，开玩笑说是“叫破天”。

《陕西八大怪之面条像腰带》塑像

发现者旅行指南

西安周边

（含咸阳、渭南、铜川）

概览

亮点

唐乾陵

中国乃至世界上独一无二的一座两朝帝王、一对夫妻皇帝合葬陵，里面埋葬着唐王朝第三位皇帝高宗李治和中国历史上唯一的女皇帝武则天。

汉茂陵

西汉武帝刘彻的陵墓，是汉代帝王陵墓中规模最大、修造时间最长、陪葬品最丰富的一座，被称为“中国的金字塔”。

汉茂陵

华山

五岳中的“西岳”，素有“奇险天下第一山”之称。华山虎踞龙盘，松柏森森，因山上气候多变，形成“云华山”“雨华山”“雾华山”“雪华山”，给人以宛如仙境之美感。

洽川风景区

丹顶鹤、黑鹤、白天鹅、灰鹤、鸳鸯等珍稀禽鸟大量栖息于此，景区还有处女泉等数处低温温泉。

线路

咸阳访古二日游

第一天上午乘车前往咸阳博物馆，然后前往汉阳陵。下午乘车参观三原城隍庙，然后前往安吴青训班革命旧址，宿三原县城。

第二天上午赴汉茂陵游览；之后参观杨玉环衣冠冢，聆听唐明皇与杨贵妃的凄美爱情故事。下午乘车前往唐乾陵游览，然后乘车前往世界最大的皇家陵园——唐昭陵游览。

渭南人文山水四日游

第一天早上从市区乘车到韩城，可先到饮食街品尝各种当地小吃；然后去司马迁祠参观，晚上返回韩城市住宿。

第二天早起前往韩城文庙游览，并参观文庙内的韩城博物馆。下午前往党家村游玩，体验喧嚣过后古老村子的宁静与恬淡之氛围。

第三天早起在党家村中散散步，然后前往龙门乘船游览，览黄河之胜。

第四天早晨前往洽川风景区，泡一泡低温温泉，同时可以欣赏“合阳提线木偶”演出。

铜川名胜二日游

第一天前往药王山景区游览，下午去耀州窑博物馆参观，然后转乘中巴车前往陈炉古镇，晚宿镇上。

第二天上午参观陈炉古镇，在镇上走走，感受一下渭北村镇的乡间古韵；下午游玉华宫景区，隆冬时分还可以滑雪、赏冰灯。

为何去

咸阳昆虫博物馆

咸阳是史上13个王朝的都城，是“中国第一帝都”。历史给这座城市蒙上了一层模糊而令人着迷的面纱，等待世人掀起那面纱，看看她被时光雕塑的美。

渭南市因位于渭河南岸得名，素有“三秦要道，八省通衢”之称。这里有悠久的历史、灿烂的文化与壮丽的山河，更有许多美食特产，等待游人去品尝。

铜川是通往人文初祖黄帝陵及革命圣地延安的必经之地。这里自然风光旖旎多姿，悬崖、叠瀑、古树……随处可见，自然美景美不胜收。

何时去

汉阳陵南阙门遗址

每年的4～6月的春夏和9～10月的夏秋相交之际，咸阳气候温和，多晴天，气温较适中，是更好地领略关中风采的好时节。

渭南春季气候回暖，夏季炎热多雨，秋季凉风送爽，冬季清冷干燥。总体说来，春季和秋季的时候，气温适中，良好天气也比较多，更加适合出游。

每年的春夏之交及夏秋之交，是铜川气候最宜人的时间。另外，每年农历二月二当天，药王山及孙思邈故里会举办大型的庙会活动和纪念孙思邈的庆典活动；而寒冬时分，玉华宫可让游人体验滑雪的乐趣。

茂陵博物馆

景点推荐

汉唐皇陵

唐乾陵 AAAA

独一无二的夫妻皇帝合葬陵

咸阳市乾县城北6千米处的梁山上

乘坐乾县1路、2路公交车可达

8:00~18:00 70元

029-35510222

唐乾陵修建于684年，陵区仿京师长安城建制，里面埋葬着唐王朝第三位皇帝高宗李治和中国历史上唯一的女皇帝武则天。墓以山为陵，气势雄伟壮观。从唐乾陵头道门踏上石阶路，走完台阶即是一条平宽的直通到“唐高宗陵墓碑”的道路，这条道路便是“司马道”。

在朱雀门外的神道东、西两侧，分布着两组石人群像，整齐恭敬地排列于陵前。这些石人残像的大小和真人差不多，穿着打扮各不相同，但他们都双双并立，两手前拱，姿态极为谦恭。人们习惯上把这些石像称为“蕃像”，也称“六十一蕃臣像”。在朱雀门外的司马道东侧，耸立着闻名于世的“武则天无字碑”。在整个唐乾陵陵园的石雕中，无字碑不仅位置醒目，而且雕刻艺术精湛。

链接

陵墓选址逸闻

关于唐乾陵的选址，有这样一个有趣的传说：唐高宗登基不久，就派自己的舅父长孙无忌和专管天文

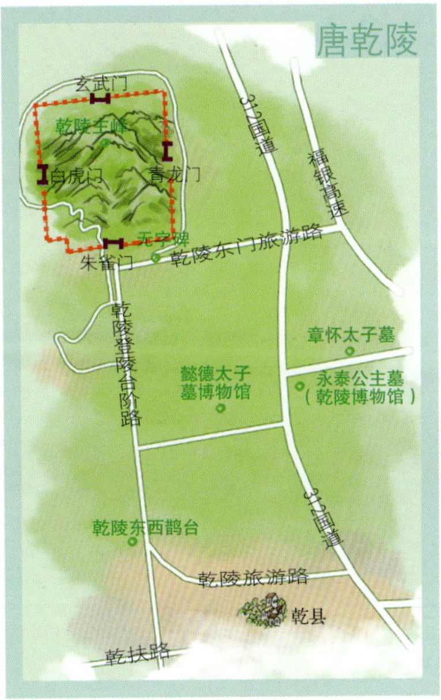

历法的太史令李淳风为自己选择陵寝之地。一日，二人到了梁山上，只见此山三峰高耸，主峰直插天际，东隔乌水与九嵕山相望，西有漆水与娄敬山、岐山相连。乌、漆二水在山前相合抱，形成水垣，围住地中龙气。于是两人认定梁山乃是世间少有的一块“龙脉圣地”。

长孙无忌和李淳风选好陵址后，回京禀报唐高宗。袁天罡听说后，极力反对。原来他曾为高祖选陵址到过梁山，深知此山风水的优劣之处。他对唐高宗说：“梁山从外表上看是一块风水宝地，但细看有许多不足之处：一是梁山虽东西两面环水，能围住龙气，但与太宗龙脉隔断，假如百姓选祖茔于此，是可以兴盛三代，但作为帝王之陵址，恐三代后江山有危。二是梁山北峰居高，前有两峰似女乳状，整个山形远观似少妇平躺一般。陛下选陵于此，恐从此后为女人所控……”

听了袁天罡的一番宏论后，唐高宗犹豫不决，遂

唐乾陵石像

退朝不议。早有武则天的亲信将袁之言论告知武氏，武氏听了十分高兴。她暗自思忖：小时候听父亲说，袁天罡说我将来能做女皇帝，看来要应验了。晚上，她就给唐高宗吹了一阵枕边风，自然是褒扬长孙无忌，贬低袁天罡了。

第二天早朝时，唐高宗传出圣旨，定梁山为陵址。袁天罡一听，仰天叹曰：“代唐者，必武昭仪。”他怕将来受牵连，就辞官不做，出外云游去了。

永泰公主墓

永泰公主墓的墓主人名李仙蕙（684—701），字秾辉，是唐高宗李治和女皇武则天的孙女，唐中宗李显的第七个女儿。永泰公主墓出土各类珍贵文物多达1300多件，尤其是墓室壁画，内容丰富，生活气息浓厚。其中，前墓室东壁的《宫女图》，被20世纪日本《朝日新闻》的记者疋田圭一郎评为“中国古代第一美人”。

乾陵博物馆

乾陵博物馆是在永泰公主墓的遗址上建立的，馆内藏品主要是已发掘的5座陪葬墓出土的4000多件文物。藏品中一级品27

乾陵无字碑之谜

乾陵墓前有两通石碑。西边的一通是唐高宗的金字“述圣纪”碑，它是女皇武则天为唐高宗歌功颂德而立的纪念碑，碑文约5600字，武则天亲自撰文，唐中宗李显书丹，笔画初刻填以金屑，现今个别字的金迹尚在。

东侧一通就是武则天的无字碑，碑身用一块完整的巨石雕成。无字碑唐时立，但不铭唐人一字，留下诸多待解之谜。

唐乾陵

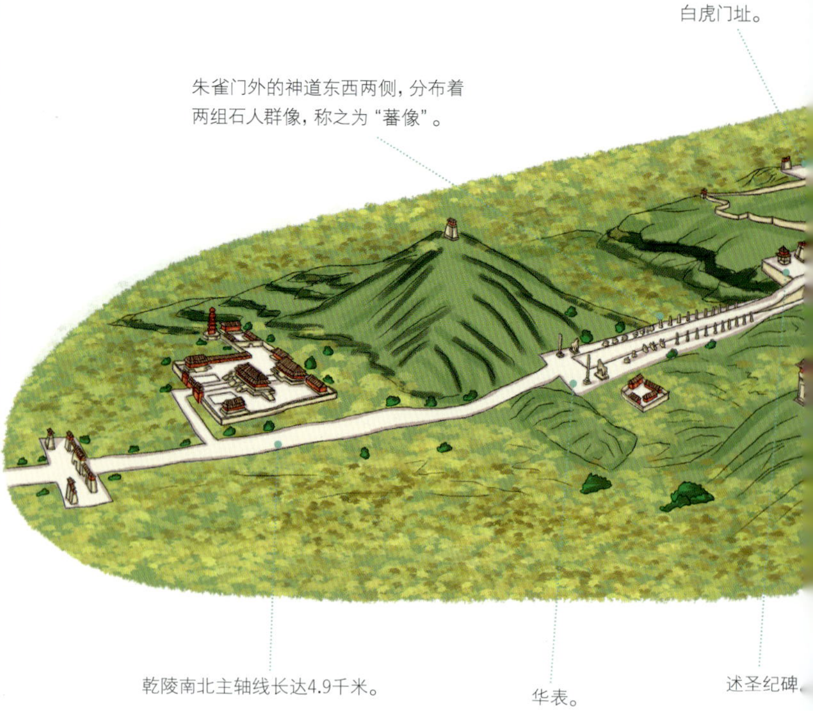

件。有一面4.25千克重的铜镜，镜上铸有麒麟、龙凤等图案，并有铭文。

懿德太子墓

懿德太子墓的墓主人名叫李重润（682—701年），是唐高宗李治和女皇武则天的孙子，唐中宗李显的长子，682年被封为皇太孙。该墓是迄今为止陕西境内已发掘唐陵陪葬墓中规模最大的一座，属帝王级的陵墓。

章怀太子墓

章怀太子墓的墓主人名叫李贤（655—684年），是唐高宗李治和女皇武则天的第二个儿子。该墓出土各类珍贵文物600余件，其中唐三彩形体高大、色釉艳丽，多数以成双成对而闻名；唐墓壁画更是人物画中的精品，这些文物从不同角度反映出大唐风貌。

黄土民俗村

乾陵黄土民俗村所占地据传是唐代建造乾陵时能工巧匠的居住遗址，后经修葺成为皇亲国戚和达官贵人的休闲避暑之地。长达2000多米的黄土“龙洞”弯弯曲曲，犹如地下长廊。民俗村间隔有序地陈列着关中地区的民俗实物或塑像，集中展示了黄河流域

关中地区的民俗文化和黄土风情。

汉景帝阳陵博物院 AAAA

汉景帝的陵墓

咸阳市渭城区正阳镇张家湾、后沟村北的咸阳塬上 乘游4旅游专线车可达

8:30～18:30

旺季，90元；淡季，65元

www.hylae.com

汉景帝阳陵博物院是汉景帝刘启和皇后王氏同茔异穴的合葬陵园。博物院建筑风格独特，采用下沉式结构，充分保护了陵园的整体环境风貌。

帝陵坐西向东，被81条呈放射状的陪葬坑簇拥着，宽110米的司马道向东直通5千米之外的阳陵邑，司马道南北两侧整齐排列着王侯将相和文武百官的陪葬墓1万余座，一如当年天子临朝时大臣位列两班的威仪。

玩家 攻略

模拟考古项目是通过模拟的形式，为热衷访古寻幽和考古实践者提供的一种亲自动手参与文物遗迹考古发掘的实习项目。通过专家对考古发掘过程的现场讲解演示，传授考古发掘的基本知识技能，参与者现场进行模拟考古发掘实践，从而体验考古发掘的科学性与神秘感和成就感。

玩家 解说

馆内由中空镀膜电加热玻璃幕墙和通道将文物和游客分隔在两个截然不同的温湿度环境中，在最大限度科学保护文物遗存的前提下，使游客在充满神秘感的环境中近距离、多角度欣赏大量的文物遗存。

南门阙

帝陵陵园南门阙是目前发掘的时代最早、等级最高、规模最大、保存最好的三出阙遗址，它的发掘对于门阙的起源、发展，门阙制度的形成、影响，以及中国古代建筑史的研究等有着重要作用。此外，南阙门遗址还出土了目前发现最早的砖质围棋盘、陶质脊兽和最大的板瓦等。

汉俑

汉阳陵出土的汉俑只有真人的1/3大小，赤身裸体且没有双臂。据研究，这些陶俑在刚刚完工时都身着各色美丽的服饰，胳膊为木制，插入陶俑胳膊上的圆孔，以便木胳膊可以灵活转动，但经过千年的风霜之后，衣服与木胳膊都已腐朽，因此只剩下了裸露而残缺的身躯。

汉景帝阳陵博物院之文物

罗经石遗址

罗经石遗址平面近方形，边长约260米，外围有壕沟环绕。遗址中心部分的最高处放置着一块方形巨石，被当地群众叫作“罗经石”，经测定为正南北方向，是目前世界上发现的最早的测量标石。

刑徒墓地

在帝陵西北约1.5千米处。1972年发掘了其中的29座墓葬，发现了35具人骨架。其墓葬排列无序，尸骨凌乱，相互枕藉，埋葬草率，均无陪葬品，骨架上大多戴有“钳”“钛”等类铁制刑具，有的还有明显的砍斫痕迹。

陪葬墓园区

陪葬区被壕沟分成若干个方块，成为墓园。这些墓园东西成排、南北成列，呈棋盘状分布。陪葬墓园数量众多、围沟完整、布局规整、排列有序，具有重要的研究价值。

链接

汉景帝小传

汉景帝刘启（前188—前141年）是西汉第四位皇帝，在位17年。执政期间，他崇奉“黄老之术”，轻徭薄赋，减笞去刑，和亲匈奴，与民休息。据史书记载，当时社会“京师之钱累百巨万，贯朽不可校，太仓之粟陈陈相因，充溢露积于外，腐败不可食。”与其父汉文帝刘恒共同开创了中国封建社会早期治国安邦的黄金时代，被后世赞誉为“文景之治”，为其子汉武帝刘彻开疆拓土奠定了雄厚的基础。

汉高帝长陵

西汉第一陵

咸阳市渭城区窑店镇三义村北

乘坐1146路公交车可达长陵

8:00~18:00 免费

汉高帝长陵是西汉太祖高皇帝刘邦的陵墓，其皇后吕雉合葬于此。汉高帝墓坐北朝南，南面川流不息的渭河，北枕巍峨壮观的九嵕山。长陵仿西汉都城长安城建造，内有豪华的寝殿、便殿。

陵前的墓碑为清乾隆年间陕西巡抚毕沅所立，上书“汉高帝长陵”几个大字。长陵东面200多米的地方是吕后的合葬陵。陵园的北面是长陵邑，略呈长方形，城墙由夯土筑成，是侍奉陵园的人所居之地。

链接

刘邦与吕后的逸事

刘邦的妻子是吕公的女儿吕氏，名叫吕雉。吕公和家乡的人结下冤仇后来到沛县定居，因为沛县当时的县令是他的好友。刚刚到沛县时，很多人便听说了他和县令的关系，于是人们便来上门拜访，拉拉关系，套套近乎。

刘邦听说了也去凑热闹。当时接待客人的是在沛县担任县主簿的萧何。他宣布了一条规定：凡是贺礼钱不到一千钱的人，一律到堂下就座。刘邦根本不管这些，虽然他没有带一个钱去，他却对负责传信的人说：“我出贺钱一万！”吕公听说了，赶忙出来亲自迎接他。一见刘邦器宇轩昂，与众不同，就非常喜欢，请入上席就座。

就这样刘邦白吃了一顿饭。酒足饭饱之后，吕公又将他盛情留下，提出将自己的女儿嫁给他为妻。刘邦巴不得成这门亲事。他征得父母同意之后，便和吕氏结了婚。吕氏就是以后历史上有名的吕后，汉惠帝刘盈就是她和刘邦的儿子。

唐昭陵 AAAA
世界最大的皇家陵园

✉ 咸阳市礼泉县烟霞镇九嵕山上

🕘 8:30~17:30

昭陵是唐代第二任皇帝唐太宗李世民与长孙皇后的陵墓。唐昭陵依九嵕山峰，凿山建陵，开创了唐代封建帝王依山为陵的先例。唐昭陵陵园占地面积200平方千米，被誉为“天下名陵”。

昭陵博物馆位于唐昭陵陵园中心的李勣（徐懋功）墓前，是一座遗址型博物馆。馆内藏有文物8000余件，现有陈列室4座，即昭陵文物精品展陈列室、唐墓壁画陈列室、碑石陈列室2座（昭陵碑林）。在昭陵文物精华展厅里，陈列着昭陵祭坛遗址和部分陪葬墓出土的大批珍贵文物，其中有唐昭陵独有的彩绘釉陶和绚丽多彩的唐三彩。唐墓壁画陈列室展出诸多陪葬墓出土的大量壁画，它们是唐代政治、外交、文化和军事活动的视觉再现。

玩家解说

陪葬墓：昭陵有陪葬墓180余座，主要有长孙无忌、程咬金、魏徵、温彦博、段志玄、高士廉、房玄龄、孔颖达、李靖、尉迟敬德、长乐公主、韦贵妃等墓，还有少数民族将领阿史那·社尔等15人之墓。

昭陵六骏：在祭坛东西两庑房内，置有驰名

唐昭陵《李世民》雕像

中外的6匹石刻骏马浮雕像。六骏的名字分别为"特勒骠""青骓""什伐赤""飒露紫""拳毛䯄""白蹄乌"，现存西安市碑林博物馆内。昭陵六骏刻于贞观十年（636年），各高2.5米，横宽3米，皆为青石浮雕。六骏姿态神情各异，线条简洁有力，威武雄壮，造型栩栩如生，显示了我国唐代高超的雕刻艺术成就。

汉茂陵 AAAA

被誉为"中国的金字塔"

- 咸阳兴平市城东北南位镇茂陵村
- 乘坐西线旅游车直达茂陵博物馆
- 8:00～18:00
- 旺季75元，淡季55元
- 029–38456140

汉茂陵是西汉武帝刘彻的陵墓，历时53年建成。茂陵封土为覆斗形，陵体高大宏伟，形如方锥，有"东方金字塔"之称。至今东、西、北三面的土阙犹存。茂陵周边有陪葬墓20多座，星罗棋布，蔚为壮观。茂陵建筑宏伟，墓内殉葬品极为豪华丰厚，史称"金钱财物、鸟兽鱼鳖、牛马虎豹生禽，凡百九十物，尽瘗藏之"。

茂陵博物馆

汉武帝留在茂陵的奇迹

●奇迹之一：茂陵

这座在汉代陵墓中最为高大、宏阔的帝陵，是"汉兴厚葬"的典型。茂陵造陵工期长达53年；耗资占到当时皇朝每年供赋的1/3；陵高"违规超限"达46.5米，四周边长达千米，状如覆斗，被西方学者喻为"中国的金字塔"；方中（地宫）的随葬品多得"再塞不进"；陵园的建筑遗址比比皆是。自汉唐以来，政要学士、文人墨客等在此留下了无数的诗文墨迹、楹联匾额，衍生出了光彩夺目的"茂陵文化"。

●奇迹之二：茂陵陪葬墓

茂陵陪葬墓和其他汉陵的陪葬墓的奇异之处在于，都有象征的说法和意义。例如，卫青墓，"起冢像卢山（阴山）"；霍去病墓，"为冢像祁连山"；李夫人墓，史称英灵等。

●奇迹之三：茂陵群雕

这里的群雕兽像、人兽相搏的艺术造型是汉武帝留在茂陵的十分珍贵的重大文化遗产，为"国之瑰宝"。在14件造像巨雕作品中，有12件被国家文物局鉴定为"国宝"。这批巨雕中的《马踏匈奴》《跃马》《卧马》最受历代学者和游人的推崇，并认为这些"马"的作品可能出自汉武帝的授意。汉武帝痴爱宝马，天下闻名。

●奇迹之四：茂陵的国宝

鎏金马：高62厘米，长76厘米；通体铜铸鎏金；昂首，翘尾，四腿直立，体态矫健。现收藏在茂陵博物馆。

鎏金银高擎竹节熏炉：高58厘米，底径13.3厘米，口径9厘米，盖高6厘米。炉盖口外侧和底座圈足外侧均刻有铭文。

错金银铜犀尊：一件极为精美的工艺品，现收藏在中国历史博物馆。

四神纹玉雕铺首：一件极为精致的蓝田玉工艺品，现收藏在茂陵博物馆。

唐顺陵

现存风貌最完整的古陵园之一

咸阳市渭城区底张镇韩家村东

咸阳汽车北站乘坐开往泾阳方向的汽车可到

¥ 10元

顺陵为武则天之母杨氏之墓。杨氏死于唐咸亨元年（670年），先以王礼安葬；天授元年（690年）武则天称帝，遂追封其母为孝明高皇后，改墓称陵。

陵园分为内外二城。内城也叫皇城，为方形。陵墓位于内城北部略偏西，两壁用石灰粉刷，绘有壁画。顺陵北门外还有石马一对，南门有石走狮和天禄各一对。石走狮和天禄是顺陵石刻中的精品，造型雄伟，体积巨大，均为一整块石头雕刻而成，被誉为唐陵石刻之冠。

杨贵妃墓

杨贵妃衣冠冢

咸阳兴平市马嵬镇西500米处

乘4路公交车到兴平，再转1路到景区

8:30～17:30　¥ 40元

杨贵妃墓是唐玄宗李隆基的宠妃杨玉环之墓，距今1200余年。整个墓园依山而建，呈阶梯状，气势雄伟。进门正面是一座三间仿古式献殿，穿越献殿就是墓冢。墓冢以青砖包砌，墓后有一座高约6米的杨贵妃大理石塑像。在墓东、西、北三面有回廊，镶嵌有大小不等的石碑，刻有历史名人的游记和题咏，留下了大量的关于唐明皇的爱情故事，使杨贵妃墓闻名于世。

玩家解说

杨贵妃名玉环，陕西华阴人。通晓音乐，能歌善舞，有倾国之貌。原为唐玄宗十八子李瑁的王妃，后被唐玄宗召入宫中，封为女官，号太真，天宝四年进册为贵妃。“安史之乱”唐玄宗逃至马嵬坡时，以右龙武军大将军陈玄礼为首的随从将士杀死宰相杨国忠，并胁迫唐玄宗将杨贵妃赐死，时年38岁。

杨贵妃墓之大理石塑像

链接

日本贵妃墓

说来奇怪，日本也有两座杨贵妃墓，京都等古城还有她的塑像。历史上的杨贵妃自缢死于马嵬坡，日本何来贵妃墓一直是个谜。国内学者俞平伯、周作人先生早年著文说，杨贵妃辗转到日本定居。日本学者渡边龙策在《杨贵妃复活秘史》一文中考证说，杨贵妃得到舞女和乐师的帮助逃离马嵬坡后，辗转到扬州。在那里，她不仅见到了其兄杨国忠等人，还见到日本遣唐使团的藤原制雄。在藤原的协助下，杨贵妃搭乘日本使团的船到日本久津登陆，时间为757年。

到日本后，杨贵妃受到天皇孝谦的热诚接待，后来杨贵妃以她的智谋帮助孝谦挫败了一次宫廷政变，从此在日本名声大振，获得日本人民，尤其是日本妇女的好感，至今还有日本妇女称自己是杨贵妃的后代。

景点推荐 咸阳市区景点

咸阳博物院

国家重要博物院之一

- 咸阳市渭城区中山街53号
- 乘1、19路公交车到博物馆站下车即可
- 9:00～17:30
- 凭身份证免费领票参观
- 029-33231998

咸阳博物院位于咸阳市中山街中段，馆址为明洪武四年（1371年）所建咸阳文庙，下设咸阳文庙博物馆和咸阳古渡遗址博物馆。

咸阳博物院馆藏文物达16万余件，珍贵文物众多，有汉代玉仙人奔马、玉辟邪、玉俑头、彩绘指挥俑、鲁王虎符，战国时期错金银鼎、安邑下官钟、龙钮錞于，以及唐代的錾花金执壶、三彩单峰驼、三彩马等。

咸阳文庙博物馆内共设八个展厅，展出5000余件秦汉至隋唐时期的重要出土文物。

咸阳古渡遗址博物馆是依托明清古渡遗址而建立的。咸阳古渡是古代丝绸之路的桥头堡，千年来一直是关中西通西域、南往巴蜀的交通要冲。据咸阳地方志记载，咸阳古渡建于明嘉靖年间，渡口处建有一座木桥，通陇通蜀，过客众多，为秦中第一渡。行人站立于渡口桥头，可西望雄伟华丽的秦宫

咸阳古渡

殿。咸阳古渡，为著名的"关中八景"之一。

玩家 解说

咸阳文庙博物馆的碑石陈列室主要展示上至北周下迄明清的碑石、墓志，其中有被于右任誉为三大名碑之一的《窦庐恩碑》以及《张琮碑》《唐顺陵残碑》《王重阳仙迹记碑》等近百块书法艺术名碑，被游人誉为"石质书屋"。

提起咸阳古渡，不能不说到渭河三桥：东渭桥、西渭桥和中渭桥。现在咸阳古渡的遗址就位于西渭桥的附近，所以咸阳古渡也有西渭桥渡之称。

汉代修建帝王陵是东西渭桥营建的直接原因，但张骞开辟了丝绸之路后，这里就成为丝绸之路的桥头堡，是去往西域的必经之路。通过渭河只有两种方式：渡桥或通过古渡。据说渭河上或桥或渡并存了很长时间。唐时，西渭桥更名为咸阳桥，昔日之便桥成为一座见证离愁别绪的"离别之桥"。

秦咸阳宫遗址博物馆

综合性遗址博物馆

咸阳市渭城区窑店镇牛羊村北，西距咸阳城区15千米　乘1141路公交车可达

8:00~17:30　免费　029-32868962

博物馆主体建筑坐北朝南，外形设计为上小大下的覆斗形。博物馆主要反映秦代的辉煌历史，展示秦代文物精品，再现秦城昔日风貌。

遗址博物馆共分为3个陈列室：第一陈列室主要陈列秦咸阳城沙盘模型，集中反映秦代咸阳周边及关中地区宫室、城市、苑囿星罗棋布的壮观景象；第二陈列室主要介绍秦咸阳城遗址的考古发掘成果，展出宫殿遗址出土的部分珍贵文物；第三陈列室以秦咸阳宫遗址保护规划示意沙盘为中心展品，向人们展示秦咸阳宫遗址保护和遗址公园的发展前景。

凤凰台

咸阳古城明珠

咸阳市仪凤西街北口

凤凰台原为咸阳北城楼，明洪武四年（1371年）建。传说秦穆公的幼女弄玉和箫史吹箫引凤至此，故名凤凰台。台上有大殿4座。台上中殿前原有洞宇，后殿内供无量佛像，墙壁上布满了佛教故事彩塑立像，山墙外镶有琉璃彩塑神话故事浮雕。特别是东殿山墙处镶有一幅完整的琉璃浮雕图案：弄玉乘凤、箫史骑马、秦穆公乘龙的传说故事。浮雕工艺精巧，栩栩如生。

台上有一钟，钟声洪亮，可传数十里。1921年薛笃弼任咸阳县知事时，每晨派人鸣钟报晓，促人黎明即起。台前西南有戏楼。

当地每年有“二月二游百病”“重阳节登高”之风俗，凤凰台为登高地之一，因此，“凤凰高台城中建”又被列为咸阳八景之一。

链接

箫史弄玉传说

凤凰台相传由箫史与弄玉吹箫引凤的典故而来。据传秦国国君秦穆公的女儿弄玉爱上了当时正在学仙的箫史。箫史吹得一手好箫，箫声动听如凤鸣，弄玉听得如痴如醉。弄玉非常爱箫史，秦穆公便把女儿嫁给了他，并在秦国的都城雍的附近建一高台，让弄玉箫史夫妇居住。

弄玉在箫史的指导下，天天学吹箫，最后吹出的箫声如凤鸣，引得凤凰落于台上来听箫。终有一天，优美的箫声引来一龙一凤，箫史乘龙、弄玉乘凤，双双飞入云霄，腾空成仙而去……虽然这是神话传说，可凤凰台却千真万确地屹立在咸阳。

周陵

有“小碑林”之称

咸阳市渭城区周陵镇周陵中学内

乘15路、1080路公交车可达

周陵是西周文王、武王墓的合称。墓前有清代毕沅所立的碑石。陵北100米处为周武王陵，底部周长285米，高12.3米。两个陵丘保存基本完好，献殿、木牌楼作了修葺和彩绘。陵园以西有2000多株古柏，郁郁葱葱，蔚为壮观，有“周陵蓊郁”之说，为咸阳八景之一。

链接

周陵祭祀的源流

周文王和周武王因继承和发展周族先祖后稷和公刘开创的农耕文化及剪灭残暴的商纣政权，在中华文明史上享有崇高的威望。文王、武王、周公等人也就成了华夏子孙共同崇拜的偶像，历代以祭祀的方式表达对其的敬仰和怀念之情。日久天长，祭祀方式也经历了由分散到集中、由庙祭到陵祭的演变。

清代至民国，在明代祭祀制度的基础上，扩大了祭祀范围，由周文、武、成、康四王扩大至周公、太公、毕公等王公陵墓。因咸阳境内陵墓太多，祭祀任务由附近各县分担，其中周文、武陵和周公、太公墓由咸阳分祭，成王陵由周至分祭，康王陵由鄠邑分祭。

张裕瑞那城堡酒庄景区 AAAA

意大利建筑风格的酒庄

咸阳市渭城区渭城镇 9:00～17:30

酒庄采用意大利托斯卡纳式的建筑风格。城堡主楼与大自然有机结合，奶白的象牙般的白垩石、红色陶土屋瓦、明黄色的墙面涂层，各种颜色调和在一起。精美的雕塑以及温暖的色调，营造出迷人的充满艺术气息的氛围，散发着浓浓的意大利托斯卡纳的味道。

周陵

景点推荐

三原旅游区

孟店民宅

咸阳有名的古民宅

咸阳市三原县西北的鲁桥镇孟店村

从三原城隍庙广场乘车前往

8:00～18:00　10元，讲解费20元

孟店民宅古建筑群是刑部员外郎、巨商周梅村于清嘉庆年间（1796—1820年）建造的府第。民宅建筑古朴典雅，高台石阶，曲屋连属，具有浓郁的南方建筑风格。古民宅内琳琅满目的砖、木、石雕刻内容丰富多样，工艺精湛，寓意深远。

玩家解说

曾有许多影视单位前往孟店民宅选景拍摄。如，1992年，张艺谋、巩俐、葛优等在这里取景拍摄了电影《活着》，陈道明、李琳等在这里和附近的新民村搭景拍摄《桃花满天红》，赵雅芝也曾在这里拍片。

三原城隍庙

现存最完整的明清古建筑群之一

咸阳市三原县东大街33号

在三原乘102路公交车即可到达

夏季8:30～17:00，冬季9:00～17:00

三原城隍庙始建于明洪武八年（1375年），供奉唐代名将三原人李靖，距今已有600多年的历史。城隍庙的建筑规模之庞大、风格之堂皇，在全国城隍庙中首屈一指。

城隍庙古建筑群以均衡对称的正统方式把40多个单座建筑按主次布局在纵横轴线上，有“殚土木之功，穷造形之巧”的美誉。山门前歇山“一”字形水磨砖影壁，中间镶嵌有透雕的《鲤鱼跳龙门》；影壁前铸有两万余斤重的一对铁旗杆，铁龙缠绕，气宇轩昂；山门东西八字墙上有《苍龙训子》

三原城隍庙之长廊

和《鱼龙变化》的砖雕，形象逼真，栩栩如生。

玩家攻略

每年中秋节期间（农历八月十一至十五），三原城隍庙会举办庙会活动，期间有唱大戏、社火演出及物资交流等活动。

链接

三原县博物馆

三原县博物馆设在城隍庙内，收藏了近3000件（套）珍贵文物和100多通碑刻。其中，岳飞书《前后出师表》，宋、金、元时期的耀州窑系青瓷、黑瓷，于右任书法作品，明清字画和唐李寿墓、臧怀亮墓出土文物等最为珍贵。

三原古龙桥

陕西最完整的古代拱桥之一

咸阳市三原县城北

三原古龙桥俗名“三眼桥”，始建于明万历十九年（1591年），横跨于三原南北两城间的清河河谷半坡上。桥的建筑设计采用三孔拱桥形式，桥身由石条铁钳构成，桥面青石筑铺，两侧石雕栏杆上刻有人物、花卉。桥上的龙头龙尾与桥面上水道相通，每逢雨天，桥面积水从龙头龙尾喷出，直倾河中，景象蔚为壮观。“水从碧玉环中过，人在苍龙背上行”是对古龙桥的形象描绘。

链接

青蛙申冤的神奇故事

古龙桥北头左侧现存石龟一只，乃是镇桥之物。桥下清清河水分三股流过桥洞，桥面为磨扇铺成。这磨扇底下还封存着一个青蛙申冤的神奇故事。

有一天，新上任的三原知县路过龙桥，被一群青蛙拦住了去路，怎么也赶不散，县官低头问道：你们为何拦住我的去路呢？这些青蛙的叫声悲惨。县官就觉蹊跷，又说：“你们有啥冤要本官申断？”没等县官再说，这些青蛙便纷纷蹦入桥底的清潭里。县官似乎明白了，随下至潭中探察，果见一具男尸，脖子系了半页磨扇。为破此案，县官心生一计，差衙役出了张告示，言及府内有半页磨扇需要配对，如有交来配对者，官府以千金为奖。于是全县百姓踊跃交纳。一天，桥南头豆腐店掌柜也交来半页磨扇，县官照例差人搬去对了，这回正好合茬，于是真相大白。

据店主招供，不久前，有一秀才赶考路过三原，日暮自北城投来，无处安歇，他就招其夜宿于店中。是夜，他夫妇俩见秀才囊中有些银两，遂起谋财害命之念。事后，他们便用麻绳将家余的破磨扇之一半系于死者脖颈沉入桥底潭中，谁料义蛙性灵揭了案底。案是破了，收来的磨扇怎么处理呢，县官又生一念，不如全铺到桥面上去，故此流传下这段为古龙桥增色不少的传说。

文峰木塔

陕西唯一的木塔

咸阳市三原县城东南5千米处的安乐镇中王堡东北小学内　从县城打车可直达塔院路口

文峰木塔建于明万历三十四年（1606年），是一座独特的飞檐挑角、玲珑秀丽的楼阁式木塔。文峰木塔下还有一座寺院，当地

文峰木塔

人都称其为"木塔寺"。文峰木塔共三层，六角攒顶，四重檐，坐落在4米高的砖砌塔基之上。塔内设有扶梯，拾级而上，登塔远眺，远山如黛，景色如画。

玩家攻略

木塔寺占地30余亩，遍植各种树木花卉，尤以菊花为盛。每年农历九月九重阳节，数十里的群众登塔赏菊，游览观光，非常热闹。

于右任故居
于右任先生青少年时期的居所

咸阳市三原县城西关斗口巷

三原城隍庙门口沿路向西走1000米即到

于右任故居院中还有一棵历经沧桑的老槐树，于右任先生经常在回忆中提及。故居基本保持原貌，展出于右任先生生前用过的器具及一些图文资料等，展示了先生一生发展家乡教育事业、兴修水利、兴办农场等造福家乡的高尚情怀。

链接

于右任小传

于右任（1879—1964年），名伯循，字右任，祖籍陕西泾阳，1879年出生于咸阳三原。他是国民党元老、民主革命家、著名诗人，同时也是一代书法大师，被誉为"当代草圣"，毛泽东主席也曾经认于右任先生当书法老师。

老先生一生爱祖国、爱人民、爱故乡，兴水利、建农场、办学校，护持民族文化遗产，深受海内外崇仰。

于右任纪念馆
书法交流的胜地

咸阳市三原县城内池阳大街东段西铜一级公路出口南侧

三原县城内乘101路公交车可到

8:30~17:30

免费　029-32255575

于右任纪念馆土楼三层，仿古建筑2700平方米，主要包括"于右任先生爱国事迹展""于右任先生墨品展""现代书法作品展"三个展厅，收藏了于右任先生从早期到晚期的墨迹珍品、海内外印行的诗词、墨品善本、领导及名人题词。该馆还立了"陕西于右任纪念馆创修记碑"及六角碑亭，"于右任先生纪念碑"及六角碑亭。双亭并峙，黄瓦红柱，六角飞檐。亭子周围修建于右任书法碑石20多方。

李靖故居
江南风格的园林

咸阳市三原县城北4千米处的鲁桥镇东里堡

李靖故居始建于唐贞观年间，是唐代卫国公李靖的故居。后因杨虎城将军及其母亲在此居住，因此也叫"杨虎城花园"。

故居园内亭、台、楼、阁建造奇巧，名花异树四季争艳，更有微缩的"关中八景"布于园内。园内还有烈士墓及纪念碑。故居内的建筑多为宋及明清建筑，有一些珍奇树种令人大开眼界，为这一古老园林增色不少。

链接

李靖其人

李靖（571—649年），唐初军事家。原名药师，雍州三原（今陕西三原县东北）人，少有"文武才略"。其舅韩擒虎为隋朝名将，常与他讨论兵法，曾称赞说："可与我讨论孙吴兵法的，只有李靖一人。"

隋朝炀帝末年，李靖出任马邑郡丞。617年，李渊父子起兵反隋，李靖在长安被俘，李渊欲杀之，因李世民说情幸免一死。于是随李世民出征，并在征讨王世充的战争中立下战功，被授任开府。

望月楼

景点推荐

泾阳旅游区

崇文塔

全国保存最好的砖塔之一

咸阳市泾阳县崇文镇崇文中学后操场

免费

崇文塔矗立于泾河北岸，该塔始建于明万历二十一年（1593年）。崇文塔为八棱柱体，塔为楼阁式，塔体中空。塔顶为铜板制，状似葫芦，上置铁相轮；各层均有四门四龛，龛内置有形态各异的石佛。有门通往塔上的腰檐，可步出塔体，沿腰檐绕塔游览。

玩家攻略

由塔内可曲折攀登直至塔顶，天晴之时，登临塔顶，西安、泾、渭、华岳、骊山景色皆历历在目。每年农历正月二十三、二十四为群众登塔会期，届时景区熙熙攘攘，十分热闹。

唐崇陵

唐德宗李适的陵墓

咸阳市泾阳县蒋路乡嵯峨山南麓

唐崇陵依山为陵，居高临下，山环水抱。陵墓全部用青石垒砌，十分坚固。陵城设四门，今门左右侧各有一土阙，陵城四角亦各有一土阙。陵内有祭坛和石刻多件，保存基本完好。朱雀门旁有10余尊石人，身着斗篷，均是精美的石刻。

唐崇陵之石人像

郑国渠旅游风景区 AAAA
世界灌溉工程遗产

咸阳市泾阳县王桥镇岳家坡西北部

100元　029-36228891

郑国渠于秦始皇元年（前246年）由韩国水工郑国主持兴建。郑国渠西引泾水东注洛水，长达300余里。郑国渠开凿以来，由于泥沙淤积，干渠首部逐渐填高，水流不能入渠，历代以来在谷口地方不断改变河水入渠处，但谷口以下的干渠渠道始终未变。

郑国渠旅游风景区融历史文化、自然人文、生态旅游为一体。景区共分五大板块，分别为综合服务区、泾河地质公园区、泾河峡谷观光游览区、黑沟奇峡区、郑国湖休闲度假区。

安吴青训班革命旧址
中共抗战时期培训青年干部的场所

咸阳市泾阳县蒋路乡安吴堡

安吴青训班革命旧址保留至今的有吴氏庄园、迎祥宫、望月楼和吴氏陵园。吴氏庄园是青训班的活动中心；迎祥宫为青训班集会与文化娱乐处；望月楼为青训班秘书处驻地，同时胡乔木在此居住办公；吴氏陵园是青训班的露天课堂和节日聚会场所。

迎祥宫

迎祥宫山门朝南，面阔三间，明间为大门，两侧翼门较窄。乐楼和山门相连而建，山门楣间嵌匾石，阴刻楷书“迎祥宫”三个字。乐楼现存舞台，三侧原有彩绘屏风，吊顶八卦藻井，内侧有一木匾，阴刻草书“清歌妙舞”。

吴氏庄园

吴氏庄园坐北朝南，现存三进院落，依南北中轴线排列。此建筑无文献记载，据传吴氏家共有东、西、南、北、中五院，该院为东院之一部分。

望月楼

望月楼位于吴氏庄园后。楼坐北朝南，一层南有廊，廊通东、西两侧，廊深一米，有四门，圆拱砖券门楣砖雕横额“芭蕉夜雨”等；北侧为楼梯，通二楼，二层为七架梁，抬梁式结构，庑殿式屋顶，施布纹板、筒瓦。该楼系吴周氏之子于民国初年所建，为吴氏花园中赏月纳凉之用。

景点推荐 咸阳北部旅游区

开元寺塔
民间称“雷峰塔”

咸阳市彬州城区紫微山下

在咸阳乘坐至彬州的班车，到彬州后可租车前往

开元寺塔又称彬县塔，民间称“雷峰塔”。建于北宋皇祐五年（1053年）。为八角七层楼阁式砖塔，单壁中空。底层有南北二门，二层以上每层有4孔拱状门洞，与长方形假门相间，上下位置逐层相错。塔内装置了170级转角楼梯，铺有木板，可盘旋而上登临塔顶，饱览城区及川道风光。

玩家攻略

开元寺塔所在的开元广场上建有喷泉，配有五彩灯光，夜晚的时候景色十分漂亮。另外，广场东西两侧有两位彬州名人——范仲淹和张舜民的雕像。

彬州美食：制作铲糕时，多选用熟透的优质大枣，所以彬州堡子村的铲糕味道纯正香甜；桂花蜂糕甜酥绵软，冷食如酥，热食如饴；淤面又名玉面、御面，是一种有别于凉皮的面粉特制食品，色如玉，味甜美，历史悠久；彬州方师酱汁猪蹄肉质鲜嫩，色泽鲜亮，味道浓郁，口感鲜美；彬州陈家酱汁肘子色泽红润鲜亮，嫩烂爽口，香味四溢；香菇烧卖可随做随食，味道鲜香不腻，久食不厌。

大佛寺石窟
陕西最大的石窟群

咸阳市彬州城西10千米处的泾河南岸

从咸阳汽车站乘坐发往彬州的长途车可达

大佛寺建成于唐贞观三年（629年），是唐太宗李世民为纪念抗击薛举、薛仁杲大战（彬州浅水塬）中阵亡将士应福所建的。大佛寺原名“应福寺”。寺前有明镜台，台上建有三层砖木结构的楼阁，高50余米，站在楼阁上可俯瞰寺前全景。

全寺共有107个大小石窟，257个佛龛，大小造像1498尊。大佛洞保存了当年华丽的大佛背光雕刻，上面有七佛环坐，22座雕工精湛的飞天乐伎拱卫着弥勒佛宝阁，呈现出了一派西方极乐世界的欢乐景象，被誉为陕西和“丝绸之路”第一大佛。

大佛窟西侧为罗汉洞窟群：“一”字形排列4个小石窟，各窟大小不一，西起第三窟壁上浮雕经变故事60余幅，并留有唐、宋以来游人题刻。大佛窟东为另一窟群千佛洞：东西向排列3窟，中略小，另2窟较大，均呈方形，壁间浮雕300余幅，另有少量佛造像和菩萨，栩栩如生。

玩家攻略

每年农历三月初八是大佛寺的传统庙会，这一日，数万游客、香客从四面八方如潮涌来，盛况空前。

唐家民俗博物馆

中国民居古建艺术的典范

咸阳市旬邑县城东北7千米处的唐家村

8:30～17:30

唐家民俗博物馆的前身是唐家地主庄园，原为清代唐家百万富翁唐景忠的住宅。庄园修建于明末清初，现存的150余间古建均为砖、木结构，每座房子均用水磨砖和精雕细刻、描龙画凤的石头砌成，砖缝亦用石灰、糯米汁浇灌。整个庭院屋顶脊卧兽飞，檐牙高啄；墙壁为水磨石砖，造型优美；门栏窗棂更是玲珑剔透。

博物馆主要陈列内容分为三个部分：第一，分五间院，恢复原庄园室内陈设原貌，展示清代农村富豪人家的生活习俗；第二，分三间院，陈列旬邑及邻近地区有关民风民俗的实物；第三，分为墓葬原状陈列，展出墓穴、牌楼、墓内随葬品等文物，反映了清代富豪人家挥霍厚葬的习俗礼仪。

大佛寺石窟之佛像

链接

唐家逸闻

唐家地主是清朝中晚期驰名朝野的“三水唐家”（旬邑旧称“三水”）。唐家至第四代唐景忠时正值清乾隆盛世，唐家亦在此时达到了兴旺发达时期。当时唐家不仅在陕西财大气粗，拥有的财富在全国也能排上号。在清嘉庆年间，唐家全家不过60口人，就雇有仆人丫鬟165人，还备有鹦歌轿（相当于现在高级轿车）66辆，真是“出门不离车马轿，全堂执事开道锣”。

由于唐家有钱有势，故而其所建宅院均极其考究，做工十分精细。当大院建成后，唐家又专门盖了一座大型戏楼唱戏庆祝，一口气唱了3个多月。

这个拥有万贯家财的大地主家族，从清末开始在极度挥霍中逐步破落，家中重金购置的各种家什物件和宝贝几经沧桑也几乎散失殆尽。现在的唐家大院已辟为民俗博物馆，而唐家后裔则大多居住在唐家村里，靠勤劳耕作来生活。

石门山森林公园
渭北高原上的西双版纳

咸阳市旬邑县城南23千米处的清源镇石门关村
在咸阳客运站乘坐前往旬邑县的班车，然后乘坐摩的前往 8:30~18:30 45元

森林公园地处子午岭南端，属低山丘陵型地貌，山脉形似“九顶莲花墩”，有“山不盖土，水不归一”之说。园内层峦叠嶂，兽走禽飞，300多种植物、120多种中草药和50多种的珍禽异兽，使得公园成为黄土高原上名副其实的“动植物王国”。

石门关

石门山系子午岭伸向西南的余脉，其主峰石门山海拔1885. 5米，为关中北部的最高点。而石门关隘是石门山东、西两峰自然对峙而形成的关隘，两峰险峻，秦直道从中通过。自秦代起，石门关历来为兵家必争之地。关隘周围群山环绕，登临峰顶，顿现“白云眼底过，轻烟脚边生”的高山云海奇景，放眼四顾，恰似置身于绿色的海洋之中。

马刨泉

相传秦时，大将蒙恬率30万人马修筑直道，苦于无水可饮。一日，扶苏坐骑奔至此处，刨出一汪清泉，即解人马饮水之困，故得名。旧时天旱祈雨，若以此水为引子，皆能如愿，普降甘霖，亦称神泉。

旬邑县博物馆
旬邑县城标志性建筑

咸阳市旬邑县城东大街体育场西侧
可从咸阳乘坐前往旬邑县的班车到达
8:00~18:00
免费

旬邑县博物馆建于1984年。古象化石馆内陈列的“旬邑黄河剑齿象”化石1975年出土于旬邑县马栏镇西原村，体长8.45米，高4.3米，生活在距今约300万年的更新世。大象化石体魄之大、象牙之巨堪称世界之最，被誉为“世界第一象”。同时陈列的古犀牛化石是世界上复原装架的第一具完整的齿犀牛化石骨架，体长4.8米，高3.1米，它和古象化石同时同地出土，生活于同一时代。

泰塔

泰塔亦称旬邑宝塔，建于北宋嘉祐四年（1059年）。高53米，为八角七层楼阁式砖石结构，有24个窗洞、56个风铃，内有木质楼梯可登上顶层，县城景色尽收眼底。

文庙

旬邑文庙建于明万历十一年（1583年）。

旬邑县博物馆之藏品：青釉刻花执壶

坐北面南，面阔五间，进深三间；屋面为歇山顶，正脊两端鸱吻有一米多高，垂脊各端均有脊兽；四檐均施斗拱，斗拱为一斗三升、五踩重昂。

石刻艺术拴马桩

石刻艺术拴马桩共陈列70余件，造型有人物、动物、植物、人与动物和几何体五类。拴马桩的造型丰富、不拘一格、富于变化、手法细腻、工艺精湛，是一批比较成熟的民间艺术品。

昭仁寺

建筑风格古典

咸阳市长武县东街村39号

从咸阳汽车站乘坐发往长武的客车，到长武县城下车打车即到 9:00～17:00

免费

昭仁寺建于唐贞观年间（627—649年），系李世民称帝后为纪念在浅水塬（今长武附近）大战中作战阵亡的将士所建。寺院坐北向南，由相连的小型四合院建造而成。寺中门额题有“昭仁寺”三个字。寺内现存主要建筑物是一座九梁十八担的三间挑角大雄宝殿，内部不见立柱，全由四周大梁架叠而起，即俗称八卦悬顶方式，结构颇为特殊，为我国古建筑中所罕见。寺内现有唐碑“豳州昭仁寺碑”，为朱子奢撰文，传为虞世南手笔，书法秀丽而刚劲，整碑三千余字，基本完好。该碑记载了浅水塬大战的经过及寺院规模，为我国古代书法艺术之珍品。

槐树林生态旅游区

咸阳生态花园

咸阳市永寿县北部山麓，处在乾陵与彬州大佛寺中间

槐树林生态旅游区内有10万余亩槐树林，每当槐花盛开时节，千山竞秀，漫野飘香。区内有占地3万余亩的翠屏山森林公园。

槐树林生态旅游区之槐树

森林公园内林木繁茂、花草芬芳，动植物种类丰富，湖水清澈，碧波荡漾。

甘泉宫遗址

黄帝升仙之处

咸阳市淳化县城北凉武帝村的甘泉山南麓

甘泉宫地处甘泉山南麓。据史书记载，甘泉宫所在地是黄帝以来祭天神之地。甘泉山山高气爽，是避暑胜地；而秦始皇到甘泉林光宫不仅是为了避暑，更有威慑匈奴的安边作用。

甘泉宫是仅次于长安未央宫的一处重要离宫，在此周围还有许多附属宫、观、台建筑。在城墙的西南角、西北角墙外转角处各有略呈圆形的夯土台基一处，为角楼遗迹，石刻有汉代石熊、宋代题记石鼓。

玩家解说

黄帝祭祀神灵、会见诸侯的万灵明庭就在甘泉，秦代在此造林光宫，汉代于其旁起甘泉宫。《汉书·郊祀志》记载，武帝因齐人李少翁言，“作甘泉宫，中为台室，画天地泰一鬼神，而置祭具以祭天神”。这些记述表明古代祭天神非常隆重，是黄帝，秦、汉帝王在甘泉宫的重要活动之一。

景点推荐 咸阳其他景点

西北农林科技大学博览园 AAAA

国内最大的农业博物馆组群

咸阳市杨凌示范区邰城路北段3号，杨陵汽车站向西100米

西安城西客运站乘汽车到杨陵，下车后步行5分钟即可达

9:00~17:00　¥60元

029-87080555

西北农林科技大学博览园位于杨凌国家农业高新技术产业示范区，是集教学、科研、科普于一体的重要学科基地。博物馆内现收藏昆虫标本150余万号、植物标本55万份、线装古籍5万余册，为全国农林院校之冠。博物馆通过多种现代化展示手段和丰富的标本、模型、实物、文物展览，展示了我国农业科技和生物技术发展取得的辉煌成就。

玩家攻略

蝴蝶放飞： 蝴蝶放飞时间一般在每年4月下旬至10月中旬，但如遇到阴雨、降温、大风等天气，不利于蝴蝶的飞行活动，常常导致蝴蝶大量死亡，并在阴雨过后的一段时间内可能没有蝴蝶飞舞。

标本制作： 在土壤馆内设有陶吧，游客在了解土壤的同时还可以亲手用泥土制作自己的作品带回家；植物馆内准备了各种小木料和工具，游客可以在这里当一回“木匠”；看完蝴蝶后，还可以亲手做一件蝴蝶标本留作纪念。

餐饮： 没吃过“杨陵蘸水面”，就不能算是真正到过杨陵；没喝过西北农林科技大学研发的酸奶，就不能算是真正到过农林科大。学校共有10个学生食堂，经营各种风味的饭菜，还有餐后甜点、无公害水果、奶茶等。

昆虫博物馆·动物博物馆

昆虫博物馆展览馆外形独特，分6个展厅。馆内大量采用了光电模型、幻影成像、多媒体技术等现代化展示手段，系统地展示了一个昆虫奇趣世界，特别是生态区可以利用温室常年放养蝴蝶等观赏昆虫。

动物博物馆总建筑面积4300余平方米，馆藏各种珍贵标本8000余件。根据动物馆总体展示内容，动物馆分为8个展厅。

植物土壤馆·农业历史博物馆

植物土壤馆始建于1936年，分4个展厅，是我国目前馆藏量最为丰富的植物标本馆之一。该标本馆的馆藏标本不仅植物种类异常丰富，而且采集地点遍布全国，尤其是秦岭和黄土高原的植物标本最为详尽。标本馆还藏有植物模式标本300余份，植物照片3万余张。

农业历史博物馆展览面积4000平方米，是国内最大的农业科技与历史文化的大观园。按照历史顺序布展，分为6个部分。

树木园·蝴蝶园

树木园是林学及相关学科发展不可或缺的重要基地。园内现在已有56个科、500余种树木，形成具有农林特色的树木专类园，成为植物多样性保护和引种驯化的重要基地。

蝴蝶园是昆虫馆的室外展示部分，是目前国内最大的蝴蝶放飞园。蝴蝶园种植有蝴蝶的寄主植物20余种，蜜源植物30余种，园林观赏植物10余种。

铁佛寺

古丝绸之路必经之地

咸阳市乾县城北6千米处的铁佛古镇清凉山下

铁佛寺北靠五峰山，南对终南山，东临唐朝太宗之昭陵，西接武皇则天之乾陵。相传汉朝时，清凉山上曾有一座清凉寺，僧众千余，规模宏大，至明万历年间毁于火焚，唯余铁佛一尊，后人移铁佛于清凉山脚，并建铁佛寺以供祀之。

现存铁佛寺占地10余亩，布局紧凑，建造精巧，已成远近闻名的弘法清修的净土道场。现藏新修《大正藏》《中华大藏经》和《乾隆大藏经》各1部。

袁家村 AAAA

关中印象体验地

咸阳市礼泉县烟霞镇北面的九嵕山下

全天开放　免费

袁家村处在西咸半小时经济圈内。踏着脚下仿古的青石板，身边闪过的房屋皆是颇具关中风味的明清式建筑；青砖白墙的老宅一字排开，街道的另一头传来乡亲们的秦腔声，原始豪放的唱腔在这充满原生态文化的小街上回荡。

玩家攻略

走进古朴典雅的小巷，两边店铺林立，作坊鳞次栉比。踩着青石板，欣赏颇具关中风味的明清式建筑，看着布坊中的老人细心地织布，面坊中的工人认真地推着石磨，别有一番风味。

袁家村之石磨

景点推荐

华山风景区

AAAAA

华山，古称“西岳”，是我国著名的五岳之一。华山有东、西、南、北、中五峰。东峰是著名的观日出的地方；西峰的东西两侧状如莲花，西峰是华山最秀奇的山峰；南峰之落雁峰是华山最高峰；中峰玉女峰相传曾有玉女乘白马入山间；北峰云台峰峰顶平坦如云中之台，著名的“智取华山”的故事就发生在这里。

华山是中华民族文化的发祥地之一，据清代著名学者章太炎先生考证，“中华”“华夏”皆因华山而得名。华山还是道教圣地，庙宇道观、亭台楼阁、雕像石刻随处可见。华山留下了无数名人的足迹，也留下了无数故事和古迹。自隋唐以来，李白、杜甫等文人墨客咏华山的诗歌、碑记和游记不下千余篇，摩崖石刻多达上千处。

渭南华阴市集灵路中段

旺季160元，淡季100元；北峰三特索道，旺季80元，淡季45元；西峰太华索道，旺季140元，淡季120元

4000193777

玩家攻略

最佳旅游时节：华山的最佳旅游时节是每年的4月到10月，这也是华山的旅游旺季。其中，农历三月十五是朝山日，会有盛大的庙会和庆祝活动。华山四季景色神奇多变，春季雨足雾稀，万物初醒，山花烂漫，是踏青访春的好去处；夏季能见度高，气候凉爽宜人，可看到日出和山间瀑布，时常伴有云海出现；秋季温度适中，红

华山石刻

叶满山，山崖为底、松桧为墨，一抹绚烂令人心颤，是登山的最佳季节；冬季白雪皑皑，雪凇峭壁、远山相望，给人以仙境之美感。而日出则是华山一年四季都不可少的景致。

摄影：北峰顶可以拍华山全景，是云雾华山、太华云海、雪舞华山的绝佳拍摄点，也适合在早上或者其他散射光的情况下取景；卧牛石可拍摄北峰全景、北峰云雾；救苦台可以拍摄苍龙岭，适合散射光、云雾中、夕阳下拍摄；东峰顶、引凤亭可以拍摄华山日出，有松枝为前景，为一幅上佳作品；鹞子翻身下只要是雨后初晴，还可拍摄棋亭云雾、下棋亭美景；南天门外可拍摄东峰全景、长空栈道；孝子峰可拍摄西峰山的崖壁金黄，以及云海、松林等；炼丹炉可拍摄华山落日、三公（凤）山云海等。

东峰

著名的观日出地

华山主峰之一，因位置居东得名。峰顶有一平台，居高临下，视野开阔，是著名的观日出的地方，人称朝阳台，东峰也因之被称为朝阳峰。每当红日升起、照耀着周围许多如削如切的山峰时，景色十分瑰丽。

东峰顶生满巨桧乔松，浓荫蔽日，环境清幽。东峰上有三茅洞，洞内有陈抟像，洞外有甘露池。附近的清虚洞前有一孤峰，峰顶上有铁瓦亭一座、铁棋一枰，据说宋太祖赵匡胤曾在这里和陈抟下棋，棋败，将华山输给陈抟，亭遂得名“赌棋亭”。

玩家 解说

古人称华山三峰，指的是东、西、南三峰，玉女峰则是东峰的一个组成部分。今人将玉女峰称为中峰，使其作为华山主峰而单独存在。

古时登东峰道路艰险，山岗如削，上面仅凿了几个足窝，两边又无树枝藤蔓可以攀缘，登峰的人只有趴在岗石上，手脚并用才能到达峰巅。今已开辟并拓宽几条登峰台阶路，游人可安全到达。现在，东峰部分景观逐步得以修复，险道整修加固，亭台重新建造。在八景宫旧址上，已重新矗立起一栋两层木石楼阁一座，即东峰宾馆。

南峰

华山最高峰

南峰海拔2154.9米，是五岳最高峰，古人尊称它是“华山元首”。南峰一峰二顶，顶上有老君洞，相传道家始祖老子隐居于此。南峰顶最高处的岩石上有“真源”两个大字。老君洞北有太上泉，东流涧下，今称“仰天池”，泉水终年碧绿。在其东面崖下有南天门石坊。

南峰上还有明代建造的金天宫。金天宫后边的松林中有一水泥亭子叫杨公亭，是著名爱国将领杨虎城将军于1931年上华山时所建的，亭座上刻有杨虎城华山游记。

□ 落雁峰

传说由于落雁峰太高，大雁到这里也飞不过去，必须在此歇息，故取此名。峰顶最高处就是华山极顶，登山人都以能攀上绝顶而引以为豪。这里历代文人留给后世的诗文记述颇多，峰顶摩崖题刻更是到处可见。

松桧峰

松桧峰稍低于落雁峰，峰顶乔松巨桧参天蔽日，因而叫松桧峰。峰上建有白帝祠，又名金天宫，是华山神金天少昊的主庙；因庙内主殿屋顶覆以铁瓦，也称铁瓦殿。

长空栈道

长空栈道位居华山著名险道之首，是华山派第一代宗师——元代贺志真道长为远离尘世静修成仙，在悬崖绝壁上镶嵌石桩、铺上木板而成的。栈道上下皆是悬崖绝壁，铁索横悬，由条石搭成尺许路面，下由石柱固定。游人至此，面壁贴腹，屏气挪步。由于栈道险峻，故当地人有“小心小心九厘三分，要寻尸首，洛南商州”之说。

玩家攻略

这里只是探险之道，并非登山必由之路，胆小的游客观望一下即可，体力和胆量没有把握则不要轻易冒险。所以，石刻上不少警告之语，如“悬崖勒马”等。

西峰

华山最美的山峰

西峰因石叶如莲瓣覆盖峰巅，故又名莲花峰。西峰为一块完整巨石，浑然天成。东南陡坡下松柏苍翠，清泉如琴。峰南沿着山脊岭有一条通道与东峰相通，长300余米，一面是绝壁，一面是斜坡，也是华山险道之一。

西峰上景观比比皆是，并伴有许多美丽的神话传说，其中“沉香劈山救母”的故事流传最广。峰上崖壁题刻遍布，工草隶篆，琳琅满目。峰北绝顶叫西石楼峰，峰上杨公塔为杨虎城将军所建，塔上有杨虎城将军亲笔题词。塔下岩石上有“枕破鸿蒙”题刻，是书法家王铎之手迹。

苍龙岭

西峰南崖有山脊与南峰相连，脊长300余米，石色苍黛，形态好像一条屈缩的巨龙，

南峰长空栈道

人称屈岭，是华山著名的险道之一。岭上的台阶只有2尺多宽，两旁万丈深壑，势陡如刀削斧劈。岭脊上下高差约500米，坡度在45°以上。在这里遥望青松白云，耳听风声大作，令人心惊目眩。

玩家攻略

苍龙岭虽有修凿，但仍很危险。新中国成立后，将原岭龙脊凿平加设栏杆，后又下凿尺许，才将岭道拓宽。为了解决因游人多而发生的拥堵现象，华山管理局又在苍龙岭东边加修了一条复道，旅游旺季时两条路一上一下，以确保安全。

若是夜晚登山，遥望苍龙岭，只见远远无数灯点排成笔直一线，斜向天际，慢慢向上移动，是游人打着手电或头灯在岭上攀登，看上去宛如登天。

翠云宫

翠云宫又称西峰大殿，外廊明柱，雕梁画栋，镂花门窗，风格秀丽典雅。宫分前后两殿，上下两层，东西各建有配殿，将前后两殿连为一体。后殿门额悬有翠云宫牌匾，殿内供奉众星之母斗姥神位，塑像神态威严端庄。

北峰

南望华山三峰的好地方

北峰为华山主峰之一，四面悬绝，巍然独秀，有若云台，因此又名云台峰。北峰是登临其他四峰的要冲，高虽不及其他几峰，但山势险峻非常，三面绝壁，只有一条山岭通向南面，形势十分险要，“智取华山”的故事就发生在这里。北峰绝顶处有一平台，是远望华山三峰和苍龙岭全景的好地方。

玩家解说

1949年华阴解放前夕，国民党陕西省第八行政督察区专员兼陕西保安第六旅旅长韩子佩率残部百余人逃上华山，妄图凭借天险负隅顽抗做最后挣扎。我中国人民解放军在华阴群众

北峰真武殿

的帮助下，打破“华山自古一条路”的传说，从黄甫峪攀上北峰，奇袭残匪，创造了神兵飞跃天堑、英雄智取华山的奇迹。今真武殿前百米处建有六角攒顶、飞檐斗拱、华山花岗岩圆雕石亭一座，亭中立有解放华山纪念碑一通。

长春石室

长春石室是唐贞观年间道士杜怀谦隐居之处。传说杜怀谦苦心修炼断谷绝粒，喜好吹奏长笛，经常叫徒弟买回很多竹笛，吹奏完一曲，就把笛投于崖下，之后再买，往而复始，从不间断。因他能居于崖洞中累月不起，便自号长春先生。

真武殿

真武殿为供奉镇守九州的北方之神真武大帝而筑。焦公石室、仙油贡、神土崖皆因焦道广的传说得名。相传北周武帝时，道士焦旷，字道广，独居云台峰，餐霞饮露，绝粒辟谷，身边常有三青鸟，向他报告未来之事。武帝宇文邕闻知他的大名，便亲临山庭问道，并下令在焦公石室前建宫供他居住。筑

宫时，峰上无土缺乏灯油，焦道广默祷，便有土自崖下涌出，源源不绝；油缸里的油也隔夜自满，用之不竭。后来人们就把涌土的地方叫神土崖，把放油缸的地方叫仙油贡。

中峰

北峰至东峰必经之处

中峰居东、西、南三峰中央，峰头有道舍名玉女祠，传说是春秋时秦穆公之女弄玉的修身之地，因而此峰又被称为玉女峰。中峰山崖上有独松一棵，不见根，松枝凌空招展，名曰舍身树。玉女祠建在峰头，祠内原供有玉女石像一尊，另有龙床及凤冠霞帔等物，后全毁于天灾人祸。

玩家解说

史志记述，秦穆公之女弄玉姿容绝世，通晓音律，一夜在梦中与华山隐士萧史笙箫和鸣，互为知音，后结为夫妻。由于厌倦宫廷生活，双方乘龙跨凤来到华山。后来秦穆公追寻女儿来到华山，一无所获，绝望不已，只好建祠纪念。

玉泉院

北方有名的全真道观

渭南华阴市华山玉泉路中段

华阴火车站乘旅游大巴可直达华山索道

玉泉院原名希夷祠，因宋太宗赐陈抟号“希夷先生”而得名，后改名玉泉院。玉泉院采用江南林园式建筑，院中央以水池为中心，周围配有亭、台、楼、阁。山荪亭建于一块大石上，据说陈抟常在此观赏山景，著书立说。亭旁有一古树，名为无忧树，传为陈抟手植。后殿是华山道教的主要活动场所，门上悬有慈禧太后书写的“道崇清妙”匾额。中间有棵“痒痒树”，此树一经触摸，全树都会颤动。

玩家解说

传说当年唐玄宗李隆基的妹妹金仙公主修道在华山。有一天，她和几位侍女一起上华山，

玉泉院之麒麟

登到西峰下的镇岳宫。宫内有一口玉井，井水清澈见底。金仙公主就站在井边，照她的影子，一不小心，将头上的玉簪掉进了井里。下山后，她们在过水凉亭下休息洗手，无意中又找回玉簪，惊喜中又发现亭下的泉水和山顶玉井是相通的。

链接

陈抟老祖

陈抟（？—989年），道教全真派名人，五代宋初隐士，号扶摇子，宋太宗赐号希夷先生。安徽亳州人。陈抟老祖精通炼丹和睡功，据说一觉能睡800年，当地把懒惰爱睡觉的人俗称为“陈抟爷”。他在世经常采药，给百姓治病，后得道成仙，人们都很信奉他。希夷石洞内供奉着他的石头卧像，每年农历三月十五华山古庙会，各地的善男信女都来朝拜，说摸了陈抟睡像能治百病，求得平安。

无忧亭

无忧亭在玉泉院内西北方向，故有句俗话：“玉泉院内西北角，天大的事也能睡着。”七十二窗长廊是环绕玉泉院的走廊，在我国园林史上独树一帜。物候学把一年分为五日一候，三候一个节气，共二十四令七十二

候。七十二窗窗形有圆有方，有花草虫鱼，各不相同。

全真七子殿

华山道教属全真派。全真七子殿殿内从中间向两边，依次供奉着全真派的七位高道，中间是丘处机，其余几位为马丹阳、谭处端、刘处玄、王处一、郝大通、孙不二。

大殿

玉泉院前殿供奉的是道教华山派的创始人——郝大通。殿外立了许多碑，有历代名人歌颂华山诗碑、华山全图碑和宋代书法家米芾的“第一山”，门楣上“古松万年”为光绪皇帝所题。每到道教节日，这里就成了道士做道场和庆祝的地方。后殿供奉陈抟的坐像，门楣两边有两幅画：左边是赵匡胤与陈抟下棋赌华山画面，位置在华山东峰；右边是五龙驾陈抟来华山图。

通天亭

因和山顶金锁关通天门遥遥相对，所以叫“通天亭”。从这儿出玉泉院，“自古华山一条路”就从脚下开始延伸，全长12.5千米，共有9567个台阶。沿途可以看到迷人的风光山色，以及诱人的惊险山道。

鹞子翻身

华山著名的险道之一

鹞子翻身是从东峰到下棋亭必经的一段绝壁险道，为华山著名的险道之一。其路凿于上凸下凹的倒坎悬崖上，下视只见寒索垂

西岳庙

西岳庙

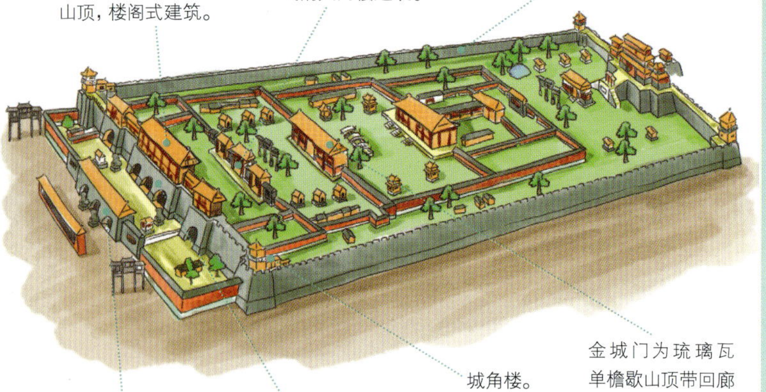

于凌空，不见路径。游人至此，须面壁挽索，以脚尖探寻石窝，交替而下，其中几步须如鹰鹞一般左右翻转身体才可通过，故得此名。

金锁关

华山上的咽喉要道

金锁关是建在三峰口的一座城楼般石拱门，是经五云峰通往东、西、南、中四峰的咽喉要道，锁关后则无路可通。杜甫《望岳》诗中，“箭栝通天有一门”指的就是此处。金锁关东西两侧壑深千丈，关前仅有一米宽的台阶石径。环周古松苍翠，奇石林立，常有祥云环绕，风光非常旖旎。关内关外登山路两侧铁索上情侣锁、平安锁，重重叠叠，红绳彩线迎风摇曳，不失为关前一道亮丽的风景线。

西岳庙

历代帝王祭祀华山之神的要地

西岳庙始建于汉代，为历代帝王祭祀华山之神的要地，初名集灵宫，后改名为西岳庙。山门——灏灵门，为高大的砖石城垣，因有三个门道，俗称三连门。庙内主体建筑灏灵殿殿基高大，气势雄伟；大殿月台前两侧，各有相互对称的重檐御碑楼和攒天顶八角亭；殿内挂有清康熙、道光、慈禧太后题写的牌匾。

玩家 解说

西岳庙始建于西汉武帝初年（前134—前132年），因庙址选于山峪之中，难以望见华山主峰，故东汉桓帝将庙迁于今址。历代帝王对西岳庙都曾进行了不同程度的扩建，直到清乾隆四十二年（1777年）才形成今日之格局。后按照乾隆年间的风貌进行了历史上规模最宏大的一次整修。

景点推荐

洽川风景区 AAAA

洽川风景区地处关中平原东部，是黄河流域最大的河滨温泉湖泊型湿地。洽川湿地处在大河之滨，丹顶鹤、黑鹤、白天鹅、灰鹤、鸳鸯等珍稀禽鸟大量栖息于此，景区还有处女泉等数处低温温泉。万顷芦荡、千眼神泉、百种珍禽、十里荷塘、一条黄河、秦晋相望，这里风景别致，鸟语花香；这里不是江南，却胜似江南。

渭南市合阳县境内

处女泉55元；福山景区30元

0913-5620067

玩家攻略

游览： 现在这里开发有多条线路供游人水上游览，沿途可欣赏芦荡风情，观赏各种珍禽鸟类。湿地芦苇一望无垠，夏日绿波万顷，秋季芦花满天。新开发有“芦荡迷宫”项目，游客可租用手划船，在芦苇荡深处泛舟赏苇。

娱乐： 在“听芦阁”还可以免费欣赏合阳地方特色艺术——号称“华夏一绝”的合阳提线木偶演出。处女泉景区广场每周五、周六晚上有篝火晚会、国家级非物质文化遗产——上锣鼓、跳戏表演。

处女泉

有“沙浪浴”之美誉

处女泉原名东鲤瀵，又名伏鱼泉。古代洽川的女子在出嫁前都要由姊妹陪伴到该泉洗浴净身，故名处女泉。处女泉实际上是个泉群，大小泉眼无数，水的浮力极大，小者如蚁穴，大的似车轮。处女泉泉水常年温度保持在31℃。

站在泉边凝视，可见泉底水冲起了金黄色的细沙，宛如一只只巨大的蝴蝶，又名“蝴蝶泉”。处女泉水不像一般泉水那样汩汩涌

处女泉之大门

流，而是从覆盖泉眼的沙层中涌出；如果踩在泉眼上，泉涌沙动，如绸拂身，感觉无比畅快。

链接

处女泉名字的由来

洽川是周文王母亲太任的家乡，也是伏羲画卦的地方。文王仰慕伏羲，也喜欢推演八卦。他常被黄河边迷人的风光所吸引，也常置身于万顷芦荡之中，演卦诵诗，悠闲自在。有一天，他在芦苇丛中散步，突然发现有一绝色女子在雾气蒸腾的泉水中嬉戏。蓝天白云下，茂密的芦苇围成的天然屏障，让女子的婀娜身姿若隐若现，那景象真是美极了。文王被美景吸引，更为姑娘的美貌所倾倒。这姑娘就是太姒，后来便成了文王的妃子。这泉就是东鲤瀵，据说太姒姑娘经常来此泉沐浴，所以才出落得闭月羞花、沉鱼落雁。后来在当地形成了一个风俗，凡姑娘出嫁前，都必须来这里沐浴，祈求带着泉水的灵气与滋润，去迎接人生道路上幸福美好的时刻，所以当地群众称此泉为“处女泉”。

福山景区

秀夺江南

福山景区地势险峻，风景优美。因其状如一只巨蝎翘尾东行，故又被称为“蝎子山”。

福山位于洽川西塬畔的灵泉村，在村的西北、东北、东南处各有一座半岛状的土山——福山、禄山、寿山。景区主要景点为大雄殿、送子殿、圣母殿、三义殿、药王殿、玉皇殿、文昌阁、三清殿、钟楼、鼓楼、转角楼、石牌坊等。

福山

三教合一，和睦相处

福山整座山就像一只翘尾东行的大蝎子趴在沟壑中，所以当地人形象地称它为“蝎子山”。福山古建筑群，始建于明万历二十三年（1595年）。现存的古建筑群亭阁、殿宇、牌坊错落有致，灵官、天王、佛祖塑像栩栩如生。这里的签据说很灵，方圆百里的百姓都到此烧香问卦，香火很旺。在这座山上，供奉着佛教的释迦牟尼、道教的老子，还有儒教的孔子，这种奇特的现象在我国十分罕见。

天柱山

一峰如柱，上接云天

渭南市合阳县洽川王村村西沟口

这里是看黄河日出的最佳去处。登山远眺，洽川美景尽收眼底。早晨，只要天气晴朗，站在山上极目远望，但见一轮红日跳跃而出，瞬间朝霞满天。每年的农历八月二十九是天柱山庙会，届时比较热闹。

合阳黄河湿地风光

景点推荐

韩城旅游区

韩城文庙

全国第五大孔庙

渭南韩城市学巷45号

在韩城市新城乘坐101、102路公交车可达

韩城文庙是一组保存完整的古建筑群。文庙南面立有明万历年间修建的琉璃盘龙照壁，两旁有砖刻的鲤鱼戏浪，合起来看有“龙鱼河图”之意；五龙壁的东西是“棂星门”，门两旁有龙凤相配。

文庙建筑群共分四个院落。大成殿为文庙主体建筑，规模宏伟。北面的明伦堂为昔日教论、训导、授课之所。往北高台上为“尊经阁”，是文庙内藏经书的地方；登阁四望，县城景物尽入眼帘。韩城市博物馆现附设于此，馆藏文物近万件。

延伸 韩城老城

金城即韩城老城，是中国城建史上的一个奇迹。据韩城县志记载，金城北魏已有旧治，现存城池为金大定四年（1164年）土筑，故称金城。明崇祯十三年（1640年）改为砖砌。金城主街看似龙形：金塔北昂为龙首，千米明清主街蜿蜒摆动正如龙身，毓秀桥南端稳坐便是龙尾。龙居山水，格调独特，堪称一绝。

韩城文庙尊经阁

老城街区古朴典雅，格局完整。主街呈南北走向，长约1200米，多明清建筑。主街两翼大小巷道40余条，名人故居多四合院，达千余座。金城区还有保护完整的元明古建筑群：东营庙、北营庙、九郎庙、文庙、城隍庙等，南有“闯王行宫”以及清同治年间的聚义药店等。

韩城市博物馆 AAAA

集古建筑与文物于一身

渭南韩城市金城区学巷45号

乘韩城101路公交车可达

50元

8:00～18:00

韩城市博物馆是一座集元明建筑与文物陈列于一身的综合性博物馆。馆藏文物近万件，其中珍贵文物达数百件之多。博物馆在完整地保留了古建筑外貌的前提下，充分利用建筑内部条件加以改造，举办各类文物陈列，从而使这里的建筑陈列与文物陈列浑然一体，建筑艺术和人文艺术交相辉映。

三义墓

春秋时赵武、公孙杵臼、程婴之墓

渭南韩城市金城西南12千米处的卫东乡堡安村古寨里

三义墓系春秋时晋国赵武、公孙杵臼、程婴三人之墓，也是我国“四大悲剧”之一《赵氏孤儿》的历史故事见证地。墓前均有碑楼，系清乾隆四十一年（1776年）陕西巡抚毕沅书、韩城县知事吕兆鬣立石。稍偏北一座墓碑上刻有“晋卿赵文子墓”六个隶书大字；偏东南处两墓并列，分别刻着“晋公孙义士杵臼墓”“晋程义士婴墓”。

玩家解说

三义士史实《史记·赵世家》，以及刘向《新序》《说苑》均有记载。元剧作家纪君祥根据三义士记载写成的杂剧《赵氏孤儿》被列为“中国四大古典悲剧”。早在18世纪30年代，该剧就传入法、英、奥等国，如法国《水星杂志》发表了该剧法文片段，巴黎出版的《中国通志》也刊登了法文节译本。

毓秀桥
单孔石拱桥

📍 韩城市老城南端的据水河上

毓秀桥又称据水桥。桥面覆廊屋五间，梁架为五檩二柱；当心间两侧设廊栅凳，悬山顶；当心间升起做四角攒尖顶，小青瓦阴阳合铺。桥东有联“毓木培根成古迹，秀山佳水汇诗情”，“毓秀桥”的桥名，就是取了该上下联的头一个字。在毓秀桥楼亭上，还有一副“双溪此去无多路，八景原来别有天”的对联。

司马迁祠墓 AAAA
汉太史司马迁祠墓

📍 渭南韩城市芝川镇东南的韩奕坡悬崖上

🚌 从韩城老城南关乘坐到芝阳、芝川的车，在司马迁祠路口下车，转乘蹦蹦车可到达景区

¥ 50元

🕗 8:00～17:30

司马迁祠墓始建于西晋永嘉四年（310年）。祠墓建筑群自坡下至顶端，依崖就势层递而上。坡下东北方竖一木牌坊系清代重建，上书“汉太史司马祠”六个大字。由此沿坡上行，经太公庙至岔道口。坡南有平台之地，建有新迁的元代建筑“禹王庙”“彰耀寺”“三圣庙”等。

献殿是祭祀时陈列祭器、致敬尽礼的地方。寝宫在献殿之后，内有宋代泥塑司马迁坐像。寝宫后为司马迁墓，墓前竖立着一块石碑，上刻“汉太史司马公墓”，为清乾隆陕西巡抚毕沅题书。墓壁周围嵌砖雕八卦图以及花卉图案16幅。墓形似蒙古包，墓顶有一古柏，树分5枝，形若蛟龙。

链接

司马迁

司马迁（约前145或前135—？），字子长，夏阳（今韩城南）人。西汉史学家、文学家和思想家。曾与他人共订太初历，对历法进行改革。后在遭受宫刑的情况下，发愤著《史记》。《史记》共130篇，达52万字，是我国最早的通史，被鲁迅盛赞为“史家之绝唱，无韵之离骚”。

大禹庙
为纪念夏禹而建的庙宇

📍 渭南韩城市老城东5千米处的苏东乡北周原村东

大禹庙创建于元代大德五年（1301年），是为了纪念夏禹而修建的。大禹庙坐北朝南，中轴线建筑有献殿和寝殿，二殿由卷棚式的雨搭相连。正殿内设有三组砖基木作神龛，由垂花柱分为9间；各龛有二龙戏珠的透雕或浮雕，龛案上有沥粉贴金描绘的二龙戏

大禹庙

司马迁祠墓

珠或丹凤朝阳彩绘。殿内东墙是孙悟空收降红孩儿的彩绘壁画，西墙是郭子仪单骑见回纥和庆宴彩绘壁画。

玩家 解说

夏禹为远古时的部落酋长，传说在尧虞舜时，黄河流域发生特大洪水，舜派禹治理洪水。据说禹在治水期间，“劳身焦思，居外十三年，过家门而不敢入”，最后用疏导的方法治平了洪水。后来，他又用武力夺取了舜的部落酋长职位，取而代之，死时把职位传给了自己的儿子启，“禅让”制从此被彻底打破了。

法王庙

为祭祀岳法王而建

渭南韩城市北10千米处的西庄镇

法王庙始建于宋真宗乾兴元年（1022年）。法王庙是一座木结构古建筑，飞檐凌空，斗拱交错，雕刻精致。殿顶有富丽堂皇的藻井，屋顶正脊部分以彩色琉璃制品装

党家村文星阁

饰，龙吻、仙人走兽造型生动活泼。庙的南边，有砖砌六角攒顶塔式法王墓，正方嵌石，上刻“宋法王之墓”，刻石对面，有“槐柏古迹”楷书题词。

玩家 解说

庙内明碑记：“法王姓房，字百虎，唐末西庄附近人，相传为屈原后裔，寿一百一十岁，修道于灵觋观（在法王庙前的道院）。因通灵帝梦，用针砭之法，使太子降生（指宋仁宗赵祯），朝廷有感而册封之。至宋仁宗听政，追封为岳法王遂建庙祀之。”

党家村民居

国内保存最好的明清建筑村寨

渭南韩城市区东北9千米处

党家村被称为“东方人类古代传统居住村寨的活化石”。党家村石砌的巷道高大气派，典雅精美的四合院门楼格外引人注目，醒目的门楣题字显示着主人的地位和信仰，精美的石雕、砖雕、木雕工艺炫耀着主人的审美情趣和财富。四合院中的垂花门楼十分精美，村巷中的布局更是让人叫绝。

玩家 攻略

跟所有的古城、小镇一样，去党家村最好在那里住下。党家村现在名声在外，白天游客比较多；只有到了晚上，你才能真正感受喧嚣过后古老村子的底蕴。

村里住宿的地方一般都在村子入口处，村民自己的房子，有新有旧，基本都是公用厕所，不带浴室，不过村里有公用澡堂。在这里住宿，其实就跟住老乡家一样，卫生设施和其他条件就是村中的普通民宅水平。

玩家 解说

元至顺二年（1331年），党恕轩以种田谋生，定居于此。明永乐年间（1403—1424年），其孙党真中举，拟定了村落建设规划。明成化年间（1465—1487年），党、贾两姓联姻，合伙经商，创立"合兴发"商号，在河南驻马店地区

党家村民居

经商，生意兴隆，货船直抵汉口、佛山。据家史记载，村中当时"日进镖银千两"，富冠韩塬。明弘治八年（1495年），党家的外甥贾璋迁居党家村，两姓联合，财力更盛，四合院建筑在明末清初进入全盛期。清咸丰元年（1851年），为御匪盗，又集银1.8万两筑土寨泌阳堡，村寨合一的格局得以形成。

黄河龙门

无风三尺浪，平地一声雷

渭南韩城市北30千米处的龙门镇境内

乘河津20路可达

龙门是黄河的咽喉，古称"禹门"，因地处秦晋交通要道，龙门口又称"禹门口"。东西两山夹河，岸上悬崖陡峭。汹涌澎湃的黄河途经此处，两岸河道猛然收束，宽度仅80余米。龙门上游38千米处，就是著名的壶口瀑布。

玩家 解说

龙门扼秦晋咽喉，地势险要，自古为兵家必争之地。公元前645年，秦东渡龙门击晋，掳晋惠公；617年，李渊领兵西渡龙门，直取关中；1127年，金将娄室越龙门冰桥攻取陕西；明末，李自成东渡龙门，直捣幽燕，推翻了朱明王朝。

普照寺

元代建筑博物馆

渭南市韩城市昝西路

8:00～18:00

普照寺为普贤菩萨寺院，始建于元延祐三年（1316年）。普照寺的主要建筑大雄宝殿为元朝所建，里面的佛龛具有很高的艺术价值。殿内保存有塑于元泰定三年（1326年）的释迦牟尼佛和文殊、普贤二菩萨，阿难、伽叶二弟子5尊彩塑像及明清藻井绘画130余幅。大雄宝殿的外形和窗型看上去就如同一个红色的蒙古包。殿内的佛像雕刻精美、线条分明，上部的藻井绘有花鸟虫鱼和人物，生动形象。

景点推荐

大荔旅游区

甜水沟遗址

旧石器时代遗址

渭南市大荔县段家乡解放村东的甜水沟内

甜水沟遗址内发现有早期人类头骨化石，距今20万年左右，命名为“大荔人”。已发现石制品800多件，主要是形体较小的石片石器，有刮削器、尖状器、石锥与雕刻器等，还发现有古菱齿象、三门马与犀牛等多种哺乳动物化石。

玩家解说

“大荔人”头骨化石粗壮，眉脊发达，前额后倾，带有明显的从直立人向早期智人过渡的体质特征；与北京猿人接近，又比北京猿人进步。

岱祠楼

唐代古楼

渭南市大荔县朝邑镇大寨村东

岱祠楼，也叫岱祠岑楼，俗名东岳庙戏楼。楼始建于宋政和八年（1118年）。该楼叠檐三重，上覆盖琉璃筒、板瓦，旁镶戏珠龙，斗拱挑角，雕梁画栋。楼内下层北边是舞台，古时歌舞艺人便是在这里演出的。上层有梯凳楼板，可攀缘而上，北望蜿蜒起伏的铁镰山峦；南视雄伟峻奇的太华三峰；俯瞰黄河绕于左襟，洛渭横行似带。另外，这里还有清乾隆六年（1741年）立的《东岳庙重修汉关夫子并总嗣圣母二祠碑》。

李氏家族石墓群

清代家族石墓群

渭南市大荔县华山脚下渭洛河附近的沙苑边缘中段八鱼村

石墓群位于黄河流域华山脚下的渭洛河附近的沙苑边缘中段，这里一马平川，土地肥沃。据出土墓志记载，该墓群为清代李氏望族墓地群，最早可上溯到乾隆时期，最晚延续到民国末年，延续300余年。每座石墓和墓石构件上都雕刻有书法绘画装饰图案，雕刻手法应有尽有，运用巧妙，石雕、石刻中还有山水、人物、动物、花草等图案及文字楹联，构成了一个和谐的统一体。

1号墓

该墓有书画雕刻41幅，其中两石柱上刻有楹联。石柱上楣额刻3幅图案，左右2幅被破坏，中间图案是一老者在健身，左右各有一对老年夫妇对座观看，身旁男仆、侍女、儿童相伴。

2号墓

墓主李树德（1804—1877年），字滋亭，为皇帝诰授中宪大夫，其院落对联为“一邱方是安闲地，万古常同兜率天”，楣额上刻三格，左格为兰花、右格为竹子、中间是杂宝图。庭堂南壁刻“忠”字，北壁刻“孝”字，中墓室前有一对圆雕童男童女。

3号墓

墓主李天培（1830—1875年），字介候，诰封资政大夫赏戴花翎候选郎中。其墓地对联为“翠柏苍松一带浓荫庇寿城，青山绿水四围秀气绕佳城”。南壁屏风雕刻松鹤图、北壁为双鹿圈。院落和庭堂上均为花鸟、人物、山水楼阁画。中墓室前有副对联“地接蓬莱学可传经筑石室，名登仙籍才堪作赋咏罗天”，后壁刻有一屏风。

4号墓

墓葬院落对联为“董草堂前风月冷，芙蓉城里梦魂香”。院落南壁有一屏风，院落、庭堂刻满花鸟、人物、果实、树木、山水等图。此墓只有两个墓室（一般为三室），南室、北室各有对联，两墓室后壁雕有人物故事画。

5号墓

墓主李怀珍（1807—1862年），字聘卿，皇帝诰授中宪大夫，钦加道衔。中墓室后壁浅浮雕海水波涛，波涛上有仙鹤、楼台等。北墓室后壁刻有海水，海水中有一瓶，瓶中插三戟。

丰图义仓

被誉为“天下第一仓”

渭南市大荔县朝邑镇南寨

丰图义仓修建于清光绪八年（1882年），是我国古代粮仓中现在唯一还在使用的粮仓。仓内目前储存有小麦、玉米、花生、大豆等农产品，小麦储存最长时间可达10年。

远眺丰图义仓，仓城巍然屹立于黄河西岸老崖上，建筑格局为城中城。仓内正中是一个宽敞平坦的院落大坝，作为粮食的晒场。仓顶修建有用于排水的通道。墙上砌垛口，守卫人员可以在城墙上巡逻。站在仓顶可以望见不远处的岱祠楼。

丰图义仓

景点推荐

蒲城旅游区

北寺宋塔

宋代密檐式方形砖塔

渭南市蒲城城内北街崇寿寺旧址内

¥ 5元

北寺宋塔始建于北宋绍圣三年（1096年）。北寺宋塔系密檐式方形砖塔，四面十三级，高约47米。塔身第二层北面正中嵌有一石碑，上刻“诸佛舍利宝塔”六字；第四层南面正中嵌立佛像一尊；塔底正面，建小庙一座，内有石刻佛像一尊，碑石两方，记述捐资修塔之事。北寺宋塔造型雄伟挺拔，简洁秀丽，塔身每层檐角均有悬铃。北寺宋塔与南寺唐塔同为“蒲城两塔”，遥相呼应。“双塔夜影”为蒲城八景之一。

南寺唐塔

唐代慧彻寺舍利宝塔

渭南市蒲城县城内西南角蒲城中学院内

¥ 10元

南寺塔原建于唐贞观元年（627年），是慧彻寺舍利宝塔。用青砖砌成，为方形四面十级楼阁式砖塔。底层入门迎面立有唐代石佛像一尊；第二层北面正中嵌有石碑一方，上刻有“诸佛舍利宝塔”六字。各层叠涩出檐，下砌作菱角牙子；一、二、三层叠涩砖多至15层，以上各层檐递减，塔身亦逐层收减高宽。整个塔身造型玲珑秀丽，挺拔俊逸。

林则徐雕像

林则徐纪念馆

为纪念民族英雄林则徐而建

渭南市蒲城县城内权把巷六号

蒲城林则徐寓所是一座十分精美的清代古建筑，共四进，70米深、10米宽院落，一连三院，王仲山宅为中间一院。院内从前到后布满各色砖雕艺术品，仅高浮雕看墙就有11块，宅内至今还悬挂着林则徐来蒲为该宅所书的7块匾额。

蒲城县林则徐纪念馆独特的地方在于，宅内详尽地讲述了林则徐和王鼎相识相交30多年、为国为民的历史故事，展示了在鸦片战争时期，中华民族面临灭顶之灾的危急关头，林则徐、王鼎这两位伟人是如何一前一后、一内一外为了民族的利益不顾个人的安危，乃至洒尽自己的满腔热血来醒君救国的。

唐睿宗桥陵 AAAA

唐睿宗李旦的陵寝

渭南市蒲城县西北约15千米处的丰山西南

从蒲城县城打车前往桥陵

丰山唐时称为“桥山”，蜿蜒如巨龙盘峙，登顶南眺，一望无垠。桥陵以丰山为陵，在山腹开凿地宫，并在四周建造陵墙。陵穴高出周围平地250米左右，四周诸峰环绕，山势巍峨，蔚为壮观。唐睿宗桥陵的陵墓建造和石刻艺术是唐代繁盛时期的代表，与乾陵并称为唐代陵墓石刻艺术之最。

少华山森林公园 AAAA

因道教名山少华山得名

渭南市华州区城东南7千米处

宜自驾前往

¥ 60元

少华山森林公园坐落于关中平原东部、秦岭北麓，因道教名山少华山得名。少华山自古以其险绝高峻与华山并称“二华”，名著

唐睿宗桥陵

少华山森林公园

《水浒传》中九纹龙史进的许多故事就发生在这里。隋末绿林好汉王伯当也在这里聚义，当年的山门石寨现在还依稀可见。

少华山下的小夫峪峪道宽阔，地势平缓，内七十二岔，岔岔清溪长流。峪内峰回路转，奇石林立。峪道植物种类繁多，森林茂密，遮天蔽日。峪道有石门、燕子碥、母子峡、石板河等景点。整个峪道美景不断，气候宜人。

玩家 解说

少华山是中国道教名山之一。少华山自古有名，从战国时期的《山海经》一直到现代的《中国名胜大辞典》，两千多年来记载不断。古代文人如东汉的张衡，唐代的张乔、杜牧等，写过许多吟颂少华山的诗词和文章。

渭南黄土高原民俗村

明朝末年的古村落

渭南市蒲城县翔村乡南陶池村

该村城门楼、城门洞、城门、城墙、古树都非常完整，堡内无明显的现代化建筑，均为黄土高原民房样式。村口有一木质牌坊，横额写有“黄土高原民俗村”七个大字。东边一片黄土高坡，沟下全是果林和一棵突出的古茶树，西望即为坚实、完整的南陶池古城堡，该堡建于明朝末年。

蕴空禅院

寺内有著名的“悬棺”

渭南市华州区大明乡政府西南3千米处的蕴空山北麓

蕴空禅院旧名“云寂寺”，现禅院仅存大殿3间，内供释迦主尊及文殊、普贤二菩萨。禅院南端有一仿木楼阁式宋塔，再往南又有普乾和尚宝塔。

玩家 解说

蕴空禅院久负盛名，主要原因在于寺内的“悬棺”。悬棺的来历有一段传奇：传说普乾禅师昌明是明崇祯皇帝的第四子，自明灭后，全家唯他一人幸存。于是他潜身佛门，周游到此，修身待机。他素有“生不做清臣，死不沾清土”的誓愿，故亡魂归天之后，其弟子们便按师父的遗嘱，选定风水墓地将其棺材用铁索悬在精心构

唐玄宗泰陵之石像

筑的大墓中，且四周不着土，最后唯留墓门收顶密封，以此为葬。心诚的弟子们为了师父之灵早归西天成佛，便每日按时入墓诵经。

唐玄宗泰陵

唐玄宗李隆基的陵墓

渭南市蒲城县东北15千米处的五龙山余脉金粟山南 10元

泰陵以山为陵，山腹中建造墓室，四周绕陵筑墙。唐玄宗泰陵陵园宽广辽阔，其布局似京师长安，分内外两城。内城四面各开一门，墙四角建有角阙；陵内还建有献殿、下宫、阙楼及陵署等。陵园地面建筑现已荡然无存，只留下一些石刻和清乾隆陕西巡抚毕沅亲笔题书的“唐元宗泰陵”石碑一通（“元”即“玄”，避康熙玄烨讳）。

潼关古城

我国古代著名关隘之一

渭南市潼关县港口镇

潼关地处关中平原东部，雄踞秦、晋、豫三省之要冲。门外横额书“第一关”，里额书“金陡关”，字迹丰满圆润、苍劲有力，均为清乾隆皇帝手笔。关隘当险而立，高原夹道，仅容单车，行走五里，视力所及，一线青天。入关经第一寨，始见潼关东门。西门有明代建筑的门楼，俗称“谯楼”，宏伟壮观。

玩家 解说

潼关的地势非常险要：南有秦岭；东南有禁谷，谷南又有12连城；北有渭、洛二川会黄河抱关而下；西近华岳。周围山连山、峰连峰，谷深崖绝，山高路狭，中通一条狭窄的羊肠小道，往来仅容一车一马。过去人们常以“细路险与猿猴争”“人间路止潼关险”来形容这里地势的险要。东汉末年，曹操与马超在潼关大战，潼关之名始见于史。杜甫游此后，也留下了“丈人视要处，窄狭容单车。艰难奋长戟，万古用一夫”的诗句。历代各朝统治者为了巩固自己的统治地位，都在这里驻屯重兵，设关把守。

链接

十二连城烽火台遗址

潼关十二连城，在潼关县东约3千米处的禁沟两岸。禁沟自秦岭之蒿岔口起，北至下屯村原头，南北共长约15千米。沟底由于长期山水的冲刷，形成宽30米的平坦斜坡道，成为通往潼关城后侧的一条军事要道。自唐代到明清，为了潼关的安全，沿禁沟两岸夯筑方形土台12个，每个底边长10.5米、宽11米、高7.6米，夯层厚9～14厘米，是防御性的军事堡垒。由于与潼关基本相连接，故俗称为“十二连城”。现在城无存，烽火台仍在。

潼关古城之城门

景点推荐 铜川老城区景点

玉华宫 AAAA

位居唐代帝王四大避暑行宫之首

铜川市印台区金锁关镇 旺季60元，淡季40元

0919-7586113

玉华山森林公园天然植被保存完好，森林环境优美，素有“夏有寒泉，地无大暑”之美称。唐初三代帝王在此建立了规模宏大的避暑行宫，遗址现今保存完整。玉华宫景区内树木茂盛，处处能看到飞瀑和清泉，山中还有不少潭水和溪流，水质清澈，古往今来的文人墨客如杜甫等，也留下了许多描述玉华宫的诗词文章。

玩家攻略

景区提供滑雪板、雪圈、雪爬犁、滑雪服、滑雪手套、滑雪帽等的租赁服务。

景区是陕西规模最大的专业素质拓展训练基地，有悬崖速降、野外生存、徒步探险、野外露营、滑草、室内心智训练等众多活动项目。

每年7月23日至9月23日，为玉华宫避暑休闲节。节日期间举办避暑休闲节开幕式暨文艺表演、林海登山探秘游、玉华之夏文艺演出、文艺家采风游及滑草、戏水、拓展训练等多项精彩纷呈的活动。

链接

玉华宫的历史

玉华宫原名仁智宫，为唐高祖李渊武德七年(624年)营造。唐贞观年间扩建，改名为玉华宫，成为唐太宗李世民的行宫，位居唐代帝王四大避暑行宫之首。正殿名为玉华殿，贞观二十二年(648年)，李世民曾在此召见三藏法师玄奘。另外，李世民御制的《大唐三藏圣教序》及皇太子李治制的《大唐三藏圣教序记》皆在此作成。为了让这位高僧有一个更加清静的道场，唐高宗李治永徽二年(651年)，废宫改名

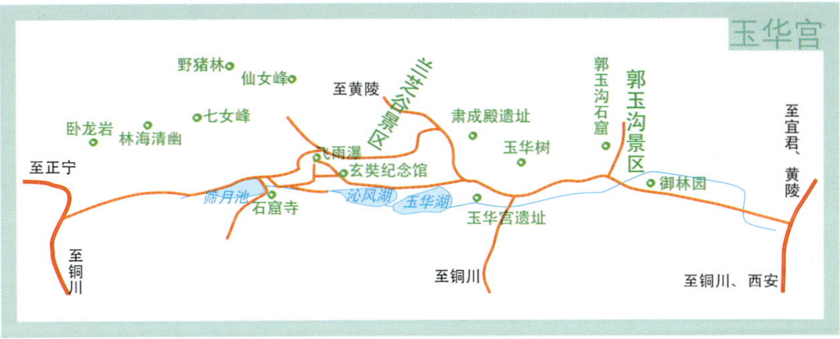

玉华寺，唐高宗敕玄奘在此翻译佛经。至今玉华宫的石室中还有佛像一尊，侧刻“大唐龙朔二年三藏法师玄奘敬造释迦佛像供养”的字样。玉华寺遗址内还存留着有关宫、寺的碑石文物等。

玄奘纪念馆

纪念馆是收藏、展示玉华宫遗址出土文物的专题博物馆，同时也是纪念和参拜大唐高僧玄奘的场所。该馆目前收藏展示有国家珍贵文物千余件，另外，还有全国最长的百米汉白玉浮雕《玄奘大师》。

肃成院遗址

俗称“正宫”，是当年唐玉华宫肃成殿遗址，是唐代玉华寺佛教活动中心，也是玄奘法师的住宿、理佛及圆寂之地。石窟内有佛龛8处，石穴一段。佛龛内均无造像，外壁上雕刻有莲花、娑罗树、执戟力士等浮雕。

东宫、西宫

东宫又名郭玉沟。郭玉沟内平地开阔，崖顶泻瀑，为玉华山一大奇观。这里悬崖、石窟、瀑、溪、林、泉俱备，景致颇有特色。西宫瀑布随四季变化，姿色各异。

玉华宫滑雪场

玉华宫滑雪场是西北地区有名的滑雪场。隆冬时节，举办玉华宫冰雪节，可以进行滑雪、溜冰、赏冰灯等多项冰雪娱乐活动。

陈炉古镇 AAAA

东方瓷器古镇

铜川市印台区陈炉镇

据史书记载，陈炉古镇因“陶炉陈列”而得名。陈炉是历史上唯一遗存的“炉火千年不绝”的耀瓷基地，堪称陶瓷史上的奇迹。陈炉古镇也是陕西文化艺术之乡中唯一的陶瓷之乡。

陈炉古镇山川秀美，陶瓷文化历史悠久。陈炉的民俗与陶瓷密切相关，民居、民膳、民艺蕴藏丰厚的陶瓷文化内涵。陈炉民居年代久远，陶腹、陶穴、罐罐垒墙，依山排布，密如蜂房；瓷片铺路，富有油画效果，极具观赏性，被誉为“脚下的艺术”。

玩家攻略

铜川每年都会举办“中国·陈炉古镇陶瓷文化旅游节”。旅游节期间，有规模空前的民间祭窑活动和民间社火表演、书画名家献艺、陶瓷产品展览、民俗风情摄影展、陶瓷制作技艺表演、民俗风情文艺演出、古镇风貌游览等活动。

陈炉古镇之陶罐

玩家 解说

陈炉镇制瓷已有1400多年的历史，是宋元以后著名的古耀州窑延续生产的唯一窑场，清乾隆年间曾创造了年产800万件瓷器的业绩。陈炉枕骨瓷窑早在唐代就有“炉火膛里翻火焰”的记载。北宋时，陈炉镇的制瓷业达到鼎盛，以烧造青、白、黑和酱釉瓷而出名。自元代至今，它一直是西北地方最重要的瓷业生产基地。其瓷制品以碗、盘、盆、罐、瓶、盒、灯、炉等日常生活用具为主，另有一些陈设器、供器、瓷雕等，釉色种类丰富。

孟姜女祠

纪念孟姜女的场所

✉ 铜川市印台区姜女堤3号附近

孟姜女的故事在我国民间流传极为广泛。铜川孟姜女祠修建于1000多年前，历经宋、元、明、清修葺扩建，到清代乾隆年间时，已成为规模宏大、庙宇林立、影响久远的名胜古迹。雕像基座上镌刻有“过节妇孟姜祠祀”，两侧竖立着古人歌颂孟姜女的诗文诗歌碑。

链接

有关孟姜女的传说

据史料以及山海关孟姜女庙的石刻记载，孟姜女是陕西同官（今铜川印台区）人。相传孟姜女千里送寒衣，却没见到丈夫的面，她悲痛不已，放声大哭，一下子哭倒了长城。在倒塌的废墟里，她找到了丈夫的骸骨，于是带着骸骨往回走。快到金锁关时，秦兵追至，情急之下孟姜女抓住身边的山崖一转，挡住了追兵，人们把那座山称为搬转山。

金锁关石林 AAAA

怪石雕塑的博物馆

✉ 铜川市印台区金锁乡何家坊村

金锁关位于三关口以南、神水峡以北，曾是“榆塞秦关襟喉要地”，是关中的北大门，自古是军事必争之地。在山梁上，这片石林呈“一”字形状排开，高居石林中心的状若一头雄狮，两侧是形态各异的石质天然造型。

金锁关两旁山势突兀，道路崎岖艰险，形势极为险要，有“金锁无垫，鹰鹞难飞”之说。走进石林，穿行其间，但见怪石林立，突兀峥嵘，石峰、石柱、石笋、石芽拔地而起，姿态各异。

耀州窑博物馆

国内最大的古陶瓷遗址专题博物馆

✉ 铜川市王益区黄堡镇新宜南路25号

🕘 9:00～17:00

耀州窑博物馆现藏文物50多万件（片）。博物馆遗址遗迹展示由“唐代三彩作坊、窑炉”“宋代制瓷作坊、窑炉”和“金代制瓷作坊群”3个保护厅组成，直观形象地展示了耀州窑的生产规模和工艺流程。

玩家 攻略

观众可在“示范参与室”动手参与陶瓷制作，体验制陶的乐趣。另外，陶艺中心还全程演示陶瓷生产工艺流程，游客可在这里亲自动手玩泥制陶。景区还提供代烧服务，有兴趣的话可将自己的作品烧制留念。

链接

耀州窑

耀州窑与定、汝、官、哥、钧窑齐名，是中国古代六大名窑之一，为北方青瓷的主要产地，宋朝时所产青瓷曾被列为贡品。耀州窑唐代创烧，五代发展，北宋鼎盛，金代续烧，终于元末明初，连续烧造陶瓷的历史长达800余年，其代表产品宋代刻花青瓷被誉为“中国北方刻花青瓷之冠”，在中国古陶瓷文化艺术宝库中独树一帜。

耀州窑博物馆

景点推荐 铜川耀州区景点

药王山 AAAA

因“药王”孙思邈而得名

铜川市耀州区黄坛口乡

70元

0919-6581215

药王山上五峰环拱，古柏苍翠，殿宇轩昂，碑石林立。隋唐医药学家孙思邈晚年归隐于此，后世尊他为“药王”，药王山因此而得名。

药王山唐时称磐玉山，宋以后称五台山，山上至今还保存有金、元建筑及大型元代壁画，还能观赏到明代药王大殿及药方碑。药王山石刻遍及全山，隋唐摩崖造像40余尊，精美绝伦，其中有北魏至唐代造像碑百余通，非常珍贵。

玩家攻略

每年农历二月初二至十二的“二月二”庙会期间，朝山观光者从四方云集药王山、药王故里，祭祀“药王”孙思邈，表达对孙思邈的崇敬与怀念。另外，药王山5月有药王牡丹游园活动，九九重阳节时有药王山保健节等活动。

链接

孙思邈小传

孙思邈（581—682年），唐医学家。京兆华原（今陕西铜川市耀州区）人。一生博学精医，道德高尚，为医不仕，深得人民群众的景仰。相传，唐太宗李世民曾亲自来药王山南庵拜见孙思邈，颂孙思邈为“名魁大医”“百代之师”，封以高官，孙公固辞不受，唐太宗又封他为“药王”。老百姓称颂孙思邈为“药王爷”，这种尊称一直流传至今。

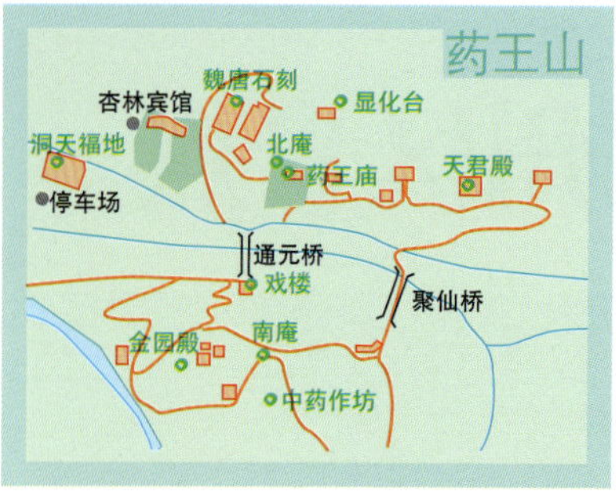

药王大殿

药王大殿是药王山祭祀孙思邈的活动中心，大殿正中是孙思邈的彩色塑像。主要景点有石塔、孙真人洗药池、“十大名医”彩塑像和明清石刻等。

摩崖造像

药王山的造像石窟，俗称“石佛洞”。造像始建于北周，以盛唐为主，五代、北宋、金、元、明都有增刻。现存6个洞窟，22个佛龛，隋至明造像45尊，各类造像记、题记12处。造像有圆雕、浮雕两类，线条流畅，神态自然。

药王山碑林

陈列有北魏、西魏、北周、隋、唐等朝代的碑石，皆系耀州区境内所搜集。其中，《魏文朗造像碑》《姚伯多兄弟造像碑》《仇臣生造像碑》《青龙魏碑》等为稀有珍品，医方碑亭内还立置有医方碑5通。

照金香山 AAAA

八大佛教圣地之一

铜川市耀州区西北38千米处的庙湾镇瑶玉村

35元 0919-6581234

香山由东、西、中三个石峰相连而成，三峰突兀，依次排列，形似一座笔架，故又名三石山或笔架山。香山中峰半山腰有一天然石穴，人称奇峰洞，即香山正洞，其中供奉着“千手千眼菩萨”，亦称香山菩萨，相传妙善公主于此修身成佛（观音菩萨）。香山创建寺院始于4世纪，曾迎龟兹高僧鸠摩罗什翻译梵经于此。

香山寺踞山阳，春夏两季山花烂漫、香气四溢，故得名。寺庙历史悠久，是陕西省三

大香山

大寺院之一，始建于苻秦，盛于姚秦。

玩家攻略

庙会：香山庙会会期为每年农历三月十五前后十天与十月十五两次。庙会期间，香火隆盛，登山拜佛者云集，年年都有海外僧侣来大香山进行佛事活动。庙会期间，山野景色宜人，芳菲飘香或满眼醉红。香山正沟内每逢4月花开之时，有成千上万的蝴蝶翩飞嬉戏，成为一大奇观。

美食：香山上有养生药膳，如百合炖鸡、当归羊肉、天麻鲤鱼、杏仁豆腐等，感兴趣的不妨一试。

玩家解说

据《大香山志》载传说：香山寺为妙庄王之三女妙善公主修行之地。妙善公主从小聪明善良，幼年时便能念诵经文，一心想皈依佛门。妙庄王为她亲许婚事，她坚决不从，气得庄王怒发冲冠，狠心割断了父女之情。以后庄王染疾求医，医生开出处方，要亲人手眼，公主遂舍自己的手眼，疗愈庄王疾病，故敕封公主为“千手千眼活菩萨”。

神德寺塔

耀州城内最古老的建筑

铜川市耀州区城北步寿原下的半坡上

神德寺塔以建筑风格看，似为宋代建筑，故后人渐渐称其为“宋塔”。该塔高35米，八面九级，为砖塔仿木楼阁式结构。神德寺塔斗拱挑角，密檐环围，是佛教寺院的标志性建筑。

塔正门面东，青石门楣上线刻一佛二菩萨，门框南北两面分别线刻持弓箭和宝剑天王。塔体每面三开间，用砖砌出隐柱，柱间有阑额，塔体隐柱、阑额、假窗均涂土红色。每个檐角垂挂铃铛，总共72个，有风吹来，叮咚作响。塔内空筒状，无楼梯。

链接

神德寺塔的历史

据考证，在宋塔的遗址上早在北魏时期就建有一座寺院，名为龙华寺。隋代改建大像阁。唐玄宗开元八年（720年），寺院更名为“神德寺”。宋代，在神德寺内建起此塔。据此，“宋塔”正式被命名为“神德寺塔”。

神德寺塔

耀州文庙

浓缩的古代建筑史

铜川市耀州区古耀州城中轴线北端

耀州文庙创建于北宋嘉祐三年（1058年），历史悠久，两进院落。院内以轴线布局，由南到北依次为棂星门、戟门、大成殿。文庙建筑布置严谨、对称，融汇了宋代以来各个时期的建筑特点。

棂星门

也叫木牌楼，建于明洪武九年（1376年），是一座精美的木质建筑。四柱三间不用戗柱，楼顶为重檐庑殿屋顶，并覆以绿色琉璃瓦，非常少见。

戟门

古建筑中的礼仪之门，因古代官宦人

家在门两边放置枪戟仪仗而得名。屋顶为五脊悬山式，绿色琉璃瓦剪边，梁架为抬梁结构，并开三间大门，门上装饰金色铺首和门钉。

大成殿

文庙的核心建筑，耸立在最北端。屋架举折、歇山做法、叉手与脊瓜柱并用、梁架和檩条下使用斗拱，减柱移柱，都是典型的宋、金、元时期建筑手法；而檐前各组斗拱高度缩小、机能减弱，出檐短小，屋面瓦作等，又是明、清时期的手法。它以其宏伟的气势、独特的结构和503平方米的建筑面积独领风骚，被专家和学者誉为“西北第一殿”。

陕甘边照金革命根据地旧址

西北地区第一个山区革命根据地

铜川市耀州区西北部照金镇

陕甘边照金革命根据地，以照金镇为中心，是20世纪初由刘志丹、谢子长、习仲勋等老一辈无产阶级革命家在西北地区创立的第一个山区革命根据地。当时，红军利用薛家寨上极其险要的4个天然岩洞分别建成红军医院、被服厂、军械厂、指挥部等1至4号红军寨及其哨卡、吊桥、石砌寨门等防御措施，开展革命斗争。

铜川牡丹园

西北较大的牡丹观赏基地

铜川市新区长虹南路中段

免费

铜川牡丹园已形成各类牡丹花百余种、10万余株的规模。园内的牡丹花有单瓣重瓣型、扁球圆球型、荷花葵花型、玫瑰绣球型等。另有芍药、月季6万余株。每逢春季鲜花盛开，满园争奇斗艳。

玩家 攻略

4月牡丹开放时，开园供游客游览赏花，并同时举办为期1个月的牡丹旅游节。节日期间，有赏牡丹、品小吃、看秦腔等一系列活动。

陕甘边照金革命根据地旧址

景点推荐

宜君旅游区

福地湖

北魏佛教石窟开凿最兴盛之地其一

铜川市宜君县五里镇榆舍村套滩组

在宜君县城内乘中巴前往即可

免费

福地湖风景区内有诸多历史文化遗存，特别是佛道同龛石窟享有盛誉。半山腰有始建于446年的北魏石窟，该窟将佛教、道教融为一窟。石窟为方形平顶，石窟中央和左、右壁正中各雕一龛造像。佛龛上雕有山峦和走鹿、蹲猴。窟右壁中央尖拱形大龛中，雕手持芭蕉的老君盘膝端坐像，左右道士捧笏侍立。龛楣内浮雕10个半身像，雕刻内容除佛教、道教外，还涉及音乐、体育、游乐、服饰等。

云梦山

鬼谷子及弟子曾隐居于此

铜川市宜君县城南40千米处

全天开放　免费

云梦山主峰南侧壁立千仞，如刀劈斧削。石崖上有两排石窟，洞中有鬼谷子（王禅）及弟子孙膑、庞涓塑像。相传战国时，诸侯争霸，王禅及弟子为避战乱，隐居于此地。为了纪念他们，当地人纷纷施金捐银，在悬崖下修大殿一座。

来到云梦道观，可以看到新修的玉清宫，里面有鬼谷子的塑像及他的四名弟子苏秦、张仪、孙膑和庞涓的塑像。云梦道观背靠着30米的石崖，石崖上有七个洞，被称为“七星洞”，这里就是中国的第一座食宿合一的“军事学校”。石崖前平坦的场地上，建有大殿、配殿、戏楼，还有千年古钟悬挂于庙宇间。

太安森林公园

曾为唐太宗的狩猎牧马场

铜川市宜君县城西侧

美丽幽奇的太安森林公园，与玉华宫紧密相连，集清、奇、秀、险、幽于一身，充满了山林野趣。园区珍禽野兽众多，奇花异草遍野，苍松翠柏茂密。饮马湖绿树环绕，水天一色，行于湖畔，宛若回到了大唐盛世；蝴蝶潭，绿树掩映，波光粼粼，一派生机盎然的景象。

攻略资讯

- 交通
- 住宿
- 美食
- 购物
- 娱乐

交通

飞机

西安咸阳国际机场：位于咸阳市东北，有往来国内各大城市以及日本、泰国、韩国等国家的众多航线。机场距咸阳市区13千米，有机场高速公路连通。

机场大巴随航班动态发车。机场设有专门开往咸阳市区的专线。

火车

● 咸阳

咸阳位于陇海铁路干线和咸铜线、西韩线交会处，有前往全国多个大中城市的列车经过。

咸阳有咸阳站、咸阳西站、咸阳北站运送旅客。

● 渭南

渭南处于多条铁路路线的交会处，南

西安咸阳国际机场

咸阳城区

北为西延、西韩线，东西纵为陇海、咸铜线。渭南是进入关中地区的东大门，可乘火车前往全国多个大中城市。

渭南有渭南站、渭南北站、渭南西站、渭南南站、华州站运送旅客。

汽车

●咸阳

咸阳汽车北站：位于咸阳市秦都区西兰路。电话：029-33123663。

西安咸阳国际机场站：位于咸阳市渭城区渭城镇西安咸阳国际机场地面交通换乘中心（GTC）F1层。电话：029-88796015。

杨陵客运站：咸阳市杨陵区有邰路高铁南站东侧。

●渭南

渭南客运中心站：位于渭南市临渭区渭清路（近南黄村）。电话：0913-2338015。

渭南市运业汽车客运站：位于渭南市临渭区站北路19号。电话：0913-2154958。

●铜川

咸丰汽车站：位于铜川市耀州区东环路与咸丰东路交叉口西南100米。

铜川汽车站：位于铜川市王益区宜园路74号，电话：0919-2369237。

住宿

咸阳

自古咸阳就是西部战略重镇。今天的咸阳，仍称得上是西北连接世界最便捷的城市之一。咸阳的住宿分为两大部分：市政府—汽车站和咸阳国际机场。市政府区域交通便利，距离各大景点和名胜古迹都很近，并分布了很多宾馆。咸阳国际机场靠近千佛铁塔和姜子牙墓，去市区车行25分钟左右。

●帝都酒店

酒店毗邻渭水河畔、咸阳湖畔，环境宜人，景色秀丽，闹中取静。交通出行方便快捷。酒店拥有豪华包间60多间，宴会厅可接待1000人同时用餐。 咸阳市秦都区中华西路4号 029-34068888

●咸阳丽彩天祐酒店

酒店距咸阳秦都高铁站15分钟车程，距西安咸阳国际机场仅30分钟车程，交通便利。酒店客房宽敞、舒适，提供精品粤菜、新派川菜等，还有广式下午茶、煲仔饭、海鲜单人火锅等。 咸阳市秦都区创业东路1号 029-33718000

渭南

渭南市区面积较小，住宿多集中在市中

心商业区附近，酒店不是很多。华阴市、韩城市有很多不错的住宿地，景区附近也比较多，尤其是华山景区及周边。

●韩城龙泉酒店

韩城龙泉酒店坐落在历史悠久的司马故里，其服务秉承“人性化”的理念，房间设施齐全，有单人间、标准间、亲子房、情侣房、豪华套间、总统套房等，各类综合服务设施一应俱全。✉ 韩城市桢州大街与复兴路十字龙泉大厦 ☎ 0913-5113888

铜川

铜川城市虽小，但住宿的地方不少，市区及景区都有不同档次的住宿地，可根据需要来选择。铜川老区曾是市政府所在地，故各种大酒店、大饭店都集中于市文化宫附近，新区附近也有很多。

●铜川大厦

铜川大厦是按照高星级标准兴建的装配式园林酒店，配有两百余间景观客房及特色套房等。酒店整体设计时尚、现代、高雅。入住此处，可尽情享受家的安心与温暖。✉ 韩城市桢州大街与复兴路十字龙泉大厦 ☎ 0919-2329999

酒店客房

●铜川枫林湾酒店

铜川枫林湾酒店位于斯正街，外有公园，交通便利，环境优美。酒店设施先进，装修精美，干湿分离，拥有电动窗帘、投影、旋转电视、按摩浴缸等，可满足不同宾客的各种需求。✉ 铜川耀州区斯正街D1-30 ☎ 0919-6790666

美食

咸阳

五谷为料、面食为主，是咸阳美食的主要内容，而以此精细手法烹制出的简朴而又大气、精细而又美妙的诸类美食，味道令人折服。咸阳市和各县区的街头巷尾都有不少饭馆经营当地的小吃和日常饭菜，从陕西遍地都是的凉皮、肉夹馍到当地特色的Biangbiang面、千层油饼等，都可以找得到。

夜幕降临后，可以在小巷里、街头边吃烤肉、烤鱼，喝啤酒，便宜又实惠。品味美食城汇集了很多咸阳小吃，进门左边的毛胡子烧烤生意十分红火，靠东一排的乾州农家小吃里也有些新奇食物。另外，北门口夜市是咸阳尽人皆知的夜市，烧烤、卤味、小吃摊长达几百米，有时还能吃到地道的江南小馄饨。

●箸头面

陕西著名的地方小吃，又称“香棍面”。它是煮熟的面条加入调料后浇泼上沸热的菜籽油而成的，别有特色，制法独特。因为面条似筷子头粗细，故名箸头面。

●三原千层油饼

三原县的千层油饼也叫“金钱油塔”“千层饼”。制作精细，形如缕缕金丝盘绕，层层塔楼相叠。丝细多层，口感松软绵润。食用时，配上一碟泡菜和一碗豆浆，则更具风味。

白吉饼

●白吉饼

咸阳特有的一种烤饼，制作好后两面饼皮粘连较松，俗称“两张皮”。白吉饼皮薄松脆，内心软绵，可单独食用；夹上腊汁肉，则称“腊汁肉夹馍”，味道更为鲜美。因其经济实惠，很受欢迎。

●乾县锅盔

陕西风味独特的传统小吃之一。其外观呈圆形，馍边压成带辐射状的一高一低的波纹，火色均匀，看上去宛如一个大菊花图案。其显著特点是：边薄心厚，表面鼓起，馍瓤干酥，色形美观。用手掰开，层层分明；用刀切开，状如板油；闻着香，吃起酥，回味无穷；耐饥，耐贮，携带方便。

●泡泡油糕

咸阳三原县很有名气的传统小吃，其渊源可上溯至唐代韦巨源的烧尾宴名点“见风消”油洁饼。馅是用白糖、黄桂、玫瑰、桃仁、熟面拌成的，面是用开水、大油烫熟的富强粉。

锅盔

渭南

渭南背倚长安，古时为京畿之地，饮食上也与长安相互影响。渭南的美食多为家常食品，以各种普普通通的面食为多，却有着不同于其他地方的独特风味。渭南包子美味可口，渭南其他美食，诸如水盆羊肉、韩城油酥角角馍、大刀面、蜜汁轱辘等，更成为三秦大地上独树一帜的美味。

去渭南游玩，可以在老城区多转转。小吃街和摊铺多位于老城区，在这里可以找到所有的当地风味食品。

●时辰包子

时辰包子是渭南市最有名的地方风味小吃。皮薄馅多、鲜香盈口、油而不腻、回味无穷。包子状如僧帽，小巧玲珑，周边洁白，包底金黄，肥而不腻，香味悠长。吃时必定佐以大葱蘸黄面酱，还须喝一杯浓茶，这样更显风味。

链接

时辰包子的来历

相传时辰包子的创始人是光绪年间一名为张坤的城南村村民，由于他做的包子味香悠远，一时间门庭若市、生意火爆，每天辰时一过，包子便卖完了，当地人由此美其名为“时辰包子”并传承至今。

●水盆羊肉

水盆羊肉起源于明朝崇祯年间，因在农历六月上市，又称“六月鲜”。渭南蒲城、大荔的水盆羊肉久负盛名。食用时，与烧饼或白吉馍同吃，佐以糖蒜、辣子酱和鲜蒜瓣。肉烂汤清，肥而不腻，清醇可口，别具风味。

●大荔带把肘子

带把肘子是用猪的前腿做成的菜，属蒸菜类。肘子肥而不腻，瘦而不柴，品嚼味长，别有风味，在秦馔筵席上久负盛名，《中国菜谱》秦菜部分把其列为第一名菜。带把肘子以香味突出，色、香、味、形俱佳著称。由于形如把柄，故称“带把肘子”。

●白水豆腐

白水豆腐白、细、嫩、筋，豆味香浓。煮在锅里时久不烂，放油锅煎炸而色黄、虚软，吃起来既绵又筋。豆腐经压制做成的豆腐干，更为细腻绵筋，凉拌、爆炒、煎煮均可。凉拌豆腐干细丝，为白水宴席凉菜佳品。

●琼锅糖

琼锅糖以“酥、脆、香、甜”为特点，吃时嚼劲十足、甜香盈口，还可润肺消食、健脾补肾。但琼锅糖忌热怕潮，一般多为冬天生产，是难得的美味。

琼锅糖

●蒲城椽头蒸馍

蒲城椽头蒸馍因其形似椽头而得名。蒸馍外酥内嫩、甘香盈口。蒲城椽头蒸馍与其他地区的蒸馍有很大不同，和面不用碱，发酵难掌握，制作过程独特，具有地方特色。这种蒸馍携带方便、耐久放，是当地人的日常食品。

●水晶饼

水晶饼是陕西渭南的名点。起皮掉酥，凉舌渗齿，甜润适口。外形美观，油多而不腻，糖重而渗甜，具有浓郁的玫瑰芳香。

铜川

铜川的美食具有介于陕西南北之间的特色。以所处的地理位置来区分，这里的饮食品种和口味由南至北可分为耀州、铜官、宜君三种类型。耀州的代表是面食，尤以耀州的咸汤面和窝窝面最具特色。宜君境内林木丛生，地形也以沟川为主，因此当地风味偏重“山珍野味”，食材多为当地土产，口味地道纯正。

铜川市区较为出名的小吃则汇聚于老区铜官大同桥和老北关的两条美食街中，品样繁多，味道偏辣。

●油茶泡馍

油茶泡馍是耀州常见的一种食品，当地人常当作早餐吃。这种油茶是用牛、羊油和面粉炒制而成的。食用时，将油茶切碎投入开水锅内，放入盐面后搅匀成糊状；然后将馍在碗内掰成小块，舀上煎开的油茶浇上两三遍，直到浇透；最后再盛满油茶，撒上少许葱、姜末。吃起来醇香味美，咸淡可口，油而不腻，耐饥耐饱。此外，还可在油茶中打上鸡蛋，味道更加鲜美适口。

●窝窝面

耀州流传着这样的俗语：“天下美味都吃遍，首推耀州窝窝面。”窝窝面的形状独特：用鸡蛋和面后将面切为方丁，再用筷子头将面丁一个个都戳成圆窝形，因此而得名。

油茶泡馍

●咸汤面

咸汤面是耀州特有的传统小吃，人们喜作早餐。咸汤面的口感为咸辣出头，筋韧爽口。面的配菜丰富，碗内生姜黄、葱韭绿、油辣红、豆腐白俱全，色鲜味香。加上羊血的，则称羊血咸汤面。

●雪花糖

雪花糖因其糖块颜色白亮，牙咬糖块时，糖渣纷落，宛如飘雪，故而得名。当地俗称渣子糖，是耀州久负盛名的传统食品。雪花糖是由灶糖加芝麻改进而成的，古时专为腊月二十三祭灶神用，后逐渐演变为大众喜爱的食品，有一定的健胃、润肠、止咳化痰之功效。

购物

咸阳

咸阳旅游商品丰富多样，价格实惠，购买方便。咸阳有极具地方特色的布老虎等手工布艺品、文物复制品、古钱币等，土特产有西凤酒、琥珀糖、大晋枣、彬州梨等。

咸阳拥有数家中小型百货商场，此外还有各种小商品及中低档服装云集的小商品市场。这些购物场所基本都在咸阳市中心及周边区域，分布在咸阳市区的主干道人民路两旁及电影院（红旗商场）十字的中心区域，交通非常方便。

●淳化刺绣

淳化刺绣品种浩繁，融实用性、装饰性、艺术性为一体。它的特点是色彩鲜艳，构图多变，针脚细腻，气韵流畅。

●梨枣木工艺制品

彬州梨枣木工艺制品主要集中于泾河川道地区。木工艺制品坚硬光滑，色泽鲜艳，表面抛光，手感细腻，物美价廉。

彬州梨

●彬州梨

彬州梨产于彬、乾、陇县一带，梨皮色洁净，肉质细脆，汁丰味甜，较耐贮存——在土窑洞内可存半年之久，品质不减，风味不变。

●民间草编

很早以前，咸阳人民就用勤劳灵巧的双手把随处可见的杨柳、枝条、麦秸、玉米皮等精心编制成各种漂亮实用的日用品和工艺品。在咸阳农村，民间编织工艺不断发展，越来越多地体现出浓厚的地方风情和现代色彩。

渭南

渭南历史悠久，民俗风情浓郁。这里的特产多为民间工艺品、土特产，如刺绣、剪纸、土布、柿饼、黄花菜等。

●澄城刺绣

澄城刺绣针工细腻，花形简洁大方，颜色搭配和谐——没有大红大绿的渲染，而是淡雅清秀，显得活灵活现。绣品的内容也很丰富，以象征和托物寄意的手法来表现主题，一些美丽的神话传说和喜剧人物，也是刺绣品的内容和题材。

●白水杜康酒

白水杜康酒，属清香型白酒，酒液清澈

透明，芳香纯正，入口绵甜，醇厚柔和，五味协调，回味悠长，饮后留香，风味独特。初喝喜欢，久饮不厌，是喜庆宴客的佳酿，佐餐饮宴的上品。

●潼关酱菜

潼关酱菜是渭南市名扬四海的传统名优特产，以选料考究、做工精细、外形美观、红褐透亮、色泽鲜润、酥脆鲜嫩、咸中有甜、酱香扑鼻、食之开胃、风味独特、耐于长贮、最宜佐餐而闻名遐迩，素有“十里放香”的美誉。

潼关酱菜

●富平墨玉

墨玉是一种珍贵而稀有的自然资源，仅产于陕西省富平县北部山区。富平墨玉色重质腻，纹理细致，漆黑如墨，光洁可爱，极负盛名，素为治砚、刀工之上佳珍料，古人将其与钻石、宝石、彩石并称为“贵美石”。富平墨玉自秦汉时即有开采，是我国著名的“石刻之乡”。被称为中国最大石刻艺术宝库的西安碑林，馆藏1700多件文物，其中80%以上为富平墨玉所制。

富平墨玉

铜川

铜川特产以当地的各类特色农产品为主，还有药王千金酒、药王养生酒等。而当地耀州所产的青瓷乃是其手工艺品的代表，另外还有剪纸、农民画、手工刺绣、工艺刺绣等。

●宜君农民画

宜君农民画是宜君民间艺人在传统剪纸艺术的基础上，通过画的形式，表现宜君乃至黄土高原风土人情的一种绘画艺术。

娱乐

咸阳

●民间社火

咸阳民间社火是一种历史久远的季节性、节日性强的民间艺术活动。社火内容丰富、形式多样、气氛热烈、幽默风趣，有芯

民间社火表演

子、高跷、竹马、龙灯、狮子、旱船、花轿、牛拉鼓等，具有浓郁的地方民俗特征。

渭南

渭南是中华民族的发祥地之一。这里历史文化悠久，文化遗产丰富，至今还留有许多古老的传统民俗风情，如提线木偶、上锣鼓等，极富当地特色。

●木偶戏（合阳提线木偶戏）

合阳提线木偶戏自成一家，表演时木偶的动作全部是靠演员用手中的细线悬控木偶完成的。同时，配合合阳提线木偶戏的唱腔是全国独一无二的，合阳人称之为线腔。线腔带有浓郁的地方音调，悲怆苍凉而不失激情，委婉细腻而不失刚烈，颇具秦人秦地的风采和特点。

●上锣鼓

上锣鼓是一种包含大鼓、小鼓、锣、铙在内的春节社火锣鼓，因在表演高潮时表演者争先跳上大鼓，边击边跳而得名。传统演出大鼓一面，小鼓一面，锣、铙手各数人。上锣鼓以"狂、蛮、怪、狠"的特点而出名，具有强烈的群体性、争斗性和舞蹈性，显示了浓郁的黄河文化特色。

●跳戏

跳戏流行于合阳沿黄河一带，被誉为"研究中国戏曲史的活化石"。它的起源没有可靠的文字资料记载，一般认为始于元代。它有完整的剧本，但尚无唱腔，以吟代唱；舞蹈性极强，动作中融合了民间武打成分，刚劲有力，剧目多为《三国》《水浒》《封神》《西游》等。

合阳提线木偶

发现者
旅行指南

宝鸡

概览

亮点

炎帝陵

炎黄子孙寻根祭祖的重要场所之一。炎帝陵雄伟、神圣、肃穆、古雅、幽静，分为陵前区、祭祀区、墓冢区3部分。

太白山国家森林公园

园内太白山是秦岭山脉的主峰，山势雄峻，气魄雄伟。这里自然风光秀美，以森林景观为主体，盛夏时节山顶也终年积雪。

六营村民俗村

中国泥塑第一村。六营泥塑是中国古老民间艺术的典型代表，是我国留存最古老、最具特色的民俗工艺品之一。

法门寺

因存有流传千年的佛

太白山国家森林公园

指舍利而闻名天下，更有多种文物珍宝，是一座罕见的文物宝库，被誉为“关中塔庙祖”。

天台山

这里有一大块平坦开阔地，建有山门，气势雄伟，其中“玄王洞”现留原建的汉白玉左门框一块，上书“造五行分八卦创立乾坤”。

姜子牙钓鱼台

姜子牙钓鱼台位于秦岭北麓，溪中有一台石，据传姜子牙就是在此垂钓的时候，周文王前来拜谒。

线路

宝鸡全景四日游

第一天前往太白山国家森林公园，领略太白山的山间美景。可以就近住在山下太白山北麓汤浴口的宾馆，到太白山汤浴温泉去放松一下，纾解疲劳。

第二天先前往五丈原诸葛亮庙，庙里有他的衣冠冢及岳飞手书《出师表》石碑。最后去姜子牙钓鱼台游玩，感受一下“太公钓鱼，愿者上钩”的意境。晚上返回宝鸡市内用餐及住宿。

第三天上午去炎帝陵

五丈原诸葛亮庙

拜祭中华民族的先祖炎帝。下午去嘉陵江源头风景区，这里有骑马、射箭、滑索、篝火晚会等娱乐活动。晚上返回宝鸡市区住宿。

第四天包车去关山牧场。这里是内陆腹地的天然草原，景色秀丽，可以享受一天悠闲的草原生活。之后结束旅程返回市区。

为何去

金台观

宝鸡是周秦王朝的发源地，这里出土了大量的西周青铜器，因此被誉为“青铜器之乡”。“佛骨圣地”法门寺、姜子牙直钩垂钓的钓鱼台以及道教名师张三丰所建的金台观，似乎依然还在轻声诉说着宝鸡辉煌的历史；“明修栈道，暗度陈仓”和“出师未捷身先死，长使英雄泪满襟”的一幕幕英雄画卷，不时让人们忆起往昔的峥嵘岁月。

何时去

太白山

春、秋两季正是出游宝鸡的好时机。4月底，宝鸡会举行法门寺国际文化旅游节以及太白山旅游登山节。这两大旅游节庆期间，十分热闹，参与人数众多，而且在这段时间内，宝鸡各地的庙会比较多，是了解关中文化的最佳时机。

法门寺

区域解读

区号：0917

面积：约18 117km²

人口：约326.47万人

地理 GEOGRAPHY

区划

宝鸡市下辖4个区（渭滨区、金台区、陈仓区、凤翔区）和8个县（岐山县、扶风县、眉县、陇县、千阳县、麟游县、凤县、太白县）。

地形

宝鸡市南、西、北三面环山，巍峨峻峭的秦岭群峰与平畴沃野的渭河平原互为映衬。秦岭主峰太白山海拔3767米，是中国大陆东部的最高山峰；而扶风县揉谷乡北石村海拔438米，是宝鸡市的最低点。

境内主要有渭河、嘉陵江、千河、石头河等。渭河是黄河的第一大支流，穿行于宝鸡市中心。山、川、原兼备，以山地、丘陵为主，呈现“六山一水三分田”的格局。

气候

宝鸡属于温带半湿润气候，四季较为分明。冬季，天气寒冷干燥；夏季，温热多雨和炎热干燥天气交替出现；春季，升温迅速且多变少雨；秋季，降温迅速又多阴雨连绵，成为关中秋季连阴雨最多的地区。

历史 HISTORY

历史大事记

距今7000~5000年前，千（河）渭（河）流域已有先民村落700多个，今宝鸡市区已成为部落活动的中心。

远古时期，姜、姬二氏族先后生息、繁衍、昌盛于此。相传炎帝神农氏就出生在宝鸡的姜水河畔。

公元前11世纪，周先祖之一的古公亶父率族人迁徙到岐山下的周原（今宝鸡市岐山县），建立了周王朝早期的国家组织。古公亶父被后世尊为太王。

秦文公四年（前762年），秦在“汧渭之会”（今眉县附近）建立国都，名为“陈仓”，是为宝鸡建城之始。

汉中石门栈道

宝鸡风光

秦宪公二年（前714年），为备战攻戎，秦将国都由汧渭之会徙往平阳（今宝鸡市陈仓区）。至秦德公元年（前677年），秦国迁都于雍（今凤翔区）。此后，秦国先后有18位国君以雍为国都，共历时294年。

三国时期，诸葛亮于五丈原（岐山县境内）屯兵，与司马懿对阵，最后积劳成疾，病死在这里。蜀国北伐大业就此受挫。

唐至德二年（757年），由于鸡峰山的“鸡鸣祥瑞”的传说更名为宝鸡县。至此，“宝鸡”之名由此产生。

1937年，陇海铁路宝鸡至西安段正式运营。随后又修通了宝鸡至西安、宝鸡至汉中、宝鸡至甘肃平凉的公路，使宝鸡成为抗日战争的交通枢纽和战略后方。宝鸡迈向西北工业城市、交通枢纽的历史，便始于此。

名单 宝鸡历史名人

中华民族先祖炎帝

商末周族首领、文王姬昌

周代齐国始祖、军事家姜尚

西周王朝的建立者武王姬发

西周初年政治家召公姬奭

春秋时秦国的创立者秦襄公

春秋五霸之一秦穆公

秦穆公时名臣百里奚

秦穆公时名臣蹇叔

秦国大将白起

东汉名将马援

东汉经学家、文学家马融

襄公立秦，成就王者霸业

秦国正式立国于春秋初，相对其他诸侯国较晚，但它一登上历史舞台，便以强烈的开拓进取精神而后来居上。当人们称颂穆公称霸西戎、孝公变法图强、始皇统一中国时，更应该记住秦国的正式开国之君——秦襄公。

西周初年，嬴氏一支西迁，游牧于渭水流域。后因部落首领非子养马有功，周孝王封其为“附庸”，并准许“邑之秦”，即在秦地（今甘肃天水）修城筑邑。西周晚期，秦仲伐西戎有功，封为西垂大夫，后传位长子庄公。秦襄公便是秦庄公次子，其兄世父知其有雄心壮志，遂让出太子之位。

公元前778年，秦庄公死，襄公即位。此时，戎狄之势仍非常强大，直接威胁秦的基业。然而，此时的秦仅为“大夫”，并未得到周王室的信任。秦襄公深知秦人是在夹缝中求生存，稍有不慎将会导致灭种之祸。他审时度势，先将妹妹穆嬴嫁与丰王为妻，然后把都邑迁到汧邑（今陇县东南）。

襄公二年（前776年），戎兵大举围攻犬丘，世父率军顽强抵抗，不幸城破被俘。由于襄公得到西周丰王之援，又据汧邑战略要地，戎人不敢诛杀世父，一年后放其归秦，双方一度和好相处。通过这两项重大决策，秦人加强了与周王室的关系，得到了较可靠的声援。

秦国发展的同时，西周却日益没落。周幽王荒淫无道，结果被戎军杀于骊山之下。幽王被杀，平王即位。为避免犬戎再次侵扰，平王遂决定将都城东迁至洛邑（今河南省洛阳）。而襄公则派兵护送周平王东迁。于是，平王封襄公为诸侯，赐之岐以西之地，秦襄公也成为秦国正式列为诸侯的第一代君主。

然而，秦国的封地上仍生活着戎、狄部落。襄公积极整兵备战，讨伐西戎。不过，最初几年的斗争均以秦国的失败而告终。公元前766年，秦襄公率军攻打西戎至岐山，并在这次东征中去世，葬于西垂，其子秦文公继位。

虽然襄公最终未能攻下属于秦国的封地，直到秦文公即位后的第四年（前762年），秦人才占据了岐山，真正取得了周天子赐给的封地，但襄公却审时度势，正式建立了秦国，为秦国后来的兴盛开了先河，为秦国的最终霸业打下了基础。

明修栈道，暗度陈仓

公元前206年，项羽恃强凌弱，自立为西楚霸王，定都彭城（今江苏徐州），统辖梁、楚九郡，并随后分封了18位诸侯王。项羽违背楚怀王“谁先攻入关中，谁就做关中王”的约定，把刘邦分封到偏僻荒凉的巴蜀，称为汉王。

刘邦心中十分怨恨，想率兵攻击项羽，后经萧何、张良一再劝阻，这才决定暂且隐忍不发。天下分封已定，张良打算离开刘邦回韩国再事韩王成。刘邦赐金百镒，珠二斗。而张良把金珠悉数转赠给项伯，使他再为汉王请求加封汉中地区。项伯见利忘义，立即前去说服项羽。这样，刘邦建都南郑（今陕西汉中市南郑区），占据了秦岭以南巴、蜀、汉中三郡之地。

同年七月，张良送刘邦到褒中（今陕西褒城）。此处群山环抱，沿途都是悬崖峭壁，只有栈道凌空高架，以度行人，别无他途。张良观察地势，建议刘邦待汉军过后，全部烧毁入蜀的栈道，表示无东顾之意，以消除项羽的猜忌，同时也可防备他人的袭击。刘邦依计而行，烧掉了沿途的栈道。

刘邦入汉中后，励精图治，积极休整。同年八月，刘邦用大将韩信之谋，避开雍王章邯的正面防御，乘机从故道暗度陈仓（今陕西宝鸡），一举平定三秦，夺取了关中宝地。略定三秦，刘邦倚据富饶、形胜的关中地区，便可以与项羽逐鹿天下了。一个“明烧”，一个“暗度”，张良和韩信珠联璧合，成为历史上一段脍炙人口的佳话。

文化 CULTURE

西凤酒

西凤酒产于著名的酒乡宝鸡市凤翔柳林镇，是我国最古老的历史文化名酒之一，它始于殷商、盛于唐宋，距今已有3000多年的历史。

凤翔古称雍，为炎黄文化和周秦文化发祥地和中国著名酒乡。根据殷商晚期的尹光方鼎铭文和西周初年的方鼎铭记载，早在3000年前，这里出产的“秦酒”（今西凤酒，因产于秦地雍城而得名）就已成为王室御

西凤酒

酒。《史记·秦本纪》上记述的秦穆公赐酒为盗马“野人”解毒，《酒谱》记载的秦晋韩原大战秦穆公获胜后“投酒于河以劳师”的典故就发生在这里。这里自古盛产美酒，唯以柳林镇所产之酒为上乘。至今，民间仍流传着“东湖柳、西凤酒、女人手”的佳话。

西凤酒是中国凤香型白酒开宗之祖和典型代表，在中华名优白酒中风格独树一帜。西凤酒无色清亮透明，醇香芬芳，融清香、浓香之优点为一体，具有醇香典雅、甘润清爽、尾净悠长的独特风格。因其“不上头，不干燥，回味愉快”，被世人称为西凤酒“三绝”。

链接

赐酒解毒

春秋时期，雍城（今凤翔南，时为秦都）附近三百余“野人”杀吃了秦穆公的几匹良马，被当地的官吏抓获，押往都城以盗治罪。秦穆公制止并赦免了他们所犯之罪，且将军中秦酒赐予“野人”饮用，以防“食马肉不饮酒而伤身”。后来秦晋韩原大战爆发，秦穆公被晋惠公率军围攻在龙门山下不得突围。正在危急关头，突然有一队“野人”杀入重围，一阵大杀大砍，晋军大败，晋惠公被擒。这正是三百余“野人”拼杀以报穆公昔日“盗马不罪，更虑伤身，反赐美酒”之恩。

说唱一体——下河寨道情

下河寨道情流传于宝鸡市眉县下河寨村，起源于唐代的道曲、道歌，至今已有1000多年的历史。唐朝灭亡后，大量的宫廷艺人和道士流落民间，将讲经说道演化成说唱为一体的表演形式——道情。

下河寨道情班创始于清代光绪年间，距今100余年。眉县下河寨道情的唱腔音乐旋律优美动听，极富地方风味，尤其是在托腔上采用了合唱上簧、下簧这一独特手法，给旋律增加了阳刚之美，使人听后回味无穷。演唱时使用的乐器玉鼓、简板、三叉板是其他曲种所没有的，相传玉鼓是八仙之一的张果老在眉县汤峪钟吕坪拜仙时所用的。

陕西道情表演

下河寨道情的曲目有100多个，题材有历史故事、神话故事、宗教故事、民间故事等，目前整理成册的曲目仅有20余个（本），其中《大堂拜寿》《经堂教子》《合家论》《槐荫相会》《桃园三结义》等这些以劝善、教化、爱情、友情等为主题的曲目因深受群众喜爱而流传至今。

秦朝传来的乐声——凤翔曲子

宝鸡市凤翔古称“雍”，乃秦嬴创霸之区。传说凤翔曲子源自秦穆公宫廷中的一种“宫曲词”。宫曲词分“正宫调”“小宫调”两种。正宫调由乐工、词工演唱，小宫调由歌童、舞女演唱。后秦献公发还雍籍部分歌童、舞女还乡，小宫调遂流入雍地民间。秦孝公时发还雍籍部分词工、乐工还乡，正宫调亦流入雍地民间。于是在宫曲词的基础上逐渐形成了一种民间曲艺——凤翔曲子。

凤翔曲子是一种民间曲艺活动，有曲子坐唱、社火曲子演唱、曲子戏三种表现形式。曲子坐唱主要在神社庙会、婚丧嫁娶、祝寿满月、驱邪还愿等民俗活动中演出。社火曲子主要在春祈秋报活动和抢山神、闹元宵等大型民俗社火活动中演出。曲子戏以演出小型传说剧目和新编现代小戏为主，常见于各种晚会演出活动中。

凤翔曲子乐器有三弦、瓦子、碰铃（水子）、二弦、笛子、板胡、二胡以及近年加入的扬琴。曲调分平弦和越弦。平弦节奏明快，旋律性强；越弦音域宽厚，气势豪放，唱腔多变。竹板瓦子是凤翔曲子的专用乐器（俗称“瓦子”），演唱中时而单击、时而连奏，极具特色。

景点推荐 法门寺 AAAAA

法门寺始建于东汉末年，因安置了佛教界至高圣物——佛祖释迦牟尼的“指骨舍利”，而成为举国仰望的佛教圣地，被誉为“关中塔庙祖”。法门寺包括真身舍利塔、大雄宝殿、地宫以及法门寺博物馆（珍宝馆）四大部分。寺内圣塔共13层，为八棱形仿木构式砖塔。塔内二层以上，每层均置有铜佛像，全塔共有88尊。

- 宝鸡市扶风县城北约10千米处的法门镇
- 旺季，100元；淡季，90元
- 0917-5258888
- www.famensi.com

玩家 攻略

真身舍利在节假日和初一、十五才可以看到，另外珍宝馆也有许多千年前的宝贝，很有观赏价值。

4月底，宝鸡会举行法门寺国际文化旅游节以及法门寺旅游登山节两大旅游节庆，届时会有很多民俗活动。

玩家 解说

1987年5月5日至12日，在地宫共发现4枚舍利，其中两枚为白玉所制，另一枚为一高僧的舍利。这三枚都属于“影骨”，和“灵骨”放置在一起是为了保护后者。“灵骨”色黄而有似骨质的颗粒分泌物，经专家鉴定，这一枚就是真身佛骨。法门寺也随着真身舍利的出土而成为佛教圣地。

法门寺

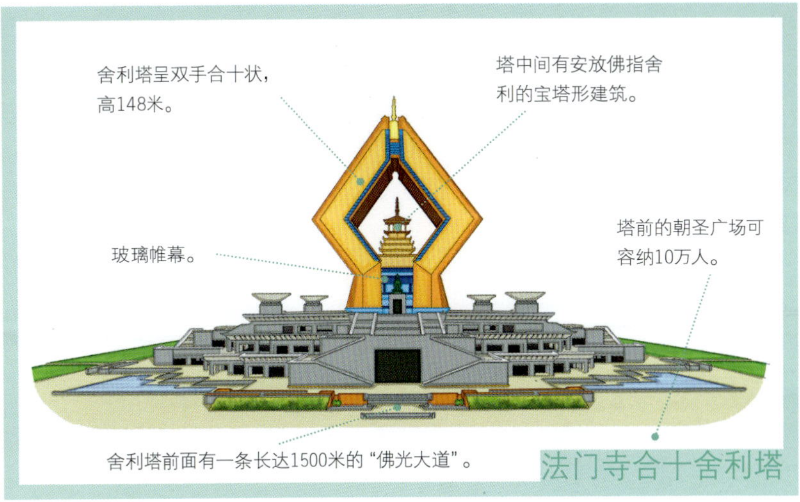

舍利子原指佛祖释迦牟尼佛圆寂火化后留下的遗骨和珠状宝石样生成物。舍利子印度语叫驮都，也叫设利罗，译成中文叫灵骨、身骨、遗身，是一个人往生、经过火葬后所留下的结晶体。不过，舍利子跟一般死者的骨头是完全不同的，它的形状千变万化，有圆形、椭圆形，有的呈莲花形，还有的呈佛或菩萨状；它的颜色多为白、黑、绿、红，也有其他各种颜色。舍利子有的像珍珠，有的像玛瑙、水晶，有的透明，有的则像钻石一般光亮照人。据记载，2000多年前，释迦牟尼的遗体火化后结成舍利，印度阿育王为了弘扬佛法，散佛舍利于世界各地，凡得舍利处皆要建塔供养。中国有19处，法门寺为第五处。

珍宝馆

馆内收藏众多文物

珍宝馆以收藏、保护、展示法门寺唐塔地宫出土的珍贵文物为主。馆内主体建筑珍宝阁，是仿照地宫出土的唐代鎏金铜浮屠的式样建造的，高大宏伟，别具一格，与寺院真身宝塔相辉映。

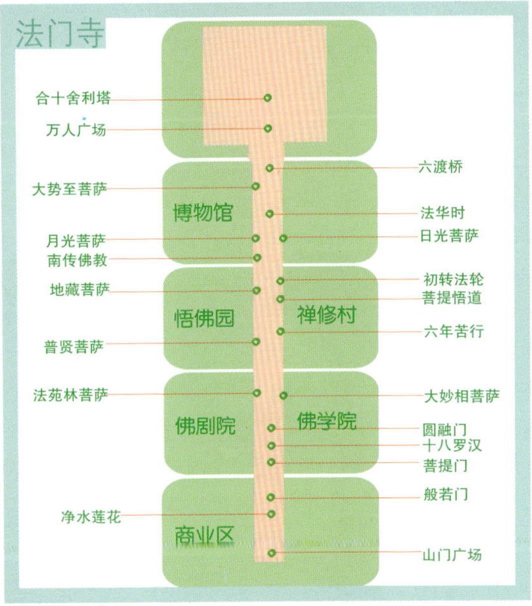

合十舍利塔

安放释迦牟尼指骨舍利的宝塔

法门寺合十舍利塔高148米，造型为双手合十，表达出了佛教的仪式特点、基本理念和人类追求和平的基本意愿。中间有安放佛指舍利的宝塔形建筑。舍利塔前面有一条长达近1500米的“佛光大道”，两旁有用花岗石雕刻的巨大佛像。

法门寺合十舍利塔

地宫中心供奉着释迦牟尼佛化身佛。在释迦牟尼佛化身佛身前，有一个舍利宝函，释迦牟尼指骨舍利就存放在这个宝函之中。地宫的地下一层还设有地宫珍宝陈列室。

玩家解说

地宫四壁的浮雕刻画了佛的故事，小小的地宫里挤满了人。舍利子共有4枚，按照发掘的顺序排列，第三号是真正的佛骨舍利子，其余3枚是古时护宝的僧人仿制的，叫作影骨舍利子（其中有一枚是玉质的，另外两枚也是舍利子，不过不是佛骨舍利子，是高僧圆寂后留下的）。佛骨舍利子色泽润白，晶莹如玉。

佛光大道

景观主轴

佛光大道在合十舍利塔旁边，大道全长近1500米，是一条成佛之道。佛光大道按佛教“五时判教”而设，大道内两侧的10尊菩萨是为佛之因，佛是为菩萨之果。在佛光大道上穿行，感受由菩萨之因到佛之果的成佛过程，就如同接受一次灵魂的洗礼。

法门寺佛学院

西北唯一的汉传佛教高等院校

法门寺佛学院现已成为一所正规的教学理念先进的佛学院。佛学院图书馆藏书近万册，有藏经五部，各类佛教杂志数十种。佛学院秉持“志、道、德、才、学”的办学方针，依汉传佛法的修学次第，旨在培养信仰虔诚、止观双运、能主持一方，同时在信教群众中有威信的优秀僧人。

东方大佛宫

有“东方第一”的四面五方露天大佛

东方大佛宫是新建的，其中露天大佛高48米，是东方大佛宫的主体，其他佛像分坐东南西北四个方向。东方大佛宫外形宏伟壮观，与宝塔相对。沿扶梯通过大佛腹内可直登宝顶，举目四望，周围千里风光尽收眼底。

佛光大道

景点推荐

太白山

太白山因山顶终年积雪，银光四射，故称太白。它是横贯陕西省的秦岭山脉的主峰，海拔3767米，也是秦岭的最高峰。太白山动植物资源非常丰富，山上林木茂盛，中草药遍地皆是，尤其世界上仅存的孑遗植物——独叶草为太白山独有。

太白山还是著名的道教文化圣地。唐、宋以来，许多文人墨客登临挥毫，留下了脍炙人口的诗文。每逢夏秋之时，登山览胜者与朝山香客络绎不绝。

宝鸡市眉县汤峪镇中心大道与迎宾大道交叉口

8:00～17:00

400-698-0917　www.tbpark.com

太白山国家森林公园 AAAAA

风光秀丽

宝鸡市眉县境内

旺季，90元；淡季，54元

0917-5716685　www.tbpark.com

太白山国家森林公园内的太白山，是秦岭山脉的主峰，海拔3767米；山势雄峻，气魄雄伟。这里自然风光秀美，盛夏时节山顶也有积雪，从关中平原远眺白雪皑皑，“太白积雪六月天”自古为“关中八景”之一。

公园以森林景观为主体，层层山峰高耸入云，潺潺溪流之间怪石嶙峋。巨大的高差是公园内气候、动植物带呈明显的垂直分布

太白山

的主因。公园内生物种类繁多，起源古老，是天然的物种基因库。公园保存完好的自然景观和良好的生态环境，为人们回归大自然提供了良好的场所。

玩家 行程

1. 北坡登山路线

①周至县汤峪太白—上板寺—大爷海—拔仙台，为整修较好的景区登山路，步行全程约40千米。

②周至县营头镇中山寺—白云寺—斗母宫—大殿—平安寺—文公庙—拔仙台，步行全程约90千米。此路线沿途都有明清甚至更早期的寺院庙宇，风景也不错，喜欢寻古访幽的驴友可以选择这条路线。徒步上山或下山，单程通常需要两天时间。

③太白县鹦鸽镇—羊皮沟—平安寺—文公庙—拔仙台，步行约90千米，单程通常需要两天。

2. 南坡登山路线

①周至县厚畛子乡—凉水井—南天门—玉皇池—三爷海—二爷海—顶峰拔仙台，是所谓的登山老路，步行路程30多千米。

②周至县厚畛子乡—三合宫瀑布—南天门—玉皇池—三爷海—二爷海—顶峰拔仙台，一般称为新路。这条路线大部分与老路重合，但路程缩短了约5千米。途中一直沿一条小溪流上行，需来回过河，如遇下雨则不好走。景观与老路差别不大。

③周至县都督门—太白庙—灵观殿—跑马梁—拔仙台，步行路程约90千米。路线较长，多在山脊上爬升，沿途地势开阔，景致较好。

玩家 攻略

每年的冬季，山中因雪太大，索道会关闭，景区内部分区域也不对外开放。

七八月的盛夏，是登太白山的好时节。登山需准备棉衣、雨具等。如10月以后去太白山，一定注意防寒；九十月顶峰白天气温都可能在0℃以下。

农历七月初一为太白山庙会，每逢此时，山上山下游人络绎不绝，热闹非凡。

玩家 解说

自古太白山就为历代帝王所重视，而文人墨客的足迹更是遍及太白山的山山岭岭。李白、杜甫、柳宗元、韩愈、苏轼等都曾游过太白山，留下了大量赞美太白山景色的绝妙诗篇。传说“太白泼墨山”便为李白作诗之处，唐代著名医药学家“药王”孙思邈亦在太白山留有捣药的碓窝。

太白山滑雪场

太白山滑雪场是陕西目前面积最大的滑雪场，四面环山，依山傍水，风景优美。太白山滑雪场从美国、加拿大等国家引进了世界上最先进的专业造雪机、雪地摩托等滑雪设备，滑雪场还设有安全刺激的雪地摩托车、雪爬犁，以及老少皆宜的雪上飞碟、儿童游乐天地戏冰园等。

观音洞

观音洞是由五层石洞组成的天然洞府，供奉观音神像，香火旺盛。其洞口有一神奇古树，树干粗壮，上面有一块“洞天之千年古树”的牌子，被当地人称为“无忧树”。另外，洞中最高层有一汪神奇的泉眼，泉水一年四季不干不溢，被誉为神泉。

太白山自然保护区

国家级自然保护区

宝鸡市太白县、眉县和西安市周至县三县交界处

秦岭山脉沿东西方向贯穿整个保护区，将保护区分为南坡和北坡。保护区内生态环境复杂，生物品种多样，植被垂直带谱十分明显，堪称“活的教科书”“天然植物园”。

复杂的环境和特殊的地理位置，使这里成为我国华北、华中和华西植物区系的交会之地，植物种类繁多，资源丰富。林区内外，药用植物满山遍野，素有“太白山上无闲草”之美称。这里是古北界和东洋界两大动物区系的过渡和交会地带，现已查明的鸟类有230种，兽类有40种，其中属于国家重点保护的野生动物有金丝猴、羚牛、红腹角雉、血雉等。

玩家攻略

游览：太白山自古就是旅游胜地，区内景点自然颇多，著名的有拔仙绝顶、千年冰洞、天池明珠、太白积雪、冰川奇石、垂直景观、平安云海、文公庙、放羊寺、平安寺、斗母宫、天门雄姿等。

赏花：山上花海从春天开到秋天，有山杏、山桃、棠棣、蒲公英、紫荆花、丁香、报春花、叶上花、水百合、金银花等。鲜花把整座山装扮得五颜六色，如梦如幻。

太白山自然保护区之植物

景点推荐 宝鸡市区景点

青铜器博物院

亚洲唯一的专题青铜器博物馆

宝鸡市渭滨区中华石鼓园内

在市区乘坐10、20路公交车到中华石鼓园站下车，沿着路标步行上山，大约10分钟就可以到达博物馆

免费　9:00～17:00，周一闭馆

0917-2769017

宝鸡是周、秦王朝发祥地，文物古迹众多，而尤以青铜器的出土最为著名。宝鸡青铜器博物院整体建筑为“平台五鼎”的独特造型，气势雄伟。馆名是郭沫若先生手书。馆内设主展厅、临展厅、文物库房、礼品部等，主要展示宝鸡出土的青铜珍宝，有何尊、卫盉、卫鼎、秦公钟、金柄铁剑等，都是曾经轰动一时的、在国内外享有很高知名度的稀世珍宝。

青铜器博物院之馆藏

玩家攻略

博物馆的礼品部主营青铜器复仿制品、古钱剑、古钱币、马勺脸谱、剪纸、皮影等西府民间工艺品，还可承接各种会议纪念品、礼品，免费代办海内外邮寄托运。

天台山风景区

传说中炎帝的安葬之处

宝鸡市渭滨区茼家村南500米左右

乘坐游66路公交车可到达

宝鸡是炎帝故里，天台山相传是炎帝采

尝百草而中毒遇难后的安葬之处。天台山国家森林公园地处秦岭山脉北麓，主峰天柱峰海拔2000多米。天台山风光优美，尽现秦岭山脉雄伟博大的气魄，将秦岭山脉风光浓缩于一处，具有峻峰、幽谷、绿树、碧水四大特色。

风景区内林海茫茫，群峰巨石隐于苍松翠柏之中，组成一幅幅色彩斑斓的自然画面。天台山炎帝遗迹甚多，故世有“天台天下古，天台古天下”之美誉。天台山因其神秘幽美的自然环境，吸引了历代众多著名道教人物来此隐居养性、修炼传道，千余年来香火不断，祀神盛行，形成了颇具地方色彩的道教文化。

玩家攻略

天台山自古以来为“圣人践地”，历代在此举行祭祀炎帝的活动，节日庙会亦频繁举办。因此，社火、戏曲、祭祀活动与各种富有地方风情特色的民俗活动，不仅具有古老淳朴之色彩，与宝鸡悠久的历史文化一脉相承，而且使天台山的人文景观更加具有神秘性和多彩性。

天台山风景区之大门

天台山

天台山风景区主峰天柱峰，海拔2000多米。这里有一大块平坦的开阔地，建有山门、多个殿宇洞府。其中，玄王洞现留原建的汉白玉左门框一块，上书“造五行分八卦创立乾坤”。

莲花峰

站在莲花峰（莲花石）上向东眺望，只见人头峰、寄马峰、天柱峰并排耸立，高插入云，气势雄伟。每当日出日落之时，这里霞光辉映，雾海翻腾，石莲浮游，巍然壮观，人们称誉此峰此景为“三昧（妹）生奇花”。

玩家解说

传说炎帝神农成帝之前，在天台山练出了一身好武艺。一次，他约请天下部落首领会聚天台山比武论艺，还邀请了天帝仲裁。由于炎帝神农武艺超群，天帝感到欣慰，想提携炎帝作为人间帝王，便有意发下一道口谕：谁能一夜建造一座登天梯，能使茫茫大海之中长出石莲，便封谁为人间帝王，统管天下大事。

炎帝神农果然在一夜之间造了三座排空的天柱峰，怀中抱着一座石莲。天帝一看，万分惊喜，当即封炎帝神农为“赤帝”，分管南方天下，南方属火，便称“炎帝”。炎帝神农不幸死于莲花峰下后，为了纪念祖先炎帝的丰功伟绩，炎黄子孙便以“三昧生奇花”为缘由，把天台山莲花峰称为“中华”（古代“华”与“花”通假），亦把中国叫作“中华”。

鸡峰山

鸡峰山巍峨高耸，直插云霄，远眺形似鸡冠，故名。鸡峰山主峰元始天尊峰海拔2014米。鸡峰山群峰叠翠，高低错落，组合成一幅波澜起伏、气势磅礴的立体画卷。宋代著名诗人苏轼登临鸡峰山，曾写下“鸡峰云霞古，龙宫殿宇幽”的优美诗句。

玩家解说

宝鸡原称“陈仓”。相传春秋时，秦文公在此狩猎，获雌鸡，后飞至山上化为石鸡，于是立祠祭祀。“得雌者霸，得雄者王。”到秦穆公时果得霸业。唐至德二年（757年），陈仓山复闻神鸡啼鸣，声传10余里，皇帝以为这是瑞祥之兆，便下诏改陈仓为“宝鸡”。

烧香台

烧香台海拔1000多米，是天台山名胜风景区的第一道山峰。这里青松翠柏郁郁葱葱，传说曾是黄帝求援于炎帝的地方。现仅有一石洞，人称“五圣宫”。洞内供香台上置一铁铸香炉，为清代道光年间所铸，迄今仍香火不断。

链接

烧香台的传说

相传蚩尤为九黎之首、炎帝之裔，他对黄帝统一天下不服，又想替祖父炎帝报“阪泉之战”被黄帝战败之仇。于是，打着炎帝的旗号，率领81个兄弟（氏族），揭竿而起，兵发涿鹿。黄帝九战九败，便向炎帝求援。炎帝、黄帝为“同胞兄弟”，曾共同管理过华夏族团。炎帝因年老体弱而离开中原，回到宝鸡天台山安度晚年。黄帝从涿鹿来到天台山的蒙峪沟，进了南天门，登上第一道山峰，点燃信香，虔诚祈祷。此时炎帝正与九天玄女在天台山采药，闻得信香，占卜知道黄帝来此之意，便告诉九天玄女。九天玄女敬重炎帝之仁厚，便下山向黄帝面授军机。黄帝学得九天玄女的战法，又焚香三日，以谢炎帝不计前嫌之恩德。黄帝回到涿鹿后打败了蚩尤。后人为纪念炎帝、黄帝这二位中华始祖，将这座山称“烧香台”，并建宫造亭，朝拜祭奠。

玄关

玄关位于伯阳山。“风透玄关”为宝鸡八景之一。伯阳山石崖突兀，巍峨挺拔。伯阳山是以老子（李耳）之字伯阳而命名的。现在这里有一天然、人工合成的山洞，内供老子坐像一尊。

玩家 解说

传说当年老子在华山潜心修炼，混元老祖感其心诚，便为他指点迷津。混元老祖说：华山虽好，但在此修炼者多，极不清静，你可到宝鸡天台山去修行，那儿山高景深，很是幽静。老子听了师傅的话，便打点行装，骑着青牛，西奔而来。老子到了宝鸡天台山后，为这里的青山绿水所吸引，便选定了此山（伯阳山）居住。因有玄关挡道，老子便催动青牛，以角拱石，穿石为洞，山风穿洞而过。从此，留下了“风透玄关”的自然美景和“老子骑牛过玄关”的故事。

神农祠

神农祠是为纪念炎帝神农氏而建的。祠内有正殿，内供神农塑像；东西有配殿，两边有钟亭、魁星亭等建筑；祠外为九龙泉。相传神农氏因为尝吃了“断肠草”，死在秦岭天台莲花峰。

大散关

自古兵家必争之地

宝鸡市西南26千米的大散岭上

40元

0917-3250888

大散关亦称散关，是中国古代著名关隘之一，为周朝散国之关隘，故名散关。这里山势险峻，层峦叠嶂，大有“一夫当关，万夫莫开”之势。因其扼南北交通咽喉，自古为“川陕咽喉”、兵家必争之地。今川陕公路的山岩上留有前人镌刻的“古大散关”几个大字。

玩家 解说

古时大散关形势异常险要，为“秦蜀之咽喉”，它既是终南山西向的尽处，又是陇首东起的开头。昔日的大散关是横锁陈仓古道、路尽蜀山之险、气增秦地之雄的险关，进可以攻、退可以守，为历代兵家必争之地。宋时金兵南下，侵犯川、陕，宋将聚兵扼险于此固守，多次打败金兵进攻。南宋时，吴氏兄弟与金兵在这里进行了激烈的战斗，大败金兵，金兀术仅以身免。后人为了纪念吴氏兄弟，在关西修有“吴公祠”。

据史料记载，大散关曾发生战役70余次。楚汉相争时韩信“明修栈道，暗度陈仓”就从这里经过；三国时曹操西征张鲁亦经由此地。据陈寿《三国志》记载：“（建兴六年）春，亮复出散关，围陈仓，曹真拒之。”

金台观

张三丰修道处

宝鸡市金台区金台巷42号

宝鸡市区乘1、3等路公交车到老车站下车可达

10元

金台观始建于元末明初，为著名道士张三丰修道处。《明史·方伎》记曰：“太祖敬闻其名，洪武二十四年（1391年）遣使觅之不得，后居宝鸡之金台观。”

金台观建筑总体布局依山就势，主要建筑沿中轴线排列，左右对称。置身于金台观玉皇阁前平台上，居高远望，景色绝佳。金台观现为宝鸡市博物馆，属于地方性历史博物馆，共收藏文物约1.4万件（组），以周、秦、汉、唐文物居多。

有关金台观之画作

金台观玉皇阁

玩家攻略

每年农历三月初三、十月初十，金台观举办庙会，届时有秦腔等地方戏表演活动。

北首岭博物馆

社会科学类考古遗址博物馆

宝鸡市金台区群建巷17号

北首岭博物馆于2000年9月开放，其建筑为砖混结构，分为南北两院。北院是一处保存完好的房屋遗址，南院则为一处保存有37具先民骨架的墓葬遗址，还建有文物展室。

北首岭遗址是一处保存较好、内涵丰富的仰韶文化村落遗址，距今已有7150多年的历史。遗址存有房子、墓葬、陶器、石器等，其中墓葬451座。遗址文化层博物馆主题陈列有《北首岭人——一个原始部落的故事》。

玩家解说

房屋里为方形圆角的土坑。房内地面是先铺一层姜古浆，然后抹一层草泥土。四周墙壁也涂草泥土和灰色硬面，光滑平整。房内有瓢形火塘，塘旁一洞内有大量的白色草灰，当是保存火种之用。

墓葬分布十分密集。有的墓相互紧挨，有的墓上下叠压，距地面深浅不一，是当时一个氏族的公共墓地。葬式是仰身直肢，头向西北（或西），面向上。有个别墓为两手交叉和两脚交叉仰卧，有个别为屈肢葬。俯身葬的头向不太固定，还有二次葬和瓮棺葬。

出土的生产工具、生活用具有尖底罐、尖底瓶、罐、瓮、盆、壶、杯、鼎、三足器、小盂、器座、器盖、甑、环以及人像等。器上纹饰较简单，主要以绳为主，多施于瓮、罐、尖底瓶等外部。出土的一件船形壶腹饰网纹，十分珍贵。

出土的石器有斧、钺、铲、磨石、磨棒、球等。出土的骨器有镞、铲、锥、针、珠、鱼叉等。以骨铲最多，它们的骨料多用兽的股骨，一端磨有锐利的锋刃，另一端仍保留原来的骨节。骨针的大小与今日的钢针无甚差异。

大唐秦王陵博物馆

在秦王李茂贞和妻子刘氏的合葬陵内

宝鸡市金台区陵原乡陵原村东部

45元

大唐秦王陵博物馆是展示唐末秦王李茂贞（856—924年）及夫人刘氏（876—943年）“同茔不同穴”的合葬陵寝的专题博物馆，距今已有约1100年的历史。

大唐秦王陵由山门、神道、献殿、祀殿和两座地宫组成。在两座分别长为120米、80米的地宫殿中，有高8米、宽4米用青砖仿木雕刻而成的、保存完整的世界罕见全国唯一的砖雕飞檐古建端楼，做工精细，人物造型逼真。

玩家解说

陵原属于陕西黄土高原的一个板块，这里负阴抱阳，背风聚气，枕山面水，地势雄浑，特别是这里黄土丰厚，地层呈水平分布，很适宜于深挖墓穴和丰殓厚葬。加上这里东有华山、东北有箭栝山、北有千山、西北有吴山、西有佛崖、西南有塔梢山、南有秦岭、东南有太白山，“八弦系一身”，从我国古代阴阳堪舆术的角度来看，是极为罕见的“风水宝地”。

李茂贞的祖坟也在秦王陵东边的不远处。大唐秦王陵沿袭了唐朝前中期的帝王陵寝模式而修建，属于“同茔不同穴”的帝王帝后合葬陵。依照古老的传统习俗，东为大、西为小，所以李茂贞的地宫建在东侧，夫人地宫则建在西侧。

链接

大唐秦王李茂贞生平

大唐秦王李茂贞（856—924年），原名宋文通，唐代深州博野（今河北省保定博野县）人。18岁参加博野军，后就任皇家神策军军官，因平叛护驾有功，唐僖宗赐予他皇姓李名茂贞，并亲赐字正臣，并被载入皇家典籍。887年，李茂贞出任凤翔节度使，后一路升迁，先被封为“岐王”，后官拜“首尚书令”，为百官之首，权倾朝野。924年，后唐帝庄宗封李茂贞为“秦王”。

大唐秦王陵石刻

大唐秦王陵陵园现保存有较多的石刻，雕刻精美。这些石刻根据其陈置的位置可分为神道石刻和陵园石刻两大类。陵园神道，又称司马道，显示了大唐秦王陵主人的王权威严和极高地位。神道石雕共有15组34尊，按照帝王陵模式、宫廷仪仗排列，两两成双，整齐划一。

大唐秦王陵砖雕

大唐秦王陵的砖雕，以人物活动为中心内容的占比较大，多以墓主的身份、地位来进行创作，生动真实地展现出了墓主当年的生活和丰功伟绩，成为研究墓主生平的重要实物。秦王陵中的砖雕很多，其中，《二龙戏珠》与《双凤朝阳》《乐伎图》《十二生肖图》《瑞鸟衔草图》《八人抬轿图》《胡人牵驼图》等最有代表性。

大唐秦王陵之地宫

炎帝园

秦王地宫

墓道两侧墙上画有大量壁画，尤以青龙、白虎之形最为传神。墓道坡道北端与墓室大门相连，在门庭两侧设有壁龛2个，内分别放置着2尊石刻人面兽身和狮头兽身蹲坐状的镇墓兽。

墓室地宫分为前、中双室。室内地坪正中安放有大唐秦王墓志铭，非常精美。中室里陈列着为墓主人陪葬的生活用品，后墓室有安放着李茂贞骨骸的石质棺椁，还有三彩酒具、茶具、瓷枕和用以避邪镇墓的玄武、人面鱼身镇纸台等三彩寝室用具。

太夫人刘氏地宫

刘氏地宫建筑特点为平梯式双墓室结构，由墓道、墓室、甬道、后室四大部分组成。地宫陵寝坐北向南呈一条中轴线，由南向北分为五个层次，形成了一个以墓室地宫为中心、以中轴为纲领的格局，体现了墓主人极高的社会地位。

炎帝园

全国最大的炎帝祠

宝鸡市渭滨区广元路16号正北方向160米

宝鸡炎帝园内山环水绕，绿树成荫，鲜花似圃，绿草如茵，楼台、亭榭分布其间，小桥流水，曲径通幽，松、竹、梅岁寒三友点“墨”成趣。公园内有全国最大的炎帝祠，门额上书“炎帝故里”四个金色大字。

炎帝祠祠院殿宇高耸，遥对天台，祠内塑炎帝像，高5.5米，庄重而宏大。殿堂壁画214平方米，生动地再现了华夏始祖炎帝率先民创制农具、教农耕种五谷、采药解除病魔、为民尝百草、制琴谱乐的情景。西廊有众多国内名人题词，歌颂炎帝功德。园内三面植有松柏、花草，四季常青。

玩家攻略

每年清明节，由宝鸡市委、市政府组织，在炎帝祠举行公祭炎帝活动。

中华礼乐城
周文化主题公园

宝鸡市渭滨区公园路211号
市内乘坐22、46路公交车可达
免费　全天开放

中华礼乐城又名“周城”，是一个以周文化为核心元素的主题公园。礼乐城以周代王城为原型，再现周代礼治天下的盛世文明。礼乐城以湖为中心，融雕塑、音乐、舞蹈等艺术为一体，完美再现了盛世西周时的万千气象。

八音长廊以周代编钟为主体元素，是中国第一条以乐器为造型建成的景观步行街，也是世界唯一的音乐主题长廊。每当夜幕降临、华灯初上时，八音长廊即会奏响悠悠古乐，动听的旋律萦绕在城市上空，沁人心脾。

玩家攻略

这里有大型实景乐舞《周颂》演出，以其独特、精致、神秘、奇妙等，给人以目不暇接、美不胜收的视觉和听觉享受，使沉睡了3000年的古老文明再一次鲜活地呈现在世人面前。

中华石鼓园 AAAA
文化生态公园

宝鸡市渭滨区滨河大道南150米

中华石鼓园坐落在“中华第一古物”石鼓出土地——宝鸡市石鼓山上。石鼓园濒临渭河，东临茵香河，南靠天台山国家森林公园，是融遗址保护、青铜器展览、石鼓文化展示、园林观光、考古研究和休闲娱乐为一体的文化生态公园。

渭河公园
西北最大的开放式公园

宝鸡市渭滨区汉中路南段
市内乘15、36路等多路公交车均可到达

渭河公园沿渭河两岸长达几十千米，昔日沙尘遍地的渭河滩如今蓝天碧水，绿草如茵，花团锦簇，树木成丛，广场星罗棋布。在绿化美化方面，公园通过模纹造型、群植等手法，栽种30余种70余万株花灌木和地被植物，造型新颖，五彩斑斓。公园筛选仿真仙人球、仙人棒点缀沙滩、草地，营造景观；在草地上、道路边点石成景，活跃自然气氛。

炎帝陵
炎黄子孙谒陵拜祖的圣地

宝鸡市渭滨区清姜路80号常羊山
宝鸡市区乘6、22路公交车可到达
8:00～17:30

宝鸡为炎帝故里，据说炎帝生于宝鸡天台山的蒙峪沟。早在5000年前的上古时期，

中华石鼓园《敬祖祭天群像》

以炎帝为首领的姜姓部落就生活在这里。当地在炎帝的出生、创业与丧葬之处重修神龙祠和炎帝陵，又在市中心建炎帝园，为炎黄子孙拜祖谒陵、祭奠炎帝提供了场所。

玩家 攻略

每年农历七月初七及清明节的炎帝祭日，海内外各界民众聚于炎帝陵及炎帝祠进行盛大的公祭仪式，共同拜祭中华始祖之一的炎帝。

链接

神农氏炎帝

据记载："炎帝神农氏，母曰安登。游于华阳有神龙感女登（安登），于常羊山生炎帝，人身牛首，长于姜水。"炎帝在九龙泉沐浴后，头上牛角隐去，天资更加聪颖，后来做了姜氏部落的首领。炎帝教民制陶，始作耒耜，降牛耕田，教民耕穑，使原始时代由采集狩猎进步到农业，人们尊其为"农业之神"。

炎帝得到嘉禾后，因阴阳有差，种下只开花不结果，于是炎帝乘五色鸟从东海抱回太阳，从此五谷丰登，万民安乐。又因炎帝创立"日中为市"，开原始农业之先河，被世人誉为"太阳之神"。他首创"日中为市"的地方叫"太阳市遗址"，现在天台莲花峰西一山谷中。炎帝遍尝百草，研制医药，据说他一日曾遇70毒。140岁时，炎帝上天台山采药，误尝了"火焰子"（断肠草）而为民捐躯，后人因此而整理出《神农百草经》。

炎帝庙

炎帝庙殿前为祭祀广场，可容纳千人祭祀。广场两侧分别建有鼓亭和钟亭。正殿为清式庑殿，正中为炎帝坐像，两侧壁上绘有有关炎帝的大型壁画。大殿两边的对联为书法家茹桂所书"创始定有人千载岐黄崇炎帝，流传安天据八方稼穑念神农"，表达了对炎帝的崇敬之情。

陵前区・祭祀区

陵前区建有多处古式牌坊。过山门为祭祀区。沿百米台阶而上即到陵台，陵台处的山门外竖立一块石碑，上刻"常羊山"三个大字，为著名书法家吴三大的手迹。山顶有仰首亭，亭内和亭旁各有一块清代碑石，碑上刻有"常养育炎"和"山海镇"。

墓冢区

祭祀区后为墓冢区。长长的陵道两边竖立着百代帝王石像，总共16位，依历史顺序依次排列为：尧、舜、禹、启、夏桀、成汤、盘庚、纣王、周文王、周武王、周幽王、周平王、郑庄公、齐桓公、秦穆公、宋襄公。

姜子牙钓鱼台

姜子牙隐居垂钓之地

宝鸡市陈仓区天王镇钓鱼台路南端

从宝鸡汽车站搭乘发往眉县的班车，在钓鱼台路口下车，打车前往

45元　8:00～18:00

姜子牙钓鱼台及其所在的伐鱼河谷位于秦岭北麓。伐鱼河谷中有一台石，传说是西周姜子牙涉政前隐居垂钓之地，故而得此名。据传姜子牙就是在此垂钓的时候，周文王前来拜谒，之后姜子牙辅佐朝政，于是西周得以开国。北魏地理学家郦道元，唐代诗人李白、许浑，宋代文学家苏轼等都曾到此游览，并赋诗记胜。钓鱼台唐代时就建庙塑像，之后历代不断修整重建。

玩家 解说

伐鱼河畔有一奇特巨石，名为"丢石"，是一块庞大而完整的石英花岗岩体，上有清乾隆时宝鸡知县徐文博书写的4个苍劲大字"孕磺遗璞"。

姜子牙钓鱼台

丢石右上方的河边有始建于唐贞观年间的姜太公庙，庙前有4棵40余米高的参天古柏，枝干粗壮，根深叶茂，四季常青，传说为唐代所植，为钓鱼台景观之一。沿姜太公庙盘山而上，即到周文王庙。文王庙依山而建，庙堂重瓦危檐。隔河的山腰上还有武王庙和武吉庙。每年的正月初一至十五这些庙宇都有庙会。

链接

历史上的姜太公

姜太公姓姜名尚，字子牙，号飞熊。生在商世，因见纣王无道，遂弃官出走，隐居在伐鱼谷中，终日以垂钓度日。“姜太公钓鱼，愿者上钩”成为后世人们津津乐道的俗语。后来周文王礼贤下士，亲到伐鱼河畔请姜子牙出山。于是，被尊为军师的姜太公遂辅佐文武二王开创了西周霸业，自己亦名留青史。

吴山森林公园

“中国五大镇山”之一

宝鸡市陈仓区吴山庙附近

在宝鸡市内乘坐发往至新街镇的客运班车可达

吴山又称西镇山，雄峙于陇山山脉的南部，传说因公元前11世纪的吴国在山下建立而著名，而且是黄帝之师吴权和姜太公先祖伯夷的故里，是中国先民吴人最早祭祀炎黄二帝和祭天的地方。

吴山为陕西省第二名山，与华山并称“二华”。山势雄伟，奇峰插天，风景秀丽，历史悠久，自然资源丰富，人文景观独特，自古就被历代帝王视为镇国靖朝之灵山，为封疆大吏、州府县衙、文人墨客、士庶万民游览朝觐之圣地。

嘉陵江源头

嘉陵江的发源地

宝鸡市南郊秦岭之巅，距市区33千米

从宝鸡汽车西站乘坐到凤县或汉中的班车，在秦岭站下车 ¥50元 全天开放

嘉陵江源头景区森林覆盖率高，有众多的珍稀动植物。景区内峰石众多，山间气象多变，5月大雪、林海雪原等，均为源头胜景，日出、云海等天象景观蔚为壮观。

玩家攻略

目前景区内已开展了骑马、射箭、滑索、篝火晚会等娱乐活动。

嘉陵江源头

景点推荐

凤翔旅游区

先秦陵园博物馆

迄今中国发掘的最大墓葬

宝鸡市凤翔区境内 西安城西客运站乘西安至凤翔长途车，转乘至南指挥村下 30元

博物馆即秦公一号大墓，地处关中平原西部，距今已有2500多年的历史。秦公一号大墓呈倒金字塔状，有两道秦式建筑馆门。首门与二道门之间，有一条200米长的馆内东西中轴路；第二道馆门两侧，各配建了秦式门阙。

翠绿的刺柏和线柳整齐地排列于中轴路的两边，格局井然有序。进入二道馆门，映入人们眼帘的是石磬影碑，其后是椁室陈列馆。陈列馆内两侧墙壁上配有大墓发掘时的现场照片和出土的部分文物照片及图片资料，还展示了大墓内出土的2500多年前埋在地下而至今完好如新的椁木等文物。

凤翔东湖

与杭州西湖雅称“姊妹湖”

宝鸡市凤翔区城东关

从西安城西客运站乘西安至凤翔的班车，在东湖下车

免费

凤翔东湖古为“饮凤池”，相传周文王元年瑞凤飞鸣过雍，在此饮水而得名。东湖分内、外湖两部分。湖莲碧盖红芳，湖岸古柳摇曳，翠竹成群，建筑古朴典雅。

湖心景区以“君子亭”为核心，湖面相通，亭榭棋布四周，一景一物都独具匠心。东湖北岸的“苏公祠”内，还珍藏着苏东坡的真迹竹、兰、菊、梅画及墨迹石刻多种，以及历代文人墨客诗词石刻1500余通。

玩家 解说

凤翔东湖系大文豪苏轼在古饮凤池的基础上修建而成的，距今已有近千年的历史。宋仁宗嘉祐六年（1061年），著名文学家苏轼任凤翔府签书判官，倡导官民疏浚扩池，引城西北凤凰泉水注入此池，并种莲植柳，建亭修桥，使湖既可以灌田，又可供游憩。因湖在城东，所以命名为“东湖”，与杭州西湖雅称“姊妹湖”。

六营村民俗村

中国泥塑第一村

宝鸡市凤翔县城关镇六营村

六营村，因600多年前明太祖朱元璋派部将李文忠率领的第六营在此屯兵而得名。六营泥塑起源于3000多年前的春秋战国时期，是中国古老民间艺术的典型代表。

六营泥塑以瑞兽神化、风俗人物、花草鱼虫为主要造型，规模大到数米，小则几厘米，形成了五大类300多个品种。相传李文忠在雍水河畔“屯兵”的第六营中，一部分江西籍的士兵会做陶瓷，便利用当地黏性很强的“板板土”和泥制模，捏泥人、泥动物，做偶彩绘，当作泥玩具出售。六营村的脱胎彩绘泥偶由此出名，并代代相传。

链接

六营民俗艺博园

由中国民间工艺美术大师、著名泥塑艺人胡新民投资兴建的六营民俗艺博园，拥有工艺品展室10间、民俗演艺生产实践作坊25间、民俗餐饮住宿接待间20间，设有可容纳100多名学员的电教室1座，配有生产教学设施320多件套。在六营民俗艺博园，可以看到以六营泥塑为主的民俗工艺品展示和制作流程。

雍城遗址

东周时秦国的都城址

宝鸡市凤翔区石连路秦公一号大墓　乘西安至宝鸡北线班车在凤翔南指挥镇下车可达

雍城是中国东周时期秦国的都城址，春秋至战国中期近300年间，这里一直是秦国的政治、经济、军事、文化中心。经过19位国君的苦心经营，雍城为后来秦始皇统一全国奠定了雄厚的基础。

雍城遗址为平面呈不规则的方形，东西长3300米、南北宽3200米，分为城址区、秦公陵园区和国人墓葬区。雍城城外除东、南以纸坊河、雍水等自然河流为天然屏障外，在西垣外还挖掘了人工城壕作为防御设施的一部分。

净慧寺

西北佛教圣地

宝鸡市凤翔区柳林镇313乡道北50米

灵鹫山古名九顶莲花山，以先秦穆公狩猎于此见灵鹫鸟而始名，简称灵山。古时松柏参天，奇花异木、灵禽怪鸟遍于山野。净慧寺居灵山之巅，建于唐德宗建中二年（781年），庙貌巍然，雕梁画栋，佛像庄严，为十方常住。殿内佛像全身端严，菩萨罗汉雕塑美观，金刚力士千姿百态，各表法仪。灵山之巅建有观音殿，飞檐斗角，精巧玲珑。

玩家 攻略

每年四月初一的庙会期间，人山人海，香火鼎盛，方圆200千米的信众前来参禅拜佛，热闹非常。

净慧寺之寺门

景点推荐

岐山旅游区

周公庙 AAAA

宝鸡保存最完整的古代建筑群

宝鸡市岐山县凤鸣镇

从宝鸡汽车站乘坐发往岐山县的班车至岐山，在岐山县城转乘公交车前往

80元 8:00~18:00

岐山是周室发祥之地，3000多年前“凤鸣岐山”的典故就发生在古卷阿北部的凤凰山上。周公庙景区依山傍水，古木参天，东、西、北三面环山，唯南边与平地相接，状如簸箕。

唐武德元年（618年），唐高祖李渊为纪念曾助武王灭商立国、辅成王平叛安邦的西周政治家周公姬旦，下诏创建周公祠。景区现存古建筑30多座，唐柏汉槐多株，韩愈、苏轼、康海等许多文人墨客曾来此游览抒怀。

玩家解说

唐初武德年间，高祖李渊为了缅怀周公的勤政德贤，下诏在古卷阿为周公建祠立庙，始称周公祠。唐以后，姜太公、召公、姜嫄、后稷等先周历史人物的祭祀大殿点缀其间，并辅之亭、台、楼、阁等建筑多处。庙区东北角有一自然泉眼，其泉水数年一涌，数年一涸，水来则时泰岁丰，去则天旱不收，当地人称之为灵泉，唐宣宗曾下诏赐名“润德泉”。

周公庙

太平寺塔

宋代仿木楼阁结构塔

宝鸡市岐山县城西端原太平寺旧址内

从宝鸡汽车站乘坐发往岐山县的班车可达

太平寺塔位于原太平寺旧址内，宋代元祐三年（1088年）修建，为八角九层仿木楼阁结构，通高28米。塔向南，塔身一至七层各层塔檐均为五铺做出两跳斗拱，八层塔檐为单跳斗拱，九层塔檐则用砖叠涩出檐，二层塔檐上的平座栏杆用三层莲瓣作为装饰。

箭栝岭

形如箭栝而得名

宝鸡市岐山县城西北30千米处

箭栝岭海拔1600多米，山岭双峰对峙，形如箭栝，因之得名。岭上草木葱茏，悬崖挂柏，鸟雀啼鸣，别有一番幽静的野趣。岭崖刻有“北有玉女潭奇观，浮休过”等文字。

玩家解说

岐山名扬中外，早在16世纪，日本著名武将织田信长就十分倾慕中国周代的文王、武王据岐山而统一天下的伟业，于是将所占领的“井口”改名为“岐阜”。1987年以来，日本国岐阜市市长及其他官员曾多次专程前来探寻这段历史渊源，同时也被箭栝岭云雾缭绕、神秘瑰丽的景象所吸引。

五丈原诸葛亮庙

诸葛亮病逝之地

宝鸡市岐山县五丈原镇周五路

35元

8:30~17:00

五丈原三面凌空，两边环水，南为秦岭，紧依古代关中通往汉中、巴蜀的要道褒斜古道，北临渭水，自古是巴蜀门户、兵家必争之地。诸葛庙坐南朝北，面对渭河，象征着诸葛亮毕生都在向往北伐，追求国家统一。庙门华丽壮观，大门上方有一竖匾，上书“五丈原诸葛亮庙”。

五丈原诸葛亮庙

献殿两侧的墙壁上，镶嵌着岳飞手书的前、后《出师表》碑刻，人称“三绝”碑。后院是柏林竹园、草坪花坛，清爽洁净。诸葛亮衣冠冢幽居柏林之中，精巧美观的落星亭耸立于后院的中央，碑廊环揽后院，文臣武将廊分居两侧。

崛山森林公园

山岳型森林公园

宝鸡市岐山县蒲村镇

崛山森林公园依托历史渊源极深的“崛山名刹”建园。东晋时期，崛山因佛教而闻名，唐时兴盛。旧时寺院星罗棋布，人文景观随处可见，绵延40余里，闻名遐迩的《崛山名刹图》碑呈现了昔日的盛景。

公园有东晋后秦主姚兴与西域高僧鸠摩罗什避暑阁和讲经台及大法师译注《金刚经》的佛堂，还有国内首次记载的地震遗迹，唐妙善公主舍身成佛的“舍身崖”，闻名遐迩的崛山寺，唐初的千佛院千尊石佛、摩崖石刻及寺庙、洞窟等遗迹40多处。

景点推荐

眉县旅游区

十字山
天主教朝圣地

宝鸡市眉县青化镇跑窝村秦岭山麓

眉县十字山被称为“东方的加尔瓦略山”，古时因山多豹窝故名“豹窝山”。教区建筑为西方建筑风格，雄伟壮丽。每年5月3日的寻获十字架与9月14日的光荣十字架瞻礼为十字山朝圣日，届时会有成千上万的教友前往参加。

玩家 解说

十字山所在的地方，昔有陕西城固县刘嘉录氏，于1771年毕业于意大利那波利城圣家学院。回国前谒见教宗，恳求给中国这片辽阔的牧场一座朝圣之地，幸获恩准，其后他传教于陕西各地，因见眉县豹窝山地理环境酷似耶路撒冷之加尔瓦略山，遂绘图上报罗马教廷，经教宗庇护六世恩准，命名为“十字山”并给予大赦，遂购买地兴建圣若瑟堂、圣母亭、十字山小堂、十四处苦路。圣地营建工程于1777年告竣。定于每年5月3日的寻获十字架与9月14日的光荣十字架瞻礼为朝圣日。

红河谷 AAAA
登太白山古道之一

宝鸡市眉县营头镇境内，地处太白山主峰北麓

乘坐发往眉县的长途车，在河底转乘至营头镇的汽车即到 ¥ 旺季，54元；淡季，27元

红河谷是登太白山古道之一，现为森林

红河谷

公园。入园即可看到静林寺、显洞寺、玉皇阁、观音崖等宗教文化古迹。园内山势险峻，石峡深邃，飞瀑深潭。太公石船古朴悠远，双洞水帘神秘莫测。红河谷内有太白山独有的奇特景观第四纪冰川遗迹，不用登高山就可看到冰川石海的奇特。

张载祠

北宋著名思想家张载的讲学之地

宝鸡市眉县横渠镇政府东400米

西宝南线至横渠镇或法汤旅游专线至横渠镇可到达 ¥10元 8:30~17:30

张载祠又称张子祠，是我国北宋著名思想家、哲学家、教育家、“关学”创始人张载的讲学之地。张载祠坐北向南，建筑以中轴线对称，始建于元代。清代著名的横渠书院，曾设在这里。祠内文物有清康熙皇帝御赐匾额一面、明万历及清乾隆等代重修及拜谒祠庙碑石0通、木刻《横渠志·卷之六》“第十八代裔哀祠”原版等。

链接

张载墓

张载墓位于张载祠南7千米处的大镇谷迷狐岭，占地37.2亩，是张载及其父张迪、弟张戬的安葬之地。墓地有30余亩的橡树林环绕，枝叶茂盛，郁郁葱葱。

张载祠《张载》塑像

景点推荐

麟游旅游区

九成宫遗址

原为隋文帝的离宫

宝鸡市麟游县新城区

从宝鸡汽车站乘坐发往麟游县城的班车可达

免费

九成宫遗址东依童山，西临凤凰山，一派青山绿水、明媚秀丽的风光。九成宫始建于隋文帝开皇十三年（593年），开始名叫“仁寿宫”，是隋文帝的离宫。唐太宗贞观五年（631年）修复扩建，更名为“九成宫”。“九成”之意是“九重”或“九层”，言其高大。唐高宗时曾一度改名为“万年宫”，意指颐和万寿，后又恢复原名。在遗址内还发现了一口唐代宫廷饮水井，砌筑别致，井台呈方形，井口呈圆形，四周雕凿有八瓣葵花形图案。

玩家解说

唐代初年，唐太宗因南征北战而积劳成疾，群臣建议修筑离宫，以避炎暑。唐太宗决定以隋仁寿宫为基础，加以修缮，并改名为九成宫。自贞观六年到十八年，唐太宗曾5次来九成宫避暑。唐高宗李治登基，又将九成宫改名为“万年宫”，他和皇后武则天先后来过8次。除此之外，王勃、卢照邻、王维、杜甫、李商隐、吴融等著名文人均在这里写过咏颂麟游山水的诗篇，如王勃在这里写有《九成宫表与颂》，卢照邻在这里写有《病梨树赋》，医学家孙思邈也在这里采过药。唐玄宗之后，九成宫因无人居住和管理而逐渐荒芜，在唐代末年毁于洪水。

慈禅寺石窟
隋唐时期的皇家寺院

宝鸡市麟游县古庄子西400米左右　从宝鸡汽车站乘坐发往麟游县的班车可达

慈禅寺石窟又称慈善寺石窟，始开凿于隋文帝时期，它是隋唐皇帝后妃及大臣在麟游避暑时礼佛的宫廷寺院。慈禅寺第一窟主佛即为隋代开凿镌造，高大且保存完整，极其珍贵。唐代除继续利用慈禅寺进行佛事活动外，又在九成宫周围新建了一些寺院。

慈禅寺石窟现保存有三大窟40余尊造像，南北两大窟主佛均高4.5米以上。造像圆润丰满，工巧绝妙，时代风格鲜明，是隋唐皇家寺院佛教艺术精品之作。第二窟唐代刻写的《敬福经》是全国现存刻写时间最早、保存字数最多、内容最完整的世俗佛经。

碑亭景区 AAAA
有两座仿唐石碑

宝鸡市麟游县新城区

从宝鸡汽车站乘坐发往麟游县城的班车可达

免费

碑亭景区院内树木参天，花团锦簇，环境幽雅。内竖两通号称“人间第一帖，天下无双铭”的碑石：《九成宫醴泉铭碑》《万年宫铭并序碑》。

唐秘书监名臣魏徵撰文并序、唐代著名的大书法家欧阳询篆额并书写的《九成宫醴泉铭碑》，被誉为“楷书之宗”。唐高宗李治于永徽五年（654年）亲笔书写的《万年宫铭并序碑》。碑上文字洗练，书法婉润，在书法艺术上享有很高的声誉。

链接

《九成宫醴泉铭碑》

《九成宫醴泉铭碑》是唐代著名书法家欧阳询的代表作，被誉为“楷书之宗”。碑文的作者是唐代

碑亭

《九成宫醴泉铭碑》之外景

著名宰相魏徵，文中记载了唐太宗在九成宫寻找水源的故事。贞观六年（632年），唐太宗到九成宫避暑。因宫中缺水，太宗亲自寻找水源。一天，太宗散步到城西，看到那里的土壤有些湿润，他用手杖疏通了一下，随即一股清澈甘甜的泉水涌出地面。于是起名醴泉，周围修起石栏，开凿石渠将水引入宫内。《九成宫醴泉铭碑》描绘九成宫："冠山抗殿，绝壑为池，跨水架楹，分岩耸阙，高阁周建，长廊四起，栋宇胶葛，台榭参差，仰视则迢递百寻，下临则峥嵘千仞。珠璧交映，金碧相晖，照灼云霞，蔽亏日月。"唐代名画家李思训曾作《唐九成宫纨扇图》，生动形象地描绘了九成宫的景象。

玉女潭

武则天曾在此沐浴

宝鸡市麟游县麟眉路

自驾车从西宝高速眉县出口下，再转眉麟路可达

玉女潭两岸高山夹涧，形如飞凤，潭下多为峡谷怪石。传说西岳华山之神女玉女和众仙女来此潭边沐浴洗澡、梳洗打扮，使得潭水越来越清、越来越美，故名曰玉女潭。潭呈莲花形，潭顶百尺飞瀑，从半山一泻入潭，声震群谷，十分壮观。

隋唐帝王多次驾幸来此避暑，在玉女潭设宴观涛，筑造有观涛亭，遗址至今犹存。唐高宗来此避暑时，武则天曾效法神女，在潭中沐浴洗澡，并留下了"山窗游玉女，门户对琼峰"的优美诗句。历代皆有文人墨客寻踪览胜，游潭观景，唐代大诗人杜甫就有"深源滚滚出青莲，泻入成龙百尺澜"之佳句来称赞玉女潭之景。

青莲山公园

隋唐时为皇帝卫戍部队的驻地

宝鸡市麟游县城南

在宝鸡汽车站乘发往麟游县的班车可达

青莲山古称堡子城山，早在隋唐时为皇帝卫戍部队的驻地，因山上修有城堡，故得其名。这里群峰峻秀，顶峰高耸，恰似一朵盛开的覆莲，所以又叫青莲山。当年唐高宗李治登上此山，留下了"东望剪华，千林结影；南俯荼原，风云交映；西瞻陇坂，派水分流；北临石柱，川原朝宗"的精彩篇章。唐代大诗人王维路经此处，登上此山，留下了"隔窗云雾生衣上，卷幔山泉入镜中"的佳句。

景点推荐

更多宝鸡景点

扶风城隍庙

明清建筑

宝鸡市扶风县城老区东大街5号　乘扶风1路公交车可达　免费

扶风城隍庙始建于明洪武三年（1370年）。城隍庙建筑艺术精湛，颇具装饰性。庙宇坐落在一个南北长、东西窄的夯土高台上。庙前有单檐歇山顶戏楼一座。庙门面阔三间，东西另有砖砌便门。庙内建筑现存木牌坊三间，东西厢房，钟、鼓楼，献亭，献殿和两侧配殿及正殿和寝殿等。

灵官峡

嘉陵江上游第一道峡谷

宝鸡市凤县双石铺镇草店村　45元

灵官峡是宝成铁路穿越秦岭的险段之一，因著名作家杜鹏程的一篇散文《夜走灵官峡》而闻名海内外。整个景区依山傍水修建而成，面对万仞绝壁，紧挨滔滔江水，与周边的优美风景融为一体，让人流连忘返。特别是雕刻在灵官峡铁路文化主题公园入口处峭壁上杜鹏程的《夜走灵官峡》全文和宝成铁路纪念馆，再现了修建宝成铁路的艰苦岁月。

灵官峡铁路文化主题公园

峡内谷静幽深，滩清水碧，奇峰怪石姿态万千，山泉涧溪抛珠撒玉，丹霞地貌红崖斗险，“美女抱琵琶”“神龟相对”“石狮跳江”等自然景观令人浮想联翩。

灵官峡漂流

灵官峡漂流从草店至两河口，全程3.6千米。河段水流清澈，水路九曲连环，险滩繁密，深潭迭出，落差近百米，大小落差30多处。平缓时如湖中之水，水面微波荡漾，鱼儿游来游去，可静下心来欣赏美景，也可水面嬉戏；湍急时惊涛骇浪，令人心惊胆战，刺激无比。

关山草原

龙门洞森林公园 AAAA
关中山水奇观

宝鸡市陇县新集川镇 从宝鸡汽车站乘坐发往陇县的班车，在陇县县城转车前往

旺季50元，淡季25元

龙门洞古名灵仙岩。龙门洞是六盘山南段景福山的一部分。景福山主峰海拔1924米，龙门洞在景福山主峰西北面约1千米处的山腰上，景色优美，山势险峻，峭壁上悬空建有殿、台、亭、阁等多处，有飞索吊桥栈道，游客可攀缘而上。

龙门洞是陕甘地区闻名的风景胜地，共有36洞及众多的古建筑名胜。龙门洞无限风光，为关中山水奇观，是历代贤人隐士修养之地。周大夫尹喜、西汉娄景先生、大唐孙思邈等曾隐居于此。1180年元代道士丘处机栖居龙门洞后，这里成为道教的宏大教场。

关山草原 AAAA
被誉为"小天山"

宝鸡市陇县关山店子村 60元

关山草原的地貌与中欧阿尔卑斯山相似，幽涧水泽兼具，草原森林相间，地势广阔，水肥草美，牧马成群，景色秀丽。牧场的气候受垂直地带性地理条件的影响，冬春无界，夏秋相连，"关山六月寒凝霜"可以作为景区的真实写照。这里自古以秦韩非子养马而闻名于世，为陕西最大的林牧区。

燕伋望鲁台
中华尊师第一台

宝鸡市千阳县西大街65号

燕伋望鲁台据传是春秋时期燕伋所筑的。景区入口处是一座四柱三间的石牌楼，另有燕伋塾坛、思师亭、尊师祠等景点，再现当年燕伋广纳学子、兴教育人、传播古代文明办学的情景。

燕伋祠为仿秦汉风格建筑，祠内再现孔子传徒情景和燕伋生平业绩。燕伋祠后面矗立的四棱锥形土冢，是先贤燕伋在千阳设教时，每日用衣襟撩土所形成的遗址——望鲁台。

玩家解说

燕伋为千阳县水沟镇燕家山人，是孔子的弟子。燕伋3次赴鲁跟随孔子17年，业就归里，在千阳西关裴家台设教授徒，传播孔子思想。设教期间，因思念恩师孔子，每日去教学堂后面，登高望远，用襟撩土垫足18年，日积月累，便形成了高约10米、底径30余米的土台——望鲁台，被世人尊称为"中华尊师第一台"。

消灾寺

消灾寺

张果老隐居修炼之地

宝鸡市凤县古凤州村

消灾寺始建于西汉，地处古城凤州，儒释道三教聚一山，是消灾祈福之灵地。古刹消灾寺建于绝壁之上，历经千年沧桑。因张果老曾隐居修炼于此，更因唐玄宗避祸“安史之乱”在此祈福消灾得以灵验而声名远播。

景区内古柏挺拔苍翠，飞瀑如虹，绿荫掩映的“十二圆觉菩萨”庄严肃穆，流传千年的“铁棋仙迹”“萧寺晨钟”“猴石传说”“将军石”等胜景令人神往。

千湖国家湿地公园

黄土高原著名的湿地

宝鸡市千阳县陇福路南　60元

千湖国家湿地公园依托冯家山水库库尾区位而建。截至目前，公园内发现陆生脊椎动物174种，其中有大鸨、黑鹳等国家一级保护动物2种，大天鹅、灰鹤、鸳鸯、水獭等国家二级保护动物10种。每年在此栖息的雁、鹭等鸟类数量超过30万只。

凤凰湖 AAAA

中国最美小城

宝鸡市凤县　免费

凤县自古就是羌族的发祥地和聚居地之一，享有“凤凰之乡”“羌族故里”之美誉。凤凰湖以中华民族的图腾凤凰命名，人文历史浓厚。万人萨朗盛大舞会，以及璀璨绚烂、如梦如幻的凤凰湖夜景，是景区的最大特色，在国内享誉盛名。

玩家攻略

大型民族情景音画剧《凤飞羌舞》由《凤县寻梦》《走进传说》《古羌风情》《山水凤州》《天地人和》五部分组成，以古羌族历史文化为表现内容，选取最具文化底蕴和魅力的凤凰传说、女娲寻踪、羌族发祥等历史典故，以及众多的山歌民谣、佳句名篇、民族风情等人物传说、遗存诗文，融合多种艺术形式，配以神奇变幻的声光电，整个舞台充满神奇和活力，向观众呈现出一幅“火焰升起来、米酒举起来、皮鼓敲起来、萨朗跳起来、羌笛吹起来、酒歌唱起来”的精美别致的“凤凰之乡、嘉陵之源、羌族故里”的纯真民俗文化风情画卷。

青峰峡森林公园 AAAA

国家森林公园

宝鸡市太白县桃川镇杜家庄村　80元

青峰峡森林覆盖率达95%以上。公园景观有“九潭十八瀑七十二景”，人文传说历史悠久：有汉皇帝刘秀之“四十里跑马梁”，也有唐王李世民之妹为爱情献身的“舍身崖”，更有神女峰、睡佛山、娘娘庙之美景点缀。园内动植物资源丰富、种类繁多、起源古老，森林植被垂直带谱十分明显，现有野生植物2800余种，野生动物1700余种。

青峰峡国家森林公园之牌楼

攻略资讯

- 交通
- 住宿
- 美食
- 购物
- 娱乐

交通

火车

宝鸡是通向我国大西北和西南地区的交通枢纽，陇海、宝成等多条铁路在宝鸡交会。

宝鸡市目前有宝鸡站和宝鸡南站两个火车站。

汽车

宝鸡市目前有5个客运站，分别为宝鸡汽车站、宝鸡汽车南站、陈仓汽车站、凤翔汽车站、宝鸡汽车北站。

宝鸡火车站

住宿

宝鸡地区住宿接待能力比较强，价格比较便宜。火车站附近的老城区内，也有一些不错的连锁酒店，价格中等，条件也不错。如果要节省预算，可以考虑住招待所，但卫生状况一般，多为公共卫生间。高新技术开发区的新城区内有一些较为高端的酒店，如果想舒适一点也可以考虑。高新大道一带也有不少的高档宾馆。

●锦江之星（宝鸡行政中心店）

酒店坐落于空气新鲜、环境宜人的宝鸡市金台区，酒店周围交通十分便捷，政务活动频繁。酒店采用地中海希腊风情设计风格，温馨典雅。房间面积宽敞，采光较好，停车方便。宝鸡市金台区行政中心东路8号（行政中心2号楼东侧） 0917-2701111

●宝鸡东岭皇冠假日酒店

酒店位于宝鸡市中央金融文化商务区（CCBD）内，傍依渭河，可遥望秦岭山脉，环境优美；拥有300余间客房及套房，可提供地道的本地美食、陕菜和川菜、粤菜，是商务及旅游的理想之选。宝鸡金台区金台大道66号 0917-3676666

宝鸡市区风光

美食

宝鸡位于关中西部，饮食风格与特色依旧延续着陕西关中地区的风味。不过，宝鸡地区也拥有着独有的特色西府美食，品种丰富，价格也很实惠，地方风味浓郁的小吃在陕西其他城市也非常受欢迎。

●岐山擀面皮

擀面皮是从唐代冷淘面演变而来的，具有筋道、柔软、凉香、酸辣可口的特点，是关中西府的重要名吃，也是西北最具民族风味的食品之一。擀面皮其形似宽面，几乎透明，耐嚼，再同泼油辣椒、盐水、香醋等调料加以调和，口感极佳。

●岐山臊子面

岐山臊子面历史悠久，以薄、筋、光、酸、辣、香而闻名。吃时先将面条煮熟捞入碗内，打入底菜，再浇汤，放臊子和菜。岐山面要求宽汤，即汤多面少，并突出酸辣味。

岐山臊子面

擀面皮

●茶酥

茶酥之名实为“嚓酥”，由外嚓里酥而来（嚓为宝鸡方言，形容茶酥入口时脆酥声音）。食用时，当以香茶为饮，品茶带酥，别具风味。

茶酥

●凤翔腊驴腿

腊驴腿是凤翔久负盛名的传统肉食品名特产。据传说，清末时期有位姓苏名石娃的，制作的腊驴腿远近闻名，腊驴腿生产技术加工工艺就是他传于后世的。

●扶风鹿羔馍

鹿羔馍形圆，中间部位有小旋涡，内印有红色鹿羔图案，全馍直径约十厘米，厚约寸许，重约二两。馍味酥松甘甜，经久耐存，一般可放30~40天。

●陇县马蹄酥

又名蜜馅儿，因形似马蹄而得名。马蹄酥层薄如纸，色、香、味、形俱佳，以配料精良，制作细致，层多松软，油而不腻，香甜味厚，入口即酥，营养丰富，且能存放而著称四方。

●宝鸡豆腐包子

宝鸡豆腐包子以精粉、蒸过的豆腐、韭菜等为主要原料，形如宫灯，褶如花瓣，皮绵面筋，馅嫩味鲜。食用时，如将调好的汁子（醋、油辣子、酱油等作为配料）灌入包子内，其味更美。

●荞面饸饹

荞面饸饹是北方面食三绝之一，与兰州拉面、山西刀削面齐名，以条细筋韧、挑起来不断条、清香利口而著称。

荞面饸饹

●岐山锅盔

岐山锅盔，历史悠久，发源于西周的发源地——岐山县，为岐山所独有的特色名小吃之一。其制作工艺独特而精细，素以“干、酥、白、香”著称西府，闻名于大西北。

购物

宝鸡特产众多，如“凤鸣酒”“凤凰牌”西凤酒、木版年画、剪纸、烟花纸炮、皂素、罩金漆器、西凤草提篮、草帽、竹器、柳编、花灯、泥塑等工艺品，以及手工挂面、蔡加坡紫皮大蒜、岐县生姜等土特产。

宝鸡城市不大，最繁华的街道要数横贯宝鸡东西的经二路，宝鸡的购物、娱乐场所多集中于此。

●腊驴肉

腊驴肉又称腊驴腿，已有百余年生产历史。其色泽红润，质地细密，五味俱全，滋味鲜香。可补气血、益肝腑，对积年劳疾、久病初愈、气血亏虚、气短乏力、倦怠羸弱、食欲不振、心悸失眠等有一定疗效。

●罩金漆器

罩金漆器成品的银底转呈金色，故名。

罩金漆者实不用金，初制成时色泽浑厚凝重，放置三五年后，金底由暗转亮，红漆底由暗变艳，其整体效果愈加富丽堂皇，其后即经久不变色、不褪色。图案皆明朗大方，形象逼真，生动活泼，有立体感。

●凤翔草帽

凤翔草帽以当地所产的小麦麦秆为原料，所使用的麦秆韧性强，不易折。成品做工精细，造型美观，质地牢固，经久耐用，被誉为凤翔“四宝”之一。当地民俗，妇女婚后第一年，母家必以凤翔草帽赠婿，寄寓“遮阳、避雨、勤劳动”之意。

●凤翔木版年画

以凤翔田家庄乡南、北小里村为中心。供春节时室内张贴，为色彩绚丽的装饰品。凤翔木版年画制作历史悠久，该县珍藏的年画古版中，尚有明代正德年间刻版，可见其历史至少达四五百年。

娱乐

●陕西社火

在陕西，社火是芯子、高跷、竹马、旱

凤翔木版年画

船、狮子、龙灯等的通称，是一种靠扮演、造型、技巧取胜的艺术。它通过各种高难度的动作和严密的构思，让演员扮演成历史人物和现代人物，形成故事组合，极具艺术感染力。特别是当这种艺术和秦腔紧密地结合在一起时，使之更具独特魅力。

陕西宝鸡地区，人们习称西府，是陕西社火脸谱艺术具有代表性的地区之一。特别是陇县和宝鸡的社火脸谱，流传历史久远，脸谱造型奇特，色彩质朴明快，纹饰严格讲究，谱样多而齐全，代表了西府社火脸谱的最高水准。

陕西社火表演

发现者 旅行指南

汉中

概览

亮点

褒斜栈道

又名褒斜道，是我国古代横跨秦岭，连接关中、巴蜀，凿石架木而成的栈道。由褒谷口经留坝县东北，越衙岭山，至眉县西南的斜谷口，是一条很古老的通道。

长青自然保护区

以保护大熊猫及其栖息地为主的自然保护区。自然景观以高、寒、奇、险、秀为特色，有“一山有四季,十里不同天”之说。

百万亩油菜花海

油菜花海是汉中的一道亮丽的风景线，每年的三四月份，汉中盆地和浅山丘陵的百万亩油菜花同时怒放，蔚为壮观。

饮马池

又名东湖，现存石刻对联“神龙能作苍生雨，饮马长怀赤帝风”。清初《汉中府志》中记载的“汉中八景”之一的“东塔西影”，即指东塔塔影映入湖中的景色。

武侯祠

武侯祠

武侯祠呈南北布局，规模雄伟，为陕南较大的古建筑群。武侯祠内文物丰富，匾联层层、碑碣林立，现有各种文物多件。

紫柏山

因山上遍生紫柏而得名，又因张良归隐此地而闻名。紫柏山山峦起伏，风光秀丽，有温泉瀑布，还有大片的原始森林。

线路

“两汉三国”历史风情三日游

第一天上午先去汉中市的古汉台，参观汉中市博物馆。之后去拜将坛，追忆大将韩信的种种典故。午后前往石门水库，走一走仿古栈道，感受一下当年的蜀道之难。晚上返回市区，宿汉中市。

第二天先去武侯祠参观游览。下午去武侯墓，这里是诸葛亮埋骨之地。当晚宿勉县县城。

定军山武侯墓

第三天乘车前往灵崖寺。该寺历史悠久，庙内更有不少名人笔墨及碑刻。下午去江神庙转转，看看颇有特色的羌族风格戏院古建筑群。

为何去

汉中是全国历史文化名城，素有“西北小江南”之称。这里是丝绸之路开拓者张骞的故里、四大发明之一的造纸术发明家蔡伦的封地和葬地，三国大将魏延葬地，韩信、诸葛亮、曹操等帝王将相曾在这里建功立业。来汉中看最美油菜花田，感受古镇民俗风情，体验两汉三国文化。

青木川

何时去

汉中冬季较为寒冷、秋天多阴雨，故冬、秋季不是最理想的出游季节。春季山野返绿，百花盛开，是观赏山水秀色的好时机。夏季去汉中，可游山玩水、避暑休闲，但夏季时常有雨，出门最好携带雨具。

紫柏山草甸

褒斜栈道

区域解读

区号：0916

面积：约27 246km²

人口：约378.98万人

地理 GEOGRAPHY

区划

汉中市下辖2个区（汉台区、南郑区），9个县（城固县、洋县、西乡县、勉县、宁强县、略阳县、镇巴县、留坝县、佛坪县）。

地形

汉中市境内地形南低北高，有平原、丘陵和山地三种地貌。最高峰在洋县活人坪梁顶，海拔3071米；最低处在西乡县茶镇南沟口，海拔371.2米。

汉中市的河流均属长江流域。汉中市位于汉江上游，嘉陵江水系分布在汉中市的西部和南部。嘉陵江干流由北向南，纵穿略阳、宁强两县的西部山地，为过境大河。

气候

汉中属于亚热带气候区。北有秦岭屏障，寒流不易侵入，气候温和湿润，年平均气温14.3℃，素有西北“小江南”和“金瓯玉盆”之美称。

历史 HISTORY

历史大事记

●两汉时期

汉高帝元年（前206年），项羽封刘邦为汉王，辖巴、蜀、汉中之地，都南郑（今汉中城）。刘邦率军南达汉中后，依韩信计，明修

蔡伦墓祠

紫柏云海

栈道，暗度陈仓，一举平定三秦。萧何留驻汉中，发展农桑，收汉中、巴蜀之粮，供刘邦军用，保证了与楚争雄的胜利。

东汉初平二年（191年），益州太守刘焉派张鲁和张修攻占汉中。后张鲁杀张修，改汉中郡为汉宁郡，以五斗米道为治，创建了中国历史上少有的“政教合一”政权形式。建安二十年（215年），曹操亲到汉中征张鲁，张鲁降。

东汉建安二十三年（218年），刘备率兵夺得汉中地。次年七月，刘备在沔阳（今勉县）设坛，自立汉中王。

蜀汉建兴五年（227年），丞相诸葛亮上《出师表》，出屯汉中。八年间，先后六次出兵伐魏。然未遂其志，身死五丈原（今宝鸡市岐山县境内），归葬勉县定军山。

蜀汉后期，姜维继承诸葛亮的遗志，经营汉中及陇南。先后九次出兵，北伐曹魏，互有胜败。姜维在汉中实行“敛兵聚谷”以御敌，终因朝政昏聩而失败。

●唐宋时期

唐兴元元年（784年），朱泚反叛，唐德宗被迫离开长安，此后进驻汉中，并以汉中为根据地，指挥平定叛乱。

唐代时，汉中盛产茶叶，西北少数民族常以马匹换取“山南茶”。宋神宗时实行“茶马法”，大量收购茶叶运往西北换马。宋神宗熙宁元年（1068年），朝廷还特设茶马司于汉中，收购茶叶运往熙河（今甘肃临洮）换马。

北宋宋江农民起义军将领史斌，在宋江招安后，于建炎元年（1127年）七月，率余部攻克兴州（今略阳县），登基称帝。

南宋建炎四年（1130年），金兵南越秦岭，欲攻占汉中，南入巴蜀。抗金名将吴玠、吴璘驻守汉中以北略阳、凤县一带抵御，先后与金军大战三次，击败金军。

南宋乾道八年（1172年），陆游任川陕宣抚使王炎幕府干办公事，力主抗金，并深入秦岭一带视察军情，曾有刺杀猛虎之举，并在抗金前线的汉中写下了大量的抗金爱国诗篇。

●近现代

清同治二年（1863年），太平天国扶王陈得才、端王蓝成春等主将率军由安康入汉中，包围汉中城，并最终攻占汉中府城。次年正月，义军主力东下，撤出汉中，回援天京（太平天国都城，即南京）。

1932年冬，中国工农红军四方面军在徐向前等的率领下，经过汉中进入川北，建立川陕革命根据地。

抗日战争时期，汉中成为后方重镇，陪都重庆的屏障。1943年9月，国民政府军事委员会在汉中城内设立委员长行营，由李宗仁任行营主任，指挥华中、西北等地对日作战。

名单 汉中历史名人

西汉出使西域的第一人张骞

西汉提倡简葬者杨王孙

西汉隐士郑子真

东汉时发明造纸术的蔡伦

东汉“北斗喉舌”李固

汉末群雄之一张鲁

北宋画家、诗人文与可

宋朝爱国诗人陆游

明代大臣、学者方孝孺

近现代书法大家王世镗

汉中避难，唐德宗回京感怀

唐朝经历了“安史之乱”后，由强转弱、由盛转衰，尤其到了唐德宗李适时，各地藩镇割据，拥兵自重，朝廷尾大不掉。德宗建中四年（783年），发生了“泾原之变”，接着是朱泚反叛称帝、李怀光之乱。唐德宗被赶出京城长安，逃到奉天（今乾县）。

由于李怀光的进攻，迫使唐德宗又于兴元元年（784年）二月，携皇室人员，在一些大臣的簇拥下，经武功县向南，入秦岭骆谷，由傥骆道南逃梁州。叛将李怀光以兵来追，不及而退。唐德宗一行到今洋县东北的清凉

唐德宗陵墓之石像

寺，见一支人马挡住去路，大惊，以为叛军追来。正惊慌间，只见为首大将下马叩见，原来是梁州刺史兼御史大夫、山南西道（治所在汉中）节度使严震来迎驾。唐德宗请严震上马，并辔而行。

此前，德宗欲避乱汉中，严震曾派属吏奉表往奉天迎驾，令大将张用诚领兵五千至周至以东迎护。但张用诚暗地与李怀光勾结，阴谋叛乱。德宗知晓其阴谋后，派牙将马勋到汉中，取得严震兵符，以计袭杀张用诚。德宗一行在严震护卫下，经洋县而西，走到今马畅，其爱女唐安公主病死，草草就地安葬（后迁葬于西安龙首原），继续前行到汉中。

当时的山南西道、梁州、南郑县，治所均在汉中。山南西道辖区从秦岭以南，直到云贵娄山，地域广阔，但百姓穷困。自“安史之乱”以来，该地屡遭兵寇，户口锐减，虽控制十五州，租赋甚乏。时至五月，六军供给艰难，食无粮，穿无衣。天气已热，冬服依然在身。到达汉中后，严震在汉中劝农课税，千方百计征收财赋，使百姓不至于贫困而又能保证供应。唐德宗在汉中，指挥平定叛乱，宣布李怀光罪状，任浑瑊为朔方节度使，李晟为鄜坊、京畿、渭北、商华副元帅。两军进逼长安。五月，李晟收复京都长安，朱泚逃亡被杀。

六月，唐德宗为感谢汉中，特下诏：升梁州（治所即今之汉中）为兴元府（唐代以京城及陪都所在的州为府），以严震为兴元尹兼检校右仆射，开我国历史上以帝王年号命府名之先河。当时的汉中虽无陪都之名，而实得陪都之实。七月初，唐德宗回到京城，为时9个月的叛乱才告平息。

吴玠北抵金军，三战三捷

1127年，金军灭北宋后，乘势数次南下并进攻陕西，抢占了黄河两岸许多地区，并曾一度深入江西、浙江等地。

南宋建炎四年（1130年），金大举攻宋，并在富平（今渭南市富平县北）之战中大败宋军。富平战役之后，吴玠受命为陕西都统制，扼守大散关以东的和尚原（今宝鸡西南）。1131年，金军进攻和尚原。吴玠力主抵抗，他激励将士，凭借地形以弓弩杀伤金兵，两次大败金军。其中，第二次更是击伤金军元帅完颜兀术，扭转了富平战败的局势。

1133年春，金集合各路兵10余万绕过和尚原，想潜袭当时相对薄弱的饶凤关（今安康市石泉县西北，与汉中交界处）夺取蜀地。

不过，吴玠已事先取得情报，率2000精骑夜驰300里，在金兵之前先到达饶凤关。吴玠一面筹划城防，一面派人给金主帅撒离喝送去一颗黄柑，附语："大军远来，聊逢止渴。今日决战，各忠所事。"本来准备攻饶凤关的撒离喝大惊，以为吴玠已经做好部署，一时犹豫，不敢进攻。吴玠趁机抽调人马，支援饶凤关。过了几天，撒离喝终于下定决心进攻，吴玠率领3万余人，居高临下，弓弩齐发，巨石摧压，顽强守卫六昼夜，使金军屡攻不克。不久，吴玠部下一军校叛降金军，引金军由小路迂回关后攀缘上岭，前后夹击。宋军猝不及防，被迫弃关，吴玠收余部退守西县（今勉县西）。

吴玠料金军粮草难继，不能久驻，遂回师河池，准备断其归路。果不出吴玠所料，金军因野无所掠，粮草不继，加之疾病流行，于四月初引兵北撤，吴玠乘机派兵于武休关（今陕西留坝东南）袭击金军后队，歼敌数千人，金军溃退。

绍兴四年（1134年），金国经过短暂准备，由金帅兀术率领10万人马，分三路再次进犯，攻破和尚原，转趋仙人关（今甘肃徽县东南，与汉中交界）。吴玠与弟弟吴璘率军死守，金军始终不能破入。翌日，吴玠乘金军疲惫，率诸将反击，猝然杀入金营，金阵大乱，开始溃退。吴玠又乘胜督军奋击，同时暗遣王浚断敌归路，遂大败金军，金兵不敢再犯。

吴氏兄弟因屡败金军，声威大震，名扬陇蜀，朝廷下诏拜授吴玠为检校少师，任命为川陕宣抚使。吴玠与敌对垒数年，为减轻民众负担，几次淘汰冗员，紧缩开支，实行屯田，开发水利，发展当地的农业生产，深得陇蜀人民的敬佩和拥戴。

文化 CULTURE

历久弥新的茶文化

古巴蜀是中国茶的摇篮，汉中茶区属古巴蜀茶区的最北缘。汉中种植茶树至少有3000多年的历史。中国最早的一部地方志书《华阳国志》中记载，约在公元前12世纪，古巴国的人们把茶叶作为地方特产敬献给周天子武王，贡品茶"形似月亮，紧压成团"，名曰"西乡月团"，这应该是世界上最早的贡茶之一。

"西乡月团"大约产自今天汉中市的镇巴、西乡县一带。大巴山产茶，在唐代陆羽所著《茶经》开篇即云："茶者，南方之嘉木也，其巴山峡川有两人合抱者……"唐代的朝廷即以汉茶赐贡。宋代"汉中买茶，熙河易马"，茶马互市，更为繁荣。明代每年以"汉中茶三万担易边马三万匹……"汉中茶叶成

汉中茶席

为当时国家最重要的战略物资之一，创造过历史的辉煌，盛极一时，影响深远。

汉中北依巍峨的秦岭，秦岭阻挡住了冬季西伯利亚南下的寒流长驱直入和春秋两季北方的沙尘；南靠逶迤的大巴山，千谷万溪牵引着印度洋的暖湿气流北上，形成亚热带气候，适宜于茶树生长。汉中茶在大巴山北麓海拔600~1200米的缓坡地带，自然肥力好。

汉中自古至今都是贡茶、名优茶的知名产地。悠久的产茶历史、独特的生态环境和优良的茶树品种，加上先进的制作技术和设备，决定了汉中茶品质的优异。值得一提的是，汉中是一个富含微量元素锌、硒的茶区，茶叶中普遍富含有机锌和有机硒；同时汉中茶没有污染，是我国罕见的高香茶区。

汉中的声音——汉调桄桄

汉调桄桄，俗称“桄桄子”，是明代末年关中秦腔传入汉中地区与当地方言和民间音乐结合而形成的梆子声腔剧种。因唱腔、道白吐字归韵以汉中方言音调（汉水流域群众的语音）为基础，又因用梆子击节发出“桄、桄”之声，又名“汉调桄桄”“桄桄戏”。又因其主要板式名称、旋律结构、主奏乐器等，和秦腔有许多相同之处，所以也称“南路秦腔”“汉调秦腔”。汉调桄桄主要流行于陕西南部的汉中、安康一带，并曾流传到川北、陇东、鄂北等地。当地民间甚至有“吃面要吃梆梆子，看戏要看桄桄子”的民谚。

汉调桄桄的唱腔属板腔变化体，既有秦腔的高亢激越之美，又体现出陕南地方音乐优雅柔和的特点。唱腔的板路包括二流、慢板、尖板、拦头等多种，且有“软”“硬”“快”“慢”之分。“软”为表现悲凉情绪的苦音，“硬”为表现欣悦情绪的欢音，“快”为快板，“慢”为慢板。汉调桄桄的伴奏有文、武场之别。文场原以盖板二弦为主奏乐器，后改为板胡，另有京胡、海笛、三弦等与之配合；武场使用尖鼓、平鼓、钩锣、铙钹、梆子、牙子、木鱼等打击乐器。

汉调桄桄曾长时间覆盖关中地区，尤

其是清末民初，出现过班社林立、艺人济济的鼎盛时期，也产生了一批优秀的戏曲作家，所作剧目对当时的社会进步起到了积极的推动作用，是陕西省九大剧种之一。然而该剧种如今仅有陕西南郑区一个专业剧团了。

端公戏

端公戏，俗称“坛戏”，是一种巫师组班装旦抹丑、巫步神歌、踊踏欢唱的地方小戏。因其行头简单，一包袱可携，所以又叫打包袱。

端公戏的产生与陕南地区的风土民情密切相关。汉水流域，南接巴蜀，东连楚土，风俗毕近，文化一体，巫觋之风颇盛。《汉书》和《宋书》“地理志”中都有“汉中之人，不甚趋利……好祀鬼神，尤多忌怨，崇奉道教，犹有张鲁之风”的记载。他们白昼聚集售药，唱情咏事，招徕过往顾客；夜晚则受请作法，踏歌踊舞，娱神禳灾。他们在当地被混称为“马脚”，即天神马头驾前执事使者，负有神圣差遣、驱魔逐鬼的职责。男巫习呼为“端公”，女觋惯唤为“神婆”。

端公戏实际是巫跳“神歌”与大筒子戏合流的产儿。它的发展大约经过了“坛戏”“神歌”、筒子戏与职业班四个阶段。巫“跳坛戏”，一说春秋战国时的“桑田大巫”开其源，一说由两汉时期的“茅山祖师”张五郎创始。

至于“神歌”“神戏”，早在屈原时代，楚汉之地喜作神鬼之歌而好词。至宋，“踏青药市之集尤甚，（俗）好歌曲”。这样，端公神婆们便吸取民谣里的一些小调，出奇使怪，使其更适合悦神娱人的演出需要。大约清初以后，随着地方戏曲的崛起，端公和神婆也受影响，使“神歌”的内容从民谣杂语推进到宣扬因果报应，再推进到编演男女情爱和家庭纠纷的故事。

当时在陕南对“坛戏”有较大影响的是大筒子戏。端公为了招徕生意便邀集了一些民间艺人，特别是大筒子戏艺人为其“庆坛”踏歌伴奏陪唱，于是逐渐引进了大筒子戏的音乐唱腔与部分剧目。由于吸收了筒子戏的唱腔等，“庆坛”活动与端公戏迅速发展起来。乾隆时，在汉中、安康的山区已有很大势力，连农民起义军也请其演唱。在此期间，端公戏又逐渐地吸收了秦巴山区的山歌民谣与民间舞蹈，淘汰原始宗教仪式中的一些颂神歌词与祭祈节目，端公戏基本是健康的情歌与山歌。于是出现了许多以艺为业而非以巫为生的职业艺人，经常在汉水流域演出，使端公戏出现了繁荣的局面。

相传，端公戏有剧本200多个，现保存剧目120个。它的特点是：小戏多，喜剧多，表现下层人民生活的戏多，戏剧情节简单，矛盾纽结单一。汉水上游的端公戏，较多地受到了本地山歌和汉调桄桄的影响而形成一派，称汉中派。它以汉中为中心，从汉水分界，汉水南路较多地受到了巴山语音与二黄戏的影响，演唱风格比较柔和、细腻、辛辣、风趣；汉水北路较多地受到了秦岭山区语音和汉调桄桄的影响，演唱风格比较粗犷、悲壮、豪情激荡。

秦腔演员

景点推荐 汉中市区周边

古汉台

刘邦汉中称王时的府邸

汉中市汉台区东大街26号

乘坐21路公交车在古汉台站下车即到

免费 0916-2231536

淡季8:30~17:30，旺季8:30~18:00；周一闭馆（国家法定节假日除外）

古汉台又名七星台，相传是汉高帝刘邦在汉中称汉王时所建的府邸，现为汉中市博物馆所在地。台上有望江楼，登楼可以眺望汉中市全貌。古汉台内古树繁茂，修竹参差，亭榭散布，衬以碧池内繁盛的荷叶，给人以江南水乡之感。古汉台以明清建筑为主。

汉中市博物馆在古汉台辟有“汉魏石门十三品”陈列室、褒斜古栈道陈列室。馆内珍藏有历代碑刻、拓片、书画等珍贵文物1万多件，尤以汉魏摩崖石刻“石门十三品”最具盛名。这批摩崖石刻的文字内容，弥补了史书的缺漏，校正了史书的讹传。

玩家解说

耸立于汉台北端的望江楼是古汉台的最高点，始建于南宋。宋代的王象之在《舆地纪胜》中记府署东北隅有“天汉楼”，即望江楼的初称。望江楼以其别致的造型、巍巍的风姿，成为汉中古城的标志性古建筑。望江楼正南的桂荫堂，有古汉桂数株，每逢中秋佳节，芳香四溢，成为汉中城内最有名的寻香访桂之处。

拜将坛

刘邦拜韩信为将时所筑

汉中市汉台区南一环路1018号

市内乘坐13路公交车可到达 免费

8:00~17:00

拜将坛亦称拜将台，相传是当年刘邦驻汉台拜韩信为汉大将军而举行隆重的授印

古汉台望江楼

仪式时所筑的，是刘邦重用人才而得天下的明证。

拜将坛由南北分离的两座夯土台筑成。南台四周用汉白玉栏杆围砌，台场平坦宽敞。南台下西面屹立一尊高大的石碑，正面上刻“汉大将韩信拜将坛”八个大字，背面刻诗一首：“辜负孤忠一片丹，未央宫月剑光寒。沛公帝业今何在，不及淮阴有将坛。”南台下东边竖一高约2米的碑，是书法家舒同为拜将坛题的字。碑背面刻有韩信登坛与刘邦的一段对话，摘自司马迁的《史记·淮阴侯传》。

北台上建有一亭，有国民党爱国将领冯玉祥在汉中期间的题联：“盖世勋名三杰并，登坛威望一军惊。”这里还安放有重达11吨的汉中世纪大钟，是中国西北最大的铜钟，其声洪亮，气势非凡。

拜将坛韩信雕像

拜将台

秦巴民俗村

汉中民间文化汇集基地

汉中市汉台区宗营镇万亩花卉苗木基地内

汉中秦巴民俗村是一处融民俗文化、休闲度假、旅游、园林景致观光为一体的新兴园林场所。民俗村采用园林和仿古建筑结合的建筑风格，以弘扬和发展民间民俗文化为特色。这里还是西周美女褒姒的家乡。褒姒曾在湖里浣纱、梳妆、荡舟。该湖水引自褒河，园内又有数条小渠和湖水相连。

玩家 攻略

依托秦巴民俗村而举办的紫光腊八会已被中国乡土艺术协会命名为"中国著名民俗节"。元宵节、三月三、九月九也已确立为紫光寺的庙会节日。

饮马池

刘备饮马之地

汉中市汉台区东关后街与南团结街交叉路口往西约120米

汉中市内乘坐5、22路公交车可达

饮马池又名东湖，相传刘邦驻军汉中时，曾在池内饮马。现存石刻对联"神龙能作苍生雨，饮马长怀赤帝风"。清初《汉中府志》中记载的"汉中八景"之一的"东塔西影"，即指东塔塔影映入湖中的景色。

旧有三台阁陪衬，景色优美。天清气爽，湖岸古柳，随风摇曳。三台阁是这里最有名的景点，高三层，多角飞檐，构筑精巧。此处还是人们赏月的好去处。夜空中圆月高悬，台阁倒映在一池碧波荡漾的湖水中，此情此景，让人仿佛回到了"秦时明月汉时关"的时代。

玩家 解说

旧时东关商号麇集，是汉中重要的商贸活动地，饮马池便形成了旧货交易市场，加之东关顺城巷一带多流浪百姓，尤其抗战时期大批外地逃难者涌往汉中，不少衣食无着的贫民栖居于此，饮马池这块空地及城墙根下便人群熙攘，十分热闹，饮马池也就成为贫民乐园和普通百姓调剂生活的场所。

石门栈道风景区 AAAA

风景秀丽，古迹荟萃

汉中市汉台区河东店镇

旺季70元，淡季50元

0916-8880001

石门栈道风景区位于汉中市汉台区、勉县、留坝三县（区）交界的褒谷口，被誉为"中国栈道之乡"和"西北的水利明珠"。

栈道附近的石门水库风景秀丽，古迹荟萃，有褒斜道、隋唐七盘道、明清连云栈道及西汉时萧何所建石山河堰等遗址。

自春秋战国以来，褒谷石门就是沟通中原、西北与西南交通的要冲。在"难于上青天"的蜀道上架设栈道堪称古代交通的奇迹，而石门是栈道最险最奇之处。东汉年间采用"火烧水激"的方法开凿成的石门隧洞，是世界上最早的人工通车隧道。现在已淹没于水下的褒姒铺，相传是西周亡国美女褒姒的故里。

石门水库

玩家解说

石门大约是战国时期，为修褒斜栈道而凿的，后经历代修凿，方告开通。石门自东汉永平年间开通后，过往的仕官商贾、文人墨客，在饱览胜迹之余，记事咏物，抒怀为文，镌刻于石门内外的崖壁上，世代不绝。这样就形成了蔚为壮观的石门摩崖石刻。据1960年文物普查统计，石门故址的石刻有104种，仅石门内壁就有34种，上自汉魏，下至明清，琳琅满目，俨然一座石刻宝库。在众多的石刻中，汉至南宋时的13种石刻最为著名，这就是为国之瑰宝的“石门十三品”。这些石刻现多收藏于汉中市博物馆。

山河堰

古代的一项农田水利工程

汉中市汉台区河东店镇

山河堰因褒河又名山河水而得名，与关中的郑国渠、白公渠和四川的都江堰齐名，是刘邦驻军汉中时，由萧何和曹参主持修建的水利工程。是汉中最早的灌溉工程。据记述，山河堰共有三堰：第一堰在褒城北三里，一名铁桩堰；第二堰为主堰，也称官堰，位于褒城东门外；第三堰渠首在第二堰下1千米处的山清水秀的褒谷口。

汉中著名的古栈道

现在栈道故地修有仿古栈道，游人行走其上，既可领略山水秀色，又可感怀千年历史的沧桑。主要栈道段有：

子午道：又叫子午谷。北口在西安市长安区，叫子口；南口在洋县，叫午口，全长420千米。鸿门宴后，刘邦被项羽贬到巴蜀地带做汉王，就是沿子午道返回汉中的。途中他按张良的主意，烧了走后的栈道，以防止项羽南侵，又可使项羽不疑心刘邦北上。子午道的沿途有东汉发明造纸术的蔡伦的墓祠和西汉出使西域的使者张骞的墓祠纪念馆。

褒斜道：南口在汉中以北的褒谷，北口在眉县的斜谷，通称褒斜谷。据说是世界上最早的栈道。当时开凿山石不是用铁器或火药，而是原始的“火焚水激”法。汉武帝修凿褒斜道250千米，从而出现了“栈道千里，无所不通”的盛况。隧道内壁和石门南褒河两岸崖上，留下汉魏以来历代著名官员和文人雅士的题名和留诗，通称“石门石刻”。

金牛道：又叫蜀栈，是古代川陕的交通干线，北起陕南勉县，南至四川巴中大剑关口。此道川北广元到陕南宁强一段十分险峻，诗人李白赞叹的“蜀道难，难于上青天”，就是指的这一段。

米仓道：北起陕南南郑，南至四川巴中，因穿越米仓山而得名。米仓道全长250千米，绕山越岭，攀行其间，如腾云驾雾。

褒斜栈道之壁画

褒斜栈道

古代横跨秦岭的山间大道

📧 汉中市城北至宝鸡市眉县境内

褒斜栈道又名褒斜道，它是我国古代横跨秦岭，连接关中、巴蜀，凿石架木而成的栈道，又叫阁道。南起褒谷口（汉中市大钟寺附近），北至斜谷口（眉县斜峪关口），沿褒斜二水行，贯穿褒斜二谷，故名褒斜道，也称斜谷路，为古代巴蜀通秦川之主干道路。

褒斜道是中国历史上开凿早、规模大、沿用时间长的一条栈道，始于战国范雎相秦时。栈道是我国古代在峭岩陡壁上凿孔架桥连阁而成的一种通道，也是兵家攻守的交通要道。由于工程艰巨，路途险恶，古栈道被认为是我国古代交通史上的奇迹。

天台山森林公园

陕南第一名山

📧 汉中市汉台区武乡镇境内，城区以北18千米处

🚌 汉中市乘坐26路公交车可达

¥ 30元

天台山山势巍峨，山顶平坦如台，故曰天台。天台山历来是汉中旅游之胜地，集“奇、险、古、秀”于一身，层峦叠嶂，气势壮观。天台山还是陕南著名的道教圣地，是全真龙门仙府。有始建于唐、宋,兴盛于明、清的古建筑十余处，依山延续十余里，历代文人墨客、仙道真人、官宦士绅等，也在此留下了众多的文化遗产。

玩家攻略

登主峰岱顶，可北眺秦岭翠峰，南瞰汉中盆地，视野开阔，令人心旷神怡。

天台山气候独特，夜宿山中，若有风雨，多为夜雨朝晴，故有“天台夜雨”之说，为“汉中八景”之一。

天台寺

天台寺修建于明万历年间（1573—1620年）。寺的主殿供有孙思邈坐像，故名“药王殿”。药王殿建筑群坐北朝南，从前往后依次是药王楼、妙济宫、三清殿。每年农历六月的庙会期间，香客云集。三清殿前有古柏一株，据称位居汉中古树之首。

哑姑山

哑姑山又名金斗山、宝峰山。传说瑶池荷花仙子下凡到留坝马道飞仙沟变为哑女，受观音点化，采药炼丹，普救山民。后来上金斗山隐身归天，后世人修庙纪念，改金斗山为哑姑山。哑姑山奇峰独立群山之中，依山势地形建有大小殿院几十间，神像数百尊。

百万亩油菜花

被誉为“中国最美的油菜花海”

汉中市汉中盆地 免费

汉中地区是传统的油菜种植生产基地，每年的三四月份，汉中盆地和浅山丘陵的百万亩油菜花同时怒放，盛开的油菜花与镶嵌其间的麦苗及青山绿水相映成趣，蔚为壮观，构成汉中盆地一道亮丽的风景线。

汉中的油菜花海不是连着的一整片，而是柔软的绿和娇嫩的黄相互交替。畅游花海之中，会感受到色彩带给人的震撼，翠绿的叶子和明黄的鲜花相互映衬，蜂蝶飞舞，花香四溢，仿佛误入了上帝的后花园。

玩家攻略

汉中油菜花最佳观赏地点在南郑区大汉山。沿途风景不错，在山上能俯瞰一大片油菜花田，视角很好。同时这里人也很多，尤其是节假日的时候，因此要提前准备，尽量错峰出行。

田野间盛开的油菜花，田埂上开得正好的桃花，绿得刚好的垂柳，以及远远能看到的农家小院和青山绿树，共同构成一幅色彩明艳的画。路过这里，游人会被这抹艳丽的风景给迷醉，连心底的阴郁也烟消云散，能感受到的只有身处花田之间的春天的气息、自然的味道。

链接

汉中油菜花海摄影线路

在汉中，随便哪里都可以看到一马平川的油菜花，但目前所知最佳的观赏地点应该在南郑区的汉山。汉山顶有农家乐，因此开有上山的便道，但只容一辆车通行；遇到节假日，上山的车多、人多，估计通行比较困难。可徒步上山，沿途上下均有不错的景色，非常适合摄影取景。

①南郑—阳春桥—柳园村—凤凰村—农丰村—立丰村—但家沟村—合同岩村—高台镇—汉中。该线路位于浅山、丘陵地区，油菜种植面积大，油菜花海景观层次感强，是花海观光、摄影的理想场所，但在农丰村—立丰村—但家沟村之间为泥土路。据驴友反映，最震撼的有两个地方：一是在合同乡山坡林场俯瞰；二是在陈家村水库周边，尤其是穿过陈家村后的浩瀚花海。这两个地方都可以登高望远。

②南郑南湖—青树镇—汉山顶—歇马乡—大河坎。该线路以大汉山为核心。可以观赏方圆近百千米的油菜花海景观，同时大汉山农家乐也非常有特色。

汉中百万亩油菜花之美景

景点推荐

南郑旅游区

大佛洞

犹如画廊

汉中市南郑区小南海西北岸山腰上

第一道门3元，第二道门16元

9:00～16:00

大佛洞面依小南海，洞口光线尚好，越深越暗。大佛洞宽约17米，高约20米，原建有大佛殿，故名“大佛洞”。洞中或高宽数十米，可容纳几千人；或窄路逼人，需侧身才能过。一道小河淙淙而来，轰轰而去，注入一黑石洞中，洞内回声犹如万马奔腾。另有钟乳滴露，石笋如林；五彩云石，井然排列；组成无数妙不可言的天然图案，令人目不暇接。

玩家攻略

大佛洞洞口至洞尾，沿石经天桥，经“六个岔洞”、过“十三道河”、登“十三层石梯”、涉“犀牛滩”、闯“鬼门关”，可以领略探险般的惊心动魄。“千仞嵯峨石壁开”，世所罕见。跨过洞内最后一道桥，也就由陕西进入了四川境内。

小南海

镶嵌在大巴山的一颗明珠

汉中市南郑区牟家坝南10千米处的青石关下

小南海崇山环抱，层峦叠嶂，峡谷交错。观音洞内地处小南海峡谷底部，高处百米有余，最窄处也有数十米，而且两边分布着形态各异的钟乳石。洞中还有一条地下暗河，宽处如湖，最窄处仅能小船通过；碧绿的河水蜿蜒于洞间峡谷，水中可见小鱼、小虾漫游。沿洞内小道而上，有许多大小不一的溶洞，形成洞套洞、洞依洞、洞洞相连的溶洞群。峡谷底部还有一座庙宇，始建于明万历四十七年（1619年），供奉观音。庙旁的河流通向观音洞，可以坐船在其间漂流，感觉奇特。

南湖

南湖
被誉为“陕西第一湖”

汉中市南郑区马王庙（沿244国道边） 在汉中汽车站乘坐发往黄官的班车，在南湖下车 40元

南湖景区是一处令人眷恋的集锦式的水上园林，由七沟八梁、六十八个山岭组成风景区的主要框架，既有曲径通幽的绝地佳境，又有登高远眺、尽收眼底的高阜山巅。山顶建有揽月楼，登上揽月楼，可观览景区全景。楼台榭阁点缀于绿荫丛中，若隐若现，幽雅而古朴。水榭长廊、琼花阁、揽月楼等，依山而建，濒水而立，古朴典雅，堂皇秀丽，与湖光山色浑然一体。

玩家 攻略

景区内湖心岛上有川陕革命南郑纪念馆，讲述当年红四方面军在这里战斗的英雄故事。参观陆游纪念馆，可以尽领南宋爱国诗人的风骚。

景区还有一些游乐项目，还为游客提供游船，供游客在水上游玩。凭门票可以乘坐大游船、过往浮桥。另外也有数家茶座，可供游客休息。

红寺湖
美丽的山水画

汉中市南郑区西南部

在汉中汽车站乘汉中至黄官专线到红寺湖下车即到

9:00～17:00

美丽的红寺湖犹如一个天然的硕大盆景，镶嵌在南郑区西南的绿水青山之中，是汉中最具魅力的生态风景旅游区之一。红寺湖景色秀丽，湖中的岛屿和雄奇的红寺山构成了一幅山水画长卷。红寺山像一条潜出水面的巨龙，横卧在红寺湖岸；水中突起的桃花岛、大小孤山，像一座座精美的雕塑，造就了红寺湖的美妙奇特之处。

玩家 解说

相传汉王刘邦为了成就帝业，在汉中休养生息时，常率张良、萧何、韩信等将士在红寺林演兵习武，操练军事，图谋关中。东汉末年，张鲁在汉中称王时，经常活动于此，聆听“汉山樵歌”，传播“五斗米”教义。唐宋诗词名家，杜甫、岑参、陆游等都曾在此留下千古传颂的诗篇。

黎坪国家森林公园 AAAA
巴山深处的绿色明珠

汉中市南郑区黎坪镇汉黎路 110元（门票+往返观光车）

8:00～18:00 0916-5691111

黎坪国家森林公园融山景、林景、水景、气候景观和田园风光为一体。园区重峦叠嶂，沟壑纵横，一山一势，倾绿泻翠；西流河峡谷横贯其中，既有奇石险峰之壮美，又有古树清流之秀丽。

这里的二郎山水库高峡平湖，青山辉映，瀑布飞挂；溶洞钟乳滴露，石笋如林。在这里，阳春，山花烂漫、姹紫嫣红；盛夏，绿荫浓郁、凉爽宜人；金秋，霜叶似火、野果飘香；严冬，银装素裹、交相辉映。因此有陕南“九寨沟”之称。

玩家 攻略

在石城的入口处，可以看到景区的猕猴，乐趣无穷。每逢节庆日，景区还会请来当地的艺术剧团，在景区大门广场上举办一些富有地方特色的文艺演出，可以尽情欣赏黎坪的地方文化。

黎坪国家森林公园之美景

景点推荐

勉县旅游区

武侯墓 AAAA

蜀汉丞相诸葛亮的葬地

- 汉中市勉县城南4千米处的定军山下
- 旺季，60元；淡季，40元
- 0916-3316453
- 旺季8:30～17:30，淡季8:30～17:00

武侯墓位于定军山脚下，墓区内山水环绕，墓上和庙内的建筑，大多是明、清时期的。景区里有一片汉柏古松，显得清幽古朴。在大殿院中，有许多历代歌颂诸葛亮的诗词和复修墓庙记文的石碑。

在大殿龛上可以看到诸葛亮端坐的塑像，头戴纶巾、手拿羽扇、身着鹤氅，神态庄严。诸葛亮的两旁是关兴和张苞两员大将。诸葛亮的墓在大殿的后面，头朝南、脚朝北的方向，为“北顾中原，南立蜀汉”的意思。诸葛亮的墓，四周有砖墙环绕。墓前有一个小亭子，亭子内竖有石碑，上面刻着“汉诸葛忠武侯之墓”几个大字。

玩家攻略

每年清明节期间，这里有为期一周的武侯墓清明文化旅游节，前身为“武侯墓清明文化庙会”，为祭祀、凭吊诸葛亮的传统文化活动，是陕南最大的古文化庙会活动，延续已近两千年。旅游节期间，有戏剧、杂技、游园、展览、民间文艺、物资交流等形式多样、内容丰富的文化活动。同时，地方小吃、传统工艺品、歌舞演出等都将汇集于此。

玩家解说

诸葛亮生前辅佐刘备建立了蜀汉政权，官至丞相，封武乡侯。234年，诸葛亮在第五次北伐曹魏时，因积劳成疾，病逝于五丈原军中。蜀汉朝廷遵其遗命，归葬于定军山下，死后谥“忠武侯”。千百年来，人们都称其墓地为“武侯墓”。

链接

武侯墓上的黄果树

每一个到武侯墓的游客都会发现一个奇怪的事情：墓的顶上居然长出了一棵高大的黄果树，然而按照中国的文化传统，是不会在墓的上方种树的。因此后人就展开了联想，认为这是诸葛亮的妻子黄月英对丈夫一片真心，便在丈夫死后化身为一棵黄果树，在心爱的丈夫的墓上，为他遮风挡雨，庇护着他。

定军山

三国时期的古战场

汉中市勉县城南定军山镇

免费

9:00~16:30

定军山是巴山的一个支脉，武侯墓就位于此山脚下。这里是三国时期魏蜀两军交战的著名古战场，因此而古今闻名。诸葛亮生前曾在此操练军队，逝后又长眠于山下。

定军山最高处海拔833米。整个定军山有十二连山，自西向东逶迤十多千米，宛如游龙戏珠，故有“十二连山一颗珠”之美誉。古时三国因定军山之战而形成鼎立局面，定军山又因三国史迹而广为人知。蜀汉老将黄忠刀劈夏侯渊于定军山下，威名震华夏，就是在此处。

玩家解说

定军山山顶原有“古定军山”石碑，“文革”时被毁，今新立。山南有一个天然锅底形的大洼，周长1.5千米，即三国时称为“可屯万兵”的“仰天洼”。北麓有一片广漠沃野，就是当年诸葛亮大布“八阵图”、设“督军坛”的武侯坪。山旁有“斩将桥”“八角琉璃井”；琉璃井井口八角形，薄页细花纹汉砖砌成，皆不存。山半腰有一大石，高约3.3米，宽约2米，中开一缝，宽窄不一，名曰“挡箭牌”，传为诸葛亮遮挡敌箭的遗物。

链接

定军山之战

建安二十年（215年），曹操平汉中，并派大将夏侯渊、张郃等留守，驻兵定军山和天荡山各隘口。刘备趁曹操立足未定，同年率将进兵汉中，老将黄忠打败了驻守天荡山的张郃后，又奋勇取定军山。经法正指点，夺得定军山以西挡箭牌山的山头，居高临下，直取夏侯渊，夏措手不及，被黄忠腰斩。刘备从而夺得了定军山，进而夺取了大半个汉中地区。

武侯祠 AAAA

天下第一武侯祠

汉中市勉县武侯镇108国道旁定军山下的武侯坪

在县城的三国广场，乘坐3路公交车可以到武侯祠

50元　9:00~17:30　0916-3296101

武侯祠始建于蜀汉景耀六年（263年），是全国最早，也是唯一由皇帝下诏修建的武

武侯祠

侯祠。武侯祠呈南北布局，规模雄伟，为陕南较大的古建筑群。武侯祠内文物丰富，匾联层层、碑碣林立，现有各种文物多件，以唐贞元十一年（795年）沈迥刻立的《蜀汉丞相诸葛武侯新庙碑铭并序》一碑及嘉庆年间皇帝亲笔御书的“忠贯云霄”金匾最为珍贵。

穿过山门可以看到一座“乐楼”，这是明清时期的戏台。前方是牌楼和钟鼓楼，左拐进入旱莲院，在院内可以看到一株罕见的古旱莲，据说这是世界上存活年代最早的旱莲，约有400多年的历史。

玩家 攻略

每年的武侯祠春节文化庙会期间，有古典秦腔戏、少林武术对抗赛、民间秧歌、舞狮、彩船等文艺演出，还举办书画、摄影、灯展及猜谜活动，民间杂耍、民间工艺品、当地的风味小吃也汇聚一堂。清明时，武侯祠还有为纪念诸葛亮而自发形成的庙会，场面盛大，十分热闹。

玩家 解说

武侯祠历史悠久，历代名人、墨客留下的墨迹甚多，大殿两侧、山墙及正面檐下，碑石林立，上刻历代文人墨客及军政名流诗词歌赋。后檐柱悬挂于右任先生题写的对联：“大名垂宇宙，遗像肃清风。”大殿正中神龛上端坐诸葛亮塑像，极显慈祥睿智。他左手持六韬兵书，右手抚膝。琴童书童侍立身旁，一持宝剑一捧印绶。龛下关兴、张苞护卫在侧。神龛上方蓝底金字匾额上“忠贯云霄”4个楷体大字为清嘉庆八年（1803年）皇帝御书于皇宫，“驿发”到勉县，由钦差工部侍郎来勉县代表皇帝将匾悬挂于此。大门两侧有联：“未定中原，此魂何甘归故土；永怀西蜀，饮恨遗命葬定军。”此联道出了诸葛亮临终时的旷古遗憾。

链接

读书台

在勉县武侯祠西北约500米处，是诸葛亮当年于军务之暇在此读书的读书台。台前竖一石碑，上刻“诸葛亮读书台”。台旁也竖有一碑，上刻南宋爱国诗人陆游《游诸葛亮武侯书台》一诗。

马超墓

蜀国“五虎上将”之一马超的真墓

汉中市勉县城西马公祠村　10元

旺季9:00～17:30，淡季9:00～17:00

马超墓祠位于武侯祠对面偏东200米处，被汉惠渠隔为两院，墓北祠南，有风雨桥连接。祠内尚保存着正殿三间，内塑马超泥

马超墓

云雾寺

像一尊，殿门悬有“汉麓乡侯”祠匾，并有东厢五间、碑碣五通。墓前竖一石碑，上刻隶书“汉征西将军马公超墓”。墓区山水清幽，祠区庙貌焕然。

链接

马超生平

马超是三国时蜀国的“五虎上将”之一，武艺高强，有“三国英雄数马超”的称誉。刘备称帝后，升马超为骠骑将军，领凉州牧，镇守阳平关（现勉县老城）。222年，马超病逝于勉县，并安葬在此。

云雾寺景区

陕南历史上的三大寺院之一

汉中市勉县二道河乡黑潭子村

云雾寺始建于唐朝，当时叫“朝阳禅院”。置身于云雾山，穿密林、过小溪、攀险路，让人心旷神怡、喜不自胜，这里的确是不可多得的“春踏青、夏避暑、秋观景、冬狩猎”的好地方。

玩家 解说

景区有四大景观：一是古寺神雾，从峡谷到山顶，云雾缠山腰萦绕，千变万化，千姿百态，情趣无穷；二是朝阳石窟，上下二层，绝壁石窟与岩洞相映成趣，古藤垂吊，绿蔓掩映着石佛雕像；三是险滩激流，河水击石穿洞，浪花飞溅如珍珠散花，四级八滩、鳞次栉比，胜似银河飞溅；四是峡谷飞瀑，回龙景区河宽十米，三级瀑布近百米，飞流直下如天河倾泻，第一级瀑高可与黄果树瀑布相媲美。

链接

云雾寺的历史

云雾寺始建于唐贞观年间（627—649年）。据《旧唐书》记载，它与勉县的牛头寺、南郑乾明院统称陕南历史上三大寺院，有很高的知名度。据传，明万历年间，萧皇后在此出家，病死后葬于此，即今皇姑坟。为此万历之母孝定李太后为朝阳院“赐佛经六百七十八函，且施舍钱粮，历有余年”，至今“御碑”尚存。

勉县温泉

陕南第一汤

汉中市勉县温泉乡郭家湾村

勉县温泉傍汉江，倚定军山脉，是一处天然医疗矿泉。温泉水流沸涌，冬夏汤汤；水温平均58.2℃。温泉富含重碳酸根、钙、镁、钾离子等20多种对人体有益的矿物质和微量元素，有防病祛疾、强身健体之功效。

玩家 解说

抗日战争时期，温泉为伤病员疗养疾病之所，当时温泉边盖有草房数间，后被洪水冲掉。新中国成立后，政府为充分利用自然资源，又在泉边盖有瓦房10间，正式作为浴池，建有男、女大池及男、女单人池，一次可容纳近百人。现在，以温泉为中心，已建成疗养院，并有宾馆、饭店、服务业等配套设施，是一个理想的疗养胜地。

景点推荐

洋县旅游区

华阳景区 AAAA

被誉为“秦岭第一镇”

汉中市洋县华阳镇，距离洋县县城60多千米

汉中汽车站有到华阳的直达车

免费

8:30～18:00

0916-8372586

华阳景区位于我国南北天然分界线“国家中央公园”秦岭的南麓，是一处以“秦岭四宝园”科普游览、“龙吟峡”生态风光、“二十五军”红色革命遗迹、“华阳古镇”人文体验为主的综合型旅游目的地。

这里是秦岭四宝朱鹮、大熊猫、金丝猴、羚牛野外唯一齐聚地。龙吟峡森林覆盖率达90%以上，生态良好，为秦岭大熊猫的“天然庇护所”。华阳古镇历史厚重，革命遗址众多，是川陕革命纪念馆的重要组成部分。红二十五军曾在此生活、战斗过，并建立起了红色政权。

链接

杨贵妃与傥骆道

传说，唐玄宗天宝十五年（756年）在陕西兴平马嵬坡上吊的，只是杨贵妃的一个替死鬼。唐玄宗皇帝斩断了儿女情长，从褒斜古栈道入了四川，而杨玉环则被偷偷安排过傥骆道沿汉江达长江到扬州，后来竟漂洋过海去了日本，至今日本的山口县向津具半岛尚存“杨贵妃故里”，留下不少古迹。有人还从白居易著名的《长恨歌》中找出了这个传说具有真实性的证据，比如“马嵬坡下泥土中，不见玉颜空死处”“忽闻海上有仙山，山在虚无缥缈间”“钿合金钗寄将去”“钗留一股合一扇”等。白居易写下这些的时候，

华阳古镇

距事件发生也就几十年，当事者有些还在人世，可以想见掌握实情的可能性是有的，或许只是不可能将实情和盘托出，只好遮遮掩掩埋下伏笔，给后人留下无数的遐想。

长青自然保护区

国家级自然保护区

汉中市秦岭中段南坡的洋县境内华阳镇

长青自然保护区是以保护大熊猫及其栖息地为主的自然保护区。这里有国家级重点保护野生动物30多种，尤以“四大国宝”——大熊猫、金丝猴、羚牛、朱鹮为最。

长青自然保护区的自然景观以高、寒、奇、险、秀为特色，“一山有四季，十里不同天”。这里崇山峻岭与飞瀑流泉交错分布，奇花异草与珍禽异兽和谐共处。汉代开拓的傥骆古道穿越保护区腹地，历代寺庙、陵墓、栈道、断桥、城墙遗址尚存。在这里，经常可见憨态可掬的大熊猫徙游河谷，爬树嬉水；毛色金黄的金丝猴群居密林，腾跃若飞；威武雄壮的扭角羚成群结队，撒欢山野；幻若仙子的朱鹮翩翩飞舞，徘徊于流涧之间。

玩家攻略

春、夏、秋季的黎明和黄昏时分，在华阳保护站招待所可欣赏到展翅飞翔的朱鹮。另外，在保护区内游览，要特别注意环保，不要乱扔垃圾，不要随意给动物喂食，更不要惊吓到它们。

链接

牛岭梁石牛粪金的传说

牛岭是秦岭南麓中段九岭之一，它与秦岭南麓最高峰混人坪、海拔超过3000米的兴隆岭遥遥相对，是古傥骆道必经之处。关中地区与蜀地自古因崇山峻岭相阻隔，互无往来。战国时秦惠文王一直想吞并蜀国，却苦于秦巴天险，难以如愿。后来，秦王命人沿傥骆道雕凿石牛于山中，偷放黄金于石牛臀下，佯称石牛能粪金，并将这一消息传到蜀王耳中。蜀王便派使臣前来讨要金牛，秦王应允。蜀王便派有名的大力士五丁率民工凿山开路，沿千里蜀道修筑栈道，打通秦蜀关隘，运石牛入蜀。历时数年，国力耗尽，五丁也累死于汉中五丁关。秦惠文王更元九年（前316年），秦王派大将张仪、司马错、都尉墨率十万大军沿傥骆道进入汉中，后又沿着蜀王开凿的金牛道进兵，很快就灭掉了蜀国。牛岭梁石牛粪金的传说就是描述的这段历史。

凤凰堡景区

景区内可以领略北亚热带与暖温带植物的变化情况，亦可以在松林苑、凤凰亭等地休息，观赏区内的红腹锦鸡、雉鸡、白冠长尾雉、红嘴蓝鹊、黄臀鹎、绿鹦嘴鹎等鸟类。

苍耳岩景区

这里森林茂盛，在景区可以看到秦岭南坡比较典型的森林垂直带谱，还可以欣赏到大熊猫的主要食物巴山木竹和秦岭箭竹。如果运气足够好，还可以在野外看到国宝大熊猫的身影，或者欣赏到羚牛等多种野生动物。

柏杨风景区

景区现为大熊猫的重要栖息地，有可能观赏到大熊猫饮水、觅食、争偶打斗或在林间悠闲漫步等难得见到的场面。在炎炎的夏季，可以在此消夏避暑，享受森林浴，欣赏金雕在蓝天白云间自由翱翔、雀鸟在林中婉转轻歌，以及威武雄壮的羚牛群徜徉于山涧。

蔡伦墓祠景区

蔡伦的封地和葬地

汉中市洋县城东10千米处的龙亭镇

从汉中搭乘到佛坪的班车，中途经过蔡伦墓路口

0916-8442317

蔡伦墓祠是造纸术发明家蔡伦的封地

和葬地，是一处墓冢与古建园林相结合的文物旅游胜地。这里古柏参天，翠竹成林，百鸟鸣啼，芳草如茵。祠内殿宇古朴典雅，塑像彩画栩栩如生。进入墓祠向左，这里还把蔡伦发明的造纸过程一步步分解，依次展示造纸的十道工序，每一道工序旁都有说明文字、工具和原料展示。

玩家 解说

蔡伦墓祠分为南北两部分。墓区居北，墓冢高约7米、长30米、宽17米。墓区南为祠，祠的中轴线上由南而北依次为山门、拜殿、献殿。正殿大门上高悬有唐代德宗皇帝的御书“蔡侯祠”匾额。殿中有蔡伦塑像；右侧壁上绘有“蔡伦纸”制作工艺流程图，左侧壁上绘有蔡伦于114年封为龙亭侯的谢恩图壁画。蔡伦墓西侧有蔡伦纸文化博物馆，为全国首家蔡伦纸文化博物馆。

汉和帝刘肇元兴元年（105年），蔡伦成功地改进了造纸的方法，用树皮、麻头、破布、破渔网等为原料，造出了物美价廉的纸，朝廷批准推广。从此，天下都用他的方法造纸。人们将用蔡伦的方法造的纸，称为“蔡侯纸”。汉安帝刘祜元初元年（114年），邓太后以蔡伦供职宫廷，年久有功，授封“龙亭侯”，其封地即为现在洋县的龙亭镇。

蔡伦墓之献殿后门

朱鹮自然保护区 AAAA

世上唯一可以看见野生朱鹮的地方

汉中市洋县城北3千米处的姚家沟、金家河、三岔河等地

免费

8:00~18:00

朱鹮属国家一级保护鸟类，是世界上濒危的鸟类之一，它珍贵美丽，有“东方宝石”之称。朱鹮自然保护区地处秦岭南坡中山与低山丘陵的过渡地带，海拔800~1600米，区内沟壑纵横、山川溪流众多、森林茂密、湿地面积大。中心附近的草坝村是野生朱鹮的夜宿地，每天晚上有60多只朱鹮及其他伴生鸟类千余只在此地夜宿，成为一道独特的风景线。保护区划分为朱鹮生态园、朱鹮观鸟台、傥水乐园三大区域。

玩家 攻略

在朱鹮生态园，可以进入笼舍，近距离观赏朱鹮并可拍照，但需换上专用的工作服并消毒。

注意不要在保护区内随意给朱鹮喂食，更不能故意惊吓朱鹮。

链接

朱鹮

朱鹮，又称朱鹭、红鹤、朱脸鹮鹭、日本凤头，历史上曾广泛分布于亚洲东部，最北至西伯利亚北部、最南至中国台湾东部。20世纪70年代，西伯利亚和朝鲜半岛已无野生报道。朱鹮被视为吉祥之鸟，它通体白色，两翅与腹部及尾有着美丽的朱红色泽；嘴长约17厘米，尖端微向下弯曲；脸裸呈红色；枕部有数十根柳叶状的羽毛延伸，形成羽冠；腿与爪亦为朱红色。朱鹮喜欢栖于浅涧和稻田中觅食水生昆虫，多结伴成群翱翔。

朱鹮以其特有的羽色、秀雅的体态，以及起落时翩翩起舞的轻盈舞姿，为历代诗人所歌咏。早有“因风弄玉水，映日上金堤”“朱鹮戏新藻，徘徊流涧曲”的优美诗句流传。在我国境内曾经有14个省份有记录，但20世纪六七十年代，各地均未遇见；直至1981年夏才在陕西洋县重新发现，当时仅存7只。目前，通过不懈的努力，朱鹮的总数量已增加到300多只，其中有野生种群也有人工种群。

景点推荐

城固旅游区

上元观古镇

以道观“上元观”而得名

汉中市城固县西南21千米处　全天开放

上元观古镇始建于明天启年间（1621—1627年），地形呈鳖形。镇子上四条小街直通镇外。城墙砖土结构，并有东、南、西、北四个城门。四个城门楼建筑独特，别具一格，尤其是东门楼，好像汉中城内的钟鼓楼——分三层，飞檐画栋，底阔顶尖，高耸入云，远远望去十分壮观。

玩家解说

上元观古镇的四街十巷构成了镇上的四合院建筑格局。小街中间均为石条铺就，周围则为鹅卵石砌成的花纹图案。别看这小小的四条小街，却紧紧连着城固、南郑、西乡人民的衣食住行。古镇有两三百户人家，东余家、南衡家、西中家、北屈家。衡姓人口最多，且一贯诗礼传家，崇尚教育，还办了私立衡氏祖德小学，故镇上的文化氛围十分浓郁。目前，古镇约一半的房子已破败，不适合居住。

张骞墓 AAAA

为纪念西汉张骞而建

汉中市城固县博望镇饶家营村

从西安或者是汉中乘坐班车前往城固县

0916-7208118

这里是西汉时期著名的外交家、旅行家和探险家，“丝绸之路”的开拓者张骞的墓地。张骞墓坐北朝南，呈覆斗形；四周古柏参天，竹影婆娑。陵园整体以献殿为中轴，对称分布。献殿内置著名书画家张重光所绘大型壁画《张骞出使西域图》《凿空图》。东西配殿为展室，分别推出《张骞生平伟绩》展览和具有鲜明陕南特色的民间艺术展览。阙式大门青砖筒瓦，古朴大方；两阙相对，飞檐斗拱，再现了两汉宫阙的建筑特色。

张骞墓之雕塑

玩家 攻略

每年11月的第一个周六开始，这里有为期半个月的"张骞文化旅游节"，主要内容有集邮、花卉、盆景、根雕、书画、文物展览、张骞生平事迹展，以及公祭张骞、张骞学术研讨会、文艺演出和经贸洽谈等大型活动。

玩家 解说

张骞墓墓前的一对汉代石虎雕工粗犷，姿态雄伟，格局大方。百姓缅怀张骞，赋予石虎以神话色彩：传说他们是张骞所得天宫织女的一对支机石。新中国成立前，这一对石虎一直是当地百姓祷病乞嗣求雨的神灵。

链接

张骞生平

张骞（约前164—前114年），字子文，汉中成固（今陕西省城固县）人。中国汉代卓越的探险家、旅行家与著名的外交家，"丝绸之路"的开拓者。他开拓了汉朝通往西域的南北道路，并从西域诸国引进了汗血马、葡萄、苜蓿、石榴、胡桃、胡麻等。武帝建元二年（前139年）、元朔三年（前126年）、元狩二年（前121年），张骞三次出使西域，历时近30年，加强了中原和西域少数民族之间的联系，促进了经济文化的交流和发展，进一步发展了汉朝与中亚各地人民的友好关系。

南沙河风景区

依托南沙河水库而建

汉中市城固县五郎关　全天开放

0916-86013333

南沙河风景区依托南沙河水库，以南沙河水库为中心。区内群山环抱，山水相映，自然景色优美。南沙河水库呈"L"形，湖水碧绿，清澈如镜。天晴之时，青山倒映，水光浮翠，美丽如画。水库大坝东北有川陕古道上重要的关隘——五郎关，上建门楼一座，门呈券洞状，南北两端分别为"通蜀""连秦"四字。水库西部的中嘴山有革命烈士纪念碑，碑的四面刻有四次国内革命战争中牺牲的城固籍烈士姓名。

鸟山

天然禽鸟园

汉中市城固县三合乡二岭沟西

鸟山树木繁茂，隐蔽性好，加之北临汉江、西靠南沙河、东界堰沟河，可以说沟渠纵横、塘库成片，鸟类捕食鱼虾十分方便。在此活动的鸟类不下18种，有4种鹭鸟是这里的主要"居民"：夜鹭，喜昼伏夜出；牛背鹭，善于歇在牛背上啄食牛背上的寄生虫；白鹭，全身羽毛洁白如银，性情温顺；池鹭，入林区较晚，从不和同胞争地盘，只在山坡高处和山坡下边缘营巢，因生活环境较差，其数量远比前三种鹭鸟少。

五门堰

拦河灌溉工程

汉中市城固县许家庙镇东南约500米处

此堰系截湑水河流而建成的低坝拦河

五门堰之古建筑

灌溉工程，最早修堰时间是新汉王莽时代。五门堰由堰口、堰坝、堰渠三部分组成；渠底开到五洞，东二西三，形似五门，可以启闭，故名“五门堰”。堰坎西南20米处，有清嘉庆年间所修的太白楼、禹稷殿、大佛殿。坎南有观音阁，全用石条垒砌，建于清道光年间。另外，古庙内有关于五门堰的碑石40多通。

李固墓

东汉名臣李固的墓地

汉中市城固县柳林镇小营村

李固的墓地在小营村北一个高坡沿上，坐东向西，呈覆斗形。墓前有碑三通：右边一通为南宋乾道六年（1170年）城固县令阎苍舒立，碑高120厘米、宽64厘米，上刻隶书“汉忠臣太尉李公神道”；中间一通碑为清乾隆四十一年（1776年）陕西巡抚毕沅书立，上刻隶书“汉太尉李公固墓”；左边一通碑高115厘米、宽85厘米，上刻隶书“汉太尉李公固墓”，系1986年城固县人民政府所立。墓前还有汉代石刻石狮一尊，头部残缺，但姿态雄壮且雕工粗犷。

玩家解说

据《后汉书·李固传》载：“李固，字子坚，汉中南郑（今属城固县）人，司徒郃之子也。”生于94年，卒于147年。曾历仕东汉顺帝（刘保）、冲帝（刘炳）、质帝（刘缵）三朝太尉，因博学多才、能言善辩，不畏权势、敢于抗争，有“北斗喉舌”的美誉，因反对外戚梁氏，被罗以罪名处死。李固死后葬于城固县柳林镇小营村，后来该村因有李固的陵墓和庙堂而出名。为了纪念良忠贤臣，当地人称其村为李固村。墓前约30米处的李固庙仅剩一院，现已被改为柳林镇敬老院。

洞阳宫

群峰拱首，苍松溢翠

汉中市城固县毕家河乡东北的一座山巅上，在县城西北25千米处

洞阳宫始建于北魏，头枕秦岭重峦，面临灵崖、古观，景色独秀、风光如画。张爷洞、逼火城、拔池献花等离奇传说至今仍脍炙人口，嘉靖香炉、万历铁钟以及匾额、碑文、登山石阶等文物古迹犹存。

玩家解说

明英宗天顺元年（1457年），被皇帝封为“通微显化真人”的著名道长张三丰重建洞阳宫。清乾隆年间，再经道徒陈本秀修复，还修长约百米的大城墙一圈，并栽松杉三千余株。乾隆五十年（1785年）立碑一通。宣统三年（1911年），道徒刘宗德又主持修石梯路三百六十阶，打石水缸一口。1937年，道徒魏成新在此修灵官崖三间，张爷洞、太白庙四间，黑虎泉一间。1985年，修复三清殿、玉皇殿、十王殿和土地庙等。

洞阳宫

景点推荐

更多汉中景点

张良庙 AAAA

祭祀汉朝开国谋士张良的祠庙

汉中市留坝县留侯镇庙台子街，316国道旁

50元

8:00~18:00

0916-3966003

张良庙位于秦岭南坡的紫柏山东南脚下，这里融名胜、古迹、文物、风景为一体。相传“汉初三杰”之一的张良在辅佐刘邦成就帝业后，就急流勇退，托名“辟谷”，隐居于此。后人仰慕他“明哲保身”的策略和“功成不居”的高风，在这里建庙奉祠。因他曾封“留侯”，故名“留侯祠”，俗称“张良庙”。

张良庙古建筑群依山而建。张良殿内有张良镀金塑像。大殿的两侧有南北花园，游客从北园的西南方向沿着小路可以到达山顶的授书楼，山上还有道教第三洞天。张良庙的匾额对联非常多，现存的石碑、摩崖石刻众多，其中不乏名家高手的笔墨。

玩家 攻略

每年“五一”，举办为期一周的“张良庙旅游节”，由留坝县人民政府主办，主要内容有大型祭祀活动，以及商贸交易、旅游商品展销、文艺演出等。

链接

张良庙的竹子

张良庙内生长着一种很奇特的竹子——拐拐竹。这种竹子生长超过2~4节后便开始弯曲，弯曲部位最多的可达8~10节，竹茎生长高达1米后又恢复端直。有人说，这是由于庙后的紫柏山风势强劲，竹节遇风而弯；还有一说，是由于留侯祠地处秦岭腹地，土质缺锌，故而此竹在生长过程中出现先弯后直的现象。真正原因何在，仍有待进一步研究考察。

马道镇
古栈道重镇

汉中市留坝县南部，距县城32千米

马道镇古设马道驿，是栈道重镇，历史上"火烧栈道""寒溪夜涨""萧何月下追韩信"等故事都发生在这里。凤凰山上有明代修建的"凤鸣禅寺"，由歇山式、重檐式、硬山式等各种风格迥异的宫殿组成，建筑规模宏大，巍峨壮观。凤凰山下有寒溪河，现存石碑两通，记载着公元前206年"萧何月夜追韩信"的典故。

链接

马道镇的"说酒礼"和吃"刨膛"

马道人家，素重礼仪，每逢婚嫁喜庆之事，亲朋好友馈赠礼品，以示庆贺。主家定设宴款待，并特请一位口齿伶俐、能说会道者立于宴前代主人向各位宾朋致辞道谢。这种形式，名曰"说酒礼"。"说酒礼"多为主家向各位亲朋道谢之语，表达他日衔环相报之意与恳请宾朋开怀畅饮之情。"说酒礼"多四、六、九言为句，道来朗朗上口，闻之悦耳响亮；语言朴实恳切，情浓意长。

每年腊月，春节来临之际，是马道农家杀年猪的红火日子。天刚麻麻亮，山村里就会传出被宰杀的猪的号叫声。经过一番忙碌，等到收拾停当，宰猪户在吃晌午饭时必然要请来三亲六友、左邻右舍，炒上新鲜猪肉，焖、炖、炸、煮猪下水，端出一桌子拿手好菜，大家饮酒尝鲜，饱餐一顿。人们把这叫吃"刨膛"。吃"刨膛"的人的多少，也是主人家人缘好坏的一个标志。因此，主家定好杀年猪的日子，便给近邻和亲朋好友提前打招呼。杀年猪当天，主人还要打发娃娃再次一一相请，扯胳膊拉腿，非请到不可。

紫柏山 AAAA
陕西三大名山之一

汉中市留坝县城北15千米处

乘坐汉中至留坝的长途汽车即到

0916-3980168

紫柏山森林公园位于秦岭南麓。紫柏山是与华山、骊山齐名的陕西三大名山之一，因山上遍生紫柏而得名，又因张良归隐此地而闻名。紫柏山山峦起伏，风光秀丽，有温泉瀑布，还有大片的原始森林，以及被誉为亚洲第一天坦群落的山顶上的草坦。

紫柏山云海

诸葛抚琴石位于较宽阔平坦的东沟口，谷口山崖挺拔。顶端青松掩映中有一块石头，高达十多米，形状像弹琴抒怀、手持羽扇、头戴纶巾的诸葛孔明，民间称作"诸葛石"。玄女洞，又名元女洞，位于张良庙以北40千米处，洞深约1千米，是紫柏山溶洞的最佳景观之一；洞中石笋、钟乳遍布其间，还有暗河穿过。

大坪峪自然保护区
秦岭之窗，熊猫家园

汉中市佛坪县城北约22千米处，108国道旁

大坪峪景区依山傍水，芳草、藤萝遍布，溪流、潭水夹杂在山涧。景区内金丝猴大峡谷内灵猴跳跃，秦岭珍稀雉类百鸟园里红腹锦鸡在草丛中觅食。这里还建有陕西省唯一的秦岭大熊猫野化培训基地。

大坪峪景区林密蔽日，偶有山鸟掠过密林。溪流沿山涧石槽蜿蜒而来，挟风裹雾，急急飞奔，直汇而下；泉水跌落处浪花翻腾，

水珠四溅，宛如大珠小珠落玉盘；潭水碧幽，如一汪碧玉。

玩家 解说

在景区内的秦岭大熊猫野化培训基地，可以近距离地欣赏大熊猫在完全模拟野外条件下的树林里尽情嬉戏玩耍的情景。除了“国宝”大熊猫，秦岭珍稀雉类百鸟园里的红腹锦鸡也是一大看点。红腹锦鸡是中国最著名的雉类之一，有着“代国鸟”的美誉，色彩艳丽，姿态优雅，象征着富贵吉祥，有很高的观赏价值。

佛坪熊猫谷

秦岭之窗、熊猫家园

汉中市佛坪县城北20千米处108国道旁

400-007-6169

佛坪熊猫谷景区位于秦岭大熊猫走廊带和观音山自然保护区境内，珍稀野生动植物资源极其丰富。景区内气候凉爽，森林覆盖率高，茂林修竹，野生动植物种类繁多，是大熊猫理想的栖息地。主要景点三叠泉、二龙戏珠、女儿滩、双心池等浑然天成，三圣峰、母女峰、栖云峰等也相映成趣。这里峰峦叠嶂，溪水清澈，大熊猫憨态可掬，金丝猴灵动活跃，是踏青、休闲、避暑、养生、摄影、娱乐的好去处。

佛坪熊猫谷的金丝猴

阳平关

三国时蜀北的主要门户

汉中市宁强县阳平关镇嘉陵江谷地

免费　全天开放

古阳平关，又名白马城、尽口城，始建于西汉。阳平关向以险关要隘著称。北边是秦岭山脉，南面是大巴山、米仓山，嘉陵江水依镇而过，雄伟壮观的嘉陵江大桥像一条彩带……

子龙山巍然坐落在江边，据传说当年赵子龙在此镇守练兵。老街面对嘉陵江，背靠鸡公山，有山有水。站在子龙山上看江对面的鸡公山，就像雄鸡的头冠挺立，加上满山的翠绿，很是漂亮。

玩家 解说

古阳平关始建于西汉，位于今陕西省勉县武侯镇莲水村。北依秦岭，南临汉江和巴山，西隔咸河与走马岭上的张鲁城遥遥相对，雄踞于西通巴蜀的金牛道口和北抵秦陇的陈仓道口。与汉江南北的定军山、天荡山互为掎角之势，是汉中盆地的西门户，同时也是巴蜀通往关中的北端前沿，进利于攻、退利于守，地理位置十分险要。

链接

三国时期的阳平关

建安二十三年（218年），刘备率领诸将进兵汉中，被张郃阻挡在阳平关外汉江上游的深山峡谷之中，彼此相互对峙一年有余，刘备未能进入汉中盆地。建安二十四年（219年），刘备一面派兵攻打张郃在走马岭的营堡，一面南渡汉江，沿山间小路，通过夜间偷袭抢占了军事要地定军山，并且斩了夏侯渊。张郃闻夏侯渊败死，即退守阳平关。随后，曹操增兵阳平关与刘备决战，刘备坚守不出，曹军终因军粮不济、将士伤亡过大，而败退关中。自此，汉中归刘备管辖。

建兴五年（227年），诸葛亮出师北伐，率领各路大军屯兵于沔阳（今陕西勉县）长达八年之久。在这八年里，诸葛亮一直把阳平关作为他进可以攻、退利于守的大本营。其中，六出祁山，有四次都是出阳平关沿陈仓古道进行北伐的。而每当退兵时，他又在这里休养生息，教兵演武。现今在古阳平关的卧龙岗上仍留有诸葛亮读书台等遗址。

青木川

青木川 AAAA

素有“一脚踏三省”之名

✉ 汉中市宁强县西北角青木川镇，地处陕、甘、川三省交界处

¥ 60元 🕘 全天开放

青木川自然保护区境内山脉绵延，有大片原始森林，栖有大熊猫、金丝猴、羚牛、红腹雉等国家保护动物。区内有石梯，拾级而上，可见古栈道遗迹。凤凰山海拔2300米，山势形如凤凰，四季风光各有不同；山上有将军石、清泉飞瀑等自然美景。

青木川古镇历史悠久，古时曾是羌汉杂居地区，自明朝起逐渐繁华。青木川的民居多建于明清时期：古街回龙场，系明成化年间所建；古镇保存最为完整的魏氏大院，系民国年间知名绅士魏辅唐所建；还有明清时期所建的瞿氏、魏氏、赵氏、屠氏祠堂，立碑刻字等。在距古街5千米的地方，有明清时留下的通往甘肃的商运古栈道，长达60千米，道路顺河而上，依崖凿路，路势十分险峻。

玩家解说

青木川古建筑主要以回龙场街为主。该街始建于明成化年间，后街下半部遭水冲坏，自清咸丰以来陆续修建，民国时魏姓人又进行了维修，并建有3处魏氏住宅。街道建筑自下而上蜿蜒延伸866米，金溪河绕着古镇转了个弯，古街被河拉成了弧形，形似一条卧龙。古街现留有古朴独特、雕梁画栋、风格典雅的古建筑房屋260间，这些古建筑都是不可再造的历史文化遗产。古街上近百户人家的房子大都是四合院，二进二出的两层结构，建筑风格有明清时期的旱船式的，也有西方教堂式的。

青木川是商贾云集的边贸重镇，也是兵家必争之地。三国时期，邓艾攻蜀率部经青木川南下。明末崇祯十年（1637年），闯王李自成义军由青木川过境入川占领青川县，清太平天国兰大顺义军与官军曾在境内秦家垭鏖战。民国二十二年（1933年），国民党第一军64师驻扎青木川3天，企图阻挡北上抗日的工农红军。1949年10月，胡宗南骑兵第二旅旅长吕继化率残部在青木川驻扎9天，企图利用自然地形负隅顽抗，但在解放大军的强大攻势下，溃逃入川。1950年，人民解放军19军171团的一个营驻扎于青木川，执行剿匪、保卫新政权的任务。

午子山之山门

米仓山秋色

午子山
道教圣地

汉中市西乡县城东南堰口古镇，210国道旁

乘坐汉中至西乡的班车到西乡县城，再乘坐101路公交车直达午子山

10元 8:00~16:00

午子山是唐代“荔枝道”的必经之地。山上的午子观由顶观、腰观、底观三大古建筑群及500余座灵官庙组成，为道教圣地。午子山三峰峭立，泾洋河、小峡河像两条玉带环山流过，主峰高900余米。午子山左侧，一峰腾空，有飞凤欲翔之势，石崖上镌有“飞凤山”三个大字，矫健遒劲，相传为三国张飞所书。现午子山上还存有明代铜佛像两尊和乾隆年间所铸大钟一口。

玩家攻略

每逢农历初一、十五，登山游览的游客众多；大年初一、初二、初三及农历三月三，更是游人如织。

米仓山
陕西猕猴分布最集中的地区

汉中市西乡县、南郑区与四川省南江县交界处

米仓山国家级自然保护区以米仓山主脊形成地貌骨架，横跨米仓山南北坡。保护区内生物类型复杂多样，森林植被茂密，珍稀濒危及特有物种多，风光秀美。保护区分布的国家一级重点保护植物有红豆杉和南方红豆杉；保护区的猕猴共有11群400余只，约占陕西省猕猴种群总量的一半。

五龙洞森林公园
国家级森林公园

汉中市略阳县城北48千米处的九中金乡，位于秦岭南麓的陕、甘、川三省交界处

9:00~17:00

0916-4956358

五龙洞森林公园四季景色各异，环境优美。公园以溶洞群与茂密的原始森林为主，山水自然，雄、奇、幽、秀俱全，景致浑然天成。溶洞有五龙洞、四佛洞、玄天洞等，洞内石柱、石笋、石莲、石乳形态各异。公园内还有历史悠久的人文景观；同时，这里有野生动物200多种，栖息着羚羊、金雕、鹿、豺、猞猁、大鲵等国家级保护动物。

灵岩寺
文物古迹众多

汉中市略阳县城南3千米处

灵岩寺又名药水崖，始建于唐开元年间（713—741年）。寺庙由两个天然洞穴组成，前洞名“金龟洞”，后洞称“罗汉洞”；两洞依依相邻，傍山临江，坐东向西，错落有致。这里的建筑与彩绘别具特色，被誉为“陕南第一大铜佛”——毗卢大佛的造像造型独特；摩崖石刻众多，达130余通，尤以东汉的《郙阁颂》最为著名，被誉为“陕南小碑林”。

玩家 解说

灵岩寺依山傍水，坐东向西，依托山岩上两个天然大溶洞而建。寺内自然景观与人文景观巧妙结合，号称“蜀道明珠”“陕南小碑林”。这里自古就是周边地区的宗教旅游胜地，加之历史悠久，各种传说逸闻举不胜举。李白、杜甫、吴道子、李可染、于右任等文人墨客，都曾在此留有笔墨。

寺内藏有汉代至今的200余通碑碣，著名的汉代书法名碑《郙阁颂》也在其中。《郙阁颂》是东汉灵帝建宁五年（172年）刻的一方摩崖石刻。《郙阁颂》摩崖是我国珍贵的汉代石刻，它的书法自成一家，为标准的汉隶八分体，结构严整，俊逸古朴。它同汉《石门颂》《西狭颂》，并称我国的“汉三颂”。

王富沟溶洞群

以丰富的溶洞群闻名遐迩

汉中市略阳县正东方向20米

王富沟以丰富的溶洞群闻名遐迩。这里自然风光优美，数十个深不见底的大型溶洞分布在山间，地下的暗河、天洞更为其增添了一份神秘感。溶洞内天然形成的钟乳石，色彩斑斓，呈现出形态各异的人物、动物、器皿造型；还有天然形成的石鼓，敲击有“咚咚”的鼓声传出。

江神庙

长江流域最为完整的羌族建筑群

汉中市略阳县城环城西路

0916-4828677

江神庙坐东向西，整座院落依据地势高差而建。江神庙采用中国传统宅第平面布局，形成上、中、下三进式院落，整体建筑体现了“由外见墙不见木，由内见木不见墙”的建筑特色，注重彩绘和木雕板绘。庙内有反映古代民俗民情、神话传说、传统礼节、戏曲故事等的彩绘与木雕板绘近400幅。

玩家 解说

江神庙的板绘艺术，有兽头图案画、氐羌人物画和高浮雕人物故事图像。兽头图案画，多是熊、野猪、飞猴之类的动物，具有浓厚的地方特色和写实风格，与氐羌族的自然崇拜、图腾崇拜的宗教活动有关。氐羌人物形象造型新奇，衣着服饰与汉族迥然不同。高浮雕人物故事图像，多系人物花卉，人物中有羌民形象。

江神庙

攻略资讯

- 交通
- 住宿
- 美食
- 购物
- 娱乐

交通

飞机

汉中城固机场：位于汉中市城固县柳林镇，距汉中市区17千米。于2012年8月24日开工建设，2014年8月13日正式通航。现已开通汉中到西安、北京、上海、广州、重庆、成都等多条航线。

火车

汉中火车站：位于汉中市汉台区站前路。宝成、阳安、襄渝三大铁路动脉穿境而过，盘活了汉中全盘交通。从汉中有到西安、安康、广州、北京西的始发列车，也有到武汉、成都、上海、福州等地的过路列车。

汽车

汉运司汉中汽车站：位于汉中市汉台区虎头桥路29-1号。

汉中客运枢纽站（高铁站）：位于汉中市汉台区货场路汉台区黄家塘小学西北侧约290米处。

住宿

在汉中街头，星级酒店、旅馆和便捷酒店随处可见，价格也比较合理；但汉中淡季和旺季的住宿价格相差较大。汉中的住宿区

汉中城固机场

七星湖

域可以分为两大部分：汉中火车站—中心广场和古汉台—拜将台，分别位于汉中市的北部和中部。汉中汽车站和中心广场附近交通比较方便，宾馆也很多；古汉台一带邻近景区，适合游客出游。

●汉中天汉景逸酒店

酒店交通便捷，拥有设计独特的各类豪华客房多间（套），以及风格独特的中餐厅、意大利餐厅、全日制餐厅及宴会厅，在这里可享受各种诱人美食。汉中市汉台区滨江西路天汉文化公园C区 0916-8867777

●汉中北岸云憬酒店（汉江湿地公园店）

酒店主体建筑呈“回”字形，装修选材考究，是一座高端商务、休闲、园林式下榻之处；现有度假亲子房、庭院私汤房、动静分区的复式房、宠物关照房等各种特色房型，可满足客人的不同需要。汉中市汉台区汉中路街道办事处滨江西路天汉长街A1区 0916-2726666

美食

汉中有句俗话说，“汉中小吃打天下”，说明了当地小吃的美味和百姓对于小吃的喜爱。简单的原料、简单的调料、简单的工艺却能炮制出一味味令当地食客痴迷的美食，令人叹服。热面皮、菜豆腐粥、腊汁肉夹馍等特色小吃，不仅在当地遍布街头巷尾，而且也慢慢随着汉中人走到了全国各地。

凡是到过汉中的人，一定难以忘怀汉中的小吃，尤其是川味小吃。汉中人就是爱吃辣的，来到汉中一定要去汉中的小吃一条街——东门桥。

汉江晚霞

●菜豆腐稀饭

又称“菜豆腐粥”，历史悠久，是汉中的名小吃。制作的主要原料是黄豆。成品质地细嫩，色泽清白，吃法上有酸甜之分。吃时，用所剩的酸浆水加入大米煮熟；快熟时，加入豆腐。食之酸香可口。还可以搭配油煎辣椒、蒜泥等拌成的佐菜，清香爽口，余味持久。

●粉皮子

又称“片皮”，制作原料为蕨根粉。将蕨根粉加水稀释，加入适量明矾，入锅平摊即成。成品色泽鲜亮、柔滑筋韧。吃法为凉拌：将其拌以菠菜、豆芽、胡萝卜，调入盐、醋、酱油、芥末、姜蒜汁、辣椒红油等调料，入口咸、酸、辣、香、冲俱全，爽口筋道。

粉皮子

●面皮

汉中地区特有的面皮与关中名吃“凉皮”相似。米、面粉经过浸泡、磨浆、笼蒸、成形等数道工序，才制成白、薄、光、嫩、细、柔、韧、香的面皮。将其切条，拌以菜蔬，调入佐料。但汉中面皮与关中凉皮最大的不同即为热吃，称为“热面皮”。吃时再配上菜豆腐粥，别有一番风味。当然也可凉拌而食，此外，油炸、炒、烩等食法也广受欢迎。

汉中面皮

●浆水面

汉中的浆水面别具一格。相传该名与汉高帝刘邦与丞相萧何有关。入口酸辣清香，回味无穷，并具有开胃之功效，是汉中的名小吃。

●王家核桃馍

王家核桃馍是宁强县的著名风味小吃。该馍小如瓷盖，色泽金黄，香味浓郁，油酥可口，耐储存（放置数日也不变色味），曾是慈禧太后的贡品。宁强王家“福兴老号”核桃馍，从乾隆时问世至如今，已有近300年的历史。

王家核桃馍

链接

王家核桃馍的故事

据王家核桃馍传人口耳相传，天津的一个都督周玉姬兵败领罪后，他的儿子带厨师逃到宁强。都督之子在王家做了上门女婿，其厨师随之成为王家的厨师，主要制作海味酱菜、糕点等。时间一长，厨师熟悉了宁强的情况，就将宁强盛产的核桃及其当地制作核桃馍的方法融进了自己生产的糕点中。这就是宁强核桃馍的雏形。王家的厨师跟着天津来的厨师学艺，生产酱菜和糕点的同时，一边改进核桃馍的工艺，一边扩大生产，经过代代相传，有了今天的色、香、味。

1921—1928年，陕南的北洋军阀第七师师长吴新田盘踞汉中时，酷嗜此馍成癖。有一次派一名心腹护兵到宁强来购买，这个护兵怕跋山涉水，走到半路便在沔县（今勉县）一家馍铺依样画葫芦地定做了若干带回汉中交差。见吴面带喜色，满以为有赏。哪知吴一搭牙，便勃然大怒，掷馍于地，说他撒谎，喝令叫人重责20军棍。可那个护兵仍然嘴硬，连喊冤枉，直到吴吩咐人从厨房里拿出剩下的一块王家真品命他亲尝，才不敢再吱声狡辩，终于道出实情。

●华阳干腊肉

每年腊月，华阳山区老乡将整条尚带体温的猪肉卸成条块，趁肉温揉搓盐末，再加适量香料搅拌后捂上几天几夜，泌出血水；然后用棕叶吊在火炕上烘烤数日，使盐味、香料渗入肉内；最后挂在通风阴凉之处，来年可吃多半年。

●黎坪八大碗

最早的八大碗以猪肉为主，而且碗碗全是肉。吃席时，再配以大碗喝酒，那种豪爽、那种酣畅淋漓的场景，往往会给吃的人留下深刻的印象。八大碗菜品具有香浓味厚、咸鲜酸辣的口味特点。

●红豆腐

用优质黄豆制成豆腐块，切一寸见方，恒温发酵，再用大曲酒、辣酱调制混合入坛密封，埋入地下，用自然气温调节坛内温度，使之二次发酵，存放三年而成。外观枣红色，内呈杏黄色。具有松软、细腻、咸辣、尾味醇厚、清香爽口、余味悠长等特点。

红豆腐

●松花变蛋

为西乡县传统食品，久负盛名。用松柏树枝等物包裹腌制而成。其风格独特，蛋清部分透明，隐约可见朵朵松花、翠柏，间有橘红、淡红、棕红色；蛋黄部分层次分明，墨绿、桃红、橘黄三色相间。松花变蛋咸淡适中，味美清爽。

松花变蛋

购物

汉中当地的特产以山珍及各种土特产品为主，如黑木耳、松花变蛋、茶叶、柑橘、牛肉干等，这些特产普遍物美价廉。

汉中市区内有不少商场、超市，购物比较方便，特产一般也都可以在商场里买到。

●枣皮

又名山茱萸、山萸肉、红豆、红皮树等。果肉入药，系名贵中药材；形似枣核，色棕红；味酸涩，性微温，无毒。《本草纲目》就有记载，是十分名贵的医疗保健药品。华阳枣皮以果大、肉厚、味正、无病虫、色红油润、有效成分含量高等特点闻名全国。

●土蜂蜜

土蜂蜜是中国土蜂（中华蜜蜂）采集高寒森林野山花粉充分酿制而成的蜂蜜。蜜色泽深、口味独特、香甜味浓，含有多种能被人体直接吸收的微量元素。土蜂蜜是药引的首选蜜，堪称“蜜中精品”，也由于酿蜜周期长、蜜源稀少被誉为“蜜之珍品”。

蜂蜜

●午子仙毫

午子仙毫产于西乡县的午子山一带。这里自然条件十分优越，产茶历史悠久。据《西乡县志》记载，西乡产茶始于秦汉，盛于唐宋。午子仙毫经摊放、杀青、揉捻、初干、做形、烘焙六道工序而成。其状似兰花，色泽翠绿鲜润，白毫满披；香气持久；汤色清澈明亮；滋味醇厚，爽口回甘；叶底芽匀嫩成朵，十分美观。

午子仙毫

●略阳丹参

略阳丹参多生于山坡草地、林下、溪旁，春、秋季采挖。它根茎短粗，顶端有的残留茎基；根长圆柱形，表面红棕色或暗棕色，粗糙有纵皱纹；老根外皮疏松，紫棕色，呈鳞片状剥落。质硬而脆，气微，味微苦涩。

略阳丹参

●罐罐茶

略阳县传统茶点，有水泡茶、油炒茶、面罐茶等种类。用小罐盛水，放入茶叶，置火上煮熬；边煮边放入面糊加清油，调以各种调味品及作料。清早或有客人来时，煮茶就当早点而饮用，提神暖胃，爽口宜人。此种茶食本为氐羌人生活习俗，流传至今。

娱乐

●中国陕南油菜花节

每年3月28日至4月1日举办，主会场在汉中市南郑区。主要内容有中日民间文化交流

陕南油菜花

（中日民间赛茶、茶人会及茶艺表演、民间社火、南郑地方桄桄戏、汉山樵歌赛歌会）、旅游商品及地方名优商品展评会、各类文艺表演等。

●中国诸葛亮文化旅游节

每年4月3日至4月7日举办，主会场在汉中勉县。主要有以下活动：诸葛亮逝世周年祭祀活动，汉中奇人异士绝活挑战赛，清明汉中万人徒步活动，拔河比赛，孔明故里万人齐放孔明灯活动，颂扬诸葛亮楹联征集活动，中国汉中旅游资源开发项目招商展暨旅游投资合作洽谈会，中华美食展——全国风味小吃大比拼，汉中旅游工艺品展。

●西乡赛茶节

自2001年起，每年4月15日至4月20日，在汉中西乡县举办。主要内容有名茶评选、赛茶大会、茶艺表演、茶叶科技研讨、大型文艺演出、陕南民俗文艺表演、农家风味菜肴大赛、书画大赛，以及茶文化观光旅游、茶叶展销等。

●西乡樱桃旅游节

自2000年起，每年“五一”前后，在汉中西乡县举办。“五一”前后，是这里樱桃成熟的季节，主要内容有采摘樱桃、采茶等旅游项目，附带旅游商品、土特产品的展销活动。

●城固柑橘旅游节

自2000年起，每年11月的第一个周六开始，为期半月，在汉中城固县举办。与张骞文化艺术节同时举行，是以采摘柑橘、体验田园生活为主要内容的生态旅游节。

●紫柏山登山节暨栈道漂流节

每年7月在汉中市留坝县举行，主要活动有紫柏山登山比赛、栈道漂流以及各类文艺演出活动等。

发现者旅行指南

安康

概览

亮点

瀛湖

安康水电站建成后形成的西北地区最大的淡水人工湖。湖区水面广阔，波光潋滟。湖中岛屿星罗棋布，有岛屿近百座，素有“陕西千岛湖”之称。

南宫山国家森林公园

公园以高僧弘一大师真身、古生代火山多次喷发的流迹、第四纪冰川遗迹和原始次生森林而闻名。

香溪洞

香溪洞风景区花香远播，漫谷飘香，故名“香溪”。山下溪流蜿蜒，如遇水涨急流，瀑布悬挂，蔚为壮观。山谷野花盛开，色彩绚丽。

燕翔洞

燕翔洞系寒武系古生石灰岩溶洞群。洞中有水，洞顶倒挂钟乳石。洞中的钟乳石数量多，个体大，形象奇特。

凤凰山

凤凰山森林公园山间小坝子遍布，梯田鳞次栉比，奇峰异石在飘忽不定的云雾中忽隐忽现。从林间小道依山而上，可领略古木参天的幽静。

蜀河古镇

蜀河为古蜀国所在地，续写的是汉江黄金水道上的传奇。镇上千余米长的蜀河镇老街，铺着一色的厚重的青石板，显得十分古朴。

线路

安康灵山秀水三日游

第一天前往瀛湖，乘船游览瀛湖的湖光山色，中午在岛上的度假山庄品尝瀛湖鱼宴。午后出发去天柱山参观白云古寺。傍晚可以在山顶看日落，尽览夕阳西下时的美景，远眺城镇。晚宿安康市区。

第二天前往香溪洞，登天梯，上天门，遥望汉江。午后再去岚皋县享受亲水漂流的乐趣。当晚宿岚皋县城。

第三天早上从岚皋县城乘车前往南宫山风景区，观赏国家森林公园的自然风光。

岚河

安康休闲二日游

第一天早上从西安市区出发前往柞水溶洞群，欣赏洞内玲珑剔透的钟乳。午后来到香溪洞，体会吕洞宾修行时的那份宁静与安然。夜宿安康市区。

第二天前往千家坪森林公园，领略巴山深处的神秘幽静，饱览天高野阔的无限风光。

为何去

安康位于陕西省南部，为秦岭、巴山山地，环境幽美，自然景观有燕翔洞、南宫山、岚河漂流等。这里历史悠久，孕育了灿烂的文化，历史遗迹遍布全境，折射着秦巴汉水的灵峻秀美。

蜀河古镇之古建筑

何时去

安康四季分明，春暖秋凉，降水多集中在夏季。安康风光以山水为主，所以在春、夏、秋三个季节都可以观赏到怡人的风景。春天可到汉阴观油菜花盛放，初夏有汉江上的龙舟大赛。

凤堰梯田油菜花

香溪洞景区玉皇阁

区域解读

区号：0915

面积：23 529km^2

人口：约247.14万人

地理 GEOGRAPHY

区划

安康市辖1个区（汉滨区），8个县（汉阴县、白河县、石泉县、宁陕县、紫阳县、岚皋县、平利县、镇坪县），代管1个县级市。

地形

安康地形复杂多样，山地与川道高差悬殊，河流纵横，切割强烈。区内最高海拔为2794.6米（秦岭东梁），最低为170米（白河县汉江右岸）。

安康以汉江为界，分两大地域：北为秦岭地区，南为大巴山地区；其地貌呈现南北高山夹峙，河谷盆地居中的特点。

气候

安康市属亚热带大陆性季风气候。由于地形复杂，高低悬殊，所以具有明显的垂直地带性气候特征。这里四季分明，冬无严寒，夏无

石泉老城西门

瀛湖风景区

酷暑，春暖秋凉，降水多集中在夏季。比起陕西秦岭以北的地区，安康的气候温和湿润很多。

历史 HISTORY

历史大事记

石器时代，汉江两岸及秦巴腹地原始人类部落就已出现，并与周边地区有多方面的联系。

商周时期，安康成为庸国的封地，史称上庸，为“群夷之国”。

东周时期，周王室衰微，安康地处“秦头楚尾”，地扼南北要冲，先后隶楚、隶蜀、隶秦，变更频繁。

秦惠文王更元十三年（前312年），始设西城县（今安康市），属汉中郡。

西汉沿袭秦制，汉中郡下设西城、安阳等县，治所西城县。

据《兴安府志》载，晋武帝太康元年（280年）为安置巴山一带流民，取“万年丰乐、安宁康泰”之意，将安阳县更名为安康县，“安康”从此得名。

1949年5月，安康解放。

名单 安康历史名人

战国时纵横家鬼谷子

东汉贤官锡光

唐代佛教高僧怀让大师

北宋末年抗金名将王彦

新文化运动先驱沈士远、沈尹默、沈兼士三兄弟

文化 CULTURE

陕南小歌舞——小场子

小场子是最具有陕南地域特色的民间小歌舞，是旧时汉滨区恒口、五里、大河、流水一带群众喜闻乐见的主要娱乐形式。小场子应是随明末清初移民流入安康的，从两湖等地的“花鼓”类民间歌舞演变而来，至今已有200多年的历史。

小场子以八岔唱腔为主，表演时以三尺见方桌子为舞台，一旦一丑二人在锣鼓声中登台。丑角穿短衣，紧口裤，草鞋，手拿草帽圈；旦角穿长裙并着绫挂缎，头饰金珠，手摇凤尾折扇。两人边唱边逗边舞。表演程式相对固定，即在锣鼓的间奏中表演舞蹈组合，然后接唱，如此重复。小场子在以花鼓、民间小调演唱男欢女爱的同时，还能表演以说唱为主的“正戏”，演绎民间传说和生活故事。

小场子在表演风格上，丑角以逗趣为主，表演泼辣，旦角含蓄。唱词说词诙谐幽默，插科打诨，动作洒脱。小场子的引人之处

在于，丑角手中草帽圈在舞蹈转身的一瞬间即可变出多种花样，以此揭示情节和人物内心的变化。据民间艺人讲，草帽圈的变化最多可达50余个花样，有“观音帽”“双护耳”“单喇叭”“货郎帽”“和尚帽”等帽花。这些绝技，在塑造人物形象、刻画人物性格，以及表现内心情感方面起到了画龙点睛的作用。

小场子除春节表演外，平时还是庙会、家庭喜庆中不可或缺的助兴娱乐形式。近年来，安康汉剧团把小场子搬上了舞台，经过整理加工，表演程式更为完整，舞蹈语汇更为丰富，表演形式更加完美，代表节目《青山绿水乐合欢》深受广大群众和社会各界人士的喜爱，尤其受到外地游客的青睐，已成为各类大型演出和重要接待演出的保留节目。

陕西汉剧——汉调二黄

汉调二黄，习称“土二黄”“山二黄”“靠山黄”，或“二黄戏”。又因它是在汉水流域由西皮、二黄结合形成的，故又多称“汉调”。解放初期，为与皮黄系统各剧种通用名称相统一，在安康地区又有“陕西汉剧”之称。

汉调二黄是陕南地区仅次于南路秦腔（汉调桄桄）的大型剧种。其音乐唱腔与皮黄系统各剧种基本相同，以“西皮”和“二黄”两种声腔为主干。汉调二黄向以木偶、皮影与人演大戏三种形式在民间流传。流行区域以秦地为主，延至甘、鄂、豫、川等省。

汉调二黄的剧目丰富多彩，在艺人中就有“唐三千、宋八百、野外史传数不得”之说。取材范围从上古传说到明清故事，活像是一部《中国通史演义》。在艺术风格上，喜剧与悲剧兼备，文戏与武戏并重，历史故事与神话传说为主，整本与连台颇多。尤以文戏的唱词繁、本头大、行当全为其特色。其中《炼石补天》《曹刿论战》《征北海》《尝百草》《女界牌》等200多个剧目，为陕西二黄所独有的罕见剧目。

汉调二黄表演

汉调二黄的行当分为十大行：一末、二净、三生、四旦、五丑、六外、七小、八贴、九老、十杂。嗓音运用上，四旦、八贴用假音（小嗓），其余各角用本嗓，即一末、九老用“苍音”，二净、六外用“虎音”，三生、十杂用正音，五丑、七小用尖音（细音）。舞台表演向以细腻精到、认真传神为观众所赞赏。它讲究创造角色，要求把握人物性格与身份、情态，做到合情入理。

紫阳民歌

紫阳民歌是流传在安康紫阳县境内民间歌曲的总称，是陕南地区民歌中最具代表的曲种。紫阳位于陕南中部，因道教南派创始人——紫阳真人张伯端而得名。

我国古代最早的诗歌总集《诗经》中“周南”和“召南”部分25首歌谣的流传地主要就在包括紫阳在内的汉水上游。紫阳民歌在朝代更迭的过程中，伴随着人们种种生活习俗的形成发展而逐渐成熟，于明清达到鼎盛。

紫阳民歌藏量极为丰富，所发现曲目总数已达5028首，编印成册的有828首，体裁包括号子、山歌和小调几大类，其中又包含了社火歌曲、风俗歌曲、宗教歌曲、曲子等不同歌种。由于积蕴深厚、传唱广泛，紫阳县2003年被文化部授予“中国民间艺术之乡”（民歌）的称号。

紫阳民歌流传久远，其歌词借喻巧妙，风趣幽默，有较高的文学价值；所用方言似川、似楚，韵味独具；其旋律优美婉转，高腔唱法中游移于调式音级间的色彩性颤音唱法具有独特的价值。紫阳民歌的传承直接依托于各种民俗活动，反映出丰富的民俗文化内容。

景点推荐

安康市区景点

八公岩

有堪称安康一绝的蓂安塔

安康市汉滨区张滩镇

八公岩，也称巴公岩。岩上七级方体的蓂安塔，拔地而起，直插入云；其气之雄壮，工艺之精美，位置之险要，景致之盎然，在安康堪称一绝。

蓂安塔的最顶层飞檐突出，大有展翅凌云之势；各层翘起的四角为石凿吉祥如意；七级飞檐皆用整石浮雕装饰，尤其是塔顶，有七彩莲座，座上鬼斧神工地垛着两个3000斤重的铜球，铜球下的莲瓣上还长着年年枝叶茂盛的石榴树枝。塔内有约9平方米的空室上下通达，登临其上，可尽情欣赏绿水青山，天光塔影，江上往来如梭的流舟，城区鳞次栉比的高楼尽收眼底，可谓“江山无限景，都聚一塔中”。

玩家解说

关于选择在黄洋河入江处的巴公岩上造塔，据说有两个原因。一是认为此处风水不好，不聚财富，不出高官，非浮屠莫改。二是汉江常发大水，黄洋河汇流处水流更汹涌，给人们的生命财产带来巨大危害。巴公岩下江底隐伏着一条蛟龙，洪水灾害就是这条恶龙造成的，修建此塔是为了镇住这条恶龙。根据以上传说以及塔身碑文上乐捐大户姓名来看，修建此塔无宗教意义，是地方豪门大户和社会名流共同操持的产物，但它对城市容貌的绝好点缀和本身的

香溪洞

古建筑艺术魅力是不容贬低的。

香溪洞 AAAA
相传曾是吕洞宾修炼会仙之地

安康市汉滨区新城街道
可乘8路、12路公交车前往
免费
8:00~16:00

香溪洞风景区南依巴山，北临汉水。阳春三月，花香远播，漫谷飘香，故名“香溪”。溯溪而上，谷狭山峭，悬石夹道。山上有道观，始建于明成化初年（约1465年），相传曾是吕洞宾修炼会仙之地。后人在此架桥筑楼，凿岩开洞，名之“香溪洞”。

景区周围山环峰绕，层峦叠嶂。山下溪流蜿蜒，如遇水涨急流，瀑布悬挂，蔚为壮观。山谷间野花盛开，色彩绚丽。香溪洞为道教石窟，创建已有500余年。三天门上建有石壁青瓦小屋1间，门上横额石刻“去天五尺”4个大字。再上有纯阳洞，洞内有百祖塑像，壁间有石刻“来往大千须半日，金州南畔有柴扉”“仙人已乘降龙去，羽士还疑化鹤来”等诗句。

玩家解说

香溪洞为道教石窟，历经各代修葺增筑，楼台殿阁、桥梁洞府俱有，素有“古洞仙踪”之称。香溪洞、药王洞、三茅洞、龙王洞、文昌洞、八仙洞、慈航洞、祖师洞并称“香溪八洞”。洞中有石雕、泥塑道教神像多尊，神采奕奕，栩栩如生。游香溪洞，从山底盘山小路曲折而上，停立“天门”处可遥望汉江一带，安康城郭尽收眼底。

天柱山
安康四大名山之一

安康市西南约15千米处的瀛湖镇

天柱山毗邻汉水，山清水秀。历代文人墨客常往天柱山登高赏景，赋诗题字。天柱山上的白云寺，始建于唐朝，是陕南佛教圣地四大丛林之一，列为安康八景之一。寺后有莲花池，前有方池。据传，看天池可知汉江水位。寺院内外松柏葱郁，寒梅飘香。大殿雕梁画栋，金碧辉煌，佛像千尊，香火鼎盛。

清晨登天柱山，可看日出、观云海；夕阳西下时，可赏轻烟淡雾，摇曳山巅；白云寺殿宇，迷离缥缈。凭山远眺，俯视山下，远处的城镇尽收眼底，但见汉江碧波宛似晶莹玉带，炊烟袅娜笼罩纵横阡陌。

瀛湖 AAAA
西北最大的淡水人工湖

安康市区西南18千米处的天柱山脚下，汉江上游15千米处
70元
4001761766

瀛湖景区由瀛湖及其周围的天柱山等群山组成。湖区水面广阔，波光潋滟。湖中岛屿星罗棋布，有岛屿近百座，素有“陕西千岛湖”之称。瀛湖水产丰富，出产价值较高的银鱼。此外，湖畔产茶，“安康银峰”毛尖茶，颇具盛名，湖岸还盛产柑橘。

生态旅游区周边，有雄踞在火石岩峡谷中的安康水电站大坝，它有“陕西第一坝”的美称。每当泄洪时，大坝上雷霆万钧，蔚为

壮观。大坝一侧是久负盛名的佛教圣地天柱山白云寺，坝下不远处是一座我国自行设计并建造的特大钢构斜拉桥。

玩家 解说

瀛湖烟波浩渺，广阔秀丽，岛屿棋布，相映成趣。朝可看彩霞浮湖面，暮可观红日融浪中；午间，渔帆点点，白鹭行行，群山葱茏，成千上万鱼群追戏游往；晚上，则明灯万盏如星汉，星月同明水映星。金螺、翠屏、玉兴等岛屿上，精巧别致的亭、台、楼、阁和独具匠心的殿、堂、廊、榭及动物园、钓鱼台、水上运动场等景观点缀其间，使这里的秦风楚韵与现代时尚及山乡野趣交相辉映，富有诗情画意，令人心旷神怡。

金螺岛

因其形似海螺，又屹于湖中，故冠名金螺岛。金螺岛以螺峰塔为标志，岛上房屋建筑参照苏州园林的风格修建，层次分明，紧凑而又典雅，构成了儒雅夺人的园林景观。

牛峰堡

牛峰堡建在直插湖中的牛峰半岛上，集自然风光和文化于一身。交通十分便捷，既可从水路前往，又可由进岛路乘车直达。

瀛湖金螺岛

龙王山

安康北边有名的山

安康市汉滨区城东北15千米处的关庙镇境内

免费

龙王山位于汉水之滨，海拔867米。山峰突起，如立锥状。山顶开阔，古木交融，上有一寺一殿。“龙兴寺”建于明天启年间（1621—1627年），建筑群颇具规模，香火极盛。相距百米的“祖师殿”，建于明天顺元年（1457年），签卦最灵，每年三月三庙会数日内，香客逾万。

玩家 解说

民间谚语称：“看了龙王山上云，便知风雨晴。”旧社会，人们认为龙能兴云致雨，常在大旱时期沐浴斋戒，集队徒步上山祈雨。停立山巅，放眼四顾，江城如画，悉在眼帘，堪称金州胜地。当地老人介绍，清康熙年间，白莲教首领齐王氏（齐林之妻）曾占据此山，传道练兵，抵御清军，清军前去围剿，毁庙杀人，佳境遭破坏。清咸丰年间得到重修。“文革”期间，又遭到破坏，后经多次修缮，现在已成为安康市主要的旅游景点和佛教圣地。

双龙生态旅游度假区 AAAA

以龙文化为特色

安康市双龙镇

4000915112

景区以灵、幽、奇、险为四大自然景观特色，集文化体验、观光旅游、生态养生、休闲度假于一身，以解构龙之传奇、体验龙文化为主轴。其主要景点有龙潭峡、祥龙谷、游龙瀑布、青龙寨、玉龙宫等，可入宫探源、观水探脉，看龙之景观，听龙的故事。值得一提的是，玉龙宫内的钟乳千姿百态，惟妙惟肖，吸引了无数游客来此参观。

玩家 解说

玉龙宫原名狮王洞，奇洞纷呈，曲径通幽。洞内白色钟乳石闪闪发光，无数圆锥形的石笋挺立向上，成为各种形状的石柱。特别是那只形体彪悍、足蹬绣球、虎视眈眈的雄伟石狮，惟妙惟肖，栩栩如生，让人惊叹大自然的神奇。还有一根盘龙石柱，高20余米，四人方可环抱，且与另外三根石柱遥遥相对，蔚为壮观。10余柄宝剑合拢在一起，凌空倒刺，利刃闪烁；10根细小溶柱对峙成形，挺拔峻秀。另外，洞内的一枝独秀、罗汉观天、莲花宝座、垂钓宝舟、弥勒佛尊等各种造型精美、逼真的石物，也成为一个又一个独特奇观，令人目不暇接。

翠屏岛
似孔雀开屏

安康市汉滨区瀛湖镇

从安康乘车经瀛湖镇入进岛路即可到达

翠屏岛从空中俯瞰像一只美丽的孔雀在开屏，四周又在青山绿水碧波之间，因此取名翠屏岛。北部的大型建筑就是玉清吊桥，桥上有四座古亭腾空高耸。岛上有游船码头、入口门庭、桥头广场、花坛、草地、牌楼，还有踏山道、叠落水池及踏山道两边的大片草地和珍稀树木。环岛路四通八达，沿路建有八个别具风格的小亭，还有鲜果品尝，使游客既可闲庭信步，又可品茶尝果，还可棋盘对弈。

玩家 解说

翠屏山庄为民居四合院式风格，正面中央为宾馆大堂，大堂顶部15.8米高的迎客楼高耸入云，雄伟壮观，为翠屏岛标志建筑。以大堂为中心，西面为服务管理办公用房；东面为就餐、开会、娱乐、健身用房；大堂后面紧连客房院落，有120个床位。庭院皆以走廊连接，院内有的以硬地、草坪、花木植景，有的由水池拍岸与古典亭、榭、桥协调组合，给人一种纤巧秀丽、多姿多彩的艺术享受。

翠屏岛

牛山
安康四大名山之一

安康市汉滨区花园乡与谭坝乡交界处，距离市区45千米

免费

牛山，又名牛头山。牛山山势高峻挺拔，奇峰突兀，形似牛头，因此得名。山上有座牛山庙，创建于宋代，现有碑17块。牛山主峰上有“望京石”，相传黄巢起义军在牛山上练兵，每日练毕，都要立在此石上，面北盟誓，要推翻唐朝，扫平西京，因此人们便称此石为“恨京石”或“望京石”。

擂鼓台
被誉为“陕南小武当”

安康市汉滨区与紫阳、汉阴三地交界地区，距离紫阳县城25千米

全天开放

擂鼓台因相传唐末农民起义领袖黄巢曾在此擂鼓挥军而得名。景区主峰海拔1891米。山寨28座。山顶有真武上殿；山腰为下殿，中有“关南第一峰”题额。这里山林苍翠，溪泉优美。倘遇雨天，大雾弥漫，山姿树影迷离恍惚。附近的山崖上，还保存着明代古建筑。真武庙是擂鼓台的主要建筑，始建于明天启六年（1626年），现存为清代建筑。

玩家 攻略

风景区北瞰月河川道，南临汉江谷地。每逢雨后初晴，峰顶葱郁，白云环绕，有时还会见到“金顶佛光”的奇观。每年农历三月三、七月十五，擂鼓台的真武庙都有庙会。

景点推荐

岚皋旅游区

巴山秋池

因李商隐《夜雨寄北》而闻名

安康市岚皋县城关镇　安康市区有旅游专线到达巴山秋池景区　全天开放

唐朝诗人李商隐的《夜雨寄北》："君问归期未有期，巴山夜雨涨秋池。何当共剪西窗烛，却话巴山夜雨时。"为巴山秋池留下了最精彩的一笔。这里河道峰回路转，河湾和多个山包之间形成了大小不等的几十块草甸，以及十多个池塘。最大的草甸面积约有千亩，池塘则有几平方千米。

千层河

被誉为"陕南九寨沟"

安康市岚皋县横溪乡

免费

千层河风景区山清水秀，自然风景独特，奇山、奇景、奇树、奇根随处可见。千层河以横溪河、千层河、神仙河、秀水河四条河流为主体，三步一潭、五步一瀑，步移景换，层出不穷，一层一个样，层层别有洞天。另外，千层河植物种类繁多，生物资源丰富，景区有高等植物926种，野生动物有110种。

千层河

南宫山国家森林公园 AAAA

消夏避暑的旅游胜地

安康市岚皋县城关镇西三路

90元

0915-2510007

南宫山国家森林公园因主峰并排三峰构成笔架状，又称笔架山。南宫山主峰金顶海拔2267.4米，两侧遍地是史前火山多次喷发形成的石林，峥嵘嵯峨。山的南坡有冰斗、角峰、围谷等大巴山第四纪冰川遗迹。这里森林环境优美，生物种类繁多，也有不少珍稀野生动植物。南宫山上另一处奇景是，一棵已枯死十多年的千年古树，又奇迹般地复生，身上还寄生着十多种小树。上了笔架山垭，沿山道西行，过南天门，便可见到这棵扎根在万丈悬崖边上的千年铁坚古树。树高十余丈，树身躯干需二人合抱。

玩家 解说

北宋靖康元年（1126年），山上始建道观，至清代逐渐演变成佛教圣地。清嘉庆二十五年（1820年），高僧弘一大师在金顶莲花盆中圆寂，真身百年不腐，为南宫山增添了浓厚的神秘色彩。

弘一俗姓张，贵州湄潭县人。生于清乾隆二十九年（1764年）。自幼家贫，佣工养母，颇为孝顺。母逝后，入四川仁寿县觉钟寺出家，法号弘一达慈。由于勤奋好学，净化修炼，深得造化。自觉一方之学实不满足，为寻一幽静清雅之地了道终身，于清乾隆晚期来陕南南宫山研习佛法并任住持。清嘉庆二十五年（1820年），弘一大师在南宫山金顶莲花洞圆寂，终年56岁。其肉身百年不腐，后被毁。

岚河漂流

中流击水，浪遏飞舟

安康市岚皋县境内

一般5月1日后营业

岚河主体位于安康岚皋县境内。岚河水质清澈，深浅适度，激流险滩与平缓水域连环相连。

漂流河段时而两岸开阔平缓、时而狭窄湍急，但多数地段的河水急中有缓、缓中有平。12千米的游程中，山峡水转，船随浪起，人跟船行，全神贯注地感受有惊无险的岚河勇士的壮志豪情，这真是“两岸猿声啼不住，轻舟已过万重山”。

神田草原

如一块宽阔的绿色地毯

安康市岚皋县城关镇

神田草原可以和朝阳洞、巴山秋池一并包车游览

0915-2515386

神河源是神仙河的源头。神田草原的周围是悬崖绝壁和莽莽的原始森林，如在高空俯视草原。依山而上，古木参天，群峰高举的整个草原，山峦吐翠，如聚如散；草甸如茵，绕丘而行。蓝天白云下，巴山群峰奔涌而至，渝陕风光尽收眼底。

玩家 解说

神田草原海拔2300~2540米，水平面积780公顷，草地面积约733万平方米。城口神田草原土包之间形成了大小不等的32块草坪，10多个水池，最大的草坪约有133万平方米，最大的水池约有3000平方米。奇怪的是，这里周围都是石山，唯独草原上是深厚的土地，几乎不见石头，人走在草地上有如踏在海绵上一样松软。

神田草原

景点推荐

石泉旅游区

熨斗古镇

川楚古道上的一座驿站古镇

安康市石泉县熨斗镇

免费 全天开放

熨斗古镇距今已有上千年的历史，建在喀斯特地貌的熔岩之上。现存古街多是明清时期建筑，尤以“让出三尺地，多占一份天”的吊脚楼最具特色。古镇依山傍水而建，富水河紧紧环抱，虽经千百年的时代变迁，仍然保留着昔日恬淡、古朴、优雅的风貌，颇具“小桥、流水、人家”的诗情画意。

玩家 解说

保存完好的古镇，其实只有几百米长的一段。古镇上仍有很多旧式“猎架”木板房，各式各样的颜色和姿态，造型精巧，美观大方，带着明清时期的遗风。古镇街道都用青石铺筑而成，街道两旁的店铺鳞次栉比。昔日商贾云集、商贸繁荣时，古镇有老字号十多家，名播川陕湖广。

熨斗镇名称历经多次变迁。据记载，清嘉庆二十三年（1818年）前，该镇名为永兴场；道光初年，当地遍布60多架筒车，浇灌着两千多亩良田，该地由此更名为筒车坝；道光二十三年（1843年），不幸遭遇洪水，大部分筒车被毁，筒车坝名不副实了，又改名熨斗镇。其由来是，当地有个构家坝，有水田百余亩，其地形酷似熨衣服的熨斗，故以此得名熨斗镇。

熨斗镇是个多民族集聚地，民风淳朴，民俗文化丰富多彩，茶文化、桑蚕文化更是影响深远。在此听汉剧吃特产，使人疑在川中；乘木舟闻渔歌，又似江南别景，在充满柔情的方言中，穿行古街，仿佛时光倒流；而古戏楼、牌楼、酒

楼和吊脚民居，常使游人流连忘返。

中坝大峡谷
安宁、纯净的幽雅之地

安康市石泉县境内的汉江南侧后柳镇

在石泉县城汽车站后乘坐石泉至中坝乡的班车到景区　¥ 60元　旺季，8:00~18:00；淡季，8:30~17:00　0915-6315919

中坝大峡谷风光秀丽，集窄、长、秀、奇、清、灵、野、神、险、幽等特点于一身。大峡谷长7千米，整个峡谷为一线天，最宽处仅有10米，千曲百折，曲径如走蛇。两侧岩壁层层叠叠，垂直高度千米，森林密布，许多地方抬头不见天。

小峡谷宽不盈米，峡内地势高峻，水流湍急，山石奇趣，奇峰秀瀑，危岩多峭。牛心峡别有洞天，有巨石形状似兽、似物，姿态万千。峡谷尽头的黄坝村是个美丽的村庄，峻峭的山峦环抱着数百亩平坦的农田。村中有古银杏树400余棵，最大的七人环抱，已有1100多年的历史，小的也需一人来围。

燕子洞
天然石洞

安康市石泉县城南50千米处的熨斗古镇，地处镇西的富水河畔

燕子洞风景区是一个集险、奇、幽、大于一身的天然石洞，为一个多洞相贯的溶洞群。由于千百万年急流的冲刷和溶蚀，洞中峭崖嵯峨，钟乳垂悬，千姿百态，探索其间，如游海底龙宫、艺术殿堂、神话世界。洞内结构复杂，层层相通，大洞套小洞。燕子洞周边的熨斗古镇有灵雀山寨，还有保存完好的明清古街及百年老戏楼。

玩家 解说

燕子洞在富水河峡谷之中，左右有奇峰耸峙。洞前流水淙淙，山岩绿树葱茏，古木缠藤绕葛，树枝莺鸟鸣啭，田野花草溢彩。燕子洞与长岭大峡谷、苗家古寨、狮子岭、驼峰山、熨斗古镇、灵雀山共同组成一个风光旖旎、生态完美、方圆20平方千米的自然风景区。

燕翔洞 AAAA
被誉为“西北第一洞”

安康市石泉县熨斗镇西约1千米处

¥ 70元　0915-2521352

燕翔洞全长约16千米，系寒武系古生石灰岩溶洞群，距今已有5亿年历史。洞内钟乳石、石笋千姿百态；洞中有水，洞顶倒挂钟乳石；洞中有厅有殿，大者可容千人。洞中的钟乳石数量多，个体大，形象奇特，仿佛一座美丽的岩宫石府。

玩家 攻略

洞中有很多小路、岔路，只要记住洞内用黄色廓灯廓起来的是主路，沿着走就不会迷路。另外，洞内有蝙蝠，但不伤人，不要害怕。

景点推荐

更多安康景点

千家坪森林公园

天然林海

安康市平利县南部的八仙镇

千家坪森林公园境内10万亩人工森林汇成天然林海，飞瀑流泉，满目青山，可领略巴山深处的神秘幽静，饱览天高野阔的无限风光。

千家坪森林公园之飞瀑

千家坪有坦荡起伏的草甸、峻峭的山峰、古老的山寨，迷人的自然风光吸引着游人。走进千家坪，春天，野花缀枝，百花争妍；盛夏，枝密叶厚，浓荫遮地；深秋，层林尽染，万壑流丹；隆冬，瑞雪飞舞，银装素裹。

正阳草原

万亩大草原

安康市岚皋、镇坪、平利三县与重庆接壤的巴山之巅 免费 全天开放

正阳草原南北宽约5千米，长约50千米，有2万余顷的高山草甸。草原上溪流纵横，野花芬芳，山上还有天池，这是一片尚未开发

宁陕城隍庙

的处女地，也是天然的避暑胜地、著名的药材之乡。

玩家攻略

当太阳出来的时候，在彩虹瀑布常常能看到美丽的彩虹。草原上细草密密，各种各样的草、各种各样的花儿都在尽情生长开放，如同一片花的海洋。神奇的大草原上溪流纵横，野花芬芳，奇峰、奇石、奇洞、奇花、奇木比比皆是，天池碧波千层浪，高山流水游不尽，这里的一切都充满着原始和神奇。在这里，你可以尽情呼吸带有泥土气息的新鲜空气，感受大草原的宽广胸怀。

宁陕城隍庙

外形酷似一艘船

安康市宁陕县城关镇老城村138号

宁陕城隍庙建在长安河中的沙洲上，整体形状是一个标准的船形板块，可以很好地分流洪水的冲击力。主体建筑保留了清代建筑的典型特征，显现了庙堂建筑的穹宇高深，庄严肃穆。城隍庙两面临山，风景宜人。庙外白色围墙，像一条洁白宝带横系庙宇，平稳地托住一艘宝船，停泊在沙洲中间。最北边，也就是“船尾”，有一对雌雄盘龙古松赫然挺立，像一把绿伞斜盖，绿影斑斓，相映成趣。

玩家攻略

宁陕城隍庙庙会正会时间为农历四月初八，届时庙里有唱大戏的活动，第一天还会将庙里的观音抬到县城里游行，热闹非凡。

链接

宁陕城隍庙的传说

相传，城隍庙所处的位置有一对“金鸭子”常戏水面。一个贪心的喇嘛起了歹心，费尽心机想把两只金鸭子偷走。喇嘛跳入水中去捕捉，但金鸭子总比他游得快一点。当金鸭子游至深潭时定了一下，喇嘛伸出双手猛扑过去，只见水里冒泡，没见人出来。而这对金鸭展翅飞起，一只飞进关口的关帝庙，一只在空中盘旋一阵飞回这小岛上。金鸭子住在河床底下，水涨浮起，水落卧下。

到了乾隆五十年（1785年），百姓就选准这块风水宝地建起城隍庙，以保老城的安宁太平。1929年，倾盆大雨下个不停，山洪暴发，黑浪滔天，眼看要把城隍庙吞没了。当地官绅着了急，连忙筹办香火，笙箫鼓乐，祈求上苍保佑。县官让人给他打把红纸伞，双手高举县印祈祷。说也奇怪，一会儿工夫，洪水分两路汹涌而下。左边的洪水高出城隍庙一丈开外，把厚厚实实的城墙也冲垮了，但庙安然无损，人们说这是金鸭子显灵。200多年来，这里历经40多次洪水袭击，一次次冲倒了城墙，却从未淹倒城隍庙。因而，有关金鸭子的传说也就越来越神乎其神了。因城隍庙按照船形设计，因而此庙又得名为“金鸭浮舟”，被列为宁陕十大景致之一。

三沈纪念馆

为纪念新文化运动的先驱而建

安康市汉阴县城关镇新行40号

从安康汽车站乘坐发往汉阴县的班车即到

免费

三沈纪念馆旨在纪念新中国文化巨匠、新文化运动先驱、北大著名教授、中国文学大师——沈尹默、沈士远、沈兼士三兄弟。沈氏三贤青少年时代曾生活于汉阴，现在其故居已经修葺完善，陈列有“三沈”事迹及作品供后人瞻仰、纪念。馆内还有很多大师的题词留念，如启功、赵朴初等。

两合崖

百步登云一线天

安康市汉阴县蒲溪镇北1千米处，距汉白公路约250米

两合崖这里山不算太高，但险峻奇特，有联曰：“山高水滴门两扇，石上清泉洞中仙。”山石雄浑，松柏挺拔，香烟缭绕，天地间勾勒出一幅清新脱俗的人间仙境，犹如远古流传的图腾，闪烁着神秘的光芒。

西河

汉水重要的支流

安康市平利县北边

西河是汉水重要的支流，八十里水路出安康。河岸宽阔，河谷坦荡，青山夹岸。河流两岸，稻田与荷塘珠串相连，村庄错落。西河最大的坝子是魏家坝。魏家坝有“魏家坝新石器仰韶型文化遗址”，还有秦汉到魏晋南北朝时期的大型聚落遗址——考古发现，有大面积的铺地砖和许多南北朝画像砖室墓葬。

任河漂流

汉江最大支流

安康市紫阳县境内

任河谷狭滩险，山幽水碧，与峰岭奇峭的巴山浑然一体，自然风光秀美。任河漂流地点在安康紫阳县，从高滩出发顺河漂流而下至权河，全程15千米，有大小险滩36个；水流急缓相间，有惊无险；两岸群山连绵起伏，风景秀丽。

凤凰山森林公园

人间胜境

安康市汉滨区恒口镇310省道旁

凤凰山森林公园地处凤凰山主峰，两侧断崖发育，山上流水侵蚀强烈，狭窄的脊岭上多陡峭的孤峰。南麓海拔900米以下地区，地势低缓，山坡向阳，河谷开敞。河谷阶地、山间小坝子遍布，梯田鳞次栉比。

沿盘旋山区公路行进，或从林间小道依山而上，可领略古木参天的幽静，奇峰异石在飘忽不定的云雾中忽隐忽现。登至山脊，会觉得此处是“望断南北千丘堰，脚踏云端似神仙”的人间胜境。

凤凰山

旬阳太极城

旬河漂流
两岸风景优美

安康市旬阳县城秦岭腹山之中

旬河是汉江较大的一条支流，常年水量相对稳定，水质清澈，滩头深潭甚多。漂流河段全长12千米，途中多险滩、多激流。旬阳县城因位于旬河以北而得名。旬河的水绕城而过，随山势回旋，水面较宽，河床中遍布大石头，有不少急流险滩。不过，漂流河段河水尚浅，因此并没有太大的危险。

链接

旬阳太极城

旬阳城身处汉水之滨、旬河之畔，又称太极城。县城周围环立着8座山峰，分别昭示着乾、兑、离、震、坤、艮、坎、巽8个方位。阴阳鱼眼位置分别生长着一棵郁郁葱葱的古柏，使得县城成为一座天然八卦太极城。由于旬阳太极城具备地理位置上的优势，因而成为历代兵家必争之地。秦设旬关，西汉置县，素有“秦头楚尾”和“北国江南”之誉。旬阳积淀了深厚的秦、楚、巴蜀、岭南、吴越等历史文化和丰富久远的汉水流域文化。

玩家解说

旬阳县城地貌景观极为独特，一条婀娜多姿、蜿蜒流长的旬河环城270°流入汉江，犹如“S”形的旬河水将县城天然分成阴阳两鱼岛，与四周环立的8座山峰一道勾画出一幅形态逼真、惟妙惟肖的太极图，造就了中国一个神秘、神奇、神圣的八卦太极城。其中，旬河以北的阳岛是新城，南边的阴岛则是旧城。

九连洞
熔岩洞穴

安康市宁陕县旬阳坝镇

乘柞水1路可达

在层峦叠嶂之中，10来个各具特色的溶洞散布在方圆3000米范围内。九连洞的精华是宝莲洞的“宝莲三奇”。第一个奇景是珊瑚群花。布满洞壁的石花，有的雪白晶莹，极像一丛丛珊瑚，伫立其间仿佛是置身于海底世界。第二个奇景是透光奇石。看似寻常的石笋、石柱和奇形怪状的石头，用灯光一照，顿时通体透明，发出金黄、大红、乳白的光亮。第三个奇景是古刹钟声。这里的石笋、石柱、石塔，能发出钟、磬、木鱼、梆子等各种不同声音。轻轻一敲，或苍凉古朴、或清脆欢快、或浑厚悠长的乐音便在幽深的洞中响起，经久不息。

天华山国家森林公园

避暑胜地

安康市宁陕县西北部

免费

天华山国家森林公园由秦岭梁、西河、两河、天华山四大景区组成。其原始森林、冰川遗迹、高山草甸、峡谷溶洞遍布，夏季凉爽，是游览观光、消夏避暑、休闲度假的好去处。另外，这里的野生动植物种类繁多，有高等植物1500多种，野生动物250余种。

上坝河国家森林公园

天然氧吧

安康市宁陕县红花铺村

上坝河国家森林公园处于古北界和东洋界动物种类的交会和过渡地带，有兽类126种、鸟类338种、昆虫1435种。森林公园以森林景观为主体。这里山峦重叠翠绿，湖光山色壮美瑰丽，曲流溪涧晶莹碧透，奇峰怪石如塑似画。

蜀河古镇 AAAA

被誉为“小汉口”

安康市旬阳市蜀河镇

免费　全天开放

0915-2328666

蜀河为古蜀国所在地，续写的是汉江黄金水道上的传奇。因其所处地域优势，成为鄂、陕、川三地物流交会的重要中转集散之地。物流的畅通，带来了文化的交融。镇上千余米长的蜀河镇老街，铺着一色的厚重的青石板，石板的边角已经磨损，显得十分古朴。

玩家 攻略

古镇的杨泗庙周围房子的墙上，有很多水文石刻，记载了历年古镇经历的洪水水位，最早的还有明代的。在游览古镇时，可以留意寻找一下。

玩家 解说

蜀河一名，最早可推至西周建立之初。周武王封藩屏周时，封蜀国于河南南阳以北，贫瘠积弱的蜀国迫于楚国的扩张，率民西迁，曾在此停留，故此得名。

杨泗庙

古镇南头江边悬崖上有一座杨泗庙，庙下是汉江航道上的一个险处，叫洪龙滩，常出事，于是水手们就集资建起了这个庙，盼望得到神的护佑。

黄州馆

黄州馆位于镇街的中段，是湖北商人建的会馆。会馆是四合院建筑，厚墙高房，十分结实。屋宇保存尚完好，目前正在进行全面修复。

清真寺

清真寺为明代古迹。沿着一段长长的高高的百步坎径爬上去，就到了树木葱茏、古朴典雅的寺院。院内有礼拜堂、大殿、抱厦、天井、对亭厢房、厨房等。此寺建筑风格独特，兼具南北之长，曾驰名于汉江上下。站在寺前，可以瞭望古镇全景。

蜀河古镇之黄州馆

攻略资讯

- 交通
- 住宿
- 美食
- 购物
- 娱乐

交通

火车

安康火车站：位于城区江北，是陕南地区最大的客运火车站，每天有开往达西安、北京、上海、成都、福州等城市的列车。

汽车

安康市有国道316、210穿境而过，有3个长途汽车站。

安康汽车站：位于巴山东路5号，有班车发往西安、上海、昆山、莆田等多个省内外城市。

另外，还有安康市高速客运汽车站、安康城北汽车站。

住宿

安康有很多宾馆、旅店，价格适中，一般在100元左右，选择余地较大。因为与西安只有几小时的车程，周末会有很多西安人来此度假，住宿可能会相对比较紧张。

安康火车站

●安康明江国际酒店

酒店地处安康市滨江大道，坐落于汉江河畔，景色宜人，是融住宿、餐饮、娱乐、商务、会议服务等为一体的星级酒店。其主体建筑呈“回”字形，装修选材考究。在酒店客房凭窗远眺，可见潺潺汉江穿城而过，一幅难得的画卷。✉ 安康市汉滨区滨江大道4号 ☎ 0915-8188888

●安康丽豪国际酒店

这家“高端商务综合型酒店”，配备有观景客房、特色客房、养生餐饮、休闲私人会所等。居住于此，可感受身心的全方位放松，留下一段美好回忆。✉ 安康市汉滨区大桥路30号 ☎ 0915-3189999

●安康宾馆（市政府店）

安康宾馆坐落于安康市政府对面，地理位置得天独厚，交通方便。宾馆环境幽雅，装修精美，设施先进，提供管家式贴身服务，是出差及旅游的不错选择。✉ 安康市汉滨区育才路100号 ☎ 0915-3183888

安康城市风光

●禹金洲轻奢酒店

酒店坐落于安康中心城区，与汉江比邻，是集商务、旅游为一体的影院式酒店。其客房典雅舒适，有各类房间百余间，还拥有先进的智能客控系统。站在酒店客房窗户前，可俯瞰清澈的汉江与婀娜多姿的安澜楼。✉ 安康市汉滨区江北黄沟路1号 ☎ 0915-3337878

美食

安康民间有品种繁多的风味小吃，由于地理上处于南北交界处，所以小吃的口味也是南北风味俱全。代表性的食品既有南方风味的糍粑、粽子、米酒、甜浆子，也有北方风味的各色面食和糕点，还有典型的西北风味的羊肉泡馍、火烧羊肉串等。

安康汉滨区

●蒸面

蒸面是安康风味小吃一绝，它和“羊肉泡馍”一样是当地人的早点之首选，也是在外地游客中颇具口碑的风味小吃。蒸面配之豆芽，浇上酱油、醋、蒜泥、芝麻酱、油泼辣子即可食用。

蒸面

●炕炕馍

炕炕馍又叫芝麻饼，是一种圆形或长方形的烙饼。圆形似满月，当地叫作“圆炕炕”。馍上面满是芝麻，饼上每隔指许，剁有似断非断的刀印。口感酥香，不干不硬，是当地人最经常吃的食品之一。

炕炕馍

● 生煸鳝鱼

生煸鳝鱼以煸炒烹调方法制成，咸辣嫩香，柔滑味浓，余味悠长。这道菜季节性很强，每年春季农历二月二后，鳝鱼大量上市，肉质非常鲜嫩可口。

● 干盐菜

安康家家都把青菜晾晒切碎，按比例拌上食盐、辣椒面、姜末等装进坛内密封；五至七天后取出摆开，晾干水汽就可长期保存。吃时先把切好的肥肉放进热锅，等油熬出后就把干盐菜倒入将肉盖住，不要搅动，加水淹过盐菜为宜，等其煮到水干菜软时，加点葱蒜等作料，炒后食用。味道独特，肉香而不腻，最宜佐饭。

● 紫阳蒸盆子

紫阳蒸盆子用料极其讲究，鸡要本地仔母鸡，其他青菜及香料都要当地土产，稍有差池则口味大变。汤鲜肉香，色香味俱佳。紫阳蒸盆子上席与小菜搭配，最具地方特色。

紫阳蒸盆子

● 魔芋豆腐

岚皋民间制作魔芋豆腐方法简单，制成的豆腐上等的灰白光鲜，手感细腻，富有弹性，块片丁丝均可，烹炒炖拌都行。若晒至半干一卤，凉拌下酒佐餐，色香味齐备，软柔绵兼有，爽而不腻，滑而不油，往往令食者胃口大开。

购物

安康市的土特产有油菜、芝麻、花生、蚕丝、油桐、生漆、茶叶、木耳、香菇、板栗、柑橘等。

● 紫阳毛尖

紫阳毛尖产于汉江上游、大巴山麓的紫阳县近山峡谷地区，系历史名茶。色泽翠绿，白毫显露，茶香嫩香持久，汤色嫩绿清亮，滋味鲜醇回甘，叶底肥嫩完整，嫩绿明亮。

紫阳毛尖

● 安康冬桃

安康冬桃核小肉嫩，甘甜清脆，核肉不连，表面微红色，很耐贮存，并具有其他水果所没有的冰糖味。安康冬桃还有一定的药用价值，实为稀世之宝，素有“仙桃”之美称。

● 岚皋红香米

岚皋红香米产于岚皋县官元镇古家村“皇田”。该村盛产水稻，土壤独特，长出的米粒呈枣红色，煮熟后松软可口，香气扑鼻，煮在吊罐里直立不倒，百姓称这种米为“红香米”。此米不仅天然富硒，且含有丰富的蛋白质、维生素及氨基酸，经常食用具有促进消化、保健美容和强身健体的作用。食用时用铁锅蒸煮，适当加入普通米，熬粥味更佳。

链接

红香米的故事

光绪年间，陕西总督拿出五升米托人去孝敬慈禧太后，慈禧太后吃了欢喜至极，连声称赞："好米！好米！"遂封古家村种植红香米的水田为"皇田"，并降旨古家村种植的红香米必须全部上贡朝廷。由于此米营养丰富，口味独特，王公大臣均想一品为快。因此上贡任务逐年加大，但种植面积有限，该村百姓即使颗粒不剩地全部上缴，也无法完成上贡任务。有一名姓古的秀才想出了一条妙计。他召集了20名眼睛、嘴巴等身体有残疾的人，将红香米送往京城。慈禧太后召见后很不高兴，问："给朝廷送贡米，为何派这些人来？"古秀才急忙回答："老佛爷您有所不知，我们古家村的人吃了红香米都成了这样，这些人还算是我们那里精明能干的人。"慈禧太后听了非常吃惊，降旨立即将送去的红香米全部退回，并取消了上贡任务。姓古的人害怕犯欺君之罪，便隐姓埋名，远走他乡。后来人们为了纪念这位足智多谋的古姓秀才，将这个村庄取名古家村。

●汉阴豆腐干

汉阴豆腐干咸香爽口，硬中带韧，久放不坏。豆腐干营养丰富，含有大量蛋白质、脂肪、碳水化合物，还含有钙、磷、铁等多种人体所需的矿物质。豆腐干在制作过程中会添加食盐、茴香、花椒、大料、干姜等调料，既香又鲜，久吃不厌，被誉为"素火腿"。

汉阴豆腐干

娱乐

●汉阴油菜花节

每年3月下旬，在安康汉阴县会举办"汉阴油菜花节"。此时陕南汉阴早已是花的海洋，境内月河川道齐齐盛开的数十万亩油菜花，与远山近岭的桃花、李花及山野花交相辉映，形成一幅美丽动人的春的画面。

汉阴油菜花

●安康龙舟节

每年"五一"期间，在安康市境内举办。赛龙舟，又叫龙舟竞渡，是端午节的主要习俗，也是中国民间的一项传统体育活动。每逢农历五月初五端午节，汉江两岸群众都会用划龙舟来纪念爱国诗人屈原。

除了竞速比赛等传统项目外，特色项目"群雄闹汉江"——抢鸭子是安康龙舟赛的一大看点。当数十只鸭子被抛入江中时，各条龙船奋力划近，展开紧张激烈的水上追逐。舟上健儿翻身入江，争抢在水上惊游乱扑的鸭子。

赛龙舟

发现者旅行指南

商洛

概览

亮点

牛背梁国家森林公园

牛背梁以保护羚牛及其栖息地为主，有原始森林、潭溪瀑布、峡谷风光、石林景观，以及秦岭冷杉、杜鹃林带、高山草甸和冰川遗迹等。

柞水溶洞

柞水溶洞有大小溶洞108个，不仅景观神奇、幽美，而且是北方少见的溶洞群。溶洞外围景区山清水秀，风光秀丽。

金丝峡

金丝峡园内风景如画，具有窄、长、秀、奇、险、幽的特点，步移景异，景象万千，被誉为“峡谷奇观，生态王国”。

仙娥湖

仙娥湖湖面呈“丫”字

柞水溶洞

形，湖周山崖峻峭，风光旖旎。湖中有岛，四周有山，起伏如龙，昂首与岛相向，状如四龙戏珠。

天竺山

天竺山自古以崔嵬奇险而闻名，园内有七座山峰相对，唐代罗公远、宋代理学家邵雍都在此山隐居。这里最有名的是“天竺云海”。

塔云山

塔云山的山形似宝塔，直耸云端。金顶观音殿三面悬于万丈深渊之上，可谓鬼斧神工，令人叹为观止，被称为“秦楚一柱，绝顶道观”。

线路

商洛山水人文三日游

第一天前往金丝峡景区，游览白龙峡、黑龙峡、青龙峡和石燕寨，下午返回商南县城用餐，晚宿商南县。

第二天前往丹凤花庙，参观这一美丽的古建筑，里面的花戏楼很独特。午后前往丹江漂流码头开始漂流活动，之后前往凤凰镇，可以品尝地道的农家味道，再住上一晚，享受城市里难得

金丝峡

的乡间宁静。

第三天清晨早起感受一下村镇的淳朴生活氛围，看看明清时期的老房子和镇上的乡间集市。下午直接去柞水溶洞，领略柞水溶洞三洞一台的自然奇景。

? 为何去

商洛因境内有商山、洛水而得名。古城悠悠，这里有秦岭最美的红豆杉，这里也有幽静的仙娥湖。秦岭最美是商洛，那里的云白得像棉花垛，那里的山水中藏着一个锦绣的世界。

仙娥湖

何时去

到商洛市旅游，最好选择3~6月的春夏之交和9~10月的秋天，避开寒冷的冬季和炎热的盛夏为妙。春季和秋季是当地自然风光最多彩的时节，而且气候舒适，适宜外出游玩。

商洛小镇风光

商洛市夜景

区域解读

区号：0914
面积：约19 292km²
人口：约202.06万人

地理 GEOGRAPHY

区划

商洛市辖1个市辖区（商州区），6个县（洛南县、丹凤县、商南县、山阳县、镇安县、柞水县）。

地形

商洛地形地貌结构复杂，素有“八山一水一分田”之称。境内有六大山脉。谷岭相间排列，地势西北高、东南低，由西北向东南伸展，呈掌状分布。海拔最高点位于北秦岭主脊牛背梁（2802.1米），最低点位于丹江谷地（215.4米）。

商洛横跨长江、黄河两个流域，境内主要河流有丹江、洛河、金钱河、乾佑河、旬河五大河流，纵横交错，支流密布。

气候

商洛市位于暖温带和北亚热带过渡地带，北部气候属暖温带，南部气候属亚热带，气候温和，雨量充沛，四季分明。

历史 HISTORY

历史大事记

100多万年前的旧石器时代，商洛地区已有先民活动。到了新石器时代，洛河、丹江、金钱河、乾佑河、旬河沿岸，已有大量先民在此聚居，繁衍生息。

4000多年前，帝喾之子、唐尧异母弟契，因佐助大禹治水有功，被虞舜封于商（古商国，今商洛地区），同时担任司徒（掌管教育的官）。

公元前362年，秦孝公继位，随后任用卫鞅变法。公元前340年，卫鞅领军大败魏军，收复河西（今山西、陕西两省间黄河南段以西地区），卫鞅因功被封于商十五邑（今丹凤县城西），号为商君，商鞅之名即由此而来。

秦始皇二十六年（前221年），设商县，包括今商州区、丹凤县、商南县、山阳县，因商山而得名。

秦末汉初，东园公唐秉、夏黄公崔广、绮里季吴实、甪里先生周术四位秦始皇时期的博士隐居商山（今丹凤县境内），人称“商山四皓”。刘邦曾请他们出山，但被拒绝。后来，刘邦想废太子刘盈。刘盈的母亲吕后闻听，遵张良之计，请“四皓”出山。刘邦见太子有四位大贤辅佐，便打消了这个念头。“四皓”死后，葬于商山，这使得商山名声大噪，誉满华夏。

隋大业三年（607年），撤商州复设上洛郡，治所仍设上洛，领上洛县（今商州区）、商洛县（今商洛市）。商洛即从前的商县，隋

牛背梁

文帝改称商洛，这便是“商洛”之名的由来。

明末，李自成率领农民起义军几经辗转，八进八出商洛山（今商洛东南），先后达14年之久，留下了大量的民间传说和历史遗迹，对商洛地区的历史和文化影响深远。

1949年3月26日，解放军陕南四团、五团及陈（赓）、谢（富治）兵团十二旅三十团三路会合攻占商洛。同年7月13日，商县人民政府成立。1988年6月，改商县为商州市。2002年1月，改商州市为商州区。

名单 商洛历史名人

商朝祖先、助禹治水的契

西周初数学家商高

战国时政治家商鞅

秦末汉初的四位博士“商山四皓”

李自成八进八出商洛山

明朝末年，腐朽的明王朝已经风雨飘摇。这时，一个著名的农民起义领袖登上历史舞台，他便是李自成。

李自成，本名鸿基，生于明万历三十四年（1606年），陕西米脂人。早年生活困苦，因借债被豪绅拷打，披枷跪街示众。李自成不堪凌辱而聚众起义，投入米脂西川义军首领张存孟部下。后张存孟降明，他又率部入晋加入高迎祥部。

明崇祯六年（1633年），李自成率十万农民军，破河南数座州县后，进击湖广的郧阳地区，接着分兵五路进军商洛。随后，又进景村（今洛南县辖）直逼洛南县城。商州都司解文英等将领驰援，又命手下率军七千余人，自西安赶赴商洛。李自成遂奔商洛，率军入湖北郧阳。

1634年，明军围攻屯守郧阳上津的义军。李自成为避开围攻，进入商洛山中，分路突围失败。义军粮草俱尽，人马伤亡过半，李自成密遣人以重宝贿赂明将，并诈降，最终骗过明军，逃出商洛山。

1635年，李自成农民军开始反攻，连克河南固始、荥阳等地，明政府则遣潼关守军和山东大军夹击义军。义军分四路抗击，进展顺利，但不久张献忠与李自成意见不合，各奔东西。李自成则率军由河南入陕，到达

李自成画像

洛南，走商州，后进入汉中。

1636年，李自成率五千人马转战到商州，在州城东之爬楼山（今东龙山）与明军交战失利；退至洛南途中，又与明军四川总兵杨玉振战于梁原，打死杨玉振，消灭明蜀兵三千。

1638年，为打开局面，李自成率军绕道至潼关南原，却遭明军伏击，损失惨重，李自成也与妻女失散，仅率十八骑突围，退隐到商洛山。此间，李自成终日修文习武，总结经验，等待时机，东山再起。第二年，李自成经过整军，练兵数月，队伍不断壮大，开始同明军拉开战局，连战连捷。此年冬，明军夹击义军，同李自成战于商州军岭川。由于双方兵力悬殊，义军不支，李自成遂撤军东进，直到商南。

1640年春，李自成从商洛出征东下，进河南入内乡、淅川一带，又于八月初转入镇安一带。十一月，又率五百余骑疾行，经商州，走棣花，突武关，经商南而出，前哨至淅川，全部撤出商洛到内乡一带。

1643年，李自成在巴西鱼腹山被明军围困，轻骑突围，经郧县进入山阳、镇安。随后，义军攻下商州。义军一路势如破竹，北进又克洛南，破临潼，席卷豫省黄河以南五府七十八州县，又攻取荆襄诸府，与河南连成一片。崇祯十七年（1644年）正月初一，李自成在西安称王，国号大顺，建元永昌。

李自成八进八出商洛山，前后十几年时间，给当地留下了大量的民间传说和遗迹，对商洛地区的历史和文化产生了重要的影响。

文化 CULTURE

商山道，诗歌道

自盛唐以来，沿长安向西走出了一条“丝绸之路”；而沿长安向东，经蓝田、越秦岭、穿商洛至河南史称“商山道”，则走出了一条“诗歌之路”。商洛是中国西北至东南的交通要道，这里曾经留下了李白、杜甫、白居易、杜牧等许多诗人的足迹和诗作。

商洛地处中国地理南北的分界线，风俗秦楚交融，文化积淀丰厚，因而使这里成为唐代诗风实现南北交流、融合的一个基地。

在这条漫长、崎岖的古道上，无数唐代诗人忍受着苦痛和忧伤，往来奔波，阅尽人间沧桑，上演了一幕幕历史悲喜剧。如李涉的《再宿武关》，集中表现了游子的无限愁思：“远别秦城万里游，乱山高下出商州。关门不锁寒溪水，一夜潺湲送客愁。”岑参的《过武关》，难洗科场落榜举子的满面赧颜：“来亦一布衣，去亦一布衣。羞见关城吏，还从旧路归。”韩愈贬赴潮州后，家属亦被遣逐，小女死于途中，临时草草殡之于商州层峰驿旁。次年韩愈经过其墓，曾哀痛：“绕坟不暇号三匝，设祭惟闻饭一盘。致汝无辜由我罪，百年惭痛泪阑干。”

商山道上美好的山水，也给诗人们留下了难忘的美好记忆。白居易晚年寄居洛阳时，曾一腔深情地写下“我有商山君未见，清泉白石在胸中”的诗句。

商山洛水之间的商洛花鼓

商洛有着“戏剧之乡”的美誉，而为戏乡争得殊荣的，则是在商山洛水间成长起来的地方戏——商洛花鼓。

商洛花鼓戏是个新崛起的剧种，是具有浓厚商洛特色的地方小戏，流行于商洛的七县（区），尤以商州、丹凤、镇安、柞水最为盛行。它欢快、活泼，婉转动听，为广大人民群众所喜闻乐见。

商洛花鼓原非商洛土产。据当地老艺人师徒相传，商洛的花鼓戏是清代中叶由江淮灾民传入境内的。当时江淮流域遍遭水灾，大量灾民流离失所，涌进商洛山区避难，其中许多人通过卖唱等形式，乞讨化谷，维持生计。当地人将他们所唱之曲称为“化谷调”，嗣后改称“花鼓调”。

花鼓流传到商洛后，迅速与当地文化相融合，以当地民歌小调、民间音乐和地方戏曲为养料，不断发展、繁荣，走向辉煌。商洛的花鼓发展成为“大戏”“小戏”，并被冠以“商洛花鼓”之名从而声名鹊起，是新中国成立以后的事。

改革开放后，商洛每年不断推出好戏，真不愧是名副其实的戏乡。近年来，商洛花鼓戏演出秦岭，演进京城，演红大江南北，受到全国广大观众的欢迎。商洛花鼓不仅成为商洛文化园地里的一颗明珠、一朵隐藏在商山洛水间的绚丽的山花，也成为中华文化戏剧园地里的一颗璀璨明珠。

秦楚文化交融，造就商洛特色

秦岭是中国的南北分界线，而处于秦岭腹地的商洛也就成为中国地理上的南北过渡地带，不仅如此，它也是我国文化上的过渡地带，秦楚文化在此交融，使丹江沿岸和整个商洛的民俗文化独具特色。

人口源流的不同，人们的个性及文化生活，便必然会被打上不同文化类型的烙印。加之丹江漕运的兴盛发达，当年那“百艇联樯，千蹄接踵，熙熙攘攘”的水旱货运，更为南北文化的交流融汇创造了得天独厚的条件。

兼北方之粗犷，融南方之灵秀，形成了商洛人性格的特殊性和民情风俗的多样性。商洛地区的群众中流传有“八里不同风，十里不同俗”的说法。因此，这里的年俗节习、待人接物，甚至还有地名人名都明显区别于其他地方。有些地名还与古代战争有明显的联系，比如关、寨、营等地名遍布商洛各地；具有明显的巴楚文化特色的商山号子、商洛山歌，曾唱响商洛大地。

南方美与北方美陶冶感化、现代美与传统美水乳交融，构成了商洛民俗文化动人的画卷。这里的人，集北方之豪放与南国之灵秀于一身，纯真笃厚，又不失山林莽野的大气。

商洛花鼓表演

景点推荐

商洛市区景点

莲湖公园

休闲娱乐的好去处

商洛市城内西南隅低凹处

市区乘坐9路公交车在莲湖景区站下车即可

免费

莲湖公园内遍植莲藕，到盛夏季节，荷花竞相开放，与湖水相映，形成一幅美景。公园西、南围以商州古城墙，广植刺槐和垂柳。公园西北角有一泉，名“慈泉”，俗称“水泉”，终年溢水成湖；西南角湖水深处亦有泉眼，莲湖之水，即源于此。莲湖公园东区广植莲藕，中区儿童乐园，西区碧波荡舟，各具特色。

玩家 攻略

漫步城墙，可内观莲湖全景，外赏城外风光。湖东有拱桥绿林、游船码头，湖内设有船只小艇，游人可乘舟畅游。

大云寺

唐代寺庙

商洛市商州区

大云寺始建于唐代（690年），原有上寺、下寺。上寺在城北金凤山，后被毁；下寺即现址。大云寺内有《五戒本生》的壁画，描写佛教“五戒”（戒杀生、戒偷盗、戒邪淫、戒妄语、戒饮酒）缘起的五个故事。壁画绘于大云寺大雄宝殿东墙，五组画自右向左、从上到下依次排列。

玩家 解说

唐朝时武则天借《大云经》中“弥勒下生作女王，威伏天下”等语，改唐为周，做了中国封建社会的第一个女皇帝。后诏各州修大云寺，诵《大云经》，宣扬“君权天授”。诏令一出，全国各地纷纷修建大云寺。705年，唐中宗李显登基复唐，诏毁大云寺，其时，全国各地大云寺大多尽毁，商州大云寺因被地方官改名“西岩院”得以幸存。元代至正年间（1341—1368年）复修时改回原名。唐末农民起义首领黄巢率军取道武关，曾宿于此；明末农民起义领袖李自成破商州，也在此驻留整军，之后挥戈东进。

牧护关

韩湘子修道成仙之地

商洛市商州区西北部的秦岭之巅

牧护关四季分明，这里山势峥嵘，层峦叠嶂，葱茏如盖，引人入胜。周边阡陌纵横，村舍毗邻，溪水相间，天色一体，使人神清气爽，心旷神怡。位于秦茂村西侧1.5千米处的天屏沟自然风光娱乐区，沟全长6千米，因悬崖对峙，恰似大自然形成的一座天然屏障而得名。湘子洞与韩愈祠遥相呼应。相传八仙之一的韩湘子在牧护关修道成仙，湘子洞即为其成仙之地。韩愈祠现存石碑100多块，祠前岩壁上有棵蟠龙松。

玩家 攻略

天屏沟景区除了优美的生态环境和自然风光以外，主要有高山滑雪（草）场、民用枪射击俱乐部、攀崖、垂钓园、烧烤野餐场等娱乐项目。

熊耳山

高耸入云，两峰直竖

商洛市商州区西25千米处的金陵寺镇西北

熊耳山高耸入云，两峰直竖，恰似一对熊耳，故人称“熊耳山”。与熊耳山连线的东侧是一个山垭豁口，因为这一连线山垭含诸多金属成分，阳光照射，即闪烁出金光万道，故称其为“金钱垭”。在金钱垭的豁口处有两块重叠成趣的巨石，状似金龟，因而山垭又有金龟垭之说。

从金钱垭再往东延伸约300米，又是一座突兀而起、雄伟壮观的山峰，高300余米，旧时建有寨栅，立有庙宇，说是古时寨栅曾显灵，故有“显神寨”之称。显神寨居高临下，巍峨壮观，从寨上可遍览市区全貌。拂晓之际，可观览日出全景。夕阳西下的瞬间，更是霞光层层，景象无穷，“熊耳晚霞”之景即源出于此。

玩家 解说

相传，显神寨有一神井，水味甘洌，取之不竭，乃当地百姓生活用水。后来，这口神井被强霸所占，以高价勒索百姓。百姓因无水用，生计艰难，祈祷上苍护佑。民心虔诚，感动天地，菩萨即驱除强人，拯救了一方生灵。百姓为感天之灵，即在山寨修建了菩萨庙。这口水井和庙宇遗址尚存。

仙娥湖

市区著名的人工湖

商洛市商州区西北2.5千米处

仙娥湖本名仙娥溪，湖面呈“丫”字形；湖周山崖峻峭，风光旖旎，仙娥削壁、溪岸桃花等景观隔岸相望。湖中有岛，四周有山，起伏如龙，昂首与岛相向，状如四龙戏珠，别成一大景观。

两岸悬崖峭壁，状如刀切，峰峦峭直，林木葱郁，溪流潺潺。板桥河和丹江两水交汇之处，孤峰独立，构成二龙戏珠的奇妙景观。岸边原有一群古庙，每年正月最后三天庙会，三台大戏（秦腔、二黄、眉户）助兴。石羊、石牛、石蛙、金鸡报晓，屹立江岸；王母娘娘的梳妆台、脂粉盒遗在岸边；仙娥峰上的“仙娥削壁”和丹江南岸的“溪岸桃花”，被列入商州“八景十观”。

仙娥湖

景点推荐 丹凤—商南旅游区

凤冠山

似雄鸡昂首欲鸣

商洛市丹凤县城北

凤冠山景区内的凤冠山海拔近千米，似雄鸡昂首欲鸣，山势参差嶙峋，山体正中“冠山睡美人”惟妙惟肖，凤冠山口更有“啸天雄狮”“猎豹赶奔”“人头怪兽”，给凤冠山增添了神秘色彩。《商志》“八景十观”中的“鸡冠插汉”，即指此处。凤冠山奇洞隽秀，在千仞岩壁上十二洞分层排列，诸洞大小形状各异，洞顶有线刻“八卦”或十二生肖藻井，洞内有神台、供桌、壁画等。

凤冠山

二郎庙

金、汉建筑工艺合璧的庙宇

商洛市丹凤县城以西15千米处的棣花镇贾塬村

免费

二郎庙修建于金大安三年（1211年），为金、汉建筑工艺之合璧。面阔三间，砖木结构，庙顶为歇山转角式，顶部有五脊四坡，用五彩琉璃瓦覆面，廊檐斗拱呈矛头形，代表了金人好战的性格。

二郎庙原供奉的是“二郎神”李二郎，他是秦朝李冰的次子，因治水有功而被后世传颂，到明、清时受《封神演义》《西游记》《劈山救母》等文艺作品的影响，改李二郎为杨二郎杨戬。东边的关帝庙建于清道光十七年（1837年），是仿二郎庙造型而建的，兼有唐代建筑风格。

船帮会馆戏楼

玩家解说

相传，金国侵略南宋到龙驹寨后，遇到这里的南宋将士奋力抵抗，久战不分胜负，当朝宰相秦桧力主求和，便割商给金，金国为了立标志界，按照喇嘛寺的造型，融合汉人建筑艺术，建成棣花街二郎庙。二郎庙为金、汉建筑工艺之合璧。由于金代历史短暂，遗存下来的文物古迹很少，全国只有三座具有金代建筑风格的庙宇，其他两座在山西省，所以二郎庙就更加珍贵。

链接

棣花与关帝庙

棣花曾有"昙花胜地"之称，是"商州十观"之一。唐为棣花驿。元稹、白居易等诗人多次吟诗赋词于此地。由于历经战乱兵祸，胜地古迹损坏几尽，而今只有二郎庙和关帝庙两处古迹。这里也是文化名人贾平凹的故乡。

二郎庙东边是关帝庙，仿二郎庙造型而建。与二郎庙不同的是，正脊所雕的是二龙戏珠，用翠绿色琉璃瓦覆顶，拱斗呈象鼻子形或马蹄形，工艺比较精湛，体现了唐代的建筑风格。

武关

古为关中四塞之一

商洛市丹凤县武关镇武关村

乘坐从西安或商洛至商南的班车至武关下车即可

武关始建于战国，是古之名关，为关中四塞之一，古称"少习关"。这里少习山、笔架山相对而立，山水环绕，险阻天成，自古为兵家必争之地。

武关城风景秀丽，有"武关八景"之谓，历代名人如韩愈、白居易、杜牧、李商隐、寇准等都曾留下吟咏武关的诗赋。

玩家解说

战国时秦出武关而东取十五城，楚怀王即被执于武关；秦始皇东巡皆经武关；刘邦入武关定关中；郭子仪于武关聚拢残兵，出关大战吐蕃，一举解了长安之围；黄巢出武关转战中原；李自成屯兵商洛后出武关而进军北京；1932年，贺龙将军曾率部与敌刘振华部激战武关。

花庙

国内保存最完整的船帮会馆之一

商洛市丹凤县龙驹寨镇花庙路

昔日船帮聚集的会馆，始建于明代。因其建筑华丽，又被称为“花庙”或“花戏楼”。

花庙建于清光绪十七年（1891年），因会馆内供着汉水水神，故又称平浪宫、明王宫。花庙是丹凤最有特色的一座会馆，它的建筑风格既有北方的雄伟又有南方的纤秀。花庙坐北向南，面临丹江。其前门高27米，巍峨壮观，雕有八仙过海、丹凤朝阳、封神人物、花卉图腾等图案。

花庙内现保留戏楼和大殿各一座，呈南北对峙状。戏楼上布满了精细的镂空图雕和用图案组成的对联。故戏楼被称为花戏楼，因与安徽亳州的南戏楼相对，又称北戏楼。每当晨夕阳光照耀在屋顶覆盖的琉璃瓦上，显得金碧辉煌，十分壮观。

丹凤县博物馆也设在此处。博物馆收藏历史文物和革命文物上千件。

玩家解说

花庙之花，主要表现在它的整体建筑之千姿百态，其中尤以镂刻透雕刀工细腻、形神出众而著称。山水人物、车马仪仗、楼阁亭台、树木花草、鱼虫鸟兽无所不雕。戏楼正面更是木雕精品荟萃。在诸多造型中，龙的形象最为耀眼，梁栋上、花脊上、飞檐上、寺墙上无不有龙，足见船工们对龙的信仰至诚。以千万计细瓷碎片镶嵌而成的群龙，在阳光下更是鳞光闪烁，异彩纷呈。

四皓碑林园

园内巨冢罗列，碑石林立

商洛市丹凤县城西7.5千米处的商镇新街西段

商山四皓碑林园内巨冢罗列，古柏环绕，碑石林立。这里埋葬着两千多年前秦朝的四位博士，即周术、吴实、崔广、唐秉。四

丹凤花庙

人皆银须皓首，因品行高洁、避秦焚书坑儒而隐居商山，世称“商山四皓”，曾赋有著名的《采芝操》流传于后世。后因匡定汉室有功而拒不受封，仍隐居商山，死后汉惠帝亲自立碑“文官下轿，武将下马”，召令百官四时扫墓，以示尊敬。历代过往人文骚客在商山留有诗文百余篇（首），盛赞四先生淡泊名利，坚持道德操守的高风亮节，如唐代大诗人李白的《过四皓墓》、白居易的《谒四皓庙》。

链接

商山森林公园

“和如春色静如秋，五月商山是胜游”，两句古诗将商山风景描绘得淋漓尽致。商山因形似“商”字而得名，最高峰虎山海拔910米，商州“八景十观”中的“商山雪霁”就指此山。

商山森林公园位于丹凤县城西南9千米处，地处流岭中段、丹江南岸，东至西淹岭，西到万坪，南至八里石，北临丹江。商山森林公园拥有商山林场丰富的森林资源、独特的人文资源，林景、山景、水景兼备，山顶有商山寺、古炮台、望月亭、摩女庙等历史遗迹，以“商山雪霁”和“商山晚照”为主景，森林自然风光突出，是一处融观光旅游、休闲度假和文化娱乐为一体的佳地。

丹江漂流 AAAA

自古多险滩

商洛市丹凤县江北大道西段

0914-3389087

丹江，相传因产“得者多寿”之“丹鱼”而得名，亦称丹水。

丹江漂流自古多险滩，沿途风光旖旎，大诗人李白、白居易、杜牧等都曾泛舟丹江，并且留下诗篇赞美丹江风光。明代徐霞客，北谒太华之后南下武当，即由洛南县经老君峪，自龙驹寨起航，漂流了龙驹寨以下丹江全程，并在其游记中记载了两岸美景。著名学者陈寅恪教授在《桃花源记旁证》中指出，商山即“陶渊明写作《桃花源记》的主要根据”。

丹江漂流

玩家攻略

龙头山风景区有钓鱼、野炊、茶苑、电影放映、篝火晚会等活动场所，山顶有观音菩萨庙，精雕细塑金身菩萨等神像，可供游客朝拜。

金丝峡 AAAAA

峡谷奇观，生态王国

商洛市商南县西南部太吉河镇金丝峡景区

100元　0914-6566888

金丝峡全称“金丝大峡谷国家森林公园”。园内风景如画，具有窄、长、秀、奇、险、幽的特点。园内有白龙峡、黑龙峡、青龙峡和石燕寨四大景区，白龙门、月牙峡、一线天等景点。

金丝峡峡谷景观奇特峻秀。这里山峰溶洞别有洞天，还有多处险岩绝壁，而绝壁山峰之间更有各种溶洞20多处，令人赞叹。峡谷中流泉飞瀑，形成了深浅不一、形状各异的30多个碧潭。

玩家攻略

金丝峡景区范围较大，加上往返景区的时间，安排一天时间游玩会比较宽松。

白龙峡

白龙峡俗称七里峡、北峡。峡口处有白

龙潭，还有白龙洞。峡口左侧有凤山，犹如凤凰展翅；右侧山峰叫猴山，山头有一石猴，有仙猴戏凤之说。左侧山坡上还有一个拔地而起的奇石仙人石，亦称仙人峰。

青龙峡

青龙峡俗称东峡。峡谷两面绝壁千仞，藤萝摇缀，险峻异常。更为奇特的是，两面悬崖峭壁上茂密地生长着海桐、樟树、铁杉等珍贵的常绿乔木。

黑龙峡

黑龙峡谷深狭窄，壁绝峰险，瀑群奇幻，溪潭珠连，原始幽深。

石燕寨

石燕寨呈南北走向，东、西、南三面均为悬崖绝壁，只有北坡狭路一条，有“险如华山”之称。山寨由五大台阶构成：第一台阶高崖峻壁，是上山道路的关隘，人称南天门；主寨在第二台阶，是道教圣地，供奉真武祖师，每逢节日或者道会，人们就会接踵登山……第五台阶为玉皇顶，可远眺商南大地。

闯王寨

李自成曾在此屯兵

商洛市商南县富水镇沪陕高速公路

闯王寨风光分外旖旎：桐林满山，青竹葱茏，山花四季常开。寨墙外有一株古松，高踞峰头，苍劲挺拔，它作为闯王寨的标志，在九里外的富水街头就可看见。每年，前来这里寻踪凭吊李自成的游客，络绎不绝。

寨顶用巨石围就，屋舍三进，可容千人，左右耳房有石碓、石碾、滚木、礌石等残物遗存。寨四周还用片石砌成三尺宽、七尺高的围城，起伏蜿蜒在山峦的脊梁之上，形如一周小小的长城。

景点推荐 柞水—镇安旅游区

牛背梁国家森林公园 AAAA
以保护羚牛及其栖息地为主

商洛市柞水县营盘镇　90元

0914-4283666　www.nblpark.com

牛背梁国家森林公园位于秦岭东部，保护区以保护羚牛及其森林生态系统为对象，属秦岭中山或高山地貌。茂密的原始森林、清幽的潭溪瀑布、独特的峡谷风光、罕见的石林景观，以及秦岭冷杉、杜鹃林带、高山草甸和第四纪冰川遗迹所构成的特有的高山景观，造就了中国少有的景观多样性与独特性汇聚一园的国家级森林公园。

玩家攻略

峡谷漂流项目位于公园景区入口处。这里山高水长，溪水清澈，石呈五色，游鱼可数。自景区停车场处乘双人皮艇，可直奔景区出口。

5月正是杜鹃花开的季节，六尺岭上的高山杜鹃争相竞放，娇艳欲滴，姹紫嫣红，放眼望去白的如云、红的如火、粉红如霞，还有粉白点缀其间。秦岭高山杜鹃花节期间，可到此一赏美景。

羚牛谷景区道路平坦，适合各类人群游览；六尺岭景区海拔抬升较大，台阶较多，比较适合中青年人及登山爱好者。

进入幽静的森林，欣赏具有南方特色的青山绿水和自然风光，体验秦风楚韵交会处所形成的有别于北方的语言、饮食、民居等民俗文化，感受踏上黄河、长江分水岭，站在“中华脊梁”一览华夏风光的美妙。

羚牛谷

羚牛谷有“三峡、六瀑、八园、十桥、三十六潭、四十八怪”。隐牛峡、葫芦峡、牛齿峡关隘重重，典故悠远；月亮瀑、仙女瀑、卧牛瀑、四圣潭瀑潭缠绵，跌宕起伏；平安石、树生石、二圣石妙趣横生，神气十足，演绎着人间百态。

六尺岭峰林

六尺岭景区“一日历四季，十里不同天”。一路有观林台、听涛台、览胜台、凌云台，胜景多变，美不胜收；杜鹃园、红桦林、冷杉林一路相伴，珍奇华贵；骆驼石、猴儿山、对弈峰、飞来石奇峰耸立，怪石嶙峋。

牛背梁高山探险区

这里风景独特，自然天成。有万亩高山草甸，一望无际，加上不远处会偶有灌木点缀其中，犹如神来之笔；有千亩杜鹃花海，密不透风，花开一片娇艳，花落枝叶苍翠，极为壮观；有冰川遗迹，沿步道一天就可看到那万年前留下的冰川遗迹奇观。如果晴天登上牛背梁最高峰，可以看到古城西安全貌，感受“一指定长安”的豪迈气势。

柞水溶洞 AAAA

我国北方最大的溶洞群落

商洛市柞水县石瓮镇

柞水溶洞地处秦岭南麓，有大小溶洞108个。佛爷洞洞内有两尊高大的佛像，洞内全长900余米，分上、中、下三层。天洞因洞口直入云霄而得名，洞内钟乳玲珑剔透。风洞进出皆有奇风迎送，全长约4千米，山泉穿洞长流不息，石柱、石笋遍布；令人惊叹的是洞内常年有百鸟栖息。

玩家攻略

周末人很多，进溶洞要排队，所以前往时最好避开周末。

佛爷洞

佛爷洞位于呼应山腰，洞口面向西北，海拔797米。洞口置一尊3米高的铜佛像，佛像伸出右手拂天，游人由铜佛袖口入洞，颇有妙趣。

天洞

天洞毗邻佛爷洞，位于海拔805米的呼

柞水溶洞

应山腰。入洞后步步而上，大有登天之势，故名天洞。

风洞

风洞在石瓮子北1千米处的山腰上。相传，洞内有一小洞劲风不止，故名风洞。此洞深约15千米，洞道迂回曲折。可容纳千人以上的大厅有5个，有规模大、离奇壮观的特点。

百神洞

百神洞位于天书山麓，古称玉皇宫。清代乾隆年间以前，洞内置玉皇、八腊、龙王等100多尊神像，故名百神洞。此洞底层有地下暗河，相传民国初年，有人将一背篓麦糠倒入暗河，七八天后，在乾佑河入汉江口的山洞中麦糠随水流出。

秦楚古道

古时由秦入楚的咽喉要道

商洛市柞水县境内

柞水，古为京畿长安的重要门户，曾为西安通往安康的交通要道和枢纽，素有“秦楚咽喉”“终南首邑”之称。据《柞水县志》载，秦楚古道始建于北周保定二年（562年），道宽2.5米，是由秦入楚的咽喉要道，也是古代兵家的必争之地。

秦楚古道跨越终南山，刻画在秦岭南北脊梁的特殊位置上。秦岭是中华大地的南北分界线，是长江、黄河的分水岭。秦岭威武雄壮、秀丽峻美、如诗如画的自然风景，让人流连忘返。徜徉其间，一步一景，景随步移。登上主峰南北眺望，即可饱览群峰的奇险与峻秀，使人心旷神怡。

玩家解说

秦楚古道是古代秦国通往楚国的一条驿道，是连接秦山楚水的一条重要道路，是中国最早的“高速公路”之一，为发展华夏文明古国的政治、经济、文化和军事以及南北物资交流做出了巨大的贡献。秦楚古道经历了初建到逐步修建完善的过程，大体分为三个阶段。第一阶段为秦朝初年至秦末时期修筑：起始长安，终至秦岭终南山，绵亘约150千米；第二阶段为东汉、西汉王朝时期修筑：从陕西柞水至安康，再至湖北襄阳，长约500千米；第三阶段为三国时期修筑：自湖北襄阳起，经荆门至江陵纪南城（楚国故都遗址，荆州古城北十里许），长约150千米。

链接

秦楚古道的历史传说

秦楚古道经历了几千年的风风雨雨，留下了许多脍炙人口的典故和传说。它成就了历史上一些帝王将相开创千秋伟业的抱负和理想。例如，汉高帝刘邦“明修栈道，暗度陈仓”；刘备到襄阳古隆中“三顾茅庐”。它谱写了中华儿女忠心事主、保家卫国的可歌可泣的英勇壮举。例如，撂刀长坂坡赵子龙单骑救主；关羽在撂刀石屯兵扼守虎牙关，使得曹操不敢贸然进犯荆州。它让那些文人骚客、名人雅士经其游历名山大川，描写祖国壮丽的河山，发出忧国忧民的感慨，抒发怀才不遇的心情，留下了不少流传千古的诗词歌赋和盖世名篇。它记录了在兵荒马乱的岁月里，难民们为逃避战乱和饥荒而背井离乡、妻离子散的凄凉情景……所有这些，使人刻骨铭心，值得世人细细品味。

凤凰古镇

保留着60多座明清时期的民居

商洛市柞水县东南部，距县城45千米

传说镇南的山上曾落过一只凤凰，因此得名凤凰山，凤凰镇也就因此而得名。在这条东西2000多米长的古镇上，至今仍完好保留着60多座明清时期的民居。沿主街有一条石板覆盖的小溪，另有一条与之垂直的小溪穿镇而过，形成“十”字形水系。

凤凰古镇之建筑

老街两旁靠街全是商铺，商铺后面是住宅。临街大门一般用结实耐磨的核桃木或漆木板做成，用土漆油染，明净光亮；门墩为石雕花卉。商铺铺面宽不盈丈，宅深却达三四十米。据说，铺面的间数和房屋的纵深度代表了当时主人的富裕程度。

玩家 解说

凤凰镇有多家柞蚕丝作坊，这里的丝织品是用当地特有的柞蚕丝做成的。比起桑蚕丝，柞蚕丝更为经久耐用。至今这里的女人们依旧自己抽丝、漂染、纺纱，但产量极低。附近山上还有一处古老山寨的遗迹。铁匠铺这一古老的行业也依然保留着。夜晚站在镇东面山上俯瞰，网状的街道灯火燃起，最亮的地方便是“S”形老街的中央街道。

链接

凤凰镇的历史

凤凰镇依山傍水，社川河、皂河、水滴沟三水交汇于此。唐代，这里开始有集市；清顺治初，豫、鄂、川等地客商看中此处水运交通发达的优势，来凤凰镇经商并安居下来。清末民国初年，商埠字号、店铺钱庄遍布满街，形成了32个大的商号。于是凤凰镇成为秦岭以南的连接长江水系和黄河水系的重要商贸集镇。北方的山货土特产经马帮和人驮转至此，再经水路南下；而江南的丝绸、大米又经水路在此下码头，而后从旱路翻越秦岭送入关中。后来随着水运的衰败和公路交通的改善，凤凰镇逐渐失去了昔日的作用。

凤凰镇的古建筑普遍建于明清，大体沿袭徽派建筑风格，并且以四合院为主，至今保存完好。现在在凤凰镇和周边地方，依然保留着许多老作坊和老手艺，如造纸坊、铁匠铺、丝织店等，当地人的生活中还依稀保留着古老的痕迹。

木王国家森林公园

原始森林茂密

商洛市镇安县杨泗镇桂林村七组

8:00~18:00

0914-5289678

木王国家森林公园内原始森林茂密，珍稀动植物品种繁多。公园以林海杜鹃和奇峰怪石景观为主。其中，双头马景区以地貌奇观和林相景观为主；四海坪景区以峡谷瀑布和植物景观为主；茨沟景区主要以自然景观和游憩休闲为主，十里杜鹃画廊颇负盛名。鹰嘴峰特别保护区的鹰嘴峰为木王国家森林公园景区之主峰，山形一如大鹏展翅，孤峰突兀一如鹰嘴，雄伟孤傲。

木王国家森林公园之美景

玩家 攻略

4月，千山杜鹃竞艳，此时有杜鹃花节。另外，山里气温比较低，来这里最好多带一件衣服。

玩家 解说

木王国家森林公园森林覆盖率高达98.3%，园内森林植被繁茂，原始森林葱郁，珍禽异兽随处可见。这里的种子植物有1300余种，其中有红豆杉、连香、水青、秦岭冷杉等国家保护树种30余种；这里栖息着200余种野生动物，其中有羚牛、云豹、金雕、黑熊、白冠长尾雉、大鲵、林麝等10余种保护动物，也是大熊猫的潜在栖息地。

这里浓缩了秦岭精华：千年冷杉林带为秦岭最好，千山杜鹃为西北第一，鹰嘴奇峰（大鹏顶）为华夏一绝，千米石瀑为世所罕见。这里融林、花、峰、石、水、洞景为一体，处处呈现着北亚热带优美的森林景象。公园内可春观杜鹃、夏纳清凉、秋赏红叶、冬戏冰雪，一年四季美景不绝，有“天开画卷”之美称。

双头马景区

双头马景区以地貌奇观和林相景观为主。其中，千米石瀑属奇特地质景观。由于花岗岩体上附着物剥蚀后形成的自然景观，因其神似瀑布而得名。跑马梁为大面积象形山体景观，因山脊形似奔马的脊梁，所以叫跑马梁。巨石阵是由于山崩而产生的石河。这里巨石林立，井然有序，放眼看去像是古代名将摆下的战阵，实能与世界闻名的苏格兰巨石阵相媲美。

四海坪景区

四海坪景区以峡谷瀑布和植物景观为主。四海花潮是大面积植物景观。四海坪有一高山草甸，树木茂盛，花草繁多，植物种类十分丰富。知音谷森林茂密，峡谷幽深；小鱼游戏其中，飞鸟栖息枝头，走兽行走崖畔，景色十分迷人；传说当年俞伯牙、钟子期的故事就发生在这里。龙潭分上下两层，清泉自山谷倾泻，坠入深潭，颇有神龙下凡之意境。“古栎交运”是植物景观，为一株树龄约500年的栎树，枝繁叶茂，雄踞路口，当地人称其为千手栎树，据说可保佑游客好运连连。

茨沟景区

茨沟景区主要以自然景观和游憩休闲为主，十里杜鹃画廊颇负盛名。而这里的乔木大头红杜鹃最为著名，茨沟全长十里，一沟两岸有宽约30米的杜鹃花带。春末夏初，杜鹃花开，如锦似带，如画似廊，十分壮观，为西北一绝。

鹰嘴峰特别保护区

鹰嘴峰特别保护区以植物景观和自然景观为主。鹰嘴奇峰四周云蒸霞蔚，群山起伏，千峰竞秀，秦岭腹地的气象万千，尽收眼底。“冷杉奇观”是大面积植物景观：树干耸立，直冲云霄，密林拥翠，相互掩映，雾气缭绕，蔚为大观。“林海羚踪”是动物景观，分布于景区高海拔巨石阵和鹰嘴峰一带，羚牛的蹄印、粪便，遍布其间，寻踪林海深处，可偶见羚牛。

红岩寺戏楼

清代特色的戏楼

商洛市柞水县红岩寺镇红岩寺街下街头

红岩寺戏楼修建于清嘉庆二十一年（1816年）。戏楼由楼基、楼台、楼宇三部分组成。楼基用青砖砌成，中空，楼面是用二寸厚、结实耐磨的漆木板合缝镶铺的。台前两根大柱上方，各有一道斜撑，斜撑上雕刻有极为精致、活泼的双龙戏珠；前台与后台之间的中挡门，一律是用椴木雕刻的棂窗，正中是精美的“龙凤呈祥”。戏楼屋脊由自左向右爬伸的两条龙构成；正中有三层小塔一座，小塔左右各有两只白鸽。前檐两角为翘檐，翘檐下吊着小铜铃，微风轻拂，铜铃叮当作响。

塔云山 AAAA

流云绕膝，松涛阵阵

商洛市镇安县柴坪镇

塔云山，又名塔耳山。塔云山景区的山形似宝塔，直耸云端，素有“金顶刺青天，松海云雾间”之美誉。登塔云观奇景，绝妙处在金顶。金顶观音殿，建于塔云山万仞绝顶之上，三面悬于万丈深渊上，可谓鬼斧神工，令人叹为观止，被称为“秦楚一柱，绝顶道观”。塔云山左有弛风山，其山势陡峭，古松参天。右为东风山，靠近山坡处有一宽敞牧马坡，顺牧马坡而上，远眺，塔云山、舍身崖、金顶尽收眼底。

塔云山

景点推荐

洛南旅游区

洛南文庙

过去是祭祀孔子的殿宇

商洛市洛南县城西街

洛南文庙始建于明洪武三年（1370年），过去是祭祀孔子的殿宇。文庙建筑气势恢宏，上有花脊飞檐，龙飞凤舞；殿内金碧辉煌，雕梁画栋。主要建筑为大成殿和棂星门。现在文庙内已辟为县博物馆，内有馆藏珍贵文物3400多件。

洛南文庙

玉虚洞

喀斯特地貌溶洞

商洛市洛南县洛水之北的石门镇罗家沟

玉虚洞四周群峰绵延，山色清秀，树木繁茂，烟霞轻绕，群鸟相戏，幽若世外仙境。相传该洞为明万历年间大悲寺僧人逐一梅鹿至半崖而发现，为此奇境而感叹，玉虚洞遂闻名遐迩。有幽邃曲折的小径将各洞巧妙连通，形成大洞四环、深不可测，而小洞蜿蜒穿插其间的奇幻景致。

老君山

传说是太上老君的修炼之地

商洛市洛南县巡检镇

老君山地处华山之阳。相传太上老君在此修炼成仙，故而得名。传说太上老君在老君山洞中修炼成仙，时值正月二十三，玉皇大帝亲驾迎接，故当地民间每年此时举办老君山庙会，以示祝贺。

老君山溶洞溶柱林立，景观别致。洞中现有天然溶柱形成的圣君卧榻、系牛柏、炼丹炉等道教信物。老君山天然溶柱形成的大自然奇观，与天然原始的自然地貌融为一体，成为老君山一道亮丽的风景线。

玩家 攻略

老君山现建有登山盘道，曲径通幽，2999级台阶周围老藤错落，鸟语百啭。

云蒙山

洛南群山之首

商洛市洛南县城北15千米处的麻坪镇境内

云蒙山系秦岭支脉，为洛南群山之首，又称“书堂山”。因峰峦高耸入云，时有烟雾弥漫，青云缭绕，笼罩山头而得名。山上建有庙宇，殿依山建，院随殿设，古庙掩映在松柏之中。

古庙山门外镌刻着“岳色遥临，秦岭难遮天外目；书堂宛在，洞门犹观雪中花”的对联。云蒙胜景及悠久的历史，也曾吸引历代之骚客徜徉于此，留下许多赞美的诗篇。

玩家 解说

传说山上有二洞：一猎人追鹿至洞口，闻有琅琅书声；又见另一洞口桃花似锦，烂漫异常。猎人奇之，乃以刀刻桃花为记。次日寻其处，满山树木均有字痕，而读书之洞已无从寻觅，于是又称“书堂山”。

云蒙山还有着许多奇异的历史传说。相传神话人物神农雨师赤松子曾游于此；汉张良辅弼刘邦称帝建国，功成思退，隐居于此；明真人孙碧玉曾结庐于此山；等等。

老君山之松柏

景点推荐

山阳旅游区

丰阳塔

山阳最早的古建筑

商洛市山阳县城西北隅的苍龙山之首

丰阳塔始建于唐朝永徽三年（652年）。塔呈橄榄状，腹部空心，为密檐式。全塔以红泥烧砖垒成，工艺独特。登塔可览古城山阳全貌，素有“塔乃丰阳图画”之称。

丰阳塔各层有不同的砖砌图饰，或为禽兽，或为花卉，传神生动。底层有拱门，其余层相间有券门。史载：“彼时置丰阳县，始有丰阳塔，县之徽兆也。”丰阳塔是商洛市现有比较完整的古塔之一。

天竺山 AAAA

道教名山

商洛市山阳县城东南部的鹘岭以南、郧岭以北

天竺山，又名天柱山。天竺山自古以崔嵬奇险而闻名。园内有七座山峰相对。唐代道士罗公远、宋代理学家邵雍都在此山隐居。石水塔建于宋朝，传说是“铁板道人”所修建，一共三座；双峰观是老一辈革命家李先念同志率军由湖北到商洛，在此休整的地方；云盖寺是邵雍在山中隐居时建造的；藏经洞是清代超古禅师为了藏经所凿的；上天堂，建于南北朝时期，为山中最早的宫观遗

天竺山

址；药王庙，在主峰山腰处，明代的石刻“药王庙”三字至今仍十分清晰。

天竺山最为壮观的是“天竺云海”。雨过天晴，团团白云汇聚于山腰，向四外扩散，霎时形成波涛滚滚的海洋，好似“水漫金山”。东西侧壁立万仞，壁上碥道，皆人工凿成，人称“阎王碥”。西侧碥上有铁索，险峡处有独木桥。临箭河处有著名的七里峡。

月亮洞

以雄、险、奇、幽而著称

商洛市山阳县合河乡，距山阳县城45千米

60元

月亮洞在“金花交汇”下游3千米处的大峡谷半山腰上。洞分上下两部分，上洞叫南天门，由月亮洞内石径而上即可通达。登临南天门，可饱览山阳秀色。沿洞外的金钱河十里峡谷顺流而下，两岸峰峦层叠，苍翠峭拔。上游有九潭碧水，加上绝壁顽石、峡谷中流等景观，美景无限。下游景观是“山阳八景”之一的“金花交汇”——金钱河与花水河分别从两个峡谷中喷流交汇，河水一清一浊，形成一道双色巨龙，穿越石门奔流而去。

漫川关古镇

地势险要

商洛市山阳县东南70千米处的漫川镇

古镇漫川关古称丰阳关、丰阳川，以地

月亮洞

漫川关古镇骡帮会馆双戏楼

貌广大、水域宽阔而得名。漫川关昔为秦楚之边界，历代均于此设防，现在为陕鄂之边。漫川关依山傍水，群山环绕，东有崔嵬的龙山，北有巍峨的鹘岭，西南有磅礴的郧岭，金钱河、靳家河穿境而过。

漫川街道长而狭窄，均用石条石块石子铺成。两旁民宅，多以木板为墙，房屋小巧玲珑。街道日日有集，商铺颇多。这里一直延续着“男人下田，女人摆摊”的习俗。在漫川镇前店子村的土地岭下，山中有“千佛洞”，建于武周永昌年间（689年），现存222尊佛像。洞外有民国修建的多角牌楼、寺院。在洞坎之下有清康熙年间修葺的竹林寺院和舞榭歌楼。

链接

骡帮会馆

骡帮会馆位于山阳县漫川关上街，俗称“马王庙”。始建年代不详，光绪十二年（1886年）增修，占地面积2000平方米，分庙院与戏楼两部分。庙院为南北两院并列，中以墙隔；每院依次有前殿、天井、正殿和两厢。戏楼与庙院相向，亦为南北两座并列：北楼较大，歇山顶；南楼略小，为重檐三滴水。戏楼内外皆饰木雕风俗人物、双龙戏珠、丹凤朝阳等图案，工艺考究精细。梁架有“大清光绪十二年建戏楼，骡帮会馆众弟子创修”等题记。

会馆面临靳家河，地处湖北通往西北的水陆交通要冲，系当时鄂、陕、湘、晋、豫5省客商云集的物资集散地和水陆交易市场。骡帮会馆南侧有武昌馆，北侧有北会馆，加之附近的楼阁式民宅，组成一片古色古香的建筑群，融清代南北建筑风格之大观。

漫川关

攻略资讯

商洛风光

交通

火车

商洛市火车站有商洛站、商洛北站。

汽车

从商洛穿境而过的主要公路，有312国道、210国道，307省道、203省道。商洛市内有一个汽车站，每天有长途汽车发往下辖各县区，以及西安、咸阳、渭南等邻近城市。

华龙山阳汽车站：位于商洛市山阳县北大街329号。电话：0914-8322445。

商洛火车站

住宿

商洛城市较小，高档酒店、宾馆很少，中低档酒店、小旅馆、招待所比较常见。可以根据自己的要求选择。如果前往距离商洛市区较远的景点，可以选择就近住在景区附近的区、县，以方便游玩。此外，一些景区内及周边有农家乐，可以为游客提供食宿服务。

● 商洛假日阳光酒店

酒店旁边是莲湖公园，可到此处休闲玩赏。客房有空调、衣柜/衣橱、浴室等，设施齐全。✉ 商洛市商州区州城路东段 ✆ 0914-3230007

● 商洛国际会议中心

商洛国际会议中心位于商洛市“国家水利风景区”丹江公园东部，西依威尼斯水城东环路，交通四通八达，是集客房、餐饮、会议、商务、休闲、娱乐为一身的国际化、现代化的多功能水景花园式酒店。✉ 商洛市商州区东环路 ✆ 0914-2956600

● 华伦酒店

酒店地处市中心繁华地段，周边金融、餐饮、休闲等配套资源丰富，出行便捷。酒店有多种观景客房、特色客房，还配备有量贩KTV、养生餐饮店 休闲私人会所等。✉ 商洛市商州区名人街天元大厦一楼 ✆ 0914-2980088

商洛国际会议中心

美食

商洛小吃具有浓重的陕南特色，以乡村习俗为特点，农家饭居多，让人有一种如回归到自然怀抱的感觉。香喷喷的搅团，酸辣诱人、考验技术的凉粉，一肉三吃的镇安腊肉，都让人垂涎三尺。

商洛市内有多个小吃城、饮食街，就餐方便。各小吃城等不仅经营当地特色小吃，也提供各地风味。

●镇安腊肉

腊肉又叫熏肉，是商洛镇安一带的特产。每逢冬腊月，镇安家家户户都要制作腊肉。熏好的腊肉表里一致，煮熟切成片，透明发亮，色泽透红；吃起来味道醇香，肥不腻口，瘦不塞牙。镇安腊肉素有“一家煮肉百家香”的赞语，而且有久放不坏的特点。

●寺坡橡子凉粉

橡子凉粉为商洛的风味小吃。寺坡橡子凉粉的原料为成熟的橡子，把橡子打成淀粉，用泉水和制，再做凉粉。成品吃起来爽滑、筋道，十分可口。

●洋芋糍粑

洋芋糍粑是商洛当地流行的一种小吃。食用时有多种方式：将糍粑切块放入酸菜汤内煮，再浇上辣椒油，色鲜味美，为“烩糍粑”；把糍粑盛入碗中，再把大蒜、花椒、海椒等各种调料放入另一碗中，再加上热的酸菜汤，用洋芋糍粑蘸着吃，又是另一番风味。

寺坡橡子凉粉

洋芋糍粑

●搅团

搅团所用面粉必须是粗粮，多为玉米面。搅团的吃法很多，浇热汤酸菜、做凉水“鱼鱼”凉调、炒食、烩搅团块等皆可。商洛人吃搅团，大多要调辣子，调得碗里红如血方才够味。

●擀面皮

商洛的擀面皮有黑、白两种，不同于关中和汉中等地的面皮，尤其是黑色的擀面皮，味道鲜美，让人吃了之后，回味无穷。来到商洛，这个可是不容错过的特色小吃。

擀面皮

购物

商洛地方虽小，却有着与关中不同的风貌，这里的特产也都带有陕南特色。

商洛的名产冬青木烙花筷，把手中吃饭用的两根细箸变为令人爱不释手的艺术品，精细的做工、典雅的图案，让举箸吃饭这样一种平常的行为也散发出些许艺术气息。

●商洛核桃

商洛核桃栽培历史悠久，分布广泛，其产品以果大、皮薄、仁饱、味香、高产而享誉国内外。商洛核桃曾荣获国家经贸委（国家发展和改革委）颁发的优质产品证书，国家科委“星火计划”成果展览会铜奖。商洛曾获“中国核桃之都”称号。

商洛核桃

●柞水樱桃

柞水乾佑、社川、金井三河流域，因其气候温暖湿润，土地肥沃而盛产樱桃。到了樱桃成熟的季节，鲜红、晶莹的樱桃似珍珠、似玛瑙挂满枝头，点缀在青枝绿叶之间，为山村增添了一道道亮丽的美景。鲜红的樱桃被人们做成菜肴、罐头，成为餐桌上的一道美食。柞水樱桃酸甜味美，醇正可口。

●丹凤葡萄酒

丹凤葡萄酒色如红宝石，透明晶亮；酒味怡而不滞，爽而不薄，醇而不酽，冷而不寒，甜酸适口；饮后开胃提神，余香绵久，闻名遐迩。

丹凤葡萄酒

●商洛商芝

商芝即蕨，因丹凤县商山而得名。商芝呈淡紫色，雅称紫芝，是一种含有异香、营养极为丰富的野生名菜。商州（今商洛）素以商山野味驰名省内外。商州厨师用商芝可烹调出十几种菜肴，如商芝蒸肉、商芝小炒、商芝拼盘、商芝滚汤等。

●寨子柳编

洛南古城镇的寨子柳编比较有名，畅销陕豫鄂三省，是当地农民发家致富奔小康的传统支柱产业。用柳条编织的簸箕、笸篮，在都市人看来，是独具特色的工艺品。

娱乐

●民间社火

“社火”源于古老的宗教信仰。“因崇拜而思献媚，假歌舞以祈福佑。”社火，是指春节期间民间带有媚神性质的风俗歌舞，它来源于人们对古老的土地与火的崇拜。“社”为土地之神，“火”能驱难避邪。在黄河流域，“社火”有着几千年的传统和历史，是中华民族最古老的风俗之一。

商洛民间社火表演十分精彩：划旱船、赶毛驴、抬花轿、耍龙狮……让民众在欢快中感受浓浓的年味。

1935—1948

发现者旅行指南

延安

概览

亮点

宝塔山

中国革命圣地延安的重要标志和象征。山上有许多历史文物和现代革命文物，如烽火台、摩崖石刻、范公井、摘星楼、嘉岭书院等。

南泥湾

中国共产党军垦事业的发祥地，南泥湾精神的诞生地。主要景点有毛泽东视察南泥湾旧居、三五九旅旅部旧址、南泥湾大生产展览室等。

黄帝陵

中华民族的始祖轩辕黄帝的陵园，为中华儿女祭祖的圣地。自唐代宗大历五年（770年）建庙祀典以来，这里一直是历代王朝举行国家大祭的场所。

宝塔山

壶口瀑布

我国第二大瀑布，素有“金瀑”之美誉。两岸苍山夹峙，把黄河水约束在狭窄的黄河峡谷中，河水奔腾呼啸，形似巨壶内黄水沸腾，景色分外奇丽。

万花山

以漫山遍谷的野生牡丹而闻名。传说这里还是巾帼英雄花木兰的故乡。每年的春夏时节，姹紫嫣红的牡丹竞相盛放，香气袭人。

线路

黄土高原二日游

第一天上午参观延安革命纪念馆、杨家岭两地，然后前往宝塔山，登宝塔一览延安全貌。下午可乘车去黄帝陵游览，晚上住在延安市中心或长途汽车站附近。

第二天乘车去壶口瀑布游览。从陕西一侧看瀑布，正好可看到瀑布由“壶嘴”喷出的景象。

红色之旅一日游

令人激动的红色之旅，从宝塔山开始。先去延安革命纪念馆参观，再去王家坪、杨家岭和枣园，这是我们党、军队和国家缔造者工作和生活过的地方，这里发生的事情，决定了整个中国的命运。

壶口瀑布

为何去

《枣园五英雄》雕塑

延安，古称延州，自古就是兵家必争之地，有“塞上咽喉”“军事重镇”之称。这里处处是美景和文化遗产：瑰丽壮观的黄河壶口瀑布、美景怡人的万花山、热情似火的安塞腰鼓、陕北的好江南——南泥湾……

何时去

安塞腰鼓表演

延安是夏季避暑度假的好地方。这里地域靠北，比关中地区凉爽很多；而延安传统的窑洞冬暖夏凉，是绝妙的住处。

每年农历正月十五，延安地区都会举办规模庞大的“我在延安过大年”秧歌节等多项旅游节庆活动。若想体验纯正的陕北民俗风情，春节到延安旅游也是不错的选择。

枣园革命旧址

区域解读

区号：0911

面积：约37 000km²

人口：约226.76万人

地理 GEOGRAPHY

区划

延安市辖2个区（宝塔区、安塞区），10个县（延长县、延川县、志丹县、吴起县、甘泉县、富县、洛川县、宜川县、黄龙县、黄陵县）1个代管县级市（子长市）。

地形

延安境内地貌以黄土高原、丘陵为主。地势西北高东南低，最高点在吴起县五谷城乡的白于山顶，海拔1809.8米；最低点在宜川县集义乡猴儿川，海拔388.8米。

气候

延安属高原大陆性季风气候，温度日较差大。北部属半干旱地区，南部属半湿润地区。春季气温快升多变，易有霜冻，多大风、风沙、浮尘天气，常有春旱；夏季温热，雨量集中，间有伏旱，多雷阵雨天气，偶有冰雹。

历史 HISTORY

历史大事记

延安在夏朝原属古雍州，秦汉时期属上郡。

南北朝西魏时期，始设延州，此即延安古称“延州”之名的由来。

隋大业三年（607年），始设肤施县，后以延水取名延安郡，“延安”之名即始于此时。

贞观七年（633年），延州开凿延化渠，开当地水利灌溉之始。

北宋康定元年（1040年），范仲淹知延州，致力恢复北宋与西夏征战给本州带来的战争创伤，使军心大振，延安得安。

1935年2月17日至25日，中共中央在安定县（今子长市）瓦窑堡召开政治局会议。会议确立了建立广泛的抗日民族统一战线的新策略。

1935年10月19日，中共中央率领中国工农红军陕甘支队胜利到达陕北吴起镇。1936年6月21日，中央机关迁往保安县城，1937年1月10日又迁驻延安。从此，延安成为中国人民革命斗争的指导中心和总后方。

1937年8月22日至25日，中共中央在陕北洛川召开政治局扩大会议。会议决定把党的工作重心放在战区和敌后，开展独立自主的游击战争，开辟敌后战场，建立敌后抗日根据地，史称“洛川会议”。

1937年9月6日，根据国共协议，中国共产党将中华苏维埃共和国中央政府西北办事处正式改为陕甘宁边区政府，边区政府辖陕西、宁夏、甘肃的23个县，首府即为延安。

陕北窑洞

名单 延安历史名人

华夏始祖黄帝
北魏关中农民起义首领盖吴
北周贤官周惠达
隋末农民起义军首领刘迦论
后梁将领高万兴
北宋贤官杨偕
宋朝将领刘延庆
明末农民起义军首领神一元、神一魁
明末民变首领高迎祥
陕北红军和苏区创建人谢子长
中国工农红军高级将领刘志丹

黄帝陵与革命圣地——延安

位于延安市黄陵县桥山之巅的黄帝陵，是海内外华夏儿女寻根祭祖的圣地。

轩辕黄帝是中华民族的人文初祖，他是我国原始社会末期一位伟大的部落首领。黄帝用玉做兵器，造舟车弓矢。他的妻子能养蚕，其史官仓颉创造了文字，其臣大挠创造了干支历法，其乐官伶伦制作了乐器。我国后来能巍然屹立于世界四大文明古国之列，这与黄帝的赫赫殊勋是分不开的。

黄帝死后，人们为了表达对这位人文初祖的怀念之情，便起冢为陵，立庙祭祀。黄帝陵古称“桥陵”，为中国历代帝王和著名人士祭祀黄帝的场所。据记载，最早举行祭祀黄帝的活动始于公元前442年。自唐大历五年（770年）建庙祀典以来，黄帝陵一直是历代王朝举行国家大祭的场所，成为中华民族的圣地。

延安也是红色革命的圣地。悠悠华夏数千年历史，几经兴衰，至清末民初，饱受外敌侵扰，百姓困顿。从1935年到1948年，毛泽东等中共领导人就是在这里生活和战斗，领导和指挥了中国的抗日战争和解放战争，奠定了中华人民共和国的坚固基石，也使得延安成为著名的革命圣地。

链接

黄帝的传说

据说黄帝活了118岁。有一次，在他东巡期间，突然晴天一声霹雳，一条黄龙自天而降。它对黄帝说：“你的使命已经完成，请你和我一起归天吧！”黄帝自知天命难违，便上了龙背。当黄龙飞越桥山时，黄帝请求下驾安抚臣民。黎民百姓闻讯从四面八方赶来，

黄帝陵

个个痛哭流涕。在黄龙的再三催促下，黄帝又跨上了龙背，人们拽住黄帝的衣襟一再挽留。黄龙带走了黄帝之后，只剩下了黄帝的衣冠。人们把黄帝的衣冠葬于桥山，起冢为陵。这就是传说中的黄帝陵的由来。

文化 CULTURE

安塞腰鼓，尽显阳刚之风

“腰鼓”是陕北各地广泛流传的一种民间鼓舞形式，尤以延安地区的安塞，榆林地区的横山、米脂、榆林等地最为盛行，是陕西民间舞蹈中具有较大影响的舞种之一。

安塞腰鼓由来已久，具有2000年以上的历史。它本是古代军旅为增军中士气及传递情报所用，现在则用来表达胜利的欢呼和丰收的喜悦。安塞腰鼓以颇密的击鼓声、强悍的步伐、变幻的阵势、雄壮的呐喊，尽现男子阳刚之美，在国际上极负盛名。

安塞腰鼓多采用集体表演形式，鼓手少则数十人，多时可达百余人。队伍包括拉花女角、伞头、蛮婆、蛮汉等角色，和“跑驴”“水船”等各种小场节目组成浩浩荡荡的民间舞队。

路鼓是腰鼓队在行进中边走边舞的一种表演形式。前由两名伞头领队，后随由挎鼓子和拉花组成的舞队。伞头身后紧随的一位挎鼓子，称“头路鼓子”，他必然是技艺精湛的击鼓能手，全队的动作变换和节奏疾缓，统由他来指挥。队伍的后部，是扮成蛮婆、蛮汉的丑角，也有的扮成孙悟空、猪八戒等《西游记》中的人物，随意扭动，逗笑取乐，以增添节庆的气氛。

场地鼓是指腰鼓队到达表演地点，打开场子后的表演形式。开始时由伞头挥伞号令，顿时鼓乐齐鸣，众舞者随伞头翩翩起舞。这一段叫“踩大场”，表演节奏缓慢，目的是打开场地，拉开队伍，稳住观众情绪。第二段载歌载舞，表演节奏渐快，动作幅度较大，队形变化繁多。常用的队形有“神

安塞腰鼓表演

楼”“古庙”“神前挂金牌”“富贵不断头”等。到引出“太阳弧”图案后，伞头站到场中央领唱秧歌，唱词视场合和对象而定。“谒庙”时，有拜庙祭文。一般演出有向观众拜年问好的，也有喜庆丰收和祝愿吉祥等内容。伞头唱时，众舞者在场边慢步转圈，并重复接唱每段的最后一句，俗称“接后音”。唱完后，伞头退出场地，由挎鼓子和拉花入场表演，走出各种复杂多变的队形。此刻不受时间的限制，舞者尽情表现各自的技艺绝招，情绪热烈，起伏跌宕，使表演达到高潮。

近年来，安塞腰鼓为了突出挎鼓子的技巧，表演“场地鼓”时由挎鼓子在场内单独表演。众鼓手在头路鼓子的指挥下，精神振奋，击鼓狂舞，此时只见鼓槌挥舞，彩绸翻飞，鼓声如雷，震撼大地，声势逼人，极富感染力。

从庆祝胜利到民间娱乐——富县飞锣

飞锣，原名马锣，原为古战场收兵的信号，也是战士在庆贺胜利时的一种舞蹈，现已逐渐演变成为一种民间鼓舞形式，主要流传于富县交道塬一带，是当地闹社火时最为常见的节目。鄜州是富县的古称，得名于唐朝，因飞锣这一民间艺术流传甚广，并起源于唐代的鄜州之地，古称“鄜州飞锣”，后改为“富县飞锣”。

逢年过节，飞锣队一般四六成双，或八十成对，尾随在秧歌队的后面，走村串户。队员们身着骑士装，一手掌锣，一手握锤，敲敲打打，跳跳蹦蹦，甚是活跃。进行场地表演时，

秧歌队围成一个圆圈，飞锣在中间表演。敲打动作形式各异，如“绵羊碰头”，即四名飞锣队员围成正方形，手舞足蹈，敲打铜锣，摇头晃脑，两两沿对角线向中间聚拢，再腾空飞锣，再后退，再飞锣，依次反复又如“五马跑四角”等。富县飞锣集中于富县交道镇，一般以20人为一组，分广场演出和过街演出两种，规模可达200余人。

此外，飞锣常和秧歌、水船、霸王鞭、板凳鱼、老虎扑羊等组成综合性的民间舞队，除大场表演外，也作为一种小场节目穿插于秧歌队中。在小场表演时，一般由一个腰鼓和四个手持小马锣者参加，鼓手站在中间挥槌击鼓，四个锣手围鼓击锣转圈。常用的动作有“掏锣”“飞锣”“绵羊碰头”等。舞姿优美舒展，动作潇洒矫健。跳至高潮时，速度欢快，节奏铿锵，鼓手下蹲，锣手跃起，一起一伏，形成鲜明的对照，群众称为“欢式”。

鼓锣对舞，反复三次称“凤凰三点头”。接着鼓手下蹲，四个锣手围鼓边快跑边跳边击锣，特别是锣手跃起在空中转身的一刹那，犹如雄鹰翱翔一般。艺人称其为“五马跑四间”。鼓手退出后，锣手们一会儿成排，一会儿成行，有时背靠背斜穿而过，有时相遇后蹦起敲击，队形变化丰富，情绪热烈欢快。

民间艺苑的奇葩——富县薰画

薰画兼具剪纸和版画的艺术效果，古朴浑厚，结构严谨，手法简练，主次分明，虚实相映，形象夸张，主题鲜明，是中国民间艺苑的一株奇葩。而极负盛名的富县薰画，起源于富县民间古老的装饰工艺品——碗架云子。碗架一般为立式三层，高2米，长2~3米，是延安南部各县农村储放米、面的瓦缸和餐具的家具，功能类似今天的橱柜。碗架正面敞开。为美化居室、防虫挡尘，民众就用薰画粘于架层上，因此形成了独具地方特色的民间艺术形式。

薰画与剪纸是一对姊妹艺术。富县薰画在制作时，先构图，后剪样子。根据设计的要求分别将样子平铺在白纸或色纸上，以清水雾喷浸湿后，再用松枝、桦树皮或煤油灯反复薰熨，待黑烟将纸熏干，轻轻揭下样子，即显露出黑白分明、对比强烈的画面。

富县薰画与富县剪纸珠联璧合，为富县赢得了“中国民间艺术之乡”的美名。逢年过节，当地妇女聚在一起，画的画、剪的剪、薰的薰，家家户户的炕头、墙壁、碗架等处都贴满了薰画，五彩纷呈，美不胜收。

洛川毛麻绣

俗语道：“麻袋上绣花——底子太差。”而洛川县的民间艺术家们硬是在麻布上绣出了美妙绝伦的艺术奇葩。

毛麻绣是洛川民间美术工作者在传统剪纸、刺绣、农民画的基础上，大胆设计，推陈出新的一种新型工艺品。洛川刺绣、剪纸历史悠久，毛麻绣采用刺绣的色彩、剪纸的造型，经过20世纪80年代文化馆美术干部探索性尝试后，洛川毛麻绣逐渐完善。王生毅于1984年创作的毛麻绣作品《艾虎》获中国工艺美术品百花奖及优秀创作设计二等奖。

洛川毛麻绣题材广泛，内容丰富，构思新颖，技艺精湛，多出自村姑农妇之手。构图上尽量将画面充满、平面展开、互不遮挡。造型上大刀阔斧，削繁就简，大胆夸张，使形象更加鲜明生动，色彩艳丽。作品集精细华丽与粗犷拙朴于一身，富有装饰性和实用性，是我国民族壁饰的新秀。

洛川毛麻绣

景点推荐

黄河壶口瀑布 AAAA

壶口瀑布是我国第二大瀑布，素有“金瀑”之美誉。黄河水一路咆哮至秦晋峡谷时，河面宽度由400多米骤然收缩为50米，倾泻于落差30米的石槽中，因其形似茶壶注水，得名壶口瀑布。黄河水在这里被峡谷聚拢为一股，奔腾呼啸而下，跃入深潭，溅起巨大的浪涛，激起一团团水雾烟云，场面极其壮观。壶口旅游区有“观在陕西、住在山西”的说法。

延安市宜川县壶口乡，与山西临汾市吉县壶口镇交界的黄河干流上

0357-7955000

玩家攻略

壶口瀑布最佳观赏期有两个，那时水大而稳，瀑布宽度可达千米左右。一是春季4月，正值农历三月间，漫山遍野的山桃花盛开，岸边冻结的冰崖消融，称为“三月桃花汛”。二是秋季9~11月雨季刚过去时，河边众多山泉小溪，汇集大量清流，阵阵秋风吹过，常有彩虹出现，称为“壶口秋风”。第四套人民币50元背面的瀑布即为壶口瀑布。

瀑布左下方有流水侵蚀出地下石廊，可仰望瀑布“黄河之水天上来”的壮丽景色。瀑布两边的河岸全是较为平整的大岩石，表面覆盖着一层黄土。观赏瀑布要特别注意安全，不要站得太靠近。

在冬季有可能看到“冰瀑奇观”。河水从两岸形状各异的冰凌中飞流直下，瀑布下搭起美丽的冰桥。两岸溢流形成的水柱如同冰峰一样倒挂在悬崖上。

玩家解说

“十里龙槽”是瀑布向源侵蚀切割的结果，全长4200米，宽30~50米，是全黄河最狭窄处。在河道约束下，河水奔腾咆哮，浊浪翻滚回旋，气势磅礴。瀑布上下基岩上，到处可见水流冲

蚀槽及大大小小流水携带沙砾的掏蚀圆形坑，这便是著名的“石窝宝镜”。强烈的河流旁切作用，将原来岸边山体硬切成河心岛，即上方的孟门岛以及下方的葫芦岛。

壶口瀑布的形成与当地的地层、构造、气候、水文等自然地理因素条件有关。壶口一带出露的基岩上部为紫红色、紫灰色和灰绿色细砂岩与泥质岩类互层，下部为厚层砂岩、薄层砂岩、泥岩类岩石。砂岩较为坚硬，泥质页岩较松软，易遭流水侵蚀。

壶口瀑布形成的最主要原因是印支运动（始于距今约2.3亿万年）作用结果形成的两组节理，一组为基本顺河水流向发育，另一组为跨河发育。此外，沿这两组节理在瀑布的孕育段、形成段及消亡段也出现过一些断层。由于在壶口及其孟门山以南地层倾角很小，节理发育，断层偶见，地层又相当水平，所以，易于被构造作用切割得支离破碎。所以说，壶口瀑布的形成是节理断层发育和河水的强烈切割下蚀两大因素所致。

孟门山

黄河三绝之一

在黄河谷底的河床中，有两块梭形的巨石，巍然屹立在巨流中，形成两个河心岛，就是古代被称为“九河之蹬”的孟门山，也有叫作孟门岛的。相传这两个小岛原为一山，堵塞河道，引起洪水四溢，大禹治水时，把此山一劈为二，才导水畅流。

这两个小岛远眺如舟，近观似山，俯视若门。大孟门岛长约300米，高出水面约10米。其南面石崖上，有清雍正年间题刻的“卧镇狂流”4个大字。小孟门岛在大孟门岛上游10多米处，仅五六十米长。孟门迎着黄河汹涌奔腾的水流，终年不没，其雄姿与龙门、壶口组成黄河三绝，而又以自己独特的风貌著称，古诗有“四时雾雨迷壶口，两岸波涛撼孟门”的佳句。

玩家攻略

这里也是人们观赏“孟门夜月”的地方。每当农历月半，夜临孟门，可见河底明月高悬。站北南观，水中明月分为两排飞舞而下；立南北望，水里明月合二为一迎面而来。

龟石

油光闪亮的奇石

在壶口黄河水跌落的地方，即壶嘴的正当中，有一块油光闪亮的奇石，人称“龟石”。它能随着水位的涨落而起伏，不论水大水小，总是露着那么一点点，这又给壶口瀑布增添了几分神秘色彩。

壶口瀑布

景点推荐

延安市区景点

清凉山
延安第一名胜

延安市宝塔区
乘1、4等路公交车均可到达
旺季8:00~18:00，淡季8:00~17:30
0911-2112719

清凉山又名太和山，与宝塔山、凤凰山隔延河鼎立相望，历代名人咏诗、题词甚多。清凉山势高耸，风景别致。山上保存完好的建筑物有自隋唐至清代的各类石窟，其中万佛洞是最大的石窟，窟内石柱上和四壁雕有形态各异的石佛万尊。清凉山西有石毗岩、桃花洞，山腰有诗湾、水照延安、月儿井、琵琶桥、定痂泉、仙人洞、琉璃塔等名胜。

玩家 攻略

登上清凉山，可拍到远处的宝塔山全景。另外，每年农历四月初八，清凉山还有庙会。

玩家 解说

延安是中国革命的圣地，清凉山是新中国新闻出版事业的摇篮。20世纪三四十年代党中央在延安时期，清凉山曾是中央党报委员会、新华通讯社、解放日报社、延安新华广播电台、中央印刷厂、新华书店等众多新闻出版单位的所在地，因此清凉山有着“新闻山”的别称，第一家新华书店也是在这里的一个小小窑洞里诞生的。当年，党的新闻机构在这里向全中国传播马列主义、毛泽东思想，宣传党的路线、方针、政策，反映人民群众的呼声，为中国革命的胜利做出了不可磨灭的贡献。陈毅将军曾赋诗称赞：“百年积弱叹华夏，八载干戈仗延安。试问九州谁做主？万众瞩目清凉山。”

太和庙

清凉山顶峰的太和庙庙区有真武祖师殿、状元桥、财神庙、娘娘庙、药王庙、圣母殿、三天门等，是陕北地区仅次于白云山的

万佛洞之石窟

重要宗教活动场所。

万佛洞

万佛洞借山势而凿，开凿于隋代以前。洞内主要有四个石窟，规模宏大，窟内石柱上和四壁雕有形态各异的石佛万尊，是珍贵的历史文化遗产。与万佛洞同处一崖的还有诗湾、宛若云霞、水照延安等景点。

《解放日报》社社址

延安《解放日报》社是党中央在革命根据地创办的第一家大型日报社，于1941年5月16日创刊。这里凿了十孔窑洞作为编辑部的办公室。延安中央印刷厂的排字房就设在万佛洞里，《解放日报》等报纸、刊物、文件就在这里排版印刷。

延安新闻纪念馆

延安新闻纪念馆是全国唯一的新闻事业专题纪念馆，外形呈窑洞形，寓意着党的新闻事业是从延安的土窑洞里创建和发展起来的。馆前矗立一座象征着新闻、广播、印刷出版的三人汉白玉雕像，旁有石碑，镌刻着毛泽东的题词："深入群众，不尚空谈。"馆名为陆定一的题字。

馆内陈列分五个单元、四个展厅，共展出文物180余件。陈列大量运用场景复原、影像合成等展示，生动地再现了延安时期新中国新闻出版事业的发展历程和业绩。

宝塔山 AAAA

延安的重要标志和象征

延安市宝塔区嘉岭路　乘1、2等路公交车均可到达　60元　旺季7:30～18:30，淡季8:00～17:30

0911-2113735

宝塔山因为山上建有宝塔而得名，宝塔是中国革命圣地延安的重要标志和象征。宝塔山上有许多历史文物和现代革命文物，山脚下有北宋名臣范仲淹的墨宝"嘉岭山"三个隶书大字。

延安宝塔又称岭山寺塔，始建于唐代，

宝塔山

宝塔山

属八角九级楼阁式砖塔。登上宝塔，在塔顶可以看到延安城的全貌。在宝塔旁边有一口明代铸造的铁钟，中共中央在延安期间，这口大钟曾经用来报时和报警。

玩家攻略

宝塔山是欣赏延安城市风貌和黄土高原风光的绝妙观景台，登山观景，可俯瞰革命圣地全貌。若想拍摄宝塔山全景，附近的清凉山上是最佳位置。

可登宝塔游览，不过塔里空间狭窄，楼梯较陡，如果背着行囊会很不方便。如果节假日人多，上塔比较费事。

链接

延安国家森林公园

延安国家森林公园是我国唯一的城郊生态型森林公园。它以森林景观为主导，融自然景观、人文景观与黄土风情于一体，是进行革命传统教育、游览观光、避暑度假等多种旅游活动的场所。每当夏季来临，公园内山川滴翠、风光绚丽，是避暑消夏和旅游观光的大好去处。

森林公园内景观丰富，延安的名胜古迹很多都分布在公园内，著名的景点有宝塔山、清凉山、凤凰山、摩崖石刻等。

中国人民抗日军政大学纪念馆

红军大学的前身

延安市宝塔区二道街

中国人民抗日军政大学简称“抗大”，其前身是1933年11月在江西瑞金成立的中国工农红军大学。纪念馆是为纪念中国人民抗日军政大学的历史业绩而建的，它向观众全面展示了抗大的历史风貌，生动形象地再现了抗大的战斗历程和辉煌业绩。

在展墙设计上，以融入具有陕北地方特色的建筑语言符号为艺术元素，艺术地将抗大窑洞造型设计成不同形式的展墙，具有鲜明的地域性和时代感。同时结合时代背景设计了“书桌式”“磨盘式”展柜，形象地表现了艰苦、活泼的抗大校园生活。

玩家解说

1936年12月底，中国抗日红军大学由保安进驻延安，驻城内学府衙门（今二道街抗大纪念馆一带）。1937年1月，红军大学改名为“中国人民抗日军政大学”，直属于中央军事委员会，以训练抗日救国军政人才为宗旨。毛泽东为抗大制定了“坚定正确的政治方向，艰苦朴素的工作作风，灵活机动的战略战术”的教育方针和“团结、紧张、严肃、活泼”的校训。

延安革命纪念馆 AAAA

大型革命历史纪念馆

延安市宝塔区王家坪路

市内乘1、3路公交车可达

免费　0911-8213694

纪念馆内展出大量珍贵的历史文献、图表、照片等，系统地反映了1935年10月到1948年3月期间，中央红军到达陕北后，建立起抗日民族统一战线，开展大生产运动、整风运动，召开党的第七次全国代表大会，直到最后取得解放战争胜利的光辉历程。

纪念馆入馆台阶分为三阶，隐喻共产党在延安经历了土地革命、抗日战争、解放战争三个阶段。正厅门前两侧，分别有《红军长征的落脚点》和《夺取全国胜利的出发点》大型群雕，展现出了延安在中国革命中的历史地位。纪念馆前是一大型广场，平坦开阔，绿地成片，繁花似锦。广场正中巍然耸立的是毛泽东铜像，铜像由著名雕塑师程允贤设计，连基座通高约8米，基座上镌刻着江泽民同志手书的“毛泽东在延安”几个大字。

南区合作社纪念馆

展示南区合作社的发展历程

延安市宝塔区柳林镇柳林村，城南2.5千米处

中共中央在延安时期，于1936年12月在延安沟门成立了南区合作社。南区合作社在发展边区经济、解决延安人民生活供给方面做出了重大贡献。南区合作社纪念馆建于1992年12月18日，由时任中共中央总书记江泽民题写馆名。该馆用大量实物和文字、图书、照片资料，反映了南区合作社的发展历程。

柳林村仍保留有南区合作社16孔石窑洞和砖木结构的两层小楼。石窑是办公用

延安革命纪念馆

房，小楼为营业楼。小楼底层两面砖柱刻有："发展经济合必作""增进民主工与农"，正中木匾上书"延安县南区合作总社"。

鲁艺旧址

中共创办的第一所综合性艺术学校

延安城宝塔区长青路与桥儿沟路交叉路口往西约90米

市内乘4、5、6路公交车可达

鲁迅艺术学院（简称"鲁艺"）校舍为原西班牙一位神父在桥儿沟修建的一座教堂和周围的一些窑洞。教堂也是当时延安唯一地道的西式建筑，旧址现保存有天主教堂一座和石窑洞数十孔。

自1938年3月至1945年抗战胜利迁往东北，"鲁艺"共开办了文学系四届，戏剧、音乐、美术系各五届，后来名满天下的郑律成、刘炽、王昆、贺敬之、于蓝等作家、艺术家均是"鲁艺"学员。

玩家解说

1938年2月，毛泽东、周恩来、林伯渠、徐特立、成仿吾、艾思奇、周杨联名公布《鲁迅艺术学院创立缘起》，指出"艺术、戏剧、音乐、美术、文学是宣传鼓动与组织群众最有力的武器。艺术工作者——这是对于目前抗战不可缺少的力量。因此培养抗战的艺术工作干部在目前是不容稍缓的工作"。为纪念已故文豪鲁迅，定名为"鲁迅艺术学院"。1943年4月，并入延安大学，为延大文艺学院。1945年抗战胜利后，迁往东北。

鲁艺旧址

延安红街

红色文化与旅游景区

延安市宝塔区方塔路15号

0911-2899888

延安红街是延安市一处大型红色文化旅游景区，包括红色主题街区、窑洞主题酒店群和延安市内湖延湖四大部分。红街长1.5千米，整体建筑采用延安时期风格，包括主题街区、红色讲堂、沉浸演艺、射击乐园、长征步道、窑洞酒店、特色非遗、红色培训基地等主要内容，将红色文化、主题游览、非遗文创、传统美食、特色演艺等内容有机结合起来，既展现了延安古城风貌，又弘扬了延安红色文化。

中共中央西北局旧址 AAAAA

国家级抗战纪念设施、遗址

延安市宝塔区光华路

0911-2119926

中共中央西北局是1941年5月由陕甘宁边区中央局和中共中央西北工作委员会合并而成立的，是西北地区党、政、军、群的最高领导机关。目前呈现给大家的西北局纪念馆一共有三层建筑，展出400余件实物、460张照片、16组雕塑，全方位展现了西北革命根据地创建、发展、壮大的战斗历程。

延安民俗文化村

古代巾帼英雄花木兰的故乡

延安城区西南杜甫川，距市区20千米

花源屯相传为古代巾帼英雄花木兰的故乡。村庄背山面河，散落有致，是典型的陕北山村。该村群山环拱，溪水清流，野生牡丹簇拥；春夏秋三季，林木葱茏，山清水秀。花源屯从不同角度、不同年代反映了延安民俗

凤凰山革命旧址之牌楼

文化、生活习俗。

凤凰山革命旧址

中共中央延安的第一个驻地旧址

延安市宝塔区凤凰山脚下

乘坐K2、15路公交可达　免费

0911-2119815

凤凰山是延安"四大名山"之一，因"叶生吹箫引凤"的传说而得名。凤凰山最高处海拔1132米，登山览胜，可俯瞰整个延安的壮丽景色。凤凰山是延安城的主要依托，历代城防工事都修筑在山的东坡及山畔上。如今凤凰山上石径幽邃，浓荫送爽，可登亭临风。

凤凰山革命旧址北边的院子，分前后两院。后院有三孔石窑洞，是毛泽东同志旧居。毛泽东在此居住期间，写下了《实践论》《矛盾论》《论持久战》《反对自由主义》等著作。凤凰山革命旧址南边的院子，是朱德同志旧居。院内有面向东南的三孔石窑洞，南边一孔是办公室；中间一孔是会客室，里面陈设木质桌凳，还陈列有朱德当年用过的打了补丁的旧毛毯；北边一孔是朱德的卧室和周恩来同志的旧居。

玩家解说

据载，秦始皇统一中原后，命大将蒙恬北征匈奴，蒙恬在延州（今延安）凤凰山筑城为池。因为边陲战火久久不息，历代皆重修城池。大唐名将尉迟恭镇守期间，亲自督修扩城；北宋名将韩琦、范仲淹、庞籍、沈括等驻守时，都有加固完善。

1937年毛泽东率领中国工农红军进驻延安城后，第一个驻地便是凤凰山。1937年1月至1938年11月，毛泽东等中央领导在此居住。

链接

延安革命旧址

1937年至1947年，延安一直是中共中央所在地和陕甘宁边区首府，是中国革命的指导中心和总后方，是革命圣地。

延安革命旧址包括凤凰山中共中央旧址、杨家岭中共中央旧址、枣园中共中央书记处旧址、王家坪中共中央军事委员会旧址、八路军总司令部旧址、陕甘宁边区政府旧址等，为国家重点文物保护单位。

杨家岭革命旧址 AAAAA

抗战时期党中央的驻地

延安市宝塔区杨家岭路附近

乘坐K1、K2路公交车可到　免费

旺季8:00～18:00，淡季8:30～17:00

0911-2330511

杨家岭是中共中央驻地旧址，现在土

要有中共中央“七大”会址、延安文艺座谈会会址两处景点可供参观。在会址后面的小山坡上，散落着一排窑洞，这就是毛泽东、朱德、周恩来、刘少奇等领导同志们当年的住所。

杨家岭革命旧址分为路南和路北两个部分。路南是当年的中央大礼堂，路北是毛泽东、朱德、周恩来、刘少奇等中央领导人的故居。礼堂是由一座基督教堂改建而成的，直到20世纪80年代，这里一直是延安最豪华的建筑。具有重要历史意义的党的“七大”就是在这座礼堂召开的，会议上确定了以毛泽东思想作为党的指导思想。

玩家解说

1938年11月至1947年3月，毛泽东等中央领导和中共中央机关在杨家岭居住。这期间，中共中央继续指挥抗日战争敌后战场并领导了解放战争，开展了大生产运动和整风运动，召开了党的“七大”和延安文艺座谈会。1942年在此建成中央大礼堂，之后在中央大礼堂召开了党的第七次全国代表大会。毛泽东在此期间，写下了《〈共产党人〉发刊词》《纪念白求恩》《改造我们的学习》《反对党八股》等光辉著作。

杨家岭是毛泽东等中央领导同志在延安居住时间最长的驻地，期间发生了不少有影响的事件。1946年8月，毛泽东在杨家岭窑洞前的小石桌旁，会见了美国记者安娜·路易斯·斯特朗，针对当时流行的“恐美病”，提出“一切反动派都是纸老虎”的著名论断。1939年7月，周恩来由杨家岭驻地出发，前往中央党校作报告，途中乘骑受惊，他摔倒在石岩上，右臂骨折，因当时医治条件较差，导致终身残疾，右臂只能弯曲60°。1939年9月初的一个傍晚，毛泽东及夫人江青、刘少奇、张闻天等在窑洞前为邓小平和卓琳、孔原和许明举行了婚礼聚餐。

杨家岭革命旧址

枣园革命旧址 AAAAA

中央社会部驻地

延安市宝塔区枣园街道枣园村枣园路

市内乘教育专线车可达　免费

0911-2852223

枣园是一个园林式的革命纪念地，景色秀丽，环境清幽，已成为全国革命传统教育的重要基地之一。枣园革命旧址原是一家地主的庄园，中共中央进驻延安后，为中央社会部驻地，改名为“延园”，现旧址大门石柱两侧尚有康生所书“延园”二字。

在枣园东北处的半山坡上，有毛泽东的旧居；在毛泽东旧居的两旁，分别是周恩来和朱德的旧居；后面的山坡上还能参观任弼时的旧居。位于枣园右侧靠近山坡的地方，能够看到当年修建的“幸福渠”，就是这条渠，把园内的旱地变成了水浇地，庄稼也年年丰收。

玩家解说

1944年至1947年3月，中共中央书记处由杨家岭迁驻此地。在此期间，全党和群众开展了整风运动和大生产运动，筹备了中国共产党“七大”，领导全国军民取得了抗日战争的最后胜利，同国民党顽固派进行了针锋相对的斗争，为粉碎国民党反动派的全面内战做了充分的准备。

毛泽东也是在这里接见了美国总统罗斯福的私人代表赫尔利，签署了关于成立联合政府中共给国民政府的五点建议。之后，他又由这里出发赴重庆与蒋介石谈判。在解放区军民大生产运动中，枣园举行军民纺线比赛，周恩来和任弼时都被评为“纺线能手”。刘少奇和王光美经叶剑英介绍，在此地结婚。毛泽东在枣园后沟的西山脚下，出席了张思德烈士追悼大会，亲笔题写挽词：“向为人民利益而牺牲的张思德同志致敬！”并发表了《为人民服务》的重要讲话。

链接

中央社会部旧址

中央社会部成立于1939年2月，社会部成立后，即驻枣园。当时康生任部长，李克农任副部长。中共中央书记处迁驻枣园后，社会部迁至枣园村西现址。旧址现保存有李克农旧居等，1999年7月由国家安全部出资予以全面维修，并举办了专题陈列展览。

王家坪革命旧址

中央军委和八路军司令部所在地

延安市宝塔区王家坪路

乘坐K1、K2路公交车可达　免费

1937年1月至1947年3月，王家坪是中共中央革命军事委员会和八路军（后改为中国人民解放军）总司令部所在地。军委和总部在这里领导八路军、新四军及各解放区军民坚持抗战，取得了抗日战争的胜利；领导中国人民解放军粉碎了国民党军队对解放区的“全面进攻”，并为战胜其“重点进攻”做了充分准备。

入口首先看到的就是军委礼堂，当年军委和总部的一些晚会和大型会议都是在这里举行的。如今礼堂的内部，仍保持着当年庆祝抗战胜利大会的场景，正中挂着毛泽东和朱德的照片。礼堂的东侧有毛泽东的会客室；礼堂的西侧有军委参谋部后院，朱德的旧居就位于这里；而彭德怀的旧居位于参谋部前院，1947年初，彭德怀住在这里，指挥了延安保卫战。在这里附近的山腰上，还有叶剑英、王稼祥等领导的旧居。

链接

延安革命纪念馆

延安革命纪念馆是中华人民共和国成立后最早建立的革命纪念馆之一，1973年6月迁往王家坪现址。它是一座陈列展出革命文物，反映在中国共产党领导下延安地区革命斗争史的纪念馆，主要宣传1935年10月至1948年3月间，党中央在延安和陕甘宁边区领导中国革命的光辉历史。

展馆正门上方悬挂着红色匾额，上有郭沫若1971年来延安参观时题写的馆名。整个纪念馆外观朴素大方，结构紧凑，高大宏伟，具有传统的民族风格。陈列馆由6个面积相等的展厅组成，管理革命遗址100多处，收藏、保护中共中央在延安期间留下的3万余件（幅）珍贵历史照片、文物和资料。纪念馆展厅前建有毛泽东塑像广场，广场中央塑毛泽东铜像，高8.15米。

延安革命纪念馆现对外开放的有《党中央在陕北13年革命实践》基本陈列，还有凤凰山麓、杨家岭、枣园、王家坪、南泥湾5处革命旧址的原状陈列及南泥湾大生产运动辅助陈列。表演大厅内有纪念馆的工作人员为游客表演舞蹈；纪念馆内还设有听歌台，参观者在隔间内可免费收听流行于延安的革命传统歌曲和陕北民歌。

王家坪革命旧址

“四八”烈士陵园

中共最早的一座高规格烈士陵园

延安市区北7千米处的李家渠镇

市内乘K1、K7路公交车可达

“四八”烈士陵园背枕青山，松柏环绕，面对延河，庄严肃穆。陵园宏伟壮观，一座汉白玉纪念塔高耸在墓园中间，塔高19.46米，寓意1946年；塔身后部呈4层阶梯式，塔下有8级台阶，象征4月8日。塔尖上有象征中国共产党的镰刀斧头图案，金光闪烁；塔顶最高一层四面嵌着4颗镏金五角星，代表中国人民的事业。塔身正面嵌着毛泽东手书的“为人民而死虽死犹荣”的镏金大字，正面塔座上雕砌着一个汉白玉花环，塔座右侧勒记“四八烈士遇难碑记”。

陵园最高处是烈士墓台，台分3层。王若飞烈士墓居陵园中轴线顶端，处于陵园的核心地位，然后依次为“四八”遇难烈士和在延安时期牺牲的重要领导人和知名人士。

玩家解说

1946年4月8日，参加重庆国共和谈的中共代表王若飞、秦邦宪等乘坐美式运输机由重庆飞返延安。因云雾蔽日，飞机迷失方向，误撞山西兴县黑茶山，包括4名美军机组人员在内的17人全部遇难，史称“四八”烈士。“四八”空难震惊中外，全国兴起哀悼活动，后修建了烈士陵园以示纪念。

中国共产党六届六中全会会址

抗战期间重要会议的会址

延安市城东桥儿沟

会址为一座天主教堂。1938年9月29日至11月6日，中国共产党六届六中全会在此召开。会议期间，毛泽东代表中央政治局作了《论新阶段》的政治报告，王稼祥传达了共产国际的指示，会议通过了《中央扩大的六中全会政治决议案》等重要文献。

玩家解说

中国共产党六届六中全会是中共历史上一次十分重要的会议，会议正确分析了抗日战争的形势，规定了党在抗战新阶段的任务，为实现党对抗日战争的领导和推动各项工作的迅速发展，奠定了坚实的基础。

南泥湾

南泥湾精神的诞生地

延安市宝塔区南泥湾镇桃宝峪村

在宝塔山下的桥头乘坐去往南泥湾的旅游公交

免费，但需到景点指定窗口领票参观

8:00~17:00

南泥湾是中国共产党军垦事业的发祥地，延安的南大门。大生产运动中，八路军三五九旅在这里屯垦。南泥湾是自力更生的一面旗帜。1943年秋，毛泽东视察了南泥湾。这里开放参观的有毛泽东视察时的旧居、九龙泉、桃宝峪，还有大生产运动陈列馆。

《南泥湾大生产》雕塑

链接

南泥湾的革命历史

抗日战争进入相持阶段时，国民党调集几十万军队包围陕甘宁边区，实行严密的军事包围和经济封锁。当时的边区地广人稀，土地贫瘠，要靠群众担负起几万干部、战士和学生的吃穿用，实在是一件难事。

在严峻的历史关头，党中央、毛泽东及时地提出了“发展经济、保障供给”的总方针和“自己动手、丰衣足食”的号召，动员广大军民开展大生产运动。1940年，朱德总司令亲赴南泥湾踏勘调查；1941年春，八路军在王震的率领下，奉命开进南泥湾开荒种地，战胜重重困难，硬是用自己的双手和汗水，将荒无人烟的南泥湾变成了“平川稻谷香，肥鸭遍池塘；到处是庄稼，遍地是牛羊”的陕北好江南。1943年2月，毛泽东亲自为三五九旅4位领导干部题词，并嘉奖了三五九旅全体将士。贺敬之作词、马可谱曲的歌曲《挑花篮》《南泥湾》脍炙人口，更使得南泥湾家喻户晓。

陕甘宁边区政府旧址

曾是陕甘宁边区政府的驻地

延安市宝塔区南关大街13号

1939年1月至1947年3月期间的陕甘宁边区政府的驻地，旧址共有石窑洞66孔、土窑洞9孔、平房20间，包括边区政府各厅、局旧址及林伯渠、李鼎铭旧居等。

景点推荐

洛川旅游区

国家黄土地质公园

黄土地质地貌景观

✉ 延安市洛川县304国道谷咀村旁

🕘 9:30～17:00

国家黄土地质公园以黄土剖面和黄土地质地貌景观为特色，并保存有脊椎动物化石、极其特殊的典型黄土地质景观遗迹等，真实记录第四纪以来古气候、古环境、古生物等重要地质事件和信息，是研究我国大陆乃至欧亚大陆第四纪地质事件的典型地质体。

玩家攻略

公园内有地质博物馆，但主要以图片展出为主。另外，公园还在建设之中，景点分布不集中，指示、标示也不是很完善。

洛川民俗博物馆

有特色的博物馆

✉ 延安市洛川县凤栖镇解放路111号

🚌 乘洛川10路公交可达　¥ 免费开放，讲解费30元

🕘 8:30～17:00

博物馆是一组按照清代民居风格复原的四合院式建筑。从老远就能看见一串大红灯笼上写着“民俗博物馆”五个大字。博物馆外墙的雕刻非常精美，让人对里面的展览充满期待。宅院中既有陕北常有的窑洞，也有关中农村的瓦房。

其中一个展厅里有农具展示，还有皮影戏，可以触摸甚至自己动手操作这些傀儡。在习俗展厅可以看到洛川蘼鼓的风采。生活起居的展厅有窑洞人家的大炕，有拜祭先辈的祠堂，有花好月圆的洞房，有举行大寿的

寿堂，都有着浓浓的陕北风情。其中，寿堂上有个很大的寿字，是用延长县的官印盖了一百下组成的。

玩家 攻略

博物馆提供众多的观众互动参与项目，比如老秧歌演出、皮影戏演出、鼙鼓演出、老艺人现场剪纸表演、面花制作展示以及风趣、热闹、独具特色的当地婚礼民俗体验，内容多多，玩法多多。

洛川会议旧址

洛川会议召开地

延安市洛川县永乡政府北400米

从洛川县城乘洛川4路公交即到

洛川会议旧址为两孔砖窑，坐北面南，这里原为一处私塾小学校舍。东侧窑洞为会议期间毛泽东的办公室兼寝室；西侧窑洞为会议室，内陈设有5个八仙桌、5个长条凳、7个小方凳。

玩家 解说

1937年7月7日，日本帝国主义制造了“卢沟桥事变”，之后抗日战争全面爆发。国共两党经过多次谈判，终于形成了抗日民族统一战线。1937年8月22日至25日，中共中央在洛川县冯家村召开了政治局扩大会议，讨论抗日战争的战略问题和国共两党的关系问题，出席大会的有毛泽东、张闻天、周恩来、博古、朱德、任弼时、彭德怀、贺龙、刘伯承、聂荣臻、徐向前等23人，会议通过了中央《关于目前形势和党的任务》的决定和《抗日救国十大纲领》。

洛川会议后，红军执行毛泽东主席的命令进行改编等工作，并东渡黄河，开赴华北抗日前线。洛川会议是中共历史上的一次重要会议，它明确了中国共产党在抗日战争时期的主要任务，为抗日战争的胜利奠定了政治思想基础。

万凤塔

唐代古塔

延安市洛川县土基乡富城村南1千米左右处

万凤塔原为字纸炉，即集中焚毁废旧字纸的地方。建于清朝嘉庆年间，为六角三级砖塔。塔用青砖和混合砂浆以及钢筋混凝土砌筑而成。塔为六方、七级。每层六个翘角，精美秀丽，且悬挂铜制风铃。塔高21米，塔面饰以彩绘、雕塑。六面皆有半月拱门窗，下层各门书有对联。迎水一面正门之上刻“万凤塔”三字。万凤塔挺拔秀丽地立于沱江之畔，倒影映入沱江碧波之中，显得格外秀气动人。

洛川会议旧址的毛泽东办公室

景点推荐

延安北部旅游区

延川黄河蛇曲国家地质公园

公园自然景观特色鲜明

✉ 延安市延川县土乾路土乾湾博物馆

蛇曲，是被河流冲刷形成的像蛇一样蜿蜒的地质地貌。陕西延川黄河蛇曲是发育在秦晋大峡谷中的大型深切嵌入式蛇曲群体，规模宏大。黄河蛇曲国家地质公园全长约67千米，为黄河及其周边支流、面流、潜流等侵蚀形成的地质遗迹景观，以及在重力、水力、风力等作用下形成的地质遗迹。公园自然景观特色鲜明，具有强烈的吸引力和震撼力。

玩家攻略

延川2月和8月风沙比较大。另外，8月底到9月初，是景区内大红枣和苹果的成熟期，但不要随意采摘。

景区内的小程村与碾畔村都是民俗文化村。小程村内有古大夏国遗迹，碾畔村的民俗博物馆用三排共28孔窑洞展示陕北的民俗。

链接

蛇曲地貌

蛇曲地貌又叫曲流地貌，是指近于环形的弯曲河流。当河流流经平坦的地区，如果抗冲刷能力弱的一侧河岸在河水侵蚀作用下坍塌，原来顺直的河岸就会变得弯曲凹陷，表层河水将向凹处的河岸冲去。冲向凹岸的表层水流一部分受离心力作用，冲向对岸，另一部分折向河底，形成底层水流，触及河底后，又变为上升流返回河面，形成环流。

碾畔民俗博物馆

黄河原生态民俗文化博物馆

✉ 延安市延川县土岗乡碾畔村

碾畔民俗博物馆现有藏品2万多件，利

用28孔窑洞，展出3000多件农耕时代的生产工具和生活用具，并配以图片和文字说明，原汁原味地再现了几千年来古老的黄河农耕文化。

玩家 解说

自古以来，就有人类在碾畔繁衍生息。村中主要以郭、冯、郝三姓为主。据载，郝家和冯家是村中老户，郭姓从山西洪洞县老槐树下迁移至此。早在500年前，他们就建有古庙，铸有铜钟、竖有石碑，如今庙前古柏仍旧参天。这三大姓氏分别居住在三大院落里，每个大院落门外安一盘大碾，故而得名为碾盘村。由于谐音和居住在黄河畔的缘故，后来人们逐渐将“碾盘”写成“碾畔”。碾畔村是典型的陕北黄土高原村落，背山向阳，一排排窑洞上下排列左右为邻。窑洞建筑为土石结构，一般以三五孔为一院落。院落筑有围墙设有大门，大门外植有古槐，象征生生不息。

21世纪初，中央美院教授、油画家靳之林先生来这里写生时，发现了这一被遗弃的古老村庄。经过他四方求助和活动，在美国福特基金会的赞助下和延川县政府的支持下，黄河原生态文化保护发展协会和碾畔村村民共同创建了碾畔黄河原生态民俗文化博物馆。碾畔黄河原生态民俗文化博物馆，是在整个旧碾畔村原封不动保护的基础上，村民自己整理、自己维修、自己加工的过程中创建的。

太相寺革命旧址

包括毛泽东旧居和太相寺会议会址

延安市延川县关庄乡太相寺村

旧址南临关道，包括毛泽东旧居和太相寺会议会址两部分。1936年5月13日至15日，毛泽东在太相寺主持召开了红一方面军团以上干部会议，会议的主要议题是总结东征、部署西征。5月15日和17日，中共中央还先后在太相寺召开了政治局常委会议，讨论了国际关系和我党的外交政策等问题，并决定成立由李富春任书记的陕甘宁省委，由贾拓夫任书记的陕豫鄂省委。18日，毛泽东、周恩来、彭德怀在太相寺发布《西征战役计划》。

玩家 解说

太相寺创建于明代初期，据庙内一通清咸丰五年（1855年）所立的划定寺院地界碑所载，此寺原名大像寺，后讹传为太相寺。寺庙现存山门、正殿、僧舍等，计正殿1座，石窑16孔，占地面积约1.6万平方米。

钟山石窟

北宋石窟寺

延安市子长市子靖线向西15千米处

30元

0911-7402393

钟山石窟又名“普济院”，始建于宋代。整个石窟依山而建，坐北向南，东接清风明月戏楼、南临秀延河水、西眺安定故城，为中国丝绸之路北线必经之道。

石窟内有大小佛像万余尊，故称万佛岩。洞内富丽堂皇，万尊雕塑，千姿百态，栩栩如生。浮雕佛像错落有致，做工精细。窟内正中有东西长11.5米、南北宽5米、高2.5米的基坛；坛上有释迦牟尼雕像，两旁有文殊、普贤二菩萨和迦叶、阿难二弟子；基坛上的8根石柱及四壁上密无间隙地雕满了各种各样的大小佛像，千姿百态。

钟山石窟之佛像

瓦窑堡革命旧址

谢子长烈士陵园

为纪念谢子长而建

延安市子长市城西1千米处瓦窑堡北面的齐家湾坪上

谢子长烈士陵园坐落在子长市瓦窑堡东北部的走马梁山脚下。陵园四周环绕着白色的砖砌围墙。大门上镶着象征革命的红五星和镰刀斧头。门顶横立着“谢子长烈士纪念馆”八个鲜亮的大字。大门两侧，有砖雕蓝底黄字对联：全心全意树立革命旗帜，大忠大勇堪称人民英雄。

进入纪念馆，首先看到的是一座高耸的革命烈士纪念塔，塔身呈方形，有10多米高，四面正中各镶10块青色碑石。塔后的院内有陈列室，陈列室后面松柏成林，雅静肃穆。再向后有7米的高台，陵园的主要部分——纪念堂和陵墓就建在高台上。纪念堂的一座大碑亭内的两块碑石上面，镌刻着毛泽东给谢子长烈士的题词：“民族英雄”“虽死犹生”。

链接

谢子长烈士生平

谢子长，1896年生，陕西安定（今陕西子长）人。1924年加入中国共产党。第一次国内革命战争失败后，曾领导清涧等地起义。1928年与刘志丹在渭华起义，成立西北革命军，任第二队队长，后任陕甘工农游击队总指挥，开辟了陕甘边区革命根据地。1932年任西北革命委员会主席。1934年在反“围剿”战争中负伤，1935年2月因伤势恶化逝世，时年38岁。

瓦窑堡革命旧址

曾为中共中央驻地

延安市子长市瓦窑堡镇

瓦窑堡革命旧址包括中共中央政治局瓦窑堡会议会址，西北军委（中央军委）旧址，中国工农红军大学旧址，毛泽东、周恩来、张闻天、刘少奇旧居等纪念地。

毛泽东旧居共有两处：一处在城内中山街中盛店院内，另一处在城内前河滩二道街一院落内；刘少奇旧居位于城内铁狮子巷一四合院内；周恩来的旧居位于城内前河滩靠城墙边一大院内，此院同时也是西北革命军事委员会旧址；张闻天旧居位于城内二道先街田家院内；中国工农红军大学旧址位于城内米粮山东南麓一所大院内。

玩家解说

1935年11月7日至1936年6月21日，瓦窑堡为中共中央驻地。1935年12月17日至25日，中共中央政治局在此召开政治局扩大会议，确定了关于建立抗日民族统一战线的路线和策略，史称“瓦窑堡会议”。

中国陆上第一口油井

中国陆上开发最早的油田

延安市延长县城西的石油希望小学操场

乘延安至延长的客运班车或出租车前往延长县城

免费

中国陆上第一口油井是延长油矿的前身“延长石油官厂”，创建于1905年，迄今已有百年的历史。陕北有石油，最早见之于东汉著名历史学家班固所著的《汉书·地理志》；北宋著名科学家沈括也对陕北延长一带的石油做了考察和研究，并在《梦溪笔谈》中有所记述，第一次提出了“石油”这个科学命名。光绪三十三年（1907年），清政府聘请日本技师佐藤弥市郎在延长县西门处勘定延一井，获得工业油流，为中国大陆第一口油井。此井的出油，结束了中国陆上不产石油的历史。

安塞文化文物馆

展现安塞历史和文物概貌的场馆

延安市安塞区城内正街，区政府斜对面

文化文物馆全面展现了安塞历史和文物概貌，馆内陈列分5个单元：戎韵狄风、秦关汉寨、隋唐风采、宋夏相争、封建末世。但馆内最具特色的展览当数“安塞民间美术”，有民间剪纸、民间绘画、民间泥塑等。

一楼的展馆展出剪纸作品，进门就是一幅门板大小的《毛主席活在我们心中》的剪纸，画面喜气洋洋。二楼的展馆是农民画作品，一共90幅。农民画是在剪纸的基础上发展起来的，其艺术手法和剪纸有异曲同工之处，加上非常鲜亮的色彩，整个画面充满了古朴炽热的民风，给人以强烈的艺术震撼。

王家湾革命旧址

中央机关转战陕北期间在此居住

延安市安塞区王家湾乡王家湾村

1947年4月13日至6月8日，中共中央机关和毛泽东、周恩来、任弼时转战陕北期间，在此居住。旧址为一排5孔坐北面南的土窑洞，东起2孔窑洞由房东居住，其余3孔窑洞为套洞，任弼时住第3孔窑洞。在此期间，中共中央先后就中央城市工作部的任务，开辟国民党统治区第二战场，开展反内战、反迫害、反饥饿的群众运动等问题做出重要指示，还领导西北野战军取得了羊马河战役和蟠龙战役的胜利。

保安革命旧址

第二个“赤色之都”

延安市志丹县红都街50号

1936年7月3日至1937年1月13日，保安是中共中央所在地，1936年4月刘志丹东征牺牲后保安县更名为志丹县。中央机关及毛泽东、周恩来、张闻天等领导人在此居住期间，取得了许多革命成果。

保安革命旧址纪念馆1966年1月建馆，对外开放毛泽东、周恩来等主要领导人旧居和中央军委会议室、中央政治局会议室、中国抗日红军大学旧址。现保存有旧址石窑洞和房子24孔（间），馆藏不少革命文物。

刘志丹烈士陵园

刘志丹烈士陵园

纪念烈士刘志丹

延安市志丹县红都街162号

免费

0911-6621695

刘志丹烈士陵园坐北面南，整个陵园建筑富有民族特色，庄严肃穆。园内宽大的纪念亭中央矗立的石碑上刻着毛泽东赞赏刘志丹烈士的原话。纪念亭四周分布着许多领导人的题词碑，计50通。园内还有造型独特的地图碑一通，上刻陕甘宁边区图示，并镌刻“陕甘宁边区的创造者”几个大字。陵园深处是烈士纪念堂和刘志丹将军之墓。陵园内还辟有烈士纪念馆，展出各类文物及烈士生平简介。

链接

刘志丹烈士生平

刘志丹，志丹县（旧称保安县）金鼎镇芦子沟村人。1925年成为中共正式党员。曾参加领导渭华起义，历任中共陕北特委军委主席、陕甘游击队副总指挥、陕甘边革命军事委员会主席、红十五军团副军团长兼参谋长等要职。1936年同宋任穷率红二十八军渡黄河东征，4月14日，在指挥部队攻占山西中阳县三交镇战斗中中弹牺牲，年仅34岁。

刘志丹是陕甘边革命根据地的主要奠基者，由他率领的游击队不断打击敌人，先后解放了延长、延川、安定、安塞、靖边、保安6县，从此陕甘边和陕北两块根据地连成一片。远在万里长征途中的毛泽东及中央红军以这些消息为参考，做出进军陕北的历史性选择，最终到达陕北与西北红军会师。美国作家斯诺、索尔兹伯里均在其著作中给予刘志丹很高的评价，索尔兹伯里在其名著《长征——闻所未闻的故事》中称刘志丹为“陕西罗宾汉”。

吴起镇革命旧址

长征胜利结束之地

延安市吴起县拥军巷与长征街交叉口东北150米

1935年10月19日，中共中央率领中央红军经过二万五千里长征，到达陕北吴起镇，进入西北苏区，从而胜利地结束了中央红军的长征。吴起镇革命旧址分为南北两院，南院为毛泽东旧居。两院之间，有石砌过洞相连。为纪念吴起镇“切尾巴”战斗的胜利，平台山改称胜利山，山东麓建有革命烈士陵园和烈士纪念塔。

中央红军长征胜利纪念碑

景点推荐

延安南部旅游区

黄帝陵 AAAAA

天下第一陵

延安市黄陵县城东关179号

旺季，75元；淡季，50元

0911-5212742

黄帝陵景区是中华民族的始祖轩辕黄帝的陵园，为中华儿女祭祖的圣地。遍山有数万株古柏，其中千年以上的古柏就有3万余株，使整座山透出庄严肃穆。黄帝陵园内有汉武仙台，为当年汉武帝祭奠黄帝时祈仙求神处，被苍柏团团包围。黄帝陵前设有祭亭，内立郭沫若手书的“黄帝陵”碑。

桥山下有轩辕庙，庙内一株巨柏相传为黄帝亲手所植，高20余米，胸径11米，苍劲挺拔，冠盖蔽空，是我国最古老、最大的一株柏树。庙东侧碑廊珍藏历代帝王御制祭文碑57通。殿内正中置牌位，上书“轩辕黄帝之位”6个字，神龛内为墨玉刻制的黄帝浮雕像。

玩家攻略

清明国家公祭仪式进行期间，普通游客是

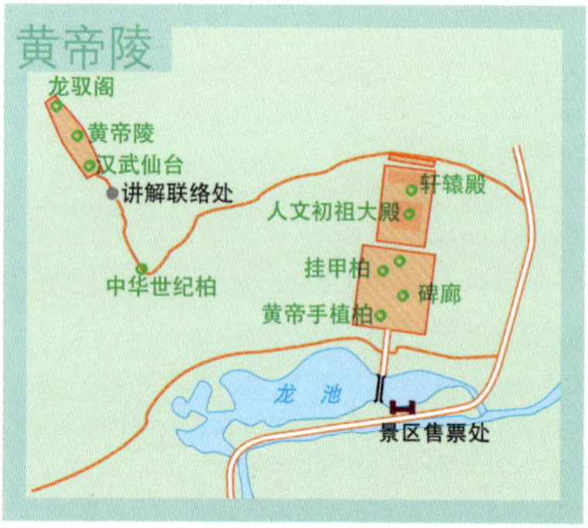

黄帝陵

不能进入景区参观的。到中午仪式结束后，可正常游览。

千佛寺石窟

展示中国的禅文化

✉ 延安市黄陵县西40千米处的双龙镇峪村西

🕘 8:30～17:30

¥ 旺季，30元；淡季中，15元

☎ 0911-5492575

千佛寺石窟又称为万佛寺，开凿于半山石崖间，为单室窟，窟口处凿石为三开间雕石作仿木构窟檐，平柱上有三处宋朝的游人题记。石窟开凿于宋代绍圣年间（1094—1098年）。石窟周围茂林修木，夏秋之际，树阴婆娑，清凉无限，一派“禅房花木深”的超凡境界。

石窟平面呈“凸”形，坐西向东，窟口为方形，窟口左右有佛龛各一个，上有二层斗拱。中间是入口，走廊两壁浮雕观音菩萨像，内有大佛坐像12尊，中央坐释迦牟尼佛，两边站立文殊、普贤二菩萨和迦叶、阿难二弟子，窟顶正中雕有千手千眼观音。窟内东西两壁雕有高2.8米的立佛9尊，后壁有五百罗汉等浮雕像，场面宏大。

黄陵国家森林公园 AAAA

地貌奇特典型

✉ 延安市黄陵县店头镇腰坪乡

☎ 0911-5402288

森林公园以黄帝文化为主脉的人文景

黄帝陵

观资源源远流长，令世人瞩目。在景区南谷有千年古刹、紫峨寺遗址，其大雄宝殿中轴线正好在“本初子午线”上，属于皇家寺院。寺内有开凿于北魏年间的石窟，其佛像造型逼真，唐代“朝阳公主”曾来此降香。百药沟被称为黄土高原上的“药谷”，中草药资源丰富，相传是黄帝播种百谷草木的地方，谷内有中草药200余种，据说“药王”孙思邈经常在此采集草药，扶救苍生。谷内的“降龙峡”传说是轩辕黄帝出生的地方。“万卷书”又称“内经石”，是当年黄帝与岐伯谈医论道编写医书的地方。

黄陵国家森林公园

石泓寺石窟

展示从唐到明的石窟造像

延安市富县城西65千米处的直罗镇川子河北岸

石泓寺石窟又称川子河石窟，始建于隋代大业年间（605—617年）。主洞前有木结构三开间二层楼房。楼前接寺院，院门正上方雕刻有“石泓寺”匾额。石泓寺石窟年代之久、规模之大、造像之多、雕刻之细远近闻名，明嘉靖延安知府刘汝作诗赞曰：“飞阁撑云栈，清泉绕茂林。丹崖双绿水，梵室倚苍峰。”

1号窟·2号窟

1号窟平面呈长方形，窟后壁及左右两壁处辟有坛基，坛基正面为释迦牟尼、老子、孔子造像；窟壁有清嘉庆年间（1796—1820年）题记，记载此窟为“三教洞”。

2号窟平面为长方形，坛基上为一佛二弟子像。窟东壁开龛，内雕一佛二菩萨，龛旁有题记。西壁有宋开宝二年（969年）的造像铭一处，窟口左右两侧各一尊护法天王像浮雕。

3号窟·4号窟

3号窟平面为长方形，内坛基上为一佛二菩萨二弟子像，东侧菩萨背屏上刻有宋开宝元年（968年）敦士元等三人共造菩萨像题记。东壁有两龛相连，内有佛、菩萨五尊，旁有唐咸通五年（864年）郑君雅造像题记，并有唐咸通三年（862年）陈公造像题记一处。

4号窟平面呈方形，中央佛坛上有文殊骑狮圆雕造像一尊，狮道前有一驯狮昆仑奴。窟两壁开二龛，共造像三尊，龛旁有后周显德元年（954年）造像题记三处，窟口左右两侧各一尊金刚力士像浮雕。

5号窟·7号窟

5号窟平面呈长方形，窟内结构与2号、3号窟基本相同，西边与6号窟相通，内有隋大业二年（606年）、唐景龙年间（707—710年）、唐贞元二年（786年）造像题记。

7号窟平面呈梯形，内坛基上有佛像20尊，窟顶有八角藻井，浮雕有二龙戏珠纹图案，另有龙蛇凤麟及花草纹图案，此窟为明、清时开凿。

6号窟

6号窟规模最大，雕像最多，为主窟。窟前有三开间两层木构大殿一座，窟平面略呈方形；窟中央凿石成基，坛基四角各有一根连顶接地石柱；坛基正面造像为一佛二弟子，释迦佛结跏趺坐于束腰莲须弥座上。释迦佛上方窟顶藻井装饰华丽，刻有“释迦如来”“秀花供养”几个大字。释迦佛左侧侍立弟子迦叶，右侧侍立弟子阿难。坛基东侧石柱间，为文殊菩萨，结跏趺坐于仰莲束腰须弥座上，须弥座中央刻狮首。石柱四壁均满刻佛、观音、罗汉等佛像，数目达3305尊。

富县塔

富县塔
唐代古建筑

延安市富县县城西北500米左右的西山坡上

富县塔塔身为砖结构，面向正东。平面呈四边四角，每边长8米多，直径8.5米，塔高32.8米，分为十层。塔内有方形小室直通顶层，原筑有木梯可以攀登。塔外每层均辟有门，第四层东门两侧还饰有窗户。

子午岭
关中平原的天然屏障

延安市南部的富县直罗镇

子午岭国家级自然保护区处于中国暖温带落叶阔叶林的西端，既缓解了西北季风的入侵，又阻挡了风沙南移。这里的植被分为森林、灌丛、草地、森林湿地4个类型、20个群系，有豹、黑鹳、金雕等野生动植物。

瓦子街战役烈士陵园
为纪念革命英烈而修建

延安市黄龙县瓦子街乡政府所在地

免费　8:00～18:00

1948年2月29日至3月3日，我西北人民野战军在彭德怀指挥下，在宜川城、瓦子街地区，对国民党部队进行了一次攻城打援战役。此役全歼敌二十九军一个军部、两个师部、五个旅，共计3万余人。敌二十九军军长刘勘引爆手榴弹自毙，敌九十师师长严明开枪自杀。

瓦子街战役烈士陵园是为了纪念瓦子街战役中我军阵亡的革命英烈而修建的。陵园内安葬着任世鸿团长、战斗英雄刘四虎等5000余名烈士遗骨。有纪念碑1座，碑座为正方形，四面八级台阶，碑身为两个断面，碑高28米，象征1948年2月28日，即瓦子街战役打响的日子，碑身正面题刻着王震同志的题词“瓦子街战役烈士纪念碑”。

玩家解说

宜瓦战役的胜利，标志着国民党胡宗南部队在陕北的全线溃败和我军的全线反攻，它不仅改变了西北的形势，同时也影响了当时整个中原战场的形势。1949年4月，在黄龙瓦子街建立了瓦子街烈士陵园。1984年4月5日，瓦子街战役烈士纪念碑建成。

黄龙山褐马鸡自然保护区

以保护濒危动物褐马鸡为主

✉ 延安市黄龙、宜川两县交界处的黄龙山林区

黄龙山褐马鸡自然保护区内的暖温带落叶阔叶林森林植被，是黄土高原地区保存完

褐马鸡

好的天然森林植被分布区。保护区内资源丰富，动植物群落独特完好，生态系统完整而典型。保护区具有涵养水源、防治水土流失等重要生态功能，对于维护陕北黄土丘陵区自然生态平衡具有重要作用。

蟒头山国家森林公园

森林茂密，生物种类繁多

✉ 延安市宜川县后蟒路

蟒头山国家森林公园位于宜川县境内。景区内森林茂密，环境优美，生物种类繁多，有高等植物400多种，分布着全国最大的白

蟒头山国家森林公园

皮松次生林，还有褐马鸡、金钱豹、豹猫、红腹锦鸡、猫头鹰等国家重点保护的珍稀野生动物。

劳山国家森林公园

黄土高原上的“植物王国”

延安市甘泉县南东沟乡直罗沟

8:30～17:30

劳山国家森林公园内动植物种类繁多，森林覆盖率高，园内自然资源和人文景观丰富，动植物种类繁多，生长着600余种植物，栖息着60余种动物。

劳山国家森林公园一景

玩家解说

相传隋炀帝当年游猎至此遇一绝色美女，宠爱有加，还按皇家礼仪欣纳为妃，名为薄姬。隋炀帝见此处山色绮丽，便在此修建行宫，终日与薄姬饮酒行乐，乐不思归。薄姬殁后，隋炀帝感其情重，命人将其厚葬于此。类似传说奇闻，加之秀美景观，让人流连忘返。

秦直道

秦直道，陕北俗称“皇上路”“圣人条”，是秦始皇于公元前212年至公元前210年命蒙恬监修的一条重要军事要道。秦直道南起京都咸阳军事要地云阳林光宫（今淳化县梁五帝村），北至九原郡（今内蒙古包头市西南孟家湾村），穿越14县，长达700多千米。路面最宽处约60米，一般亦有20米。

秦始皇吞并六国、统一华夏之后，除其他政绩外，还办了两件举世瞩目的大事：一是修筑了万里长城；二是修建了一条古代的“高速公路”——秦直道。《史记》《汉书》等史籍都对秦直道有所记载，其工程艰巨、宏伟，可称为世界公路工程奇迹。这条直道穿越整个鄂尔多斯地区，从而把京卫和边防连接起来。一旦边境告急，军队就可以从京都咸阳直达塞外国境。这是当时连通中原和北方的一条主要交通干线，它对于促进边防和内地的经济、文化联系起到了十分重要的作用。如今秦直道尽管历经2000多年的风雨，大部分路面仍基本留存。秦直道纵穿陕北黄土高原，沿子午岭东侧北上，在延安境内跨越4个县，然后向东北延伸，通往内蒙古包头市。

从性质上讲，秦王朝通直道与筑长城是完全不同的两项工程。筑长城是出于军事斗争的需要，抵御北方少数民族的侵扰，可谓军事工程。直道如上所述，只能是一条交通线。当然，可以运输军队和军用物资、军士们所需的生活用品等，一般说只是在战时是这样的，所以不能单纯地称其为军事道路。“直道”修建在鄂尔多斯草原中，特别是还行进在子午岭主脉上。子午岭处于洛河流域河谷大道和泾河支流马莲河流域河谷大道之间，因为居高临下，所以对其两侧的河谷大道有扼控作用。子午岭的地理位置，决定了“直道”在防御匈奴和北方少数民族入侵中具有很重要的军事战略地位。

秦直道是中国劳动人民在距今2200多年前，用落后的生产工具，沿着山岭和沙漠草原修筑出的车马大道。仅用两年半时间，就完成了选线、改线、施工、建筑驿站、邮亭等任务，其速度之快、工程之艰巨，在中国乃至世界筑路史上可谓奇迹。直道修成以后，除在军事上收到威慑的效果以外，对于南北政令统一、经济开发和文化交流，也起到了极为有益的作用。例如，汉武帝元狩四年（前119年），关东贫民徙北地、西河、上郡数十万人口，道路交通为移民创造了条件，而内地人民移居朔北随之带去了先进生产工具、技术，以及意识形态和文化，极大地促进了当地的经济和社会发展。

攻略资讯

- 交通
- 住宿
- 美食
- 购物
- 娱乐

交通

飞机

延安南泥湾机场：延安南泥湾机场位于陕西省延安市宝塔区柳林镇，距延安市中心13千米，为4C级军民合用运输机场。现开通至上海、北京、天津、鄂尔多斯等城市的航线航班。

火车

延安火车站：位于延安市宝塔区柳林路，主要有通往西安、榆林、宝鸡、神木等陕西省内城市的列车，也有很多贯穿北京、上海、齐齐哈尔等地的车次，终点大多在西安。

延安机场

汽车

汽车是进出陕北最主要的方式。210国道纵贯延安全境，包茂高速公路纵贯延安南北，向北可以直达榆林、包头，南至西安。延安现在去往太原、呼和浩特、银川、西安等城市都是全程高速。

延安汽车南站：位于七里铺街53号，市内每天有发往西安、北京、太原、包头等省内外大、中城市的长途客车。

住宿

延安市的游览景点多在一条线路上，通常只需一天就可以结束参观；如果你还想更多地感受陕北的厚重底蕴，也可以在这里住上一晚。延安的旅馆设施可不像你想象的那么简陋，市内有不少高档的宾馆。当然，你也可以选择一些有当地风情特色的旅馆居住，窑洞和土炕值得体验，价格并不贵，住得很舒适。

●延安楠林宏越国际大酒店

酒店是集客房、餐饮、中西自助、各类会议、婚礼庆典于一身的综合性高星级下榻之处。其坐落于红色革命圣地延安市百米大道楠林城市广场商业中心，位置优越，交通便利。酒店在经营上秉承“以人为本，宾

壶口瀑布

酒店客房

客至上”的理念，可满足宾客的不同需求。

延安市宝塔区双拥大道9号 0911-3999999

●延安金朵酒店

酒店位于延安市宝塔区，周边环境优美，附近交通便捷；前台人员服务热情、周到，可随时下榻，消除旅途的疲劳。延安市宝塔区尹家沟路81号 0911-2219555

美食

延安地处陕北黄土高原，在餐饮方面和西安并无太大的差异，风味小吃品种繁多，不亚于关中地区。当地用糜子面做成的油糕、黄馍、油馍馍味道很好，另外还有蜜汁南瓜、果馅、煎饼、羊杂、面花等各种小吃。这里菜肴口味偏辣，如果不习惯要事先说明。这里的菜名中，一般把西红柿简称为柿子，所以类似于“柿子熬白菜”之类的菜名，都是指西红柿。

延安市区及县城里的各宾馆饭店、小吃店、夜市都会提供各种当地小吃。二道街从头到尾都有不少吃饭的地方，东（关）大街上也有不少吃饭的地方，川湘菜和火锅较多。

●油糕

油糕又叫年糕、枣糕，是陕北最具代表性的地方风味小吃之一。当年中央红军胜利到达陕北，延安人民就是用油糕来款待红军将士的，陕北民歌《山丹丹开花红艳艳》中对油糕就有描述。油糕一般常见于逢年过节或款待亲朋的场合，特别是婚庆筵席中，食用时佐以白糖和粉汤。

油糕

●凉粉

凉粉是陕北特色风味小吃之一，尤以子长县的绿豆凉粉为上乘。绿豆凉粉色泽嫩绿鲜亮，有清热解毒、消暑止渴的功效。凉粉有冷热两种吃法，盛夏时节冷食最佳；用多种调料调制后清爽可口，酸辣香味俱全。

●煎饼

煎饼由精制荞麦糁加工而成，可与豆腐干、热豆腐、各种炒菜相配。食用方法多样，凉爽味鲜，一年四季均可食用。子长煎饼在陕北地区久负盛名，有豆腐干煎饼、热豆腐煎饼、菜卷煎饼、酥肉煎饼等多种。

煎饼

●荞面饸饹

荞面饸饹由荞麦制作而成，为粉条状；与羊腥汤相配食用，味道鲜美可口，在陕北民间有“荞面饸饹羊腥汤，死死活活相跟上”的俗话。延安的吴起县和志丹县盛产荞麦，两地的荞面饸饹味道最佳。

荞面饸饹

●羊杂碎

羊杂碎由羊的头、蹄、血、肝、心、肠、肚、肺等烩制而成，有很好的滋补效果。羊杂碎可炒、可烩，味道鲜美。

羊杂碎

●抿节

抿节在陕北方言中读“抿节儿”，是一种面食。面粉由豌豆和麦子磨合而成，调水和成软面团，放在密布筛孔的抿节床上，用手掌压成形，只有寸长。抿节清淡可口，易于消化。

抿节

●洋芋擦擦

洋芋即土豆，陕西境内多把土豆称作“洋芋”。把洋芋用擦子擦成寸长的薄片，拌入花椒、葱丝、姜粉、盐等，同面粉搅匀，上锅蒸熟。食用时，盛入大碗，调入蒜泥、辣子面、酱、醋和葱炝清油等，或者入锅爆炒，味道酥绵可口。

●钱钱饭

钱钱饭由粗粮精制而成。黑豆经过浸泡，放在碾上压成片，形如铜钱，所以百姓称“钱钱饭”。豆钱二成、米八成，对掺起来，逐次下锅，待豆钱半熟时，再放小米。味道清爽可口，很值得一尝。

购物

延安地区的特产非常具有当地特色。这里地势较高，早晚温差大，日照时间长，利于果实积累糖分。此地所出产的苹果、红枣等果品，个个果实饱满，味道醇正、香甜，营养丰富，深受人们的喜爱。同时，延安所产的“陕北三宝”之一的荞麦更是美味，被誉为“贵族食品”，营养十分丰富。

●陕北小米

延安小米色泽金黄、颗粒浑圆、晶莹明亮、黏糯芳香。小米可蒸、可煮；熬成粥，黄香柔滑、黏糊性强、回味悠长，喝之满口泛香。小米可滋阴补虚，民间有“养人”之说，是老幼、孕妇最喜爱的食品。

●安塞剪纸

大凡喜庆的日子，安塞妇女都要剪剪纸、贴窗花。腊月天，妇女们围在一起，早早就为春节剪纸。安塞剪纸不仅造型美观，剪工精致，而且具有深厚的历史文化内涵，被誉为“地上文物”和文化“活化石”。另外，洛川等地的剪纸也很有名。

安塞剪纸

●洛川毛麻绣

洛川毛麻绣题材广泛，内容丰富，构思新颖，技艺精湛，多出自村姑、农妇之手。构图上尽量将画面充满、平面展开、互不遮挡。造型上大刀阔斧，削繁就简，大胆夸张，色彩艳丽，使形象更加鲜明生动。作品集精细华丽与粗犷拙朴于一身，富有装饰性和实用性，是我国民族壁饰的一朵奇葩。

●吴起豆粘画

吴起豆粘画由最初在民间过春节时，百姓为求平安吉祥，祭祀灶神爷，贴在灶前墙上的瓜子娃娃演变而来。豆粘画和当地民俗紧密结合，又融入当代社会时尚，反映了民众朴素的劳动感情、乐观的生活态度和美好的理想追求，被誉为“陕北油画”。

娱乐

●“延安过大年”秧歌节

秧歌节在每年农历正月十五举办，是每年一度的“延安过大年”活动中最具有地方特色的文化活动，已连续举办多年，在陕北地区颇具影响力。秧歌节汇演包括陕北民间社火、乡土秧歌、鼓类艺术、说唱艺术、民间器乐表演等，是延安最重要的旅游节庆活动。

链接

延安的民俗娱乐

陕北这片黄土地里酝酿出来的民俗娱乐，和这片土地一样豪放，和这里的老乡一样质朴。比如，陕北民歌在战争年代得以广泛宣传和演出，留下了很多革命歌曲。早些年，中国歌坛流行过一阵黄土高原风，着实热闹了一把。如今，如果在陕北一些地方哼上几句的话，可能就会有老乡搭上腔来高歌一曲。逢年过节，黄土高原上更有原汁原味的腰鼓、狮子舞、秧歌等众多特色娱乐活动，不妨来感受一下。

秧歌表演

发现者旅行指南

榆林

概览

亮点

榆林老城

榆林城城南凌霄塔高耸山巅，城北镇北台雄踞大漠，城内以大街为轴线，六座楼阁贯穿南北。

高西沟村

高西沟村为陕北黄土高原丘陵沟壑区的生态建设典范，区内有山、林、水、梯田、淤地坝等景点，风景秀丽，是避暑、休闲、娱乐的好地方。

白云山

因终年白云缭绕，而称白云山。白云山因山上建有古迹白云观、山下黄河峡谷风貌奇异而闻名。

二郎山

二郎山俗称西山。窟野河、秃尾河汇流于山前，古长城穿行于山后。西边沙石相间，果林成片；东面石壁陡峭，松柏挺立。

吴堡古城

吴堡古城头枕黄河，东以黄河为池，西以沟壑为堑，北门外为咽喉要道连接后山，真乃“一夫当关，万夫莫开”之险地。

凌霄塔

凌霄塔为楼阁式八角形十三层砖塔，琉璃莲花宝顶；一至五层和十三层外檐装有砖雕斗拱，二层以上檐角均挂风铃，且每层开四个券洞窗口。

线路

黄土高原风光二日游

第一天先游览红石峡和镇北台。榆林早晚温差大，一般早上都会有雾，所以最好10点以后上镇北台游览。晚上可返回市区住宿。

第二天游览红碱淖景点，可乘由榆林到内蒙古鄂尔多斯的省际班车，途中可顺便饱览毛乌素大沙漠风光。下午乘车返回。

榆林历史文化一日游

上午前往白云山游览。

红石峡

白云山雄踞滔滔黄河西岸，山上的白云观则是西北明清时期最大的古代建筑群。之后游览李自成行宫。行宫依山据险，是陕北别具一格的宫殿园林旅游区。下午参观杨家沟革命旧址，重温红色历史。

为何去

陕北窑洞

榆林是黄土文化的发源地。绵延曲折的明长城穿境而过，将陕北黄土高原和广袤的毛乌素沙漠隔开，同时也造就了这座塞上古城的独有风韵。九曲黄河浩浩荡荡，辽阔的大漠苍凉壮美，昔日边塞雄关的万丈豪情犹在。

何时去

红碱淖

榆林地区四季分明，春季多风沙、夏季多雨、冬季寒冷。一般秋季的气候、温度适中，最适合到榆林游玩。

每年9月，榆林横山区会举办波罗古堡文化旅游节，节日内容丰富，有陕北民歌大赛、陕北说书大赛、波罗古堡摄影节、波罗古堡沙漠汽车越野赛、热气球和滑翔运动等。

榆林古城

区域解读

区号：0912

面积：42 920.2km²

人口：约361.61万人

地理 GEOGRAPHY

区划

榆林市下辖2个区（榆阳区、横山区），1市（神木市）和9个县（府谷县、靖边县、定边县、绥德县、米脂县、佳县、吴堡县、清涧县、子洲县）。

地形

榆林地势由西部向东倾斜，地貌分为风沙草滩区、黄土丘陵沟壑区、梁状低山丘陵区三大类。最高点是定边南部的魏梁，海拔1907米；最低点是清涧无定河入黄河口，海拔560米。

榆林市境内有大小53条河流汇入黄河，均较短小，较大的河流主要是四川四河：皇甫川、清水川、孤山川、石马川、窟野河、秃尾河、佳芦河、无定河。

镇北台

气候

榆林属中温带干旱气候，四季分明，日温差变化大。值得注意的是，榆林处于毛乌素沙漠与黄土高原之间的过渡地带，沙化风蚀和水土流失严重，因此榆林的风沙很大，尤其是春季，常有扬沙天气。

历史 HISTORY

历史大事记

秦昭襄王时（前306—前251年），在今榆林周边地区修筑长城，从内蒙古伊金霍洛旗古城壕七盖沟经陕西神木进入榆林地界，在榆林城北2.5千米处的红山跨越榆溪河，蜿蜒西向穿过巴拉素镇乔家峁村，直至红石桥乡古城界村，全长约60千米。

西汉文帝三年（前177年），匈奴掠扰上郡，西汉丞相灌婴发骑8万击之，匈奴败走。中元六年（前144年），匈奴入侵上郡，李广率部御敌，将匈奴逐出上郡。“飞将军”李广声威大振。

西汉武帝时（前140—前87年），龟兹为西域36国之一。汉武帝北击匈奴，帮助西域各国摆脱匈奴的控制，并将龟兹部落迁于今榆林城北15千米处的古城滩附近，设“上郡属国都尉”，并以龟兹族名呼其为龟兹县。

榆林梯田

北宋元丰五年（1082年）初，宋神宗令徐禧主持修筑永乐城，同年9月，西夏进攻刚刚竣工的永乐城。徐禧等名将战死，共损失士兵和役夫20多万人，最终城破。此一战后，北宋再无能力对西夏进行大规模远征。

崇祯十六年（1643年），李自成派遣权将军刘芳亮、制将军李挝率大军攻打榆林，经过12昼夜的激烈战斗，最终攻破城池，给腐朽的明王朝以沉痛打击。

清同治七年（1868年），刘厚基调任延绥镇总兵，在榆林任职10年，办了许多实事。他去世后，榆林人民重修八政牌坊，并在东山建"刘公祠"缅怀他开拓、振兴榆林的功绩。

1937年10月，蒋介石把驻在甘肃的新一军和驻榆林的86师统编为21军团，任命邓宝珊为晋陕绥边区司令部司令。邓来榆林后，团结各方面力量共同抗日，与日军交战100多次，保障了伊盟及陕北等地的安全。

名单 榆林历史名人

三国时的美女貂蝉

隋朝著名建筑家宇文恺

北宋名将韩世忠

北宋名将杨继业

南宋名将李显忠

明代文学家、名臣马汝骥

明末农民起义领袖王嘉胤、李自成、张献忠

明末农民起义将领马守应

清代著名将领赵良栋

清初书法家陈璋

清代书法家叶兰

清末书法家李棠

清末民初地方绅士、教育家高普煦

兢兢业业保卫榆林的刘厚基

刘厚基（1839—1877年），字福棠，湖南耒阳人。系清朝湘军左宗棠部名将，曾奉命挥师新疆，讨伐阿古柏集团，在抗击沙俄、捍卫祖国领土完整的战斗中立有功勋。清同治七年（1868年）调任延绥镇总兵，在榆林任职10年，办了许多实事。

治理防务，安定社会秩序。当时榆林一带连年征战，匪患频仍，民众凄苦，百废待兴，刘厚基亲率将士修复破损的城墙，剿除多股土匪，并与伊克昭盟（今鄂尔多斯市）缔结盟约，共理边防。

兴农桑，办工商，发展运输事业。刘厚基组织士兵疏通阻滞的渠道以利灌溉；修建榆溪河堤，拓展水地面积，保护农田和城墙；从军中挑选一批来自内地、精于耕作的士兵组成助耕队，向百姓传授耕作技术；拨发优良稻麦棉麻种子，提高农业产量；以军中骆驼、马匹组织辎重队，往来于关中及川、陇、滇等省，输出皮毛、药材等产品，购进粮

榆林古城墙

棉油料等生活物资，以保障军需民用。

振兴文化教育。“榆阳书院”年久失修，破烂不堪，刘厚基亲自筹集资金、建材，亲自设计，将其修缮一新，办成榆林当时的最高学府；又购置了部分田产，供书院教职工生活补助和书院正常开支之用；还在榆林所属各县兴办义馆10所。

不给百姓增加负担。刘厚基组织士兵垦荒种田，节省开支，力争军旅自给，减轻百姓负担。士兵修城筑坝所需钱粮物资，除奏准清政府拨给外，不足部分由地方工商富户捐纳，不向平民百姓征敛，更不乱派民夫徭役。刘厚基热心地方建设的事迹还有：集资重修北京榆林会馆，为去省、赴京应试的学生赞助路费；设立种痘局，为小孩免费种痘，终生免疫；修建忠义祠，设立节孝墓冢，以安慰阵亡忠烈，激励后人；修葺庙宇寺院、文物古迹，供人观赏；修建百岁坊，以倡敬老之风。

刘厚基去世后，榆林人民重修八政牌坊，书写他的德政20余条，并在东山建“刘公祠”缅怀他开拓、振兴榆林的功绩。

文化 CULTURE

陕北民歌——信天游

“东山上的糜子西山上的谷，咱黄土里笑来黄土里哭。信天游好似没梁子斗，甚会儿想唱甚会儿有。”

一曲高歌，响遏行云；一声入耳，荡气回肠。它，便是陕北民歌——信天游。

榆林是信天游的故乡。信天游又叫“山曲”“顺天游”，是陕北民歌中最富有特色的歌种，最能代表陕北民歌的风韵。信天游节奏自由，淳朴大方，高亢悠长。句式结构非常特别，一般每节两句，两句一韵，下一节可换韵，亦可不换。上句起兴、作比，下句点题。短歌可能只有一节，长的可接连数十节乃至成百上千节。信天游的节奏大都十分自由，旋律奔放、开阔，扣人心弦，荡气回肠，这同沟川遍布的陕北地貌有很直接的关系。在当地，人们习惯于站在坡上、沟底远距离地大声呼叫或交谈。为此，常常把声音拉得很长，于是便在高低长短间形成了自由疏散的韵律，这种习惯自然会对信天游产生影响。因此，信天游的曲调悠扬高亢，粗犷奔放，韵律和谐，不加修饰地透着健康之美。信天游的歌腔高度集中地展示了高原的自然景观、社会风貌和陕北人的精神世界。

榆林秧歌

"锣鼓唢呐一哇哇声，扭起秧歌唱太平。山也舞来水也舞，舞得人寿年也丰。"

如果说榆林信天游放飞的是情感，那么，榆林秧歌便是精神的狂飙。作为文艺发展始祖的秧歌，很早便在榆林生根。榆林秧歌形式多样，内容丰富。一般是舞者扮成各种人物，手持道具，在音乐的伴奏下，进行亦歌亦舞的表演。榆林秧歌有大场（俗称"大秧歌"）和小场（俗称"踢场子"）之分。大场是大型集体歌舞，可加入高跷、旱船、龙灯、竹马、花鼓、腰鼓、霸王鞭等表演技巧；规模宏大，气氛热烈，动作矫健豪迈，情绪欢快奔放。小场是几个人表演的歌舞和小戏，参加人数为二、四、六、八人，成双成对；男持彩扇，女舞彩绸，既刚健又柔美，既洒脱又细腻。

榆林秧歌也称陕北秧歌，历史悠久，形式多样。逢年过节或喜庆之日，城乡群众普遍有闹秧歌的习惯。现在的新秧歌在传统秧歌的基础上改革创新，以工农兵为主角，以歌颂新生活和欢庆丰收为主要内容。

榆林秧歌是一种开放性极强的艺术表现形式。说它具有开放性，是因为榆林秧歌像生长在黄土地上的毛头柳一样随处都可以生长。院落里、大路间都是秧歌表演的好场所。榆林秧歌的另一个特点是与喜庆结伴而行。每逢春节，或是节庆之日，榆林大地到处是秧歌的海洋，城镇和农村都组织秧歌队，拜年问好。村邻之间还扭起秧歌互访互拜，比歌赛舞，热闹非凡。元宵之夜，还有举灯、提灯、担灯的彩灯秧歌以及九曲秧歌等。

陕北秧歌表演

大气精湛的石雕艺术

榆林大地，土多、沙多、石多。土多，生长出土窑洞；沙多，肆虐成大沙漠；石多，便孕育出石雕艺术。绥德的石刻石雕历史悠久，县内已出土的400多块东汉画像石刻，个个刻工精湛。历经秦汉唐宋，到了明清时期，绥德古城内遗留的人文景观、摩崖石刻以及民间广泛流传的石雕艺术品就更是不胜枚举。

绥德人凭借着得天独厚、天然优质的山石资源和精湛的技术，打造出了石文化的过去和现在，开拓了石雕工艺的新天地。其中，绥德石狮是这块黄土地上文化的象征，有"石狮故乡""石狮王国"等美称。绥德石狮雕凿自然，不受约束，妙趣横生。有的天真烂漫，一脸稚气；有的稳重安详，好似慈母；有的刚健威严如同勇士。

在这块贫穷、干旱、生态环境极为恶劣的黄土地上，绥德人创造的隶属中华民族艺术本源的石雕艺术，凝聚了真正的写意传统、纯正的民族特色。它充分体现了黄土高原那种浑厚、淳朴的气质，具有浓郁的泥土芳香。

绥德石雕艺术，以现实主义和浪漫主义相结合的艺术手法，大胆开拓创新的精神，用象征、含蓄、寓意深刻的手法，古朴粗犷的笔触，精雕细刻的刀法和博大磅礴的气势，为世人所瞩目。绥德石雕是一门独特的

榆林石雕

民间艺术，既具地方性，又具民族性。仅绥德汉画像石中雕刻的纹样图案，就有极高的文史、艺术审美价值，不愧是中华民族文化艺术宝库中的珍贵遗产，堪称世界文物之精粹。

洋溢着浓郁生活气息的榆林剪纸

如果说绥德石雕让人们领略到榆林男子汉豪气冲天的性格，那么榆林剪纸则让人们领略到榆林女人桃花般灿烂的内心世界。

剪纸在榆林是一种很普遍的群众艺术，那些年过半百的老大娘和纯朴俊秀的姑娘，常常借助一把小小的剪刀或刻刀，弯曲自然、运转灵活地在纸上镂空剪刻成花样，装点着自己的生活。剪纸是榆林民俗活动的一项重要内容，而榆林丰富的民俗事象，则为剪纸提供了自由驰骋的创作的广阔天地。榆林剪纸与本地风俗习惯密切结合，蕴含着民族精神和民族心理的基本素质，是榆林民族传统文化的有机组成部分。

榆林剪纸内容丰富，题材广泛，手法上大胆取舍，变形夸张，既纤细秀美，又粗犷大方，浑厚古朴，被誉为黄土魂。几千年的黄土文化孕育了这一独特的艺术形式。榆林剪纸历来受到中外有识之士的偏爱，有着很高的收藏价值。

新春之际，当你走进榆林的村落院户，看到远处黄色的土丘，眼前灰色的窑洞，似乎觉得这里的颜色太单调了些。但是，你再看看窗户上，那色彩纷呈的窗花和各色图案，那迎风飘动的门笺，那碗橱、粮囤、畜栏等处寓意吉祥的各色纸花，你定会由衷发出赞叹，仿佛感受到了浓郁的生活气息。

榆林剪纸

景点推荐

榆林市区景点

榆林老城

历尽沧桑的塞上明珠

榆林市榆阳区

榆林城南凌霄塔高耸山巅；城北镇北台雄踞大漠；城内以大街为轴线，六座楼阁犹如璀璨夺目的明珠，贯穿南北，组成古城一大人文景观。榆林城重要的标志就是世称“北台南塔中古城，六楼骑街天下名”的明清建筑古迹。“北台南塔”是指城北的“长城第一台”——镇北台和城南的凌霄塔，“六楼”指坐落城内大街有“一串珠”之称的古楼阁：四方台、万佛楼、新明楼、钟楼、凯歌楼和鼓楼。由于这些古楼阁下车辆皆可通行，因而有“六楼骑街”之美名。

玩家解说

榆林城始建于明洪武初年，最初只是绥德卫的一个屯所。榆林镇原来称为延绥镇，镇治绥德。成化九年（1473年），延绥镇巡抚余子俊重修榆林城后，把镇治移驻榆林，从此以后，延绥镇才称为榆林镇。镇治所由绥德迁至榆林卫以后，曾多次修建。其中，比较著名的有三次：第一次是明成化二十二年（1486年），第二次是明弘治五年（1492年），第三次是明正德十年（1515年），这就是当地历史上流传的“三拓榆林城”。

文昌阁

文昌阁也叫四方台，建于清乾隆十九年（1754年）。全楼共有4组28根立柱，支撑楼体。楼分三层，石台奠基，十字相通，顶部为十字歇山。三层楼檐下均悬匾额，分别为“五星会垣”“天下宗师”与“文昌阁”，系当地著名书法家叶兰一门三代所书。

玩家解说

旧时每届清明节前后，民间在此自发举行为期三天的以泥塑工艺品为主体的“泥娃娃会”。在此期间，环楼广列泥塑、铁木、泥瓦等品类繁

榆林古城文昌阁

多的工艺美术品，琳琅满目，异彩纷呈。会场游人如织，热闹非凡，为榆林仕女四大集会之一。

万佛楼

万佛楼创建于清康熙二十七年（1688年），楼共有三层，底层为巨砖砌筑的四孔拱洞式结构，呈长方形。楼基上建二层木质结构楼阁，分南、北两院，南为孔雀明王殿，北为观音殿，两院东西各有三楹配殿。二楼中原供千余尊佛像，号称万佛。登楼可以参观榆林市丰富的馆藏文物，亦可尽览古城南北市容。

玩家攻略

每年农历六月十九，在此举行庙会。届时笙鼓盈耳，仕女如云，为榆林仕女四大集会之一。民间习惯于此日吃西葫芦炸豆腐，相沿成俗。

新明楼

新明楼也称新鼓楼、南鼓楼、星明楼，建于明正德年间（约1517年前后）。该楼为纯木结构，设计精巧，造型独特。底层为四石基台座与街道相通，每个石基墩上竖巨柱7根，共28根柱子支撑全部楼体。三楼供奉铸于明万历三十四年（1606年）的真武祖师铜像一尊，外悬“无上高真”匾额，出自书法家叶兰之手。

凯歌楼

凯歌楼建于明弘治五年（1492年），原名怀德门，即当年二拓榆阳时的南门。楼基为砖拱洞门，南北通达大街。上有二层木楼建筑，分南北两院。楼之四角均有钟鼓角楼，错落有致，互相呼应。两院各立旗杆一对，南院并有牌楼一座，甚为壮观。相传旧时边塞战争结束时，往往在此举行祝捷、献俘、庆功等活动，故有“凯歌”之名传世。

钟楼

钟楼初名长春楼，意欲为军阀井岳秀建立生祠，后慑于社会舆论而止，改名钟楼。楼基砖砌，拱洞四通，为通街洞道。东侧有大门，门顶筑过桥，可拾阶登楼。楼顶中心建木质重檐八角亭，内悬大钟，民国时为城区报时而设。二楼各门洞额上石刻横匾“北临雁塞”“南控乌延”“芹水流芳”“驼峰拥翠”。三楼门额刻“蜚英腾茂”“万流仰镜”，均出自著名书法家李棠等之手。

鼓楼

鼓楼与凯歌楼相邻，建楼时间大体相

同。楼基为砖砌高台，有拱洞四通。上有二层，分南、北两院，各有配殿。南院原有木牌楼一座。二楼上曾悬大铁点一个，供打更之用。此楼造型奇特，拱洞连接精巧，可称奇迹。

镇北台
长城第一台

榆林市榆林区西包公路西老爷庙东　乘3、5路公交车到镇北台站下车即到

修建于1607年的镇北台，是边关“蒙汉一家，和平互市”的见证。紧依台北下方有一个方形的小砖城，叫“款贡城”，是当年蒙、汉官员接待洽谈以及举行献纳贡品仪式的场所。

镇北台为正方形，共四层，高30余米，外砌砖石。各层台顶外侧都有垛口，垛口上部设有瞭望口。第一层城垣内屋宇环列，为当年守台戍卒营房，现仍存遗址。台西侧则遗有明代易马城，是蒙汉互市的场所。在台的顶部中央，是一观光台，可以将整个榆林市和周边山川地貌一览无余。

玩家 攻略

最好早上10点以后去游览镇北台，因清晨的大雾会影响参观效果。傍晚时分，登台远望，方圆百里一览无余，沙漠、戈壁、草滩、黄河以及三北防护林尽入眼帘，也可以看到距离它不远的红石峡。绿洲之中古老沧桑的长城遗址依稀可见，如同一条巨龙横亘在黄土高坡上，可领略到如诗如画的新塞北风情。

貂蝉洞
传说貂蝉生长的地方

榆林市米脂县杜家石沟乡艾好湾村

貂蝉湾坐落在北山顶上，湾内四周低凹，中间有高约30米的奇峰突兀而起，壁立中心峰下离地面约一丈高处，有一山洞，这就是貂蝉洞，传说貂蝉就生长在这里。山洞为人工穿凿，阔约三尺，斜下穿入，深不可测。

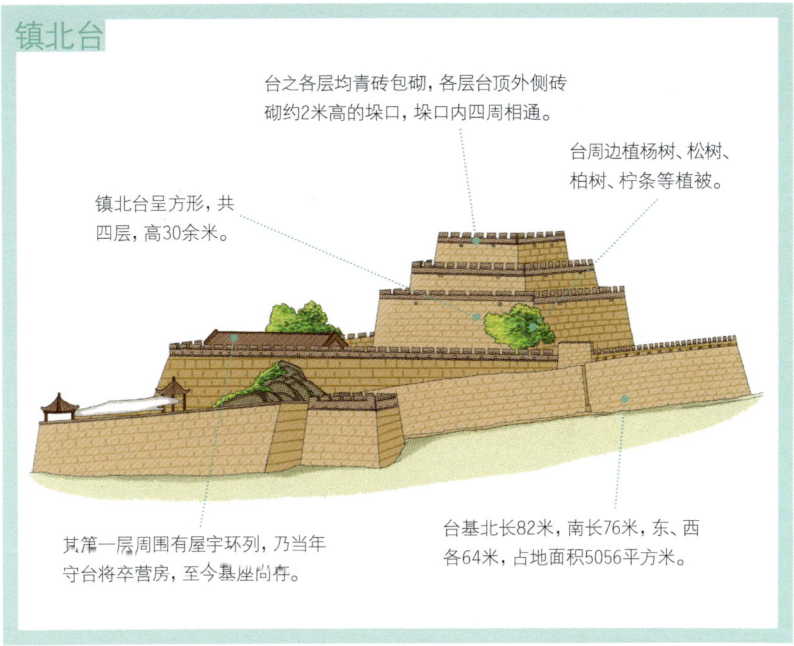

链接

貂蝉的传说

东汉末年，传说这里住着一个青年猎手，名叫北山郎，孤身一人。一天，上山打猎正遇一头野猪追逐一只白兔，山郎射死野猪，搭救了白兔。白兔为感其恩，在北山郎回家的路上化为一位白发老人，将孙女牡丹许配给他。他们就住在这个洞里。据说，后人把办喜事叫“入洞房”，就由这里起头。第二年，牡丹身怀六甲，即将生产。一天，山郎出山打猎，为牡丹生产做准备，忽见一只银貂跃过，他紧追不舍，直到家门前，银貂窜入洞口不见了。山郎正在纳闷，听得洞内呱呱啼哭，一个白白胖胖的女儿出世了。夫妻俩说起银貂，知是吉兆，便给女儿取名貂蝉。

原来，这牡丹是天上牡丹仙子的化身，因爱慕山郎下凡。玉帝查知，敕命天神放出一道金光，牡丹娘子霎时身无影踪，洞前只留下一株枝繁叶茂的牡丹花。山郎日日采牡丹花露哺育女儿。十年后，女儿出落得千娇百媚，成为百里挑一的俊姑娘，被一位戍边将军带到洛阳当舞女，后又被司徒大人王允收为义女。那时奸臣董卓专权，又收勇将吕布作为义子，更加横行霸道，惹得朝野愤恨。王允等几位忠臣暗定离间计，将貂蝉明送董卓，暗许吕布。貂蝉深明大义，见机行事，使吕布对董卓心生疑恨，杀掉董卓。貂蝉从此出走隐匿。

建安堡

明长城著名的36营堡之一

✉ 榆林市榆阳区榆西路

🕘 全天开放

建安堡现存东、西、南三座砖券残留城门，供人出入。进入城堡，最为显眼的是位于中央的钟楼。建安堡城周长1200多米。登上建安堡，举目北望，长城时隐时现，周围还有墩台23座。建安堡不远处有个香水村，聚水为池，清澈甘甜，经冬不冻。粼粼的清水河从山脚下缓缓流过，注入秃尾河。

堡城南门外的关帝庙，殿宇虽不甚恢宏，却颇有气魄，正殿、卷棚、偏殿等俱全；正殿与偏殿中近百幅展现关羽生平事迹的壁画，色彩鲜艳，技法娴熟，堪称艺术佳作。正殿右侧，有砖砌四方点将台一座。殿后有四方砖塔若干座，呈棱锥形，由下到上渐次收缩，据说是过去和尚（或道士）去世后的墓葬标志。山门外有当年高大石牌坊遗迹和石狮的残骸。

玩家 攻略

电影《东邪西毒》和《大秦腔》摄制组曾先后在建安堡拍摄外景，大型纪录片《望长城》也摄入了建安堡的雄姿。

玩家 解说

明朝中叶，朝廷为了防御漠北蒙古贵族残余势力南侵，先后在榆林境内的长城沿线设立了36座营堡，驻兵把守，建安堡即是东线著名的堡塞。城堡初建于成化十年（1474年），万历三十五年（1607年）用砖石砌起了堡墙。建安堡原属榆林卫，清雍正三年（1725年）划归佳州，乾隆二十七年（1762年）又划归榆林县。据当地人说，抗战以前，砖包城堡还是基本完整的。后来因无人重视，外砌城砖被周围群众逐年拆除，移作他用。如今只遗留下一座土城，但是大体框架较为完整。

红石峡

陕西最大的石刻群

榆林市榆阳区榆阳镇北岳庙村　榆林市区乘坐出租车前往　30元　0912-7183765

红石峡又名“雄石峡”，因山皆为红石，故得名红石峡。红石峡可分南北两段，北峡两壁中分，上部是榆溪河聚结而成的天然湖泊，水流溢出湖面，穿石而下，洞口刻有“蛟

建安堡

窟龙窝”四个大字。南峡两壁双峰对峙，依壁凿石成窟；现存大小石窟33处，大多分布在东崖。红石峡东壁原来建有红山寺，寺门楼门洞上额镌刻的“红石峡”三字，是由我国著名美术家王森然先生89岁高龄时所书题刻的。此外，红石峡还是电影《东邪西毒》的取景地。

玩家 攻略

夏秋时节是最佳的游览时间。夏季早晚气温较低，中午气温高，可在红石峡水库游泳和游玩。秋季可以尝尝当地特有的大红枣。这里出产的红枣个大味甜质细，还可品尝到丰盛的陕北农家饭。

戴兴寺

榆林现存比较完整的古代寺庙

榆林市榆阳区解放上巷19号

戴兴寺始建于明正德十年（1515年）。

红石峡

整个寺庙由五佛大殿、大雄宝殿、观音殿、罗汉殿、南北禅堂等明代建筑组成。其中，五佛大殿为寺之主体建筑，全用巨砖砌成，上层是砖木结构五揽大楼阁。戴兴寺虽经五六百年风雨沧桑，至今仍不失当年“榆林八景”之一“驼峰拥翠”之风貌，是榆林古城现存著名寺庙之一。

罗兀城遗址

西夏和北宋均曾在此屯兵设防

榆林市南60千米处的镇川镇石崖底村的石山峁

县医院站上车，乘坐米脂5路公交车到石崖底站下车后步行可达

免费

全天开放

罗兀城遗址北、东、南三面临崖，西面为山坡，城垣呈三角弧状，尚清晰可见。罗兀城周长约2千米，残存城墙高3米、宽4米。东侧、北侧各有城门遗址1处，遗址内呈东低西高状，城内遍布砖、石、瓦、瓷、铁等残片。至今，尚存石窟庙宇11处，其中，以万佛洞石窟规模为最大，古迹保存亦较完整。

万佛洞也被称为悬空寺，坐南向北，依借崖势呈半弧形。从山下沿陡坡迂回而上始达寺门，门顶石刻“悬空寺”三字。万佛洞是陕北罕见的一组大型摩崖石窟，融佛、道为一体。窟中凿有四方形撑顶石柱，柱之正面，彩绘创建寺观之僧人、道人画像2幅，其余三壁均彩绘山水风光，构图精美。窟之四壁彩绘神态各异之佛像万尊，窟之正面有泥塑高约3米之静态佛、真武祖师及圣母等5尊大像。

玩家解说

据《续资治通鉴》载，该城由西夏国相梁乙埋始建于宋神宗熙宁四年（1071年），由于地处险要，一直是宋与西夏反复争夺的军事要冲。宋神宗元丰四年（1081年），罗兀城终为宋军占据，后改名同武城。

万佛洞则建于北宋，有石刻“崇宁癸未二年（1103年）四月二十八日过此以纪岁月，赵子仪奉命题”可证。明崇祯八年（1635年）重修。

罗兀城遗址

景点推荐 榆林西部旅游区

波罗堡

明长城榆林镇重要关堡之一

榆林市横山区无定河畔的黄云山上

乘横山2路公交车可达

免费　全天开放

波罗堡因城堡西侧石壁上的巨大石佛而闻名。相传为明正统十年（1445年）建的城池，比榆林建城还要早10余年，是具有典型明清风格的古城堡。

古堡依山而建，东南高，西北低，平面呈不规则形。堡墙内为黄土夯筑，外以砖石包砌，城周1667米。西墙长331米，西南段辟有一水门，现残段有损毁；南墙长349米，设马面，南门设瓮城。堡内明清古建有玉皇庙、寺塔、南北大街、横山起义驻军司令部所在的梁家大院及民居住宅数处。

玩家解说

据史载，波罗堡为正统十年（1445年）巡抚马恭置，万历元年（1573年）重修，后加高。1946年10月13日，发生在这里的横山起义轰动塞上、震撼西北、影响全国，是陕西革命史上具有重要意义的事件。

传说唐太宗贞观二十二年（648年）有个智远和尚，从长安兴教寺出发到朔方云游，路过波罗，看到古树参天、松柏苍郁，特别在城西的石崖上，突现出一块灵石，远远望去有点像天竺国（古印度）雷音寺阿陀石窟释迦牟尼佛像的样子，甚是奇异。所以他询问当地的老百姓，百姓

统万城

告诉他这里叫石州石崖根村，好奇的他索性决定住下来，决计凭借山势，利用个人的技艺和热心，雕凿一尊高大的站佛像来。通过他多年的努力，一个丈六高的大佛像在这块巨石上落成，并给它起了漂亮名字叫“波罗石佛爷”。“波罗”二字取佛教经典中的译句，梵语意为渡到彼岸。至宋代，石州石崖根村正式建寨，用原波罗寺的名，叫“波罗寨”。从此只知波罗，石崖根村，就无人知道了。

链接

接引寺

波罗堡西侧建有接引寺，著名的石凿大佛即位于此。寺庙依山而建，曾是西夏的国寺。寺内现存明清石碑一块，碑座两块，石质浮雕供桌三块，石花瓶、石猴顶香炉及明清铜像五尊。

统万城国家考古遗址公园 AAAA

“大夏国”都城的遗址

榆林市靖边县城北58千米处的红墩界镇白城则村

40元

0912-4642000

统万城始建于东晋义熙十四年（418年），因为系匈奴首领赫连勃勃所建都城，故又称为赫连城。又因城墙为白色，当地人称白城子。

统万城是匈奴族在历史中留下的唯一一座都城遗址。整个城池由内城和外城组成，内城又分东城和西城。在城墙的南段，从东往西走，可以看到很多敌台的遗址，这些敌台附近有一个高台，这里是城中的制高点，也是当年赫连勃勃处理朝政的永安台。

玩家解说

统万城是“大夏国”都城的遗址，历经北魏、隋、唐、宋数朝，到北宋淳化五年（994年）被废。迄今古城遗址保存尚好。统万城古时青山绿水，但8世纪“大风积沙”，9世纪“堆沙高及城堞”，10世纪已“深在沙漠之中”，反映出这里生态的恶化过程，同时统万城也逐渐湮没于历史和风沙中。

据传说，统万城是由叱干阿利负责修建的，此人十分残暴，如果能够用锥子锥入城墙一寸，就杀掉建筑施工者，所以城池修建得十分牢固。正是因为这样，这座城池才可以在塞北的毛乌素沙漠中屹立1000多年。

五里墩长城

明长城沿线上的大墩台

榆林市横山区五里墩

免费　全天开放

五里墩长城位于安边镇南五里处，也因

此被当地人称为“五里墩”。五里墩是明长城沿线上一个“硕大无比”的大墩台，当时主要作为瞭望哨和报警台，爬上墩顶可以观察远处敌情。

五里墩墩台四周建有50米左右见方的城堡，四角均有角台，墩台东侧与城堡东墙连为一体，城堡围墙厚2.5米，墙体垂直高度有6米多高。在五里墩北侧下方有个半人多高的门洞，可以沿洞进入墩体内，中央有条垂直的通道可以直接上到墩顶。

玩家 解说

明代在定边前后修建了五道边墙作为防御体系：成化墙、弘治墙、固原内边（新大边）、正德墙和嘉靖墙。五里墩所处的这段是明弘治年间（1488—1505年）由巡抚文贵修筑的弘治墙，此边墙是从靖边县郝滩乡的羊圈沟入境，行经柳树涧、唐洼、马圈梁、安子屋、安边镇、砖井镇，到定边县蔡马场与成化墙重叠一线。这条边墙在安边和定边之间既是防御线，也是保护当时盐马古道的主要防线；盐马古道就在长城内侧，紧贴长城。

明长城
规模宏大

榆林境内的明长城东起榆林市府谷县境内，西至定边县境内

乘坐长途客运汽车或旅游专线车前往

榆林地区的明长城东起府谷，西至定边，横贯榆林市境；沿途城堡林立，规模宏大。明长城为明成化年间（1465—1487年）延绥镇巡抚都御史余子俊率领将士4万人历时3月筑成，全长880千米。

墙顶内侧有砖砌的女墙，外侧有垛口，每个垛口的上部都有瞭望口，下有射洞，墙面还设有排水沟和吐水嘴。榆林城区古长城每隔5千米左右筑设一小军城，供驻防军队居住。在小军城上还筑有凸起于城墙的台子，用于巡逻、放哨、瞭望。

明长城

景点推荐 榆林北部旅游区

二郎山 AAAA

陕北小华山

榆林市神木市城西1千米处

乘神木2路、4路公交可达

0912-832828

神木二郎山俗称西山，因山体中部有两处凸起，状如骆驼双峰，又名“驼峰山”。窟野河、秃尾河汇流于山前，古长城穿行于山后。西边沙石相间，果林成片；东面石壁陡峭，松柏挺立。明代正德十三年（1518年），武宗皇帝曾来此山，见山状如笔架，所以将此山称为“笔架山”。

二郎山中庙宇众多，景区现有地藏洞石窟、八仙洞、浩然亭石窟、二郎庙、圣母殿、倒座观音堂、三教殿、山神庙等众多庙宇；各个庙宇依山势而建，建筑风格各具特色。

三教殿

三教殿始建于明嘉靖年间（1522—1566年），位于二郎山山脊中段，也是二郎山上最大的庙群。殿的东、西两壁都有明代彩绘壁画；东壁为《东山全景图》，西壁为《西山全景图》。

地藏洞石窟

地藏洞石窟为明代建设，窟顶藻井为浅浮雕龙凤、花卉等，门壁东、西两侧有明代立粉壁画《看经诵文积善图》与《判官贪淫酒色图》。

八仙洞

八仙洞位于地藏洞上方半山腰处，利用自然山洞凿成，门楣上方建有雨檐，外有平台和栏墙。

浩然亭石窟

浩然亭石窟建于抗日战争时期，石窟平面呈长方形，面阔3.8米，进深3.0米，高2.2米。四壁凿嵌有抒发抗日报国情怀的诗文碑，亭额为抗日名将何柱国所题“天地正气”四个大字。

二郎庙

二郎庙建于明正统八年（1443年），距今已有近600年的历史。正殿三架梁带前廊，硬山顶；东、西墙壁均有清道光十五年（1835年）所绘传统工笔画，正壁有14幅小山水图。大门外为明代砖雕照壁，壁芯减地浅浮雕，正面雕刻《虎啸图》，背面雕刻《九龙戏水图》；雕刻精美，栩栩如生。

圣母殿

建造在自然山石平台上的圣母殿，始建于清代。殿前的石牌楼是明崇祯元年（1628年）所建的，檐下石雕斗拱，额枋浮雕二龙戏珠，正面额题“碧霞行宫”，北刻“圣母元君”。殿后是明代建筑诸神殿。

玩家攻略

每年的正月初八、四月初八和六月二十二，二郎山都有庙会。

高家堡古城

陕北较为完整的一座明代城堡

榆林市神木市神王路与榆西路交叉路口

高家堡古城始建于明正统四年（1439年），原为夯筑土城，明万历三十六年（1608年）用砖包砌。古城平面呈长方形。古时城墙上部建有1米高的女墙，间有垛口、瞭望洞；东、南、西墙各辟一券门，并筑有瓮城。

城内街道以中兴楼为轴心，向东西辐射为东西街，向南北辐射为南街和北巷。明、清到民国初，南街最为繁华；东、西、南街各通有巷道。居民建筑群为典型的北方构

二郎山

筑风格，既有四合院，又有前庭大院，还有楼院。

府谷老城
北方保留最完整的石头城

榆林市府谷县老城区

府谷老城距离县城约1千米，步行即可到达

免费　全天开放

府谷老城始建于五代时期（907—960年），是一个建造在黄河边的古城。古城南面悬崖绝壁下是滔滔黄河，东西被甘露、马家两沟相夹，北部与高粱山、五里墩相连。府谷文庙是榆林地区规模最大、保存最为完好的一座孔庙；始建于明洪武十四年（1381年），大殿的横额上以前还悬挂过康熙皇帝的亲笔匾额“万世师表”。

在古城里，有两条主街横贯东西，其余街巷错落其间，纵横成网，分别以府州东街、府州南街、府州北街、文庙街等命名。街道两旁古时青砖蓝瓦店铺商号颇多，现在它们成为当地居民的宅舍，错落有致地分布着。

玩家解说

据史书记载：北宋庆历二年（1042年），西夏王元昊在叛徒密拉的带领下，率精兵10万，顺黄河而下攻袭府州城。当时，驻守府州的团练使折继闵率领6000军民抗击，双方兵力悬殊，但折继闵没有胆怯。他带领全城军民利用山城的险峻，同仇敌忾，奋勇杀敌，使得西夏兵苦战七日，夺城无望，铩羽而归。府州军民英勇抗击外族入侵的辉煌战绩受到了宋王朝的嘉奖，折氏家族从此名扬天下。抗日战争时期，日本军队也因黄河的阻拦而放弃了占领府谷的想法。

千佛洞

出控远门入小洞，小洞弯弯曲曲且昏暗，出洞后豁然开朗。这里有5孔窑洞，3孔供奉诸佛，佛像高尺许或五六寸，内部石刻古迹遍布；2孔系僧人住室，外列栏杆，内有回廊，凭栏鸟瞰，黄河水滚滚而下。

荣河书院

荣河书院分上、中、下三进院落，占地面积3500平方米。旧时为府谷培养学生应试科举的最高学府，“荣河听涛”现已成为府谷胜景。

神湖
大漠明珠

榆林市神木市尔林兔镇东北角

神湖本名“红碱淖”，又称“昭君泪”。神湖风景区以红碱淖为中心，湖内有一个面积580亩的半岛——红石岛。岛上沙滩洁净，沙生灌木丛生，有白天鹅、鸳鸯、海鸥等30多种野生禽类在这里繁衍或栖息。

神湖四周有7条季节性河流常年注入，湖面烟波浩渺。湖的东西两侧均以草原牧场为主。蓝天白云下浩瀚的湖水，洁净的沙滩，水草丰盛、牛羊成群的草原，起舞的飞禽，初升的旭日等一起构成了神湖风景名胜区独特的自然风光。

玩家攻略

在这里，可以尽情享受阳光、沙滩和湖水，还可观赏沙鸥、天鹅和湖中自在的鱼群，十分惬意。现在红碱淖周围已经有不少休闲设施，可以接待游人休闲度假。

神湖

府谷文庙

榆林保存最好的孔庙

榆林市府谷县木瓜镇人民政府北侧约180米

府谷文庙位于府谷古城内，始建于明洪武十四年（1381年），为一处以大成殿为中心的轴对称群体建筑。府谷文庙内有建筑多处，广场还立有大型石刻浮雕《九龙壁》一座。大成殿坐落于文庙的中轴线上，内供孔子及“四配十二哲”塑像。明伦堂古为私塾，后为文物展室，室内陈列着府谷境内各个历史时期的文化遗存、名胜古迹图片等。

玩家 攻略

府谷文庙也是府谷博物馆的所在地，但或许是出于防盗原因，博物馆所藏的真品都不对外展出。

孤山堡

明长城榆林镇的重要关堡

榆林市府谷县孤山镇

免费　全天开放

孤山堡因居孤山川北侧山坡之上而得名。现在的孤山堡唯有北门的“七星庙”还吸引着游人。据民间传说，七星庙是金刀令公杨继业与折赛花（佘太君）私订终身之处，颇具传奇色彩。城东、西、南、北各开有一门，南、北门外还圈有瓮城。除东门已毁外，其余三门砖券拱洞尚存。北门上原有匾，横刻“天垒雄守”四字。

七星庙，又叫昊天宫，大殿屋顶为九脊歇山式，殿前过道为卷棚式，单檐斗拱，磨砖对缝。室内墙壁底部四周直立，后变为八面收缩，一砖盖顶，无梁无柱，故又称“无梁殿”。

玩家 解说

据《榆林府志》载：孤山堡“明正统二年（1437年）置在西山……背山俯川，城中无水泉。万历三十五年（1607年）巡抚涂宗浚砌以砖”。七星庙始建年代据民间流传是唐代贞观年

孤山堡之《佘太君》雕像

间（一说建于宋代初），明万历五年（1577年）开工重修，万历六年（1578年）完工。

相传，当年镇守麟州（现在的神木）的杨继业与镇守府州（现在的府谷县）的折家军女将折赛花对阵时，追进七星庙殿内，被佯败而逃的折赛花擒获。结果，美女和英雄在神灵面前私订终身，也就有了之后杨家将的壮丽传说。

麻镇大庙

府谷县最大的庙宇建筑群

榆林市府谷县麻镇政府东北300米处

麻镇大庙位于麻镇旧城，是麻镇古建筑中保留最完好的庙宇建筑群，由龙王庙、关帝庙、娘娘庙、玉帝庙等组成。2004年12月，五台山高僧释加空为其赐名龙兴寺。

麻镇大庙始建于乾隆三十六年（1771年）。一些造型各异的香炉，散布在庙宇的院落中。庙内保存的明代壁画，部分已经过修补，但仍旧可以看出其精美异常，部分油画还采用了很有立体感的金线凸起技法。

景点推荐

榆林南部旅游区

白云山 AAAA

著名的道教圣地

榆林市佳县城南5千米处的黄河之滨　乘佳县2路公交前往　65元　0912-6010082

白云山古称双龙岭，亦因终年白云缭绕，亦称白云山。白云山因山上建有古迹白云观，山下黄河峡谷风貌奇异而闻名。白云观始建于宋代。目前，白云观的建筑以道为主，兼有佛、儒教庙宇，有各类古建99处，并存有雕塑、绘画、书法、音乐等文化精粹，是西北地区最大的明代古建筑群。

进入白云观的第一座建筑是一高12米、多层斗拱的木结构牌坊。五龙宫为白云观的底层建筑，有正殿、两廊、观音楼等，屋宇整齐，典雅秀丽。北上即为真武祖师殿，是白云观的主建筑，也是白云观道教徒举行宗教活动的主要场所。远望全观，白云环绕，庄严古朴，景色秀丽，因此有“白云胜景”之称。

玩家攻略

在白云观上，还可以望见不远处的黄河大峡谷，陕北黄土风光一览无遗。

每年农历正月、三月三、四月初八、九月初九，白云山都有庙会；会期人潮似海，商贾云集，香火尤盛。

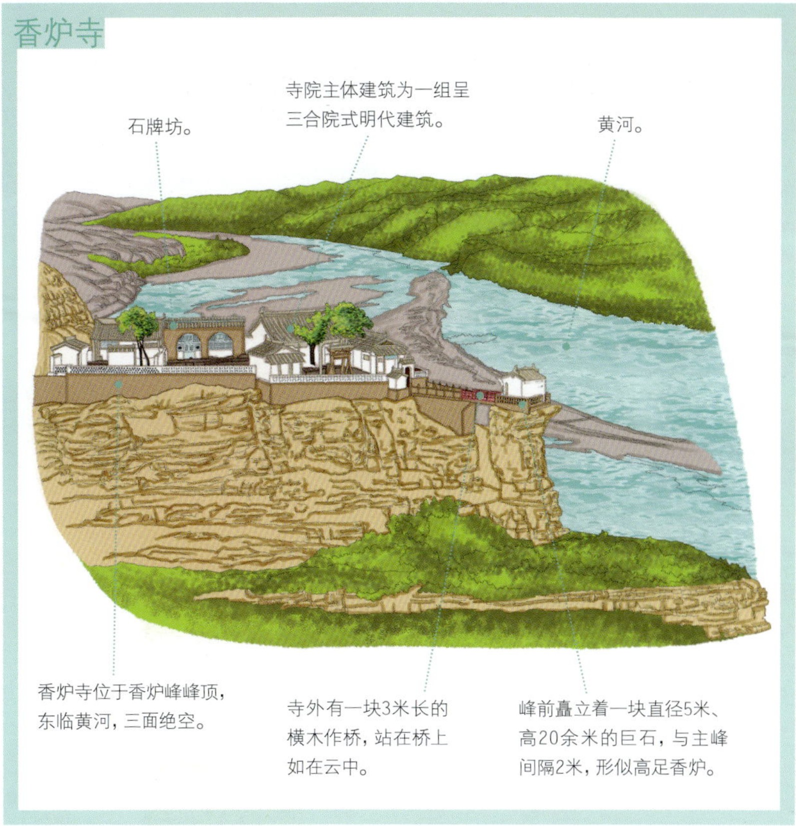

玩家 解说

根据《佳县志》记载，明万历三十三年（1605年），终南山道士李玉凤来到白云山采药治病，普济众生，并在山上修建白云观。明万历四十六年（1618年），神宗皇帝朱翊钧给白云山下了一道圣旨，亲赐《道藏》4726卷，从此白云山名声大振。当地官民信士大兴土木，营造道观，后历代皆有扩建修葺。如今，白云观香火旺盛，很多香客会来这里求签问卦。

香炉寺

“香炉晚照”为“佳县八景”

✉ 榆林市佳县古城街佳县第一中学东北侧约140米

香炉寺因其山下有一巨石形如香炉，所以得名。香炉寺建于明万历四十二年（1614年）。山峰上的正殿是圣母祠，左右有配殿，南边有山门、石牌坊等。香炉寺地势险峻，香炉石凌空而起，断桥惊险异常。置身其上，如凌绝空际；低头俯瞰，滔滔黄河激流而下，汹涌澎湃。佳临黄河大桥横贯东西，如龙卧波。“香炉晚照”为“佳县八景”之一。

玩家 解说

佳县这座石头城的东北面延伸到黄河故道，突然像斧劈一样垂直断开，断处3米外，耸立着一尊四周如削的巨石，石顶平坦，盖着红色的小庙，远望上去，俨然如蜡烛或者香炉，便得名香炉寺。

寺外有一块3米长的横木作桥，将寺与石头城连接。许多人不敢过这段桥，因为站在桥上，如在云中。但过桥后进入孤亭中俯瞰黄河，则别有一番感叹。放眼望去，滚滚的波涛从两山之间奔腾而来，于脚下翻卷而过，冲向弯曲的下游峡谷。那种大气磅礴、壮观雄浑的气势和冲击力，让人心潮澎湃，难以忘怀。

链接

云岩寺

云岩寺位于佳县南端的虎头峰山腰，是以石窟为主的佛寺。寺内有石刻雕像48尊，雕像纹理清晰，形态逼真，是难得的艺术真品，具有很高的艺术价值和观赏价值。

扶苏墓·蒙恬墓

秦朝公子扶苏与大将蒙恬的墓葬

扶苏墓位于榆林市绥德县文化大街第一中学校内

5元

扶苏墓呈长方形，长约30米、宽6米、高约8米，墓旁有扶苏祠、八角亭、五龙壁等建筑。蒙恬墓与扶苏墓隔着大理河遥遥相对。

扶苏为秦始皇长子，贤良明达，颇得众望。因不赞同父亲的苛政，被派到绥德一带监视大将军蒙恬的军务。后来与蒙恬一同被赐死，葬于此地。蒙恬是秦始皇手下最出众的名将，曾北逐戎狄征匈奴，筑长城，立下丰功伟业。公元前210年，蒙恬与公子扶苏一道被赐死。蒙恬死后，部下将士含泪用战袍盛土为他筑成此墓。

蕲王庙

南宋名将韩世忠的祠庙

榆林市绥德县城南

蕲王是南宋名将韩世忠的封号。蕲王庙建于清乾隆三十二年（1767年）。正面是一孔高大、宽敞的石拱窑洞，正中是韩世忠的坐像，正殿的对面是乐楼。其横额分上下两段，上段写着“宋韩蕲王故里”，下段写着“中兴佑命”。

蕲王庙正面的石柱子上刻有一副对联，上联是“恢复中原，志同诸葛”，下联是“再扶宋室，功迈汾阳”。石柱背面也刻着一副

扶苏墓

对联。这座牌楼建于清道光二十四年（1844年），联语为绥德知州凌树崇所书。庙前立石碑4通，记载着韩世忠抗金卫国的英雄事迹。

链接

韩世忠雕像

民族英雄韩世忠雕像矗立在绥德千狮桥头，雕像主像及主座高9.4米，由红色花岗岩雕塑而成。国务院前任副总理邹家华为雕像题词“民族英雄韩世忠”。

绥德县博物馆

汉画像石专题展览馆

榆林市绥德县名州镇进士巷13号

绥德县博物馆为汉画像石专题展览馆。展览馆院内翠柏点缀，视野开阔，恬静、幽雅。陈列以汉画像石专题展为主，厅中央有汉墓复原模型、陕北汉墓分布沙盘及汉墓殉葬品展柜。展廊及展厅墙壁镶砌汉画像石珍品105块。画像石为陕北沙岩石质地，坚硬而

细腻。展品内容丰富多彩，形象生动逼真，造型朴素典雅。技法为平面减地浅浮雕，局部以朱墨阴线勾出。

姜氏庄园
陕北罕见的庄园建筑

✉ 榆林市米脂县桥河岔乡刘家峁村

🚌 乘米脂2路公交可达 ¥ 免费

姜氏庄园始建于清同治年间（1862—1874年）。庄园设计巧妙，施工精细，布局紧凑，由上而下，浑然一体；院内互相通连，对外严于防患。

整个庄园由山脚至山顶分三部分：第一层是下院，前以块石垒砌高达9.5米的寨墙，上部筑女墙，犹若城垣。沿第一层西南侧道路穿洞门达第二层，即中院。院西南又耸立高约8米、长10余米的寨墙，将庄园围住，并留有通后山的门洞，正中建门楼。沿石级可到第三层上院。上院是全建筑的主宅，坐东北向西南，正面一线5孔石窑，两侧分置对称双院；东西两端分设拱形小门洞，西为厕所，东侧为下书院。

杨家沟革命旧址
国家重点文物保护单位

✉ 榆林市米脂县杨家沟扶风寨

杨家沟革命纪念馆位于杨家沟扶风寨。位于杨家沟扶风寨的马氏庄园，将西方建筑风格和陕北窑洞建筑文化巧妙地融为一体，独具特色。马氏庄园是马醒民于1929年开始修筑、1938年建成的，之后无偿地捐赠给了党中央。庄园主人运用自己的学识将西方建筑风格和陕北窑洞巧妙融为一体，堪称中华民族窑洞建筑的瑰宝。

玩家解说

1947年11月22日，毛泽东、周恩来等率领中共中央机关和解放军总部来到杨家沟。在这里，

姜氏庄园

毛泽东、周恩来、任弼时等老一辈无产阶级革命家亲自领导和指挥了西北战场和全国的解放战争，召开了著名的“十二月会议”。杨家沟是毛主席和中共中央机关转战陕北的落脚地，也是中国革命走出陕北、走向全国胜利的出发点。

李自成行宫

陕北别具一格的宫殿园林旅游区

榆林市米脂县行宫东路171号　可乘米脂3路公交前往　30元

明崇祯十六年（1643年），李自成在西安建大顺国后，遂命人在这里修建了行宫和祖墓。行宫构思精巧，造型别致，依山据险，前后2层90级台阶。

现景区建有李自成纪念馆，介绍李自成的生平事迹，正殿中安放着李自成的玻璃钢铸像。目前，米脂县博物馆也设在行宫内，馆内陈列米脂出土的东汉画像石和其他历史文物。

玩家解说

明崇祯十六年（1643年），闯王李自成于西安建立大顺政权后，派其侄李过回米脂扫墓。李过率兵3万驻扎山下，并将山上的真武祖师庙扩建为行宫。同年11月，李自成亲率大军回米脂参加祭奠。他见行宫建筑雄伟，十分高兴，便赐山名为盘龙山。行宫正殿为启祥殿，后殿为兆庆宫。李自成起义失败后，当地群众为保护这群建筑，塑起真武祖师像，行宫又变成了一座庙宇。

吴堡古城

西北保存最完整的古县城

榆林市吴堡县宋家川镇北2.5千米黄河西岸山巅

免费　全天开放

吴堡古城地处黄土高原之东陲，黄河中游之西滨，扼秦晋交通之要冲；头枕黄河，东以黄河为池，西以沟壑为堑，南为通城官道下至河岸，北门外为咽喉要道连接后山，乃“一夫当关，万夫莫开”之险地。由于吴堡古城坐落在黄河天险之石山上，所以又被古人誉为“铜吴堡”。

玩家解说

明弘治《延安府志·卷之八》记载：五代后周广顺元年（951年）即在此筑有吴堡水寨，北宋元丰五年（1082年）扩筑“吴堡寨，周围二里二十步，东邻黄河为固，门有三”。又据吴堡古城东门下山崖现存金朝伪齐刘豫阜昌八年（1137年）摩崖石刻题记：这年三月吴堡寨主兼将折彦若因“此城之隳弊，水寨之毁陋，恨无力以竖新，今率寨民，共劝修建，工兴土木，不日而成”。这次修整后，金正大三年（1226年）置吴堡县，古城即成为吴堡县的治城。此后屡有修缮。民国二十五年（1936年）3月，吴堡县政府由古城迁至宋家川。1938年日寇空袭炮击古城，古城遂变成一片废墟，被逐渐荒废。

李自成行宫

攻略资讯

- 交通
- 住宿
- 美食
- 购物
- 娱乐

榆林黄土高原

交通

飞机

榆阳机场：位于榆林市榆阳区的西南处，有往返于北京、西安、广州、长沙等城市的航班，也有到上海的航班，但需在西安转机。

从市区可乘1号线、2号线到机场，票价25元；但是有时大巴发车时间会与时刻表有出入，故需要提前候车。

火车

目前主要有三条铁路线穿过榆林，分别是包头至神木、神木至朔州和神木至延安的铁路。铁路沿线经过的主要站点有：临潼、西安、咸阳、延安及安康等。

榆林火车站：位于榆林市榆阳区兴榆路，火车站周边有6、7路公交车可以乘坐。

汽车

榆林市有榆林汽车站（汽车南站）、榆林汽车北站两个长途汽车站。

榆阳机场

榆林汽车北站：位于榆阳区迎宾大道和长城北路交会处，每天都有开往西安、太原、洛阳、北京等地的长途客运班车。

榆林汽车站：位于榆阳区新建南路59号。有班车发往榆林的南六县，汽车北站的班车则是发往北六县。

住宿

考虑到环境条件，建议尽量在榆林市区住宿。老城区的新建路和长城路上都有不少旅店和宾馆，交通也比较便利，到市区其他地方或者景点都很方便。

●榆林金龙大酒店

酒店地处西沙繁华地段，与市政府比邻，地理位置优越，交通便利。酒店为涉外酒店，拥有商务标间、豪华标间等多种房型，另设VIP包间、宴会厅、自助餐厅等，可满足客人的不同需求。 榆林市榆阳区常乐路15号 0912-3831919

●永昌国际大酒店

酒店交通方便，到机场仅需几十分钟，有一个很大的停车场。房间很干净，旁边有一个立交桥，晚上可以去逛一逛。酒店旁边还有条小吃街，各种美食应有尽有。 高新技术产业园区朝阳路阳光广场东侧 0912-3605555

●人民大厦

酒店成片的树林依山就势，结合景观水景处理，共同造就塞外江南的景观。主楼为造型独特的仿上海金茂大厦构建的高层建筑。从大厦主入口东门厅进入向西抵达大堂，大堂向北通向西餐厅、餐饮VIP包房，向南通向商业精品店。商务中心位于大堂东侧，办公位于主楼西北外侧，西面为游泳池、健身中心。 榆林市开发区明珠大道223号 0912-8173888

榆林公园

美食

在游览榆林的风景之余，可以尝尝当地特有的陕北大红枣。由于榆林地区降水少，所以这里出产的红枣个大味甜质细。此外，定边小羊羔肉细嫩味美，而且比较便宜，如果吃得惯可以放开吃。

肤施路一带的榆林特色饭馆居多，有物美价廉的古城风味楼、陕北面食做得非常好的陕北名吃抿节大全、鲜而无膻味的内蒙古羊肉馆、衡山老五环炖羊肉以及亲切的老榆林家常菜，榆林特色小吃应有尽有。

竹荪三鲜

●榆林豆腐

榆林豆腐是用优质黄豆和普惠泉流出的“桃花水”磨制加工而成的。点豆腐用酸浆，做出的豆腐色白、嫩软、韧细、味美。康熙皇帝巡榆时，当地名厨上了此菜，味美鲜嫩，皇上赞不绝口，名之“清香白玉板，红嘴绿鹦哥”，从此名传古今。

●拼三鲜

拼三鲜是陕北美食里的一道名菜，其基本原料是猪肉、羊肉、鸡肉。据说乾隆皇帝私访榆林时，曾吃过此菜，赞不绝口。后来，被带入宫中，作为招待外国使臣的压轴菜。因而，到榆林的人如果不吃拼三鲜，也可以说失去了一次品尝宫廷菜的机会。

●羊杂碎

羊杂碎由羊的心、肝、肺、胃、肠等原料混合烩制而成。凡榆林专卖羊杂碎的饭桌上都有佐餐三味，即一盘春意葱茏的香菜末儿、一盘红灿灼眼的辣椒面和一盘洁白晶莹的食盐。这是吃羊杂碎万万不能少的三味调料，可根据自己的口味自行调兑碗中的汤。

榆林豆腐

米脂驴板肠

●米脂驴板肠

米脂驴板肠用整副驴大肠做原料，反复用醋水搓洗干净，放入清水锅煮半熟。吃时切成小段，加原汤汁；口味麻辣咸嫩，香味袭人，可谓小吃一绝。当地还流传有“能舍孩子娘，不舍驴板肠”的说法。

●佳县马蹄酥

马蹄酥因形似马蹄而得名，原是佳县民间走亲访友时的名贵糕点。佳县马蹄酥是用精粉、猪板油、蜂蜜和白糖等为原料制成的，色泽褐黄，纹层清晰，脆酥绵甜，且耐存放。

●炸豆奶

炸豆奶是榆林市的特色名小吃，是用豆浆为主要原料制成的，故名炸豆奶。榆林炸豆奶色泽金黄，外脆内软嫩，入口即化，香甜甘美，豆香馥郁。

购物

榆林出产不少特色工艺品和旅游纪念品，如绥德石狮娃，子洲石雕、砚台，榆林地毯，等等。这些工艺品有着粗犷、豪迈的风格，又有着精细的工艺。当地妇女的绝活也可圈可点，陕北女子精于剪纸，花样繁多，远近闻名。

新建路是榆林最繁华的地区，商店、银行等都云集于此。另外，国贸长城路、镇川百货批发镇川南大街、民生大剧院南等区域也是不错的购物场所。

●定边皮毛

定边皮毛以其丝长洁白、弹性好、韧性强而著称，二毛裘皮更以色泽洁白光滑、毛

佳县马蹄酥

榆林洋芋

穗弯曲成花、轻柔保暖漂亮等特点而蜚声全国。清朝已是出口佳品，俗称“九道弯弯白二毛”。山羊板皮所制的褥子不仅美观，而且保温隔潮，出口供不应求。

●榆林洋芋

榆林是著名的“洋芋之乡”。洋芋品质较佳，驰名全国。主要种植红皮和白皮两个品种。因其抗病性强，丰产性好，外皮光洁，个大肉肥，质地细致，营养丰富，含淀粉较高，耐贮耐运，品质优良，食用加工均宜，在全国洋芋品种中名列前茅。

米脂小米

●米脂小米

米脂小米为米脂县的特产，又称延安小米。米脂小米因其质优，誉满全国，为我国“四大著名小米”之一，曾是朝廷贡品。米脂小米营养丰富。据测定，蛋白质含量、脂肪含量比普通小米高1%～3%，所含蛋白质、脂肪均高于大米、面粉。

●榆林大红枣

榆林大红枣是驰名中外的陕西传统名优特产之一，其特点是果大核小，皮薄肉厚，质脆丝长，汁多味甜，甘美醇香，含糖量高，色泽鲜红，水分较少，贮藏期长，品质优良。

榆林大红枣

景点索引

我们的理念

做发现者，才能走得更远。发现秀美景色、探寻历史痕迹、体验文化脉络、寻找地理起源等深层次的旅行知识，是我们不停脚步的动力。我们不仅是在做一本旅行指南，能为旅途中的行者编写一部内容丰富、态度严谨、值得边走边读的行囊书，是我们永恒不变的追求。

《发现者旅行指南》编辑部

总 策 划 丁海秀
执行策划 李荣强

项目统筹 周国宝 龚道军
内容编辑 刘 挺 王叶青 方明杨
刘秀红 丁天丰 张文齐
商子微 张亚飞 苏雪莹
沈 皓 魏建飞 张灵燕
许晨晨 杨康健 张 鑫
刘晓璐 刘慧慧 王春雪
刘智勇 李荣强 刘雁琪
陈昱霖 贾 宁
美术总监 左小文
美术编辑 侯心如 王春晓
图片编辑 朱盼盼 马志鹏
插图绘制 尚祖山 李秋红
排　　版 闫 旭 田雪子
北京旅教文化传播有限公司
图片提供 微图网 汇图网 图虫创意
中国图库网 全景网
锐景创意 集成图像
站酷海洛 shutterstock
fotoe dreamstime
孙西国 马林宏 徐 行
高应胜 薛 冬
西部老马 钱多多

出炉过程

在编辑部成员的共同努力下，这套旅行指南终得以付梓。其间，我们亲历景点，翻遍资料，只为确保撰写的内容准确有效；我们实地考察，联系景区，只求绘得一幅精美的景区图；我们花尽心思，几易版式，只为呈现出前所未有的阅读体验。如今，这套精心打造的旅行指南，能放到您的行囊或书架，我们深感荣幸。我们期待与您一起走向远方，重新发现旅行的价值。

联系我们

我们的成长需要您的支持。您对本书的每一条意见我们都会珍视。同时也欢迎您与我们一起分享旅游体验，稿件一旦被采用，您将会获取相应稿酬。您可以将意见和稿件投递到我们的邮箱（975179855@qq.com）。

总 策 划 丁海秀
责任编辑 贾东丽

图书在版编目（CIP）数据

陕西 / 《发现者旅行指南》编辑部编. -- 3版. -- 北京 : 旅游教育出版社, 2025.1
（发现者旅行指南）
ISBN 978-7-5637-4685-9

Ⅰ. ①陕… Ⅱ. ①发… Ⅲ. ①旅游指南—陕西 Ⅳ. ①K928.941

中国国家版本馆CIP数据核字(2024)第029768号

陕　西（第3版）

《发现者旅行指南》编辑部 / 编

出版单位 旅游教育出版社
地　　址 北京市朝阳区定福庄南里1号
邮　　编 100024
发行电话 （010）65778403　65728372　65767462（传真）
本社网址 www.tepcb.com
E-mail tepfx@163.com
印刷单位 文畅阁印刷有限公司
经销单位 新华书店
开　　本 889毫米×1070毫米　1/32
印　　张 12.125
字　　数 388千字
版　　次 2025年1月第3版
印　　次 2025年1月第1次印刷
定　　价 79.80元

特别提醒

本书信息在出版前已经认真核实过。但由于现实发展太快，旅游信息随时可能发生变化，我们无法承诺保证本书信息的准确性和完整性，并只能在法律规定范围内承担责任。如因此给读者带来不便，我们深表遗憾。